Beck'sche Schwarze Reihe
Band 152

DM 17,80

71,80

W0096457

Lexikon der Ethik

Herausgegeben von Otfried Höffe
in Zusammenarbeit mit Maximilian Forschner,
Alfred Schöpf und Wilhelm Vossenkuhl

Zweite, neubearbeitete Auflage

VERLAG C. H. BECK MÜNCHEN

CIP-Kurztitelaufnahme der Deutschen Bibliothek

Lexikon der Ethik / hrsg. von Otfried Höffe in
Zusammenarbeit mit Maximilian Forschner . . . –
2., neubearb. Aufl. – München: Beck, 1980.
    (Beck'sche Schwarze Reihe; Bd. 152)
    ISBN 3 406 07887 7
NE: Höffe, Otfried [Hrsg.]

ISBN 3 406 07887 7

Zweite, neubearbeitete Auflage. 1980
Einbandentwurf von Rudolf Huber-Wilkoff, München
© C. H. Beck'sche Verlagsbuchhandlung (Oscar Beck), München 1977
Satz: Georg Appl, Wemding – Druck: aprinta, Wemding
Printed in Germany

Inhalt

Vorwort

Fragen der Ethik stoßen heute wieder auf ein größeres Interesse. Für die wiedererwachte Aufmerksamkeit gibt es mannigfache Indizien und Gründe: die Rehabilitierung der praktischen Philosophie und die Diskussion um die Sinn- und Orientierungskrise fortgeschrittener Industriegesellschaften; die öffentlichen Debatten um die Grundwerte in Staat und Gesellschaft, um die Strafrechtsreform, den Umweltschutz und den Begriff der Lebensqualität; die Einführung des Philosophieunterrichts in der reformierten Oberstufe und in einigen Bundesländern des Ethikunterrichts. Angesichts dieser Situation will das *Lexikon der Ethik* ein informierender und zugleich kritischer „Ratgeber" sein.

Das Aufgabenfeld der Ethik wird hier nicht auf den engeren Bereich des „Moralischen" beschränkt, dem es vor allem um die persönliche Seite rechten Handelns geht, während der soziale und politische Aspekt weitgehend ausgeklammert bleibt. Ethik geht als philosophische Disziplin auf Aristoteles zurück. Bei ihm und in diesem Lexikon hat Ethik die weite Bedeutung, nach der auch Fragen der Anthropologie und der Politik (der Rechts-, Sozial- und Staatsphilosophie), dann auch der Religionsphilosophie zu ihr gehören. Die normativen Probleme, die sich in den persönlichen und politischen Bereichen und Aspekten unseres Lebens stellen, werden aufgegriffen und unter der Leitidee eines humanen, eines guten und gerechten Lebens reflektiert.

Zu den aufgenommenen Stichwörtern gehören sowohl zentrale ethische Positionen und Richtungen (wie „christliche" und „stoische Ethik", „Pragmatismus" und „Utilitarismus") als auch die Grundbegriffe der sittlich-politischen Praxis („Friede", „Recht", „Sittlichkeit" usf.) und ihrer wissenschaftlichen Reflexion (etwa „Moralprinzip" und „kategorischer Imperativ"), schließlich auch solche für die politische Ethik oder durch die Humanwissenschaften bedeutsam gewordenen Begriffe wie „Angst", „Diskriminierung" und „Krankheit", die in die deutschsprachige Diskussion der philosophischen Ethik noch kaum Eingang gefunden haben. Um das *Lexikon der Ethik* nicht in eine Überfülle von Kurzartikeln und Artikelchen aufzusplittern, schien es geboten, eine Reihe von Stichwörtern unter einem einzigen Hauptstichwort abzuhandeln (z. B. „Legalität", „Moralität", „praktische Vernunft" unter „Sittlichkeit"). Personenartikel sind nicht aufgenommen, jedoch verzeichnet der Anhang die wichtigsten Autoren aus der Geschichte der Ethik mit ihren Hauptwerken und deren greifbare Ausgaben, so daß bei den Artikeln selbst die „Klassiker der Ethik" nur mit dem Titel ihrer Werke verzeichnet sind. Ferner informiert der Anhang über allgemeine Hilfsmittel, die ebenso wie die Literaturhinweise zu den einzelnen Artikeln dem Weiterstudium dienen.

Das *Lexikon der Ethik* will nicht einfach ein Fremdwörterbuch für Fach- und Kunstausdrücke aus dem Umkreis der Ethik und ihrer verschiedenen Schulen sein. Trotz der gebotenen Kürze wird der Versuch unternommen, über die

begriffliche und/oder historische Erläuterung des Stichwortes hinaus die zugrundeliegende Sachproblematik aufzuzeigen sowie auf Schwierigkeiten und
Lösungsvorschläge aufmerksam zu machen. Überdies soll nicht bloß Information, sondern auch ein Stück philosophischer Analyse und Kritik vermittelt
werden. Dabei werden weder fertige Rezepte oder dogmatische Lösungen
angeboten, noch wird eine enge Bindung an bestimmte Weltanschauungen
eingegangen.

Die philosophische Ethik findet sich dort, wo überkommene Lebensweisen
und Institutionen ihre selbstverständliche Geltung verlieren. Das gilt genauso
für ihre Anfänge im Griechenland des 5. und 4. Jahrhunderts v. Chr. wie für die
zeitgenössischen Industriegesellschaften. Angesichts einer solchen Situation
kann die Philosophie nicht einfach einen verlorengegangenen Konsens über
sittlich-politische Werte wiederherstellen. Sie kann jedoch auf methodischem
Weg – und ohne eine letzte Berufung auf politische und religiöse Autoritäten als
solche oder auf das von alters her Gewohnte und Bewährte – Aussagen über die
menschliche Existenz versuchen, die an der leitenden Idee eines humanen
Lebens, eines Zusichselbstkommens der Menschen, orientiert sind.

Aufgrund ihrer Herkunft aus der Philosophie fühlen sich die Autoren – bei
aller persönlichen Verschiedenheit – sowohl dem Reflexionsniveau der klassischen Ethik als auch dem Methodenbewußtsein der mannigfachen Strömungen
der Gegenwart verpflichtet. Zugleich ist ihnen bewußt, daß eine gegenwartsnahe
he Ethik nicht ohne einen wesentlichen Bezug auf die zeitgenössischen Humanwissenschaften auskommt. Bei der Behandlung der entsprechenden Sachbegriff-
fe werden deshalb einige der für die Ethik bedeutsamen einzelwissenschaftlichen
Forschungsergebnisse (aus der Psychoanalyse, der Verhaltensforschung der
politischen Wissenschaft usf.) aufgegriffen und zur Problematik des Sittlichen in
Beziehung gesetzt.

München, im November 1976   *Otfried Höffe*

Zur zweiten Auflage

Da das Grundkonzept des *Ethik-Lexikons* vielfache Zustimmung gefunden hat,
kann sich die Neuauflage im wesentlichen auf eine Durchsicht der Artikel und
deren gelegentliche Überarbeitung beschränken. Einige Artikel wurden erweitert, andere sind neu hinzugekommen (etwa: Bioethik und Epikureische
Ethik). Vor allem ist die Literatur auf den neuesten Stand gebracht worden. Im
Namen der Autoren danke ich für die vielen anerkennenden, auch kritischen
Hinweise und freue mich, daß das *Lexikon* auch außerhalb des deutschen
Sprachraums Beachtung gefunden hat; so soll noch in diesem Jahr eine Über-
setzung ins Französische erscheinen.

Freiburg, i. Ue., im April 1980   *Otfried Höffe*

Die Mitarbeiter

Otfried Höffe (O. H.), geboren 1943, ist ordentlicher Professor für Ethik und Sozialphilosophie sowie Lehrbeauftragter für Rechtsphilosophie und Direktor des Internationalen Instituts für Sozialwissenschaft und Politik an der Universität Freiburg (Schweiz). Buchveröffentlichungen: Praktische Philosophie – Das Modell des Aristoteles (1971); Strategien der Humanität. Zur Ethik öffentlicher Entscheidungsprozesse (1975); Ethik und Politik. Grundmodelle und -probleme der praktischen Philosophie (1979); Naturrecht (Vernunftrecht) ohne naturalistischen Fehlschluß (1980); Herausgeber: Einführung in die utilitaristische Ethik (1975), John Rawls, Gerechtigkeit als Fairneß (1977); Theorie-Diskussion: Über John Rawls' Theorie der Gerechtigkeit (1977); Klassiker der Philosophie. 2 Bde. (1981). Mitherausgeber der „Zeitschrift für philosophische Forschung".

Maximilian Forschner (M. F.), geboren 1943, Dr. phil. habil., ist wissenschaftlicher Assistent und Lehrbeauftragter am Institut für Philosophie der Universität Erlangen-Nürnberg. Wichtigste Veröffentlichungen: Gesetz und Freiheit. Zum Problem der Autonomie bei I. Kant (1974); J. J. Rousseau (1977). Aufsätze in Fachzeitschriften.

Alfred Schöpf (A. S.), geboren 1938, ist ordentlicher Professor für Philosophie an der Universität Würzburg. Wichtigste Veröffentlichungen: Wahrheit und Wissen. Die Begründung der Erkenntnis bei Augustin (1965); Augustinus. Einführung in sein Philosophieren (1970); Beiträge in Fachzeitschriften und Sammelbänden.

Wilhelm Vossenkuhl (W. V.), geboren 1945, Dr. phil., ist wissenschaftlicher Assistent und Lehrbeauftragter am Institut für Philosophie an der Universität München. Wichtigste Veröffentlichungen: Wahrheit des Handelns. Untersuchungen zum Verhältnis von Wahrheit und Handeln (1974); Herausgeber von Max Müller, Philosophische Anthropologie (1974). Beiträge im Bereich von Sprachphilosophie, Handlungstheorie und Sozialphilosophie in Fachzeitschriften und Sammelbänden.

Abkürzungen

Innerhalb der einzelnen Artikel ist das jeweilige Stichwort abgekürzt wiedergegeben. Außerdem sind folgende Abkürzungen durchgehend verwendet worden: E Ethik; e ethisch; sittl. sittlich.

A

Abschreckung →Strafe.

Absicht →Gesinnung.

Absolutes →Gott.

Absurd →Existentialistische E.

Abtreibung wird der Abbruch der Schwangerschaft u. der Entwicklung embryonalen →Lebens nach dem dreizehnten Tag der Empfängnis genannt, nach dem sich das befruchtete Ei in die Gebärmutter eingenistet hat (Nidation). Nach diesem Zeitpunkt gilt das ungeborene Leben als zu schützendes Rechtsgut. Die grundsätzliche Straffreiheit der A. innerhalb von 12 Wochen nach der Empfängnis durch einen Arzt mit der Einwilligung der Schwangeren nach vorheriger Beratung (Fristenmodell § 218a StGB) lehnte das Bundesverfassungsgericht trotz mehrheitlicher Befürwortung durch den Bundestag als verfassungswidrig ab. Nach dem Indikationenmodell (§ 218b StGB) kann die Schwangerschaft nach 12 Wochen zeitlich unbegrenzt bei unzumutbarer körperlicher u. seelischer Schädigung der Frau (medizinische Indikation), innerhalb von 22 Wochen bei einer Schädigung des Kindes (genetische Ind.) u. innerhalb von 12 Wochen nach der Empfängnis durch ein Sexualdelikt (e Ind.) mit Einwilligung der Frau durch einen Arzt abgebrochen werden. In der Schweiz (Art. 120 StGB) kommt ein Indikationenmodell zur Anwendung, sofern die schriftliche Zustimmung der Schwangeren u. ein Gutachten eines zweiten, behördlich ermächtigten Facharztes vorliegen. Während in Österreich (§ 97 StGB) die A. entsprechend dem Fristenmodell straffrei bleibt. – Für die Freigabe der A. werden als pragmatische Argumente die hohe Zahl illegaler A., die mit ihnen verbundene Gefahr für das Leben der Frau, deren Konfliktsituation bei ungewollter Schwangerschaft durch die Strafandrohung des StGB u. die weitgehende Wirkungslosigkeit der Strafandrohung, als prinzipielles Argument das Selbstbestimmungsrecht der Frau angeführt. Die Gegner der A. wenden sich mit sittl. u. verfassungsrechtlichen Argumenten gegen den generellen Vorrang des Selbstbestimmungsrechts der Frau gegenüber dem Rechtsgut des Embryos, verweisen auf die normbildende Kraft strafrechtlicher Sanktionen u. betonen den vollgültigen Schutzanspruch des werdenden Lebens. Im Gegensatz zu dieser Argumentation der A.-Gegner steht der umstrittene Einwand, die Identität des Kindes u. das →Recht auf Leben seien erst Resultat eines sozialpsychologischen Prozesses u. weder der Embryo noch das Kleinkind ein Rechtsgut. Für die sittl. Argumente spricht die verfassungsrechtliche Absicherung des →Grundrechts auf Leben (Art. 2, 2 GG). Der Gesetzgeber kann daher Rechtfertigungsgründe für die A. nur als letztes Mittel, nicht aber prinzipiell anerkennen, um tatsächliche Gefahren für das Leben u. die körperliche u. seelische Gesundheit der Schwangeren u. des Kindes unter Berücksichtigung aller Lebensumstände abzuwenden.

Lit.: J. Baumann (Hrsg.), Das A.verbot des § 218, Darmstadt/Neuwied 1972; J. Gründel (Hrsg.), A. – pro u. contra, Innsbruck/Wien/München 1971; A. Kaufmann, Rechtsfreier Raum u. eigenverantwortliche Entscheidung, dargestellt am Problem des Schwangerschaftsabbruchs, in: Maurach-Festschrift, 1972; G. Rüpke, Persönlichkeitsrecht u. Schwangerschaftsunterbrechung sowie R. Spaemann, Am Ende der Debatte um § 218 u. Haben Ungeborene ein Recht auf Leben? in: Zeitschrift für Rechtspolitik (1974); G. Gorschenek (Hrsg.), Grundwerte in Staat u. Gesellschaft, München 1977; J. Wunderli, U. Weisshaupt (Hrsg.), Medizin im Widerspruch, Olten/Freiburg i. Br. 1977. *W. V.*

Abulie heißt die weitgehende strukturelle Unfähigkeit, das eigene Lebensschicksal in →freiwilliger Weise zu gestalten. Sie kann vorwiegend physiologische Ursachen haben (z. B. hirnorganische Schädigungen), ebenso können psychologisch-soziologische Gesichtspunkte in den Vordergrund rücken (wie bei →Suchterkrankungen, bei Neurosen u. Psychosen: →Krankheit). *A. S.*

Achtung →Gefühl, Pflicht.

Ärgernis →Moral u. Sitte.

Ästhetische Moral →Spiel.

Affekt →Leidenschaft.

Agape →Liebe.

Aggression →Gewalt.

Altern →Leben.

Altruismus →Wohlwollen.

Amoralismus →Nihilismus.

Analytische E →Metaethik, Methoden der E.

Anarchismus →Herrschaft.

Anerkennung →Kommunikation.

Angeborenes Verhalten →Instinkt.

Angst. Unter A. verstehen wir das Gefühl, in unserer ganzen Existenz ausgesetzt u. bedroht zu sein. Im Unterschied zur Furcht, die das Woher der Bedrohung als bestimmte Gefahr lokalisieren kann, bleibt es in der A. anonym u. unbestimmbar. Für die Besinnung auf das sittl. Handeln ist dieses Phänomen deshalb bedeutsam, weil durch es der →Handlungs- u. Entscheidungsspielraum des Menschen entscheidend vorbestimmt wird. Nach *Freud* machen vor allem die bedrohliche Einengung der menschlichen Existenz, der Verlust an bewußter Entscheidungsfähigkeit die A. zum Grundphänomen der Neurose (→Krankheit). Von seiten des unbewußt-libidinösen Verlangens erscheint die A. als Kehrseite des nicht befriedigten Wunsches. Sie ist die Art u. Weise, wie sich die unerledigten Spannungen im Seelenleben äußern. Von seiten der Realität gründet sie sich zuerst auf die Erfahrung wirklicher Gefahren etwa des drohenden Liebesverlustes (Real-A.). Ein dieser Gefahrensituation vorausgehendes Ereignis wird künftig als A.signal wahrgenommen, das zur Vermeidung der Situation mahnt. In jedem Fall ist damit eine Einschränkung der inneren oder äußeren Bewegungsfreiheit des Handelnden verbunden. Die klinische Erfahrung veranlaßte die Psychoanalyse, als Grundtendenzen die A. vor mitmenschlicher Nähe (schizoide A.), vor Näheverlust (depressive A.), vor Wandel u. Veränderung (zwanghafte A.), vor dem Bleibenden u. Beständigen (hysterische A.) zu unterscheiden. Mehr oder weniger ausgeprägt bilden sie den unbewußten Erfahrungshintergrund allen menschlichen Handelns. Sie können jedoch in einem derart bedrohlichen Maße anwachsen, daß sie die normalen Lebensäußerungen (→Liebe, →Arbeit, Genuß u. →Freude) erheblich einschränken. Die sittl. Verantwortung kann dann nur darin bestehen, ihre Wiederherstellung durch →Psychotherapie anzustreben. Diese ist allerdings nicht in der Lage, den Menschen a.frei zu machen, sondern nur die Bedingungen zu schaffen, daß er A. relativ eigenverantwortlich übernehmen kann. In bestimmter Hinsicht ist nach *Heidegger* die A. eine notwendige Bedingung menschlicher →Entscheidungsfähigkeit, da in ihr die Unwiderruflichkeit u. Einmaligkeit jeder zeitlichen Handlung bewußt wird (→existentialistische E). Während in der alltäglichen Existenzform, die im Besorgen der Dinge u. im Man aufgeht, diese A. verdeckt ist, wird sie in der existentiellen Wahl in der Sorge um die eigene Existenz angesichts des Todes offen gelegt.

Lit.: S. Kierkegaard, Der Begriff der A.; S. Freud, Hemmung, Symptom und A.; M. Heidegger, Sein und Zeit, Tübingen ⁹1960, § 40f.; W. v. Baeyer, W. v. Baeyer-Katte, A., Frankfurt 1973; F. Riemann, Grundformen der A., München ²1975.   *A. S.*

Anomalie →Norm.

Anomie →Gesellschaft.

Anpassung →Konformität.

Anstand →Moral u. Sitte.

Anthropologie →Mensch.

Antiautoritäre Erziehung →Autorität, Erziehung.

Antipathie →Liebe.

Antisemitismus   →Diskriminierung.

Antizipation →Utopie.

Apathie →Stoische E.

Arbeit, wiewohl im Alltag, in Mythos u. Dichtung der meisten Kultursprachen ein häufig gebrauchtes Wort mit wechselnder u. vielfältiger Bedeutung, wurde erst spät zu einem Terminus der philos. Reflexion (im Übergang von der auf agrarisch-handwerklicher Grundlage ruhenden Gesellschaft zur modernen industriellen Welt, v. a. durch *J. Locke, J.-J. Rousseau, A. Smith, G. W. F. Hegel, K. Marx, F. Engels*). Der vorphilos. Sprachgebrauch verweist auf drei grundlegende Bedeutungen: A. als Mühsal, Not, Beschwerde, A. als gewollte u. bewußte Tätigkeit zur Sicherung des Lebensunterhaltes u. Verbesserung der Lebensbedingungen u. A. als Resultat dieser Anstrengung: als *Leistung,* Werk. A. im heutigen Sprachgebrauch, in dem die Widerfahrnisbedeutung von A. verlorengegangen ist, meint Tätigkeit des Menschen in Abhängigkeit von Natur u. natürlicher Bedürftigkeit zum Zweck der Lebensunterhaltung u. -verbesserung. Durch planvolle An-

eignung, Indienstnahme u. Aufbereitung der Natur, durch ‚Produktion'
von Werkzeugen, von Gebrauchs- u.
Verbrauchsgütern unterscheidet sich
der Mensch vom Tier. So gesehen
wird die Genese des Wortes (lat. ar-
vum: Ackerland) ebenso wie die späte
begriffliche Präzisierung u. Interpretation des Phänomens A. verständlich
(*Rousseau* etwa spricht von A. erst im
Zusammenhang der Agrikultur, 2.
Disc. 2. Teil): Sie orientiert sich einseitig am Modell des Bearbeitens von
Grund u. Boden u. von Naturdingen,
nach dem Modell handwerklicher Tätigkeit, in der das arbeitende Subjekt
einen Stoff formiert. Sowohl die an-
tik-mittelalterliche Unterscheidung
von knechtischer A. u. freier Tätigkeit, von mühsamer Aufbereitung
widerständiger Natur (opera servilia)
u. von freier Betätigung in Kunst,
→Wissenschaft, Kult u. Staatsdienst
(opera liberalia) wie der neuzeitliche
Gedanke der Selbstschöpfung im Prozeß der Aneignung u. Unterwerfung
von Natur, in dem der Mensch sich in
seinen Produkten vergegenständlicht
u. aus der Naturabhängigkeit zu sich
selbst befreit u. herausbildet, haben
hier ihre Wurzel. In der Tat deckt die
Bearbeitung von Natur u. die Herstellung von Instrumenten, in denen
sich die generalisierten Erfahrungen
des Arbeitenden mit seinem Objekt
niederschlagen, einen Großteil von A.
ab, wenn auch A. sich nicht in Herstellen u. instrumentellem Handeln
erschöpft (vgl. etwa Sammeln u. Ja-
gen, Dienstleistungen etc.).

Bestimmt man A. indessen von ihrem Zweck her als jegliche planvolle
Leistung zur Sicherung des Lebensunterhaltes u. Verbesserung der Lebensbedingungen, so muß sie nach wie vor
als Grundbedingung menschlichen
Lebens u. Fundament aller Kulturlei-
stungen angesehen werden. Aber das
Recht der tradierten Abgrenzung von
A. u. Muße *(freie Zeit)*, von A. u.
→*Kommunikation*, von A. u. →Spiel
bleibt gewahrt. Während man immer
auch arbeitet, um zu leben (das Moment möglicher Selbstverwirklichung in der A. ist damit keineswegs
geleugnet), haben Mußetätigkeiten,
Spiel, z. T. auch kommunikative Praxis ihren Zweck in sich selbst. A. in
Gestalt handwerklich-technischen
Hervorbringens kann nicht zum Paradigma menschlichen Tätigseins überhaupt gemacht werden (so etwa bei *F.
Engels*), zwischen sprachlichem Handeln, kommunikativem Handeln u.
A. ist zu unterscheiden, erst aus ihrem
dialektischen Zusammenspiel u. nicht
durch Reduzierung der Interaktion
auf A. kann die Konstitutionsge-
schichte des Menschen u. der Gesellschaft zureichend verstanden werden.
Wie jener theologische Gedanke, der
A. als Fortführung u. Vollendung
göttlicher Schöpfungstat u. *A.ethos,
Berufsethos, Fleiß* als Signum sich be-
währender Auserwählung interpretiert (→Berufsethik), so überan-
strengt auch die Philosophie einen Begriff, wenn sie die „Erzeugung einer
gegenständlichen Welt" im Prozeß
der A., die produktive Tätigkeit zum
entscheidenden „Gattungscharakter
des Menschen" *(Marx)* macht. Eine
Entmythologisierung des A.begriffs
u. die Differenzierung des →Hand-
lungsbegriffs ist umso dringender, als
die A. in der technisch-industriellen
Welt durch die Einführung von Teil-
fertigung, des mechanisch-normier-

ten A.rhythmus u. der lückenlosen Kontrolle sowie des komplexen Systems der Dienstleistungen für den einzelnen (→Individuum) eine immer geringere Möglichkeit der Selbstrealisierung u. Befriedigung bietet.

Lit.: A. Smith, Der Wohlstand der Nationen; G. W. F. Hegel, Jenenser Realphilosophie; ders., Phänomenologie des Geistes, Abschnitt B: Selbstbewußtsein; ders., Rechtsphilosophie, III. Teil, 2. Abschn. A: Das System der Bedürfnisse; K. Marx, Ökonomisch-philosophische Manuskripte aus dem Jahre 1844; ders., Das Kapital, MEW Bd. 23–25; F. Engels, Anteil der A. an der Menschwerdung des Affen, MEW Bd. 20; M. Scheler, A. und E. (1899), in: Frühe Schriften, Bern 1971; F. Giese, Philosophie der A., Halle 1932; H. Marcuse, Die philosophischen Grundlagen des wirtschaftswissenschaftlichen A.begriffs (1932), Kultur u. Gesellschaft, Bd. II, Frankfurt/M. 1965; M. D. Chenu, Pour une théologie du travail, Paris 1955; J. Huizinga, Homo ludens. Vom Ursprung der Kultur im Spiel, Hamburg 1956; H. Arendt, Vita activa oder vom tätigen Leben, Stuttgart 1960; R. C. Kwant, Philosophy of Labour, Pittsburg 1960; J. Habermas, A. u. Interaktion, Technik u. Wissenschaft als ‚Ideologie', Frankfurt ²1968; M. Riedel, Art. A., Handb. philos. Grundbegriffe, Bd. I; W. Conze, Art. A., Geschichtliche Grundbegriffe, Bd. 1; Th. Ebert, Poiesis u. Praxis, Zeitschr. f. philos. Forsch. Bd. 30, 1976; J. Moltmann (Hrsg.), Recht auf A. – Sinn der A., München 1979. *M. F.*

Arbeitsethos →Arbeit.

Argumentation →Begründung.

Armut →Eigentum, Verzicht.

Askese →Verzicht.

Asozial →Sozialisation.

Ataraxie →Epikureische E, stoische E.

Atheismus →Gott.

Aufklärung →Moralkritik.

Ausbeutung →Entfremdung.

Ausnahmesituation →Notsituation.

Autarkie →Glück.

Autonomie →Freiheit.

Autorität nennen wir die natürliche oder erworbene Überlegenheit von Personen oder Institutionen, die eine Anerkennung ihres Vorranges u. ein Befolgen ihrer Anordnungen (*Gehorsam*) erwarten. In der →Sozialisation erfährt der heranwachsende Mensch eine strukturelle Überlegenheit der Erziehungspersonen, weil er bestimmte Funktionen zur Sicherung der eigenen Bedürfnisbefriedigung noch nicht selbst übernehmen u. daher noch nicht gleichberechtigt interagieren kann. Wenn sich die Erziehungspraxis an der Abwendung wirklicher Gefahren für das Kind u. an den realen Möglichkeiten der Bedürfnisbefriedigung orientiert, begründet sie natürliche A., die zu Recht ein Sich-einfügen fordern kann, sich aber in autoritäre oder *antiautoritäre* Erziehung pervertiert, wenn sie an deren Stelle das eigene Machtstreben oder die Indifferenz u. Beliebigkeit setzt. Im gesellschaftlich-politischen Leben ist die A. dann legitim, wenn der einzelne aufgrund eigener Entscheidung an ihr partizipieren kann (formale Anerkennung bzw. Autorisierung →Demokratie) u. seine wesentlichen Bedürfnisse in ihr befriedigt findet (inhaltliche Anerkennung). Legitime A. u. Einsicht bedingen sich gegenseitig. Institutionen werden dann autoritär, wenn sich der Herrschaftsanspruch einzelner oder weniger von der Zustimmung aller ablöst (Hierarchisierung der Macht) u. über ihre Bedürfnisse hinwegsetzt (→Entfremdung). Die antiautoritäre Reaktion dagegen betont abstrakt die Freiheit des einzelnen gegen alle gesellschaftliche Bindung (Anarchie). Beide Positionen schließen sittl. Handeln aus, die eine aufgrund mangelnder Selbstbestimmung des einzelnen, die andere aufgrund fehlender Übereinstimmung u. →Sitte.

Lit.: Th. Hobbes, Leviathan, Kap. 14–20; H. G. Gadamer, Wahrheit und Methode, Tübingen ²1965, S. 261 f.; H. Arendt, Was ist A.? in: Fragwürdige Traditionsbestände im politischen Denken der Gegenwart, Frankfurt o. J. (1957); Th. Eschenburg, Über A., Frankfurt 1965; H. Marcuse, Studie über A. u. Familie, in: Ideen zu einer kritischen Theorie der Gesellschaft, Frankfurt 1969.   *A. S.*

Axiologie →Wert.

B

Barmherzigkeit →Christliche E.

Bedeutung →Gesinnung, MetaE.

Bedürfnis. Das menschliche Handeln ist von B.en bestimmt. Im Unterschied zum Tier, bei dem ein großer Teil durch angeborene Auslösemechanismen u. Umweltfaktoren determiniert ist u. kausal die Reaktionen bestimmt, hat der Mensch durch Denken u. Sprache die Möglichkeit, sie als Motive seiner →Handlungen aufzunehmen, sie zu verwirklichen, zu modifizieren oder zu unterdrücken. Dadurch gewinnt er ein freieres u. →willentlicheres Verhältnis zu ihnen. Bedeutsam wird die Frage nach den B.en unter dem Blickwinkel, daß →sittl. Handeln die wahren, die „vernünftigen" B.e des Menschen aufgreifen und realisieren müsse. Die Bedürftigkeit des Menschen ist biologisch in der Notwendigkeit begründet, sich selbst erhalten u. fortpflanzen zu müssen. Wird der homöostatische Gleichgewichtszustand des Organismus mit seiner Umwelt unter- oder überschritten, dann treten Triebreize im Körperinnern auf, die wie Hunger, Durst u. sexuelle Reize auf Befriedigung drängen, um die Selbsterhaltung zu sichern. Diese körperlichen Vorgänge auf der Grundlage von Instinktresten, worin der Mensch Gemeinsamkeiten mit dem Tier hat, spiegeln sich auch in seinem Erleben (psychische Repräsentation) wider. In den Vorstellungen u. Affekten (→Leidenschaft) des Menschen drücken sich seine B.e aus. Wir nennen diese psychologische Seite der menschlichen B.e seine Wünsche. Triebreize u. Wünsche zusammen, d. h. die psychophysische Einheit der menschlichen B.e nennt *Freud Trieb.* Allein von seiner →instinktiven Basis u. seiner Naturausstattung her wäre der Mensch nicht in der Lage zu überleben. Seine biologische Undifferenziertheit, die *Gehlen* als Mängelwesen interpretiert, kann er nur durch die psychischen Funktionen des Gedächtnisses, der Phantasie, des Denkens u. Handelns ausgleichen, um seine B.befriedigung zu sichern. Dem Einzelmenschen gelingt es nicht, sie sicherzustellen, vielmehr ist er zur Interaktion mit seinen Mitmenschen genötigt. Obgleich die Inhalte der menschlichen B.e biologisch vorstrukturiert sind, liegen sie nicht endgültig fest, sondern werden durch gesellschaftliche Prozesse u. die psychische Verarbeitung des Einzelmenschen modifiziert u. weiterentwickelt.

Der frühkindliche Versuch, die Befriedigung in ungeschiedener Einheit u. unmittelbar von den Pflegepersonen zu erhalten, wird schon früh versagt. Je nach Stand der körperlichen Reifung u. psychologischen Entwicklung muß das Kind lernen, seine B.befriedigung von Stufe zu Stufe differenzierter zu organisieren, so z. B. seine Befriedigung aufzuschieben, zu →verzichten, um sie durch Zwischenschritte des Denkens u. Handelns zu erarbeiten. Dabei ist es abhängig von dem, was durch die Pflegepersonen an B.en gesellschaftlich akzeptiert wird u. möglich ist. Die Diskrepanz zwischen den eigenen B.sen u. dem gesellschaftlich Erlaubten wird verinnerlicht u. führt zu einer psychologischen Aufgliederung der Bedürfnisse in solche, die nie zugelassen oder wieder verdrängt wurden (die Esbedürfnisse), solche, die gegenüber der Realität vertretbar sind (die Ichbedürfnisse oder *Interessen*), solche, die die gesellschaftlichen Verbote repräsentieren (die Über-Ich-, Schuld- oder Strafbedürfnisse). Da sogar ein großer Anteil der Ichb. oder Interessen dem einzelnen gesellschaftlich vermittelt wird, ohne daß ihm

dies bewußt wird, ist es schwierig, seine wahren B.e u. Interessen zu erkennen. Zum Teil sind sie im Prozeß gesellschaftlicher Entwicklung zurückgeblieben u. zu unbewußten Esanteilen geworden (*Adorno*). Damit aber sind sie dem reflexen Wissen um sich solange unzugänglich, als sie nicht durch affektive Erfahrung wiederbelebt u. in die Einheit der →Person reintegriert werden. – Die B.befriedigung kann allein in Auseinandersetzung mit der Natur u. den Mitmenschen erreicht werden, d. h. sie ist durch →Arbeit vermittelt. Die Abhängigkeit der Arbeit des Einzelnen von der aller anderen führt zur Arbeitsteilung u. zugleich zu einer Weiterdifferenzierung der B.e (*Hegel*). Die Frage, ob jeder Arbeitende für seine eigenen B.e produziert, scheint nur solange positiv beantwortbar, als er in geeigneter Form den Produktionsprozeß mitbestimmen kann. Wo dies nicht der Fall ist, wie bei der Entgegensetzung von Kapital u. Arbeit zuzeiten der ersten industriellen Revolution (*Marx*) oder in gegenwärtigen ökonomischen Organisationsformen ohne geeignete Mitbestimmung, erhebt sich die Frage, ob sich nicht die ökonomische Entwicklung von der eigentlichen B.lage der Menschen entfernt, künstliche B.e produziert u. zur Luxus- oder Konsumgesellschaft fortschreitet. Die gesellschaftliche Seite der B.entwicklung verlangt vom sittl. Handelnden zu prüfen, ob die wahren menschlichen B.e mit den sozial anerkannten übereinstimmen oder nicht.

Lit.: G. W. F. Hegel, Grundlinien der Philosophie des Rechts, §§ 188–200; S.

Freud, Triebe u. Triebschicksale; A. Gehlen, Der Mensch, Frankfurt a. M. 1971; Th. W. Adorno, Zum Verhältnis von Soziologie und Psychologie, Schriften Bd. 8, Frankfurt a. M. 1972, S. 42f.; D. Claessens, Instinkt, Psyche, Geltung, Köln-Opladen ²1970; S. Moser u. a. (Hrsg.), Die wahren B.e, Stuttgart 1977; W. Vossenkuhl, Zur Legitimationsfunktion sozialer B.e, in: C. Hubig e. a. (Hrsg.), Konsequenzen kritischer Wissenschaftstheorie, Berlin 1978, S. 189–215; A. Schöpf, Sittl. Handeln u. historischer Sinn, in: Philos. Jahrb. Bd. 86, 1979.   *A. S.*

Befindlichkeit →Existentialistische E.

Begegnung →Kommunikation.

Begierde →Leidenschaft.

Begründung. Welches Handeln sittl. geboten, verboten oder erlaubt ist – dessen sind sich die Menschen nicht immer sicher, u. noch weniger sind sie sich untereinander darüber einig. In drei Stufen zunehmender Radikalität beziehen sich Unsicherheit u. Uneinigkeit entweder auf die Anwendung einer Handlungsmaxime (→Norm) in einer konkreten Situation oder auf die Sittlichkeit der Maxime oder das Kriterium u. Prinzip der Sittlichkeit, dabei auch auf die Grundfrage, warum man sich überhaupt auf den Standpunkt der →Sittlichkeit stellen u. nicht auf dem des →Selbstinteresses verbleiben soll. Diese Fragen zu beantworten ist das Ziel der (*Normen-*)B. Sie ist nur dort belanglos, wo man glaubt, sittl. Urteile aufstellen zu können, ohne sie selbst oder ihre Kriterien zu überprüfen. Im Gegensatz zu einem solchen *Dogmatismus* sucht die →E seit der griechischen Aufklärung (*Sophisten, Sokrates*) auch im Bereich von →Moral u. Sitte nach rationaler *Argumentation*, nach B. oder *Rechtfertigung*. Zwar findet man häufig sowohl Gründe für als auch wider die Richtigkeit gewisser Maximen. Aber daraus folgt noch nicht, daß der Bereich des Praktischen einem objektiven *Erkennen* nicht zugänglich sei (*Skeptizismus*).

Eine philosophisch zufriedenstellende B. ist ein zweiteiliger, methodisch mehrfach differenzierter Prozeß (→Methoden der E). Der erste Teil ist reduktiv: Nach der Vorfrage, warum es überhaupt normative Anforderungen braucht, sucht man in einer Selbstreflexion des sittl. Bewußtseins dieses auf sein Prinzip u. Kriterium zurückzuführen. Dazu muß man bei einem konkreten sittlichen Urteil (der Synthesis einer sittl. Maxime mit den wechselnden Situationsbedingungen) vom nicht-sittl. Element (den Situationsbedingungen, auch von geschichtlich-gesellschaftlichen Vorgaben) abstrahieren, ebenso von den verschiedenen Inhalten der Maximen, so daß nur eine formale Gleichheit, die Qualität des Sittl. selbst übrigbleibt. Das ist der Begriff einer Verpflichtung, die schlechthin oder unbedingt gültig ist, d. h. unabhängig von den zufälligen Gegebenheiten individueller, geschichtlich-gesellschaftlicher, selbst gattungsmäßiger Natur. Sittl. Gebote oder Verbote sind objektiv, notwendig u. allgemein (für jedes Vernunftwesen) gültig. Sie haben ihren Ursprung in der Selbstbestimmung des Willens (Prinzip →Freiheit im Sinne von Autonomie). Letztlich ist man nicht deshalb sittl., weil es dem langfristigen eigenen oder gemeinsamen Wohlergehen (→Utilitarismus) dient, sondern weil man nur beim sittl. Handeln selbstgesetzten Geboten folgt, also im strengen Sinn frei ist. Das Kriterium für die Autonomie eines Handelns ist die Verallgemeinerbarkeit der Maxime, der das Handeln folgt (→kategorischer Imperativ). Ebenso kann man sagen, daß eine Maxime sittl. ist, die ein idealer (unparteiischer u. rationaler) Beobachter wählen bzw. die aus einer idealen Beratungssituation (→*Rawls*, →konstruktive E, →kritische Theorie) hervorgehen würde.

Der zweite Teil der B. ist deduktiv: Mit Hilfe der genannten Kriterien kann man Handlungsmaximen, somit auch unsere moralischen Alltagsurteile auf ihre Sittlichkeit hin prüfen u. sie bestätigen oder revidieren. Im Gegensatz zur Vorstellung einer mechanischen Subsumptionsmöglichkeit schreiben die entsprechend begründeten Maximen in der Regel noch kein konkretes Handeln vor. Sie haben vielmehr die methodische Bedeutung von normativen Leitprinzipien, die (wie: Versprechen zu halten, anderen in Not zu helfen, aber auch wie das Prinzip des →Utilitarismus oder die →Goldene Regel) einen weiteren methodischen Schritt erfordern. Aufgrund von oft umfangreichen empirischen Kenntnissen u. teilweise recht komplizierten Beurteilungsprozessen (z. B. gilt es, die fremde Not zu erkennen, sie genau zu diagnostizieren u. die rechten Mittel der Hilfe zu finden) sind die Leitprinzipien →situationsgemäß anzuwenden.

Durch die B. wird weder der sittl. Standpunkt noch ein konkretes sittl. Urteil aus dem Nichts hervorge-bracht. Eine gelebte Moral, ein schon vorhandenes sittl. Bewußtsein werden vielmehr über sich selbst aufgeklärt, evtl. auch kritisiert (→Moralkritik). Durch die Erkenntnis des Prinzips sieht man, daß sittl. Gebote nicht eine Sache willkürlicher Dezision oder persönlichen Gefühls, nicht eine Frage der Herkunft, des Taktes oder der eingespielten Konvention u. letztlich auch nicht bloß Gebote einer religiösen Instanz sind. Der Mensch wird sich vielmehr seiner Autonomie bewußt. Zugleich gewinnt er das Kriterium, nach dem sich die Autonomie seines Handelns prüfen läßt.

Lit.: I. Kant, Grundleg. z. Metaphysik der Sitten; ders., Kritik der praktischen Vernunft; V. Kraft, Die Grundlager der Erkenntnis u. der Moral, Berlin 1968, 2. Teil; J. Rawls, Ein Entscheidungsverfahren f. d. normat. E, München 1976; ders., Gerechtigkeit als Fairneß, Freiburg-München 1977, S. 34ff; K. Baier, Der Standpunkt der Moral, Düsseldorf 1974; R. M. Hare, Freiheit u. Vernunft, Düsseldorf 1973; O. Höffe, E u. Politik, Frankfurt 1979, Kap. 2, 3, 8; F. Kambartel (Hrsg.), Praktische Philosophie u. konstruktive Wissenschaftstheorie, Frankfurt 1974; W. Oelmüller (Hrsg.), Materialien zur Normendiskussion, 3 Bde., Paderborn 1978–79; A. Pieper, Pragmat. u. e Normenb., Freiburg/München 1979. *C. H.*

Behaviorismus →Belohnen u. Bestrafen, Strafe.

Belohnen u. Bestrafen sind mitmenschlich-gesellschaftliche Tätigkeiten, in denen eine Seite ihre Forderungen gegenüber der anderen dadurch wirksam zu machen versucht, daß sie die Erfüllung mit einem Vorteil bzw. die Nichterfüllung mit einem Nachteil verbindet. Die Aspekte von B. u. B. sind ansatzweise in allen menschlichen Interaktionen zu finden, besonders in jenen Bereichen, in denen die natürliche oder erworbene Überlegenheit bestimmter Personen oder Gruppen (→Autorität) die Beziehungen bestimmt: in →Sozialisation u. →Erziehung, →Krankheit u. Therapie (→Psychotherapie) sowie im politischen Leben. Zur Frage der sittl. Berechtigung ist es nötig, verschiedene Auffassungen von B. u. B. zu unterscheiden. Eine erste enthüllt sich, wenn wir die Dimension menschlichen Handelns auf die Unterschicht der →Bedürfnisbefriedigung u. hier ausschließlich auf die physiologische Schicht des Organismus im Verhältnis zu seiner Umwelt reduzieren. Die Verhaltenspsychologie nimmt an, daß der menschliche Organismus in einer dem Tier vergleichbaren Weise gemäß dem kausalen *Reiz(Stimulus)-Reaktionsmuster* (S-R-Schema) auf seine Umwelt reagiert. Alle Lernfortschritte im Verhalten entstehen durch B. u. B. von seiten der Umwelt. Die Theorie der klassischen *Konditionierung (Pawlow)* bediente sich der sog. bedingten Reflexe des Organismus (z. B. Magensaftsekretion beim Anblick von Speisen, Schließen der Augenlider bei Gefahr), um dem natürlichen Auslöser (z. B. Speise) einen anderen künstlichen zu unterschieben (z. B. Läuten einer Glocke; neutraler Stimulus). Durch die Paarung beider Stimuli lernt der Organismus auch auf das Läuten hin mit Magensaftsekretion zu reagieren (konditionierter Stimulus), weil er sozusagen über lange Zeit durch Bereitstellen von Speisen

belohnt wurde. Die Theorie des operanten Konditionierens (*Skinner*) erweiterte diese mechanische Art des Lernens durch B. u. B. auf alles Verhalten. Jedes zufällig auftretende (= operante) Verhalten kann demzufolge in der Häufigkeit seines Auftretens (Emissionsrate) gesteigert werden, wenn ihm nachfolgend entweder Belohnung (Darbieten eines positiven oder Entzug eines negativen Verstärkers) oder Bestrafung (Darbieten eines negativen oder Entzug eines positiven Verstärkers) erfolgt. Als Verstärker gelten dabei alle pragmatisch gesehen erfolgreichen Stimuli. Eine philosophische Theorie, die ihre Erklärung von Mensch u. Gesellschaft ausschließlich auf dieses von der Umwelt bestimmte Verhalten stützt, heißt *Behaviorismus* (engl. behavior: Verhalten, Betragen). Diese Richtung wurde durch *J. B. Watson* begründet. B. u. B. erscheinen hier durch die Abstraktion vom psychischen Erleben, insbesondere von der Symbolisierungsfähigkeit sprachlichen Erlebens als Moment eines →deterministischen Umweltverhältnisses u. schließen Steuerung (Dressur) ein. Die sittl. Fragwürdigkeit dieser Auffassung besteht darin, daß sie sich methodisch „jenseits von Freiheit u. Würde" (*Skinner*) weiß u. daher leicht zur Manipulation des Menschen verwandt werden kann.

Wenn wir jedoch die Abstraktion der Verhaltenspsychologie aufheben u. in das Verhältnis des Organismus zu seiner Umwelt die spezifisch menschlichen Fähigkeiten der Verarbeitung von Erlebnissen durch Denken u. Sprache einbeziehen, wandelt sich der Sinn von B. u. B. Es ist dann

nicht mehr wissenschaftlich gleich-
gültig, welcher Art die gesellschaftlichen Forderungen sind, die durch Belohnung u. Bestrafung den Charakter
von *Sanktionen* erhalten, u. es ist nicht
nur eine Frage der Effektivität, wie
das Verhalten des →Individuums am
besten gesteuert werden kann. Die
Psychoanalyse unterscheidet zwischen autoritativen Forderungen, die
dem Individuum einen überflüssigen
→Verzicht abnötigen, u. den Anforderungen der Realität, die den Stand
des natürlich u. gesellschaftlich Notwendigen repräsentieren. Während
B. u. B. im Dienste der Unterdrük-
kung (punitiver Begriff von B. u. B.)
die Einschränkung des Selbst durch
innerpsychischen Zwang betreiben,
ermöglichen B. u. B. im Dienste der
Realität die Entwicklung eines Spiel-
raums an eigener Verarbeitungsmög-
lichkeit u. ein relativ eigenständiges
Selbst. Weil sie sich an eigene Einsicht
u. →freie Stellungnahme wenden, äußern sie sich sprachlich in Zustimmung u. Ablehnung, emotional in
Liebeszuwendung oder Entzug (per-
missiver Begriff von B. u. B.). In diesem Falle sprechen wir eher von *Lob*
u. *Tadel* (*Aristoteles*).
Im Bereich der →Sozialisation, in
dem wir die künftige Selbständigkeit
des Menschen antizipieren müssen,
wird eine realitätsgerechte Erziehung
sich an der permissiven Form von B.
u. B. orientieren. Im Bereich von
→Krankheit u. →Therapie verlangt
es die →Verantwortung gegenüber
dem Kranken, solange mit seiner
Einsicht u. Selbständigkeit zu arbei-
ten, als noch Ansätze dafür vorhanden sind (→Medizin u. E). Die Techniken der Verhaltenssteuerung bedürfen der Zustimmung des Kranken
oder können (z. B. bei schweren
hirnorganischen Schädigungen) in
stellvertretender Verantwortung für
unmündiges menschliches Leben
wirksam eingesetzt werden. Im Bereich des politischen Lebens werden
sich B. u. B. an der Idee des →Rechts
orientieren u. bei der Verbrechensbe-
kämpfung vor allem die Angemes-
senheit der Mittel für den Zweck eines freien u. gemeinschaftlichen politischen Lebens bedenken (→Strafe).

Lit.: Aristoteles, Nikomach. E, Buch III;
S. Freud, Das Unbehagen in der Kultur,
Werke Bd. XIV; J. Pawlow, Die bedingten Reflexe, München 1972; B. F. Skinner, Wissenschaft u. menschliches Verhalten, München 1953; ders., Jenseits
von Würde u. Freiheit, Reinbek–Hamburg 1973; Ch. Kraiker (Hrsg.), Handbuch der Verhaltenstherapie, München
²1975.   *A. S.*

Beratung →Konstruktive E.

Beruf →Arbeit.

Berufsethik bezeichnet den Teilbe-
reich moralphilosophischer Theorien,
der sich mit jenen →Pflichten befaßt,
die sich aus den spezifischen Aufgaben der verschiedenen Berufe einer
arbeitsteiligen →Gesellschaft ergeben. In einem umfassenden Sinn wird
von B. dann gesprochen, wenn eine
Theorie des guten →Lebens die berufliche Tätigkeit als für die →Sittlich-
keit u. Selbstentfaltung der →Person
konstitutiv erachtet. In Ansätzen
wurde B. erst von der →stoischen E
entwickelt. Der klassischen griechischen Philosophie ist der Gedanke einer B. fremd, wohl durch mangelnde
positive Arbeitsgesinnung bei der

Oberschicht u. durch den rechtlich wie politisch unfreien Status der arbeitenden Bevölkerung bedingt. Die →teleologische Orientierung der E u. die Bestimmung des →Ziels als geglückten Lebens von Freien u. Gleichen in politischer Handlungsgemeinschaft ließen →Arbeit als unfreie Tätigkeit nicht ins Blickfeld treten. Ebenso traten im Urchristentum irdischer Berufseifer u. Berufsethos hinter der Erwartung des nahen Endes zurück. Das frühe Mittelalter konzentrierte sich auf den privilegierten Weg geistlicher Berufung. Durch *Luther* wurden der weltliche Beruf zur Berufung durch →Gott u. der Dienst am gottgewiesenen Platz zum Gottesdienst. Der reformierte Protestantismus *Calvins* schließlich wertete den Beruf zum Feld äußerer Bewährung u. Bekundung innerer Erwählung durch Gott, Berufseifer u. -erfolg zum zeitlichen Signum ewigen Heils auf. Der deutsche Idealismus säkularisierte dieses theologisch begründete Berufsethos u. verstand Berufsarbeit als Möglichkeit der Selbstentfaltung der Person. Industrielle Revolution u. technische Entwicklung führten zu weitgehender Entmythologisierung dieser Auffassung. Beruf wird zunehmend verstanden als Ergebnis gesellschaftlich notwendiger Arbeitsteilung u. fachlicher Spezialisierung u. als Mittel zum Erwerb des Lebensunterhalts. Ein spezifisches Berufsethos wird allenfalls von jenen Berufen erwartet bzw. beansprucht, deren Aufgabe das funktionale Spielregelsystem der Tausch- u. Marktgesellschaft transzendiert (Arzt, Wissenschaftler, Politiker, Künstler etc.: →Medizin u. E, →WissenschaftsE).

Lit.: A. Auer, Zum christlichen Verständnis der Berufsarbeit nach Thomas v. Aquin u. Luther, 1953; Max Weber, Die protestantische E, I, Hamburg ³1973; ders., Der Beruf zur Politik; Vom inneren Beruf zur Wissenschaft, in: M. Weber, Soziologie. Universalgeschichtliche Analysen. Politik, Stuttgart ⁵1973; A. Müller, B. Schnyder (Hrsg.), Berufsethische Fragen, Freiburg i. Ü. 1969. *M. F.*

Besitz →Eigentum.

Besonnenheit (gr. sophrosyne, lat. temperantia) hat seit den Anfängen der E ihren Ort unter den vier Kardinaltugenden, die als Grundtugenden die notwendige Voraussetzung für sittl. Vervollkommnung darstellen (→Tapferkeit, →Klugheit, →Gerechtigkeit). Während die umgangssprachliche Verwendung des Wortes B. die →Tugend vernünftig abwägenden Verhaltens im Gegensatz zu distanzlos unmittelbarer Affektivität u. zu maßloser Begierde überhaupt benennt, ist der Bedeutungshorizont von B. in der philosophischen Terminologie (der *platonisch-aristotelischen* Tradition) enger gefaßt: B. als Tugend des rechten *Maßes* bezüglich *leiblicher* Begierde u. Lustempfindung. Das griechische Wort sophrosyne meint zunächst ganz allgemein den ‚gesunden Sinn‘, der sich durch die Bestimmung des Sich-selbst-Kennens, durch die Fähigkeit, sich mit den Augen der Anderen zu sehen im objektivierenden Bewußtsein eigener Möglichkeiten u. Grenzen, im vernünftigen Verhalten gegen Götter u. Menschen sowie in der ordnenden (Selbst-) Beherrschung der ‚blinden‘ Begierden äußert. *Platon* betont vor allem den politischen Aspekt dieser

Tugend. B. als „Mäßigung der Begierden" (Politeia 430e) bringt sowohl in der Seele wie in der Polis das Bessere über das Schlechtere zu ordnender Herrschaft. In engem Anschluß an Platons Seelenmodell, doch nun ausschließlich auf die Person des Handelnden u. seine Leiblichkeit bezogen, definiert *Aristoteles* B. als die Tugend jenes irrationalen Seelenteils des Menschen, der die mit den Tieren gemeinsamen Kräfte, Begierden u. entsprechenden Formen des Genießens zum Zweck der Erhaltung des Lebens enthält. B. ist die Tugend der Mäßigkeit im Essen, Trinken u. Zeugen, die gehörige Mitte hinsichtlich leiblicher Begierde u. Lustempfindung, die Tugend vernunftgeleiteter Ordnung natürlichen Begehrens u. Genießens. Darin unterscheidet sie sich von der Tugend der *Selbstbeherrschung* (enkrateia), die nicht natürliche Begierden ordnet, sondern gegen unvernünftiges Begehren ankämpft. Diese spezifische Bedeutung von B. erhält sich über *Thomas v. Aquin* bis in die deutsche Schulphilosophie hinein. In der Neuzeit wird der Begriff zum Teil aus dem Rahmen der Tugendlehre gelöst u. zur Grundkategorie der Anthropologie erhoben: B. als Fähigkeit zur Reflexion u. damit als Voraussetzung der Sprache *(Herder)*, B. als Fähigkeit, zum Augenblick Distanz zu gewinnen u. damit als Voraussetzung jeder Kulturleistung *(Schopenhauer)*.

Lit.: Platon, Charmides; Aristoteles, Nikomach. E, Buch III, 13–15; Thomas v. Aquin, S. theol. II, II, qu. 141; ders., Quaestio disp. de virtutibus cardinalibus; A. Gehlen, Der Mensch, Bonn ⁶1958, S. 88f.; J. Pieper, Zucht u. Maß,

München ⁸1960; N. North, Sophrosyne, Self-Knowledge and Self-Restraint in Greek Literature, Cornell Studies in Class. Phil. Bd. 35, 1966. *M. F.*

Bestrafen →Belohnen u. Bestrafen, Strafe.

Bildung →Erziehung.

Billigkeit →Gerechtigkeit.

Die **Bioethik** (gr. bios, Leben) befaßt sich mit sittl. Fragen von Geburt, →Leben u. Tod, insbesondere im Hinblick auf neuere Entwicklungen u. Möglichkeiten der biologisch-medizinischen Forschung u. Therapie. Sie untersucht u. a. die sittl. Problematik von →Abtreibung, Sterilisation u. Geburtenregelung, →(Gen-) Manipulation, Sterbehilfe/Euthanasie u. Humanexperimenten (→medizinische E). In den USA gibt es eigene Forschungsinstitute zur B.

Lit.: L. Walters, Bibliography of Bioethics, Detroit 1977ff.; W. T. Reich (Hrsg.), Encyclopedia of Bioethics, 4 Bde, New York 1978; Zeitschriften: The Hastings Center Report, 1970ff.; The Kennedy Institute Quarterly Report, 1975ff. *O. H.*

Biologismus (griech. bios: Leben) ist eine →Ideologie, die die natürlichen u. organischen Bedingungen des →Lebens, seiner Entwicklung (→evolutionistische E) u. Erhaltung als Basis der gesamten physischen u. geistigen Wirklichkeit des →Menschen u. der →Gesellschaft betrachtet. Der B. leitet von den biologischen Lebensbedingungen u. →Bedürfnissen des Menschen, seinen Erbanlagen u. Umweltbedingungen sowohl die →Normen des Handelns wie die Prinzipien des Erkennens ab. Als

→Weltanschauung diente der B. dem Nationalsozialismus als pseudowissenschaftliche Absicherung des Rassismus (→Diskriminierung).

Lit.: H. G. Holle, Allgemeine Biologie als Grundlage für Weltanschauung u. Politik, München ²1925; L. v. Bertalanffy, Das biologische Weltbild, Bern 1949; G. Ewald, Der biologisch-anthropologische Aufbau der Persönlichkeit, Stuttgart 1959.   *W. V.*

Böse, das. Das B. ist als Gegensatz zum →Guten das schlechthin Verwerfliche. Da alles, was ist, gut ist *(Augustinus),* hat der metaphysische Begriff des B. keine Eigenwirklichkeit. Das B. ist danach nicht nur die Verneinung oder der Mangel des Guten, sondern entweder dessen radikaler Gegensatz (dualistischer Begriff des B.: *J. S. Mill)* oder innerhalb einer universellen Harmonie des Guten aufgehoben (monistischer Begriff des B.: *Spinoza).* Das B. setzt sich in seiner dualistischen Auffassung der radikalen Negation des Guten selbst als bejahbares „Gutes", während es nach der monistischen Auslegung lediglich eine Folge unvollständigen menschlichen Wissens ist, das, wäre es vollkommen, keinen Begriff des B. kennen würde. Als moralischer Begriff wird das B. an einem bestimmten, von religiösen Wertsetzungen u. sittl. →Normen abhängigen Gut gemessen u. der Schwäche des menschlichen →Willens im Handeln angelastet. Das moralische B. bedarf wie das metaphysische B. eines bösen Willens, der sich (in seiner Bosheit) bejaht u. bei absolutem Vorrang der Maximen der Selbstliebe des radikalen B. *(Kant),* der Umkehrung der sittl. Ordnung,

fähig ist. Beide Begriffe des B. bezeichnen daher einen Konflikt eines einzelnen, sich selbst absolut setzenden Willens mit einem bestimmten Guten. – Es ist das Grundproblem der *Theodizee* (griech. theos: Gott; dike: Recht), wie es das B. geben könne, wenn es →Gott gibt. Diese „Rechtfertigung Gottes" durch menschliche Vernunft *(Leibniz)* geht von der apriorischen Unvereinbarkeit des B. mit dem allmächtigen, allwissenden Gott aus u. sucht nach Erklärungsgründen in der →Schuld der Menschen u. der →Freiheit des endlichen Geistes. Gott schafft jedoch durch das B. das Gute *(Luther);* das B. hebt sich aufgrund seiner inneren Widersprüchlichkeit selbst auf *(Kant)* oder verschwindet als Übergangsphänomen des subjektiven (Moralität) im objektiven Geist (→Sittlichkeit: *Hegel).*

Die Möglichkeit des B. ist als grundsätzliche Fehlbarkeit für das Wesen des →Menschen kennzeichnend: Er verfehlt in seinem Handeln immer schon die Synthese von Endlichkeit u. Unendlichkeit. Diese „Disproportion" u. Urschwäche *(P. Ricœur)* macht ihn zum B. fähig. Hinter diese Fähigkeit läßt sich das B. nicht zurückverfolgen; es ist seinem Ursprung nach unaufklärbar. Das Faktum des B. kann aus der Schwäche des Menschen nur hervorgehen, weil es im Handeln von ihm gesetzt wird. Die Fähigkeit u. das Faktum des B. werden von der E, die eine sittl. →Erziehung des Menschen fordert, vorausgesetzt. Im Übergang von der Möglichkeit zur Wirklichkeit des B., zur willentlichen Verfehlung, liegt der Grund menschlicher Schuld. Die

→christliche E versteht daher die *Sünde* nicht als unumgängliches Faktum, sondern als frei gewählte u. zu verantwortende willentliche Ablehnung des Guten. Auch als Verzweiflung u. Angst vor dem B. *(Kierkegaard)* ist die Sünde ein Nein des Willens zu Gott, der diese Schuld durch seinen Tod u. seine Auferstehung überwindet.

Im Unterschied zum sittl. B. ist das *Übel* nicht von Willen oder sittl. Entscheidungen abhängig, sondern auf Empfindungen von Unlust, Schmerz u. Mangel bezogen. Übel können als Folgen von Handlungen aus Unwissenheit oder unter äußerem Zwang durch Überlegung u. das Wissen um die Umstände u. den Zweck des Handelns gemildert oder vermieden werden *(Aristoteles)*. – Als reparable Entartungserscheinung in der Naturgeschichte der menschlichen Aggression (→Gewalt) betrachtet die Verhaltensforschung *(K. Lorenz)* das B. Sie reduziert damit das B. auf ein biologisches u. psychisches Phänomen, ohne dessen moralischen, von bewußter menschlicher →Entscheidung abhängigen u. daher verantwortbaren Charakter hinreichend zu berücksichtigen.

Lit.: Aristoteles, Nikom. E, Buch III; B. de Spinoza, Die E, Teil I; G. W. Leibniz, Die Theodizee, Hamburg [2]1968; I. Kant, Kritik der praktischen Vernunft, A 101–126; ders., Die Religion innerhalb der Grenzen der bloßen Vernunft, 1.–3. Stück; G. W. F. Hegel, Rechtsphilosophie, Das Gute u. das Gewissen; S. Kierkegaard, Der Begriff Angst, Kap. 4; J. S. Mill, Three Essays on Religion, London 1875, S. 186 ff.; B. Welte, Über das B., Freiburg 1959; K. Lorenz, Das sogenannte B., Wien 1963, Abschn. 3; J. Hick, Evil and the God of Love, London [2]1970, Teil I; P. Ricœur, Symbolik des B., Freiburg/München 1971, Teil I, Kap. 2, 3; A. Plantinga, God, Freedom and Evil, London 1975.
                                                    W. V.

Brauch →Moral u. Sitte.

Brüderlichkeit →Wohlwollen.

Buddhistische Ethik. Die im Buddhismus (Buddha, Sanskrit: der Erwachte, der Erleuchtete; Ehrentitel des Stifters *Siddharta*, genannt Gotama) enthaltene →E stellt weder eine systematische Moralphilosophie noch eine göttliche Offenbarung, vielmehr den Weg zur Erleuchtung dar (als dem endgültigen und vollständigen Freisein von allen Fesseln u. →Leiden des weltlichen, weil →individuellen Lebens), gelehrt von dem, der diesen Weg gegangen ist. Ausgangspunkt der b. E ist der Grundsatz vom Leiden, zusammengefaßt in den „Vier heiligen Wahrheiten": (1) Alles →Leben ist unablässigem Leiden unterworfen, das die →Freuden so weit überwiegt, daß es besser wäre, niemals geboren zu sein. (2) Ursprung des Leidens sind die →Leidenschaften (die Begierde nach Lust, der →Wille zum →Leben). (3) Die Befreiung von den Leidenschaften hebt alles Leiden auf. (4) Der Weg zur Aufhebung des Leidens ist der „heilige, achtfache Pfad". Er zeigt, wie man sich durch →sittl. Selbst- →Erziehung nach u. nach von allen Trieben u. Illusionen freimacht: rechte Anschauung (gemäß den Lehren Buddhas), rechte Gesinnung, rechtes Reden, rechtes →Handeln, rechtes Leben, rechtes →Streben (als beständige geistige Wachsamkeit), rechtes Denken u.

rechtes Sichversenken. Der heilige Pfad enthält sittl. Grundhaltungen (→Tugenden), keine detaillierten Vorschriften u. ist so für die individuell u. soziokulturell wechselnden Umstände des Lebens offen. Er gilt seit Buddha als der „Mittlere Weg" zwischen den beiden Extremen: der Hingabe an die weltlichen, sinnlichen Leidenschaften u. Freuden einerseits u. der an die Selbstabtötung, die asketischen Freuden andererseits. Besondere Bedeutung kommt der *Meditation* (→Spiritualität) zu, über deren verschiedene „Techniken" und Stufen detaillierte Anweisungen u. Beschreibungen vorliegen. Für den *Zen*(-Buddhismus) (japan.: Selbstversenkung) besteht sie im wesentlichen in der Übung der in einer bestimmten Sitzhaltung vorgenommenen, unter der Anleitung von Meistern geübten Kontemplation.

Letztes Ziel des heiligen Pfades ist das *Nirwana* (Sanskrit: das Verwehen): die Erleuchtung u. Erlösung als vollständiges Aufhören aller Leidenschaften, jedes Lebenstriebes. Es ist ein Zustand, den der Heilige durch stufenweise Vernichtung der Kardinallaster Haß, Gier u. Wahn u. damit verbunden der Komponenten von Individualität erlangt, so daß keine Wiedergeburt in einer individuellen Existenz mehr möglich (u. notwendig) ist. Vom Standpunkt des weltlichen Menschen ist das Nirwana ein Nichts. Wer es aber erreicht hat, empfindet es als eine unsagbare, überweltliche Wonne: als die schlechthin vollendete Stufe von →Glück u. →Frieden. – Für die eine Richtung des Buddhismus, den *Hinayana* („kleines Fahrzeug" für den Weg zur Erleuchtung) liegt das

Nirwana in der Abkehr von der Welt. Der *Manayana* („großes Fahrzeug") hält dagegen mindestens gelegentlich ein Nirwana, das „dem Verlöschen einer Lampe gleicht", nur für eine niedere Form. Die wahre, höchste Form ist keine negative Haltung der Weltentsagung, sondern die dynamische u. aktive der Weltüberlegenheit, in der ein Heiliger – für alle Zeit von Nichtwissen, Leidenschaft u. Leid frei – unter Aufopferung u. Selbstverleugnung beständig für das Wohl aller Lebewesen arbeitet: Grundprinzip u. Ideal der b. E ist die Entwicklung einer Haltung des Mitleids oder →Wohlwollens, der (Nächsten-) →Liebe u. →Freundschaft zu allem Lebendigen, die keinen verletzt, beleidigt, verachtet usw. Diese Haltung wird verstanden als Erweiterung der Grenzen seines Selbst durch Niederreißen der Grenzen zwischen sich u. anderen. Man gewinnt sie vor allem durch Meditation. Aufgrund der meditativen Auflösung der individuellen Existenz in die sie konstituierenden Komponenten wird man vom Begriff des Ego frei u. schrittweise zur schließlich grenzenlosen: alle Menschen, selbst alle Lebewesen umfassenden Ausdehnung des Selbst geführt.

Während sich der heilige Pfad vor allem an den Mönch wendet, fordert die b. E vom „Laien" die Beachtung von fünf Verboten: nicht töten, nicht stehlen, nicht lügen, keinen unerlaubten Geschlechtsverkehr ausüben u. keine berauschenden Getränke zu genießen. Als Grundkriterium des sittl. richtigen Verhaltens kennt die b. E. auch die →Goldene Regel. – Die b. E lehnt den in der →hinduistischen E gelehrten Vorrang der Brahmanen u. überhaupt das Kastenwesen als göttliche Institution ab. Die Mönchsorden kennen deshalb keine Kastenunterschiede. Gleichwohl zielt die b. E nicht auf Gesellschaftsreform, sondern nur auf die persönliche Vollkommenheit, die Erleuchtung ab.

Lit.: C. Regamey, B. Philosophie, München 1950; K. E. Neumann, Die Reden Gotamo Buddhas, 3 Bde., Zürich-Wien 1956 f.; E. Conze (Hrsg.), Im Zeichen Buddhas (b. Texte), Frankfurt-Hamburg 1957; E. Conze, Der Buddhismus, Stuttgart u. a. [6]1977; Buddha. Reden, Aus dem Pâlikanon, Stuttgart [2]1971; H. Dumoulin (Hrsg.), Buddhismus der Gegenwart, Freiburg/B. 1970; ders., Begegnung mit dem Buddhismus, Freiburg/B. u. a. 1978; D. T. Suzuki, Die große Befreiung. Einführung in den Zen-Buddhismus, Darmstadt [7]1976; H. Nakamura, The Basic Teachings of Buddhism, in: H. Dumoulin u. a. (Hrsg.), Buddhism in the Modern World, New York - London 1976; H. Dumoulin, Der Erleuchtungsweg des Zen im Buddhismus, Frankfurt 1976; G. Szczesny, Die eine Botschaft u. die vielen Wege, Reinbek 1978; Pfad zur Erleuchtung, b. Grundtexte, Düsseldorf/Köln 1975.   *O. H.*

Bürgerliche Gesellschaft →Gesellschaft.

C

Chancengleichheit →Erziehung, Gleichheit.

Charakter →Tugend.

Chiliasmus →Utopie.

Chinesische u. japanische Ethik. Die c. u. j. E wurde vor dem Einfluß der →buddhistischen E in China u. Japan durch die teilweise gegensätzlichen religiösen u. philosophischen Lehren des Taoismus (begründet durch *Lao-tse,* 6. Jh. v. Chr.) u. des Konfuzianismus (begründet durch *Konfuzius,* 6./5. Jh. v. Chr.) geprägt. *Tao* heißt der Weg der sittl. Vervollkommnung des Menschen u. gleichzeitig das eine unveränderliche metaphysische Prinzip der Erschaffung u. ständigen Formung der Welt u. des Himmels. Für den Taoismus gilt der Grundsatz, daß es in der Natur nichts gibt, was nicht schon vollkommen wäre. Da auf dieser Basis die Prinzipien von →Natur u. →Moral harmonisch miteinander übereinstimmen, der →Mensch aber mit seinen Zielen immer in Gegensatz zur Natur gerät u. selbstsüchtig handelt, ist die höchste sittl. Maxime der Verzicht auf Selbstbestimmung, individuelle Wünsche u. jegliches Handeln. Wenn der Mensch dieses Ideal der Selbstaufgabe u. des Nicht-Handelns erreicht hat, kann er die sittl. →Tugenden erfüllen: frei von Ruhm, Selbstsucht u. →Gewalt zu handeln u. Unrecht mit Güte zu vergelten. Unsterblichkeit gewinnt er, wenn er über die spirituellen Übungen hinaus bestimmte Diätvorschriften (Verbot von Fleisch, Reis u. Getreide) gewissenhaft beachtet. →Glück ist aber primär spirituell durch Indifferenz nach außen u. den Gehorsam gegenüber einer inneren interesselosen Lebendigkeit erreichbar. Auch die staatliche →Herrschaft müsse tatenlos bleiben u. nur durch das Beispiel der Weisheit u. Vollkommenheit des Herrschers regieren. Der Taoismus verbindet mit diesem Laissez-faire-Prinzip der Herrschaft eine

→SozialE, die Luxus auf seiten der Mächtigen bei gleichzeitiger Armut des Volkes ebenso verurteilt wie Krieg.

Eine Veränderung der Welt zum Guten durch sittl. Prinzipien u. einen weisen Herrscher erstrebt auch der *Konfuzianismus.* Er wendet sich aber nicht wie der Taoismus gegen →Wissenschaft u. →Kultur u. fordert weder einen Handlungsverzicht noch ein wirklichkeitsfremdes einfaches Leben, sondern den „vollkommenen Menschen", der weise, menschlich, mutig u. gerecht handelt. Güte, →Wohlwollen, Mitgefühl u. Menschenliebe sollen auf dem Weg (Tao) der sittl. Ordnung als der einzigen Möglichkeit der geistigen Selbstentfaltung geübt werden. Auch Konfuzius wünscht eine →Gesellschaft, die von tugendhaften Menschen regiert wird. Er glaubt aber nicht an die vollkommene Beseitigung des →Bösen, sondern an dessen Kontrollierbarkeit, an die Macht sittl. Überzeugung u. Überredung, aber nicht durch Gesetz (→Recht) u. →Strafe, sondern durch vorgelebtes Beispiel. Obwohl auch der Konfuzianismus Weisheit als Ausführung eines kosmischen, aus der →Ordnung der Natur stammenden Einflusses betrachtet, versteht er sittl. Vollkommenheit im Unterschied zum Taoismus als individuelle Selbstbestimmung (→Freiheit).

Wenn jede auf Selbstbestimmung gerichtete sittl. Bemühung nach der Auffassung des Taoismus die →Wahrheit des →Lebens verfehlt, läßt sich das sittl. Handeln nicht mehr vom unsittl. unterscheiden; die Kriterien sittl. Handelns werden damit nivelliert. Dies ist neben dem mysti-

schen Naturbegriff des Tao ein Grund dafür, daß sich der Taoismus heute nicht mehr als E, sondern nur mehr als Magie u. Aberglaube in japanischen Sekten behaupten kann. Der Konfuzianismus, vor allem seine →standese Festigung der →Familienstruktur u. der absoluten Monarchie wurden seit Beginn des 20. Jahrhunderts u. verstärkt durch den chinesischen Kommunismus für die politische, wissenschaftliche u. soziale Rückständigkeit Chinas verantwortlich gemacht. Grundelemente des Konfuzianismus konnten sich aber in der japanischen E bis in die Gegenwart behaupten *(N. Tetsuro).*

Lit.: G. K. Piovesana, Recent Japanese Philosophical Thought, 1862–1962, Tokio 1963, bes. S. 131–145; G. Staiger, Das Konfuzius-Bild im kommunistischen China, Wiesbaden 1969; W. Schilling, Einst Konfuzius – heute Mao Tse-Tung, Weilheim 1971; G. Beky, Die Welt des Tao, Freiburg/München 1972; C.-M. Edsman, Die Hauptreligionen des heutigen Asiens, Tübingen 1976, S. 28 ff. *W. V.*

Christliche Ethik stellt insofern eine problematische Begriffsverbindung dar, als einerseits in der Geschichte des Christentums auftretende rationale Analysen, Argumentationen u. Theorien bezüglich des sittl. u. geglückten Lebens weder methodisch noch inhaltlich etwas genuin Christliches enthalten, als zum anderen spezifisch christl. Momente in den Auffassungen über Bedingungen, Mittel u. Ziele des guten Lebens wie der Methodik ihrer Erkenntnis sich dem philosophischen Anspruch auf rein rationale →Begründung entziehen.

(a) Die →Sittlichkeit des Alten wie

des Neuen Testaments versteht sich als gläubig-praktische Antwort des Menschen auf den verpflichtenden göttlichen Anspruch. Legitimationsgrund der →Normen u. Verhaltensregeln ist die Heiligkeit u. Allmacht des Gottes, das Ziel des sittl. Lebens die beglückende Partizipation des Menschen am Heil, das →Gott selbst ist u. er allein zu verleihen vermag. Das biblische Ethos preist nicht den trefflichen Menschen u. den Weg selbstmächtiger →Tugend (dies wäre Hochmut); es rühmt die Heiligkeit, Macht, →Gerechtigkeit, →Liebe u. das Erbarmen des Herrn, der seine Herrlichkeit im Tun des gehorsamen Volkes bzw. von einzelnen offenbart. Christl. Moral ist theonom u. theozentrisch (→theologische E). Im Glauben an die historische Person Jesus als den gottgesandten Christus gewinnt sie das Paradigma eines gottgefälligen Lebens, das zur Nachfolge verpflichtet (Vorbild-E). Seine sittl. Botschaft findet sich im Neuen Testament in Weisungen u. Parabeln, in →Tugend-, Lasterkatalogen u. Haustafeln ausgedrückt. Sieht man von deren Verschränkung mit der endzeitlichen Naherwartung ab, derzufolge viele radikale Forderungen Jesu wie der urchristlichen Gemeinden als zeitbedingte Mahnungen angesichts des drohenden Gerichts u. als Einlaßbedingungen für die nahe Gottesherrschaft verstanden werden müssen, so enthält sie wenig für das Christentum Spezielles u. findet sich z. T. auch im hellenistischen Judentum u. in der hellenistischen Popularphilosophie. Verallgemeinernd kann gesagt werden, daß Jesus vor allem in den in der Bergpredigt gesammelten Weisungen

(Matthäus 5 ff.; Lukas 6) einerseits die alttestamentlichen Gebote des Dekalogs (Exodus 20, →jüdische E) als Zusammenfassung des Gotteswillens anerkennt (Markus 10, 17–19), andererseits jedoch universalisiert, radikalisiert u. verinnerlicht. Entscheidend wird das Doppelgebot der Gottes- u. Nächstenliebe (Markus 12, 28 ff., Matthäus 22, 37 ff.), das sowohl seiner (teilweisen) partikular-völkischen Begrenzung im Alten Testament (Leviticus 19, 18; Deuteronomium 15, 2 ff., 23, 20; Psalm 137) entledigt wird als auch die ‚heidnischen‘ Tugenden der Achtung, Billigkeit, Gerechtigkeit u. →Freundschaft (v. a. im Gebot der Feindesliebe Matthäus 5, 44 ff.) überbietet. Diese →Liebe, die sich in die Teiltugenden der Geduld, der Sanftmut, der *Barmherzigkeit,* der Friedfertigkeit, der Gelassenheit im Unrechtleiden u. des sich verschwendenden Einsatzes für Andere gliedert (Matthäus 5), schafft befreiende Gemeinschaft mit dem zum Sünder gewordenen Mitmenschen u. läßt sich nicht mit Mitteln der ‚Weisheit dieser Welt‘, sondern nur in der gnadenhaftgläubigen Teilhabe am endzeitlichen Heilswerk Christi verstehen u. realisieren.

(b) Das Ausbleiben der Parusie machte den Schritt der urchristl. Gemeinden der Heiligen in die profane Geschichte notwendig. In der allmählichen Übernahme von Theorien stoischer (etwa durch *Clemens v. Alexandreia*), neuplatonischer *(Irenäus, Augustinus)* u. aristotelischer *(Albertus Magnus, Thomas v. Aquin)* E dokumentiert sich das Ringen des Christentums um eine Synthese von natürlichem Moralgesetz u. Evangelium.

Die Grundprobleme dieser c. E. konzentrieren sich auf die Bestimmung des Verhältnisses von Natur u. Übernatur, von Sünde u. Erlösung, von →Freiheit u. Gnade. Im Gegensatz zur klassischen griechischen Auffassung, die sittl. Verfehlung als Irrtum bzw. Schwäche der →Vernunft gegenüber der →Leidenschaft bestimmt, versteht das Christentum im Anschluß an alttestamentliche Gedanken die Sünde als freies Wollen des →Bösen, als bewußte Auflehnung gegen Gott u. seine Schöpfungsordnung, deren Folge die schuldhafte Verderbnis des Menschen unter der Herrschaft dämonischer Mächte ist. Ist konkrete Sünde so Resultat freier persönlicher Wahl, so sieht c. E. sie zudem als Aktualisierung eines vorgegebenen sündhaften Habitus *(Erbsünde)*, der durch die Verfehlung Adams auf alle Nachkommen übergeht und nur durch den (gnadenhaften) Glauben an die Erlösung durch Christus aufgehoben werden kann (vgl. Paulus, Röm 5, 12ff.).

In der Interpretation dieser Sündhaftigkeit des nichterlösten Menschen unterscheiden sich die Kirchen. Während der Protestantismus dieses vorgängige Sein in der Sünde als freie Urtat des je eigenen Willens ansieht, der gleichwohl nicht das Bleiben in Gottes Willen u. das Zurückkehren in ihn als eigene Wahlmöglichkeit besitzt, betrifft im katholischen Verständnis die Erbsünde substantiell nur die übernatürliche, nicht aber die natürliche Konstitution des Menschen. Für die protestantischen Kirchen stellt somit die Konfrontation, in der sich die eschatologisch erfaßte Person des Christgläubigen u. der in der profa-

nen Welt lebende mündige Mensch befindet, ein schwer lösbares Problem dar. Die reformatorische Absicht, sich nicht von einem gesetzlichen Denken, sondern allein von der Heilsbotschaft in Christus leiten zu lassen (sola fide, sola scriptura), versteht das jeweilige Handeln Gottes als das Gebot, das je neu zu hören sei u. sich nicht auf anthropologische u. geschöpfliche Vorbedingungen stützt. Gleichwohl gilt es, das in Christus bereits angebrochene Reich Gottes, das in seiner erwarteten Wiederkunft seiner Vollendung entgegensieht, in sittl. Weltverhalten tätig mitzugestalten. So hat die Reformation keine einheitliche systematische E, aber immer wieder Spielarten eines sozial u. politisch eminent wirksamen Ethos entwickelt: z. B. im Calvinismus englischer Prägung *(Puritanismus)* mit seiner eigenartigen Verschränkung von Bewährung des Glaubens in einem asketischen Leben u. energischer Weltgestaltung oder im *Pietismus,* der die Pflege gläubiger Innerlichkeit mit einem tätigen Christentum verbindet.

Auf der Basis der Unterscheidung von Natur u. Übernatur u. ihrer teleologischen Beziehung in der Gnadenlehre (die Gnade setzt die Natur voraus u. vollendet sie) kann die katholische →Moraltheologie eine von den heilsgeschichtlichen Dogmen relativ unabhängige allgemeine E entwickeln (bestehend v. a. aus stoischem →Naturrecht u. aristotelischer Tugendlehre), die durch die theologischen Theoreme der Heilstaten Gottes in Christus u. seiner Kirche nicht außer Geltung gesetzt, sondern positiv überhöht wird. In diesem Sinn wird selbst dem ‚Heiden‘, der sich nicht bewußt u. willentlich der Gnade des Glaubens verschließt, die wenn auch erschwerte Möglichkeit eines guten Lebens u. eine (denkbare) natürliche Glückseligkeit im Jenseits zugestanden. Im Ausgang von einer rationalen, natürlichen E beinhaltet dann die Moraltheologie die Lehre von den religiös-sittl. Verpflichtungen die durch die Taufe zum übernatürlichen Sein erhobenen Menschen. Die Aufgabe der Bewahrung u. Vermehrung der empfangenen Rechtfertigung erfüllt sich in der Pflege des Glaubens (u der Erfüllung kultischer Obligationen), der →Hoffnung u. der tätigen christl. Liebe. Neben der E von den notwendigen Anforderungen tritt schließlich Existenz noch jene eines vollkommenen Status, für den die evangelischen Räte der Armut, des Gehorsams u. der Keuschheit konstitutiv sind (Matthäus 19, 12; 19, 21; *Thomas v. Aquin,* Summa theol. I. II q. 100 a 2, q 108 a 4; Summa c. gent. III, 30) u. in dem die Radikalität der eschatologischen Jesus-E aufbewahrt bleibt. Seit der industriellen Revolution u. der Emanzipation des vierten Standes, die die Kirchen in einem verhängnisvollen Bündnis mit bestehenden Staats- u. Gesellschaftsformen vorfanden, besinnt sich der Katholizismus schließlich wieder im Anschluß an *Thomas v. Aquin* auf Probleme einer christl. →SozialE. In entsprechenden Enzykliken der Päpste werden jene Normen entfaltet, die in allen Gesellschaftsformen verpflichtende Gültigkeit besitzen: der einzelne ist für das →Gemeinwohl u. die Gemeinschaft für das Wohl des einzelnen verantwortlich (das *Solidaritätsprinzip*); was

das →Individuum oder die untergeordnete Gruppe zu leisten vermag, soll von der übergeordneten Gemeinschaft unterstützt, aber nicht selbst erledigt werden *(Subsidiaritätsprinzip).* Kern dieser SozialE ist die Vermittlung kollektivistischer u. individualistischer Antithesen.

Lit.: J. Mausbach/G. Ermecke, Katholische Moraltheologie, Münster Bd. I–II ⁹1959, Bd. III ¹⁰1961; Max Weber, Die protestantische E, 2 Bde Hamburg ³1973; D. Bonhoeffer, E, München ³1956; F. Tillmann (Hrsg.), Handbuch der katholischen Sittenlehre, 5 Bde, Düsseldorf 1947–1953; H. van Oyen, Evangelische E, 2 Bde, Basel 1952–1957; B. Häring, Das Gesetz Christi, Freiburg ⁶1961; R. Schnackenburg, Die sittliche Botschaft des Neuen Testamentes, München ²1962; E. Neuhäusler, Anspruch u. Antwort Gottes, Düsseldorf 1962; A. Auer, Autonome Moral u. christl. Glaube, Düsseldorf 1971; F. Böckle, Fundamentalmoral, München 1977; Handbuch der c. E.   *M. F.*

Christliche Tugenden →Christliche E, Tugend.

Common Sense (lat. sensus communis, frz. sens commun, bon sens, dt. Gemeinsinn, gesunder Menschenverstand) benennt ein Urteilsvermögen, das ohne Hilfe von Verstandesargumenten u. Vernunftschlüssen, im Ausgang von Sinneserfahrung, Alltagspraxis u. unmittelbarem sittl. Empfinden, Einsichten über lebensrelevante Probleme vermittelt. (a) Das lat. Wort sensus communis geht zurück auf die *aristotelische* Konzeption eines Gemeinsinnes (koine aisthesis: De anima 425 a 14ff.), der die verschiedenen Daten der äußeren Sinne zu einer einheitlichen Gegenstandswahrnehmung vereint (so auch bei *Thomas v. Aquin,* Summa theol. I-I, q 1 a 3 u. q 78 a 4). Dieser psychologisch-erkenntnistheoretische Sinn des Wortes schwingt heute nur noch insofern nach, als die Berufung auf den C.S. sich in der Regel gegen erkenntnistheoretische Skepsis wie gegen übertriebene Spekulation richtet: die Erkenntnis der Welt durch die Sinne ist über alle theoretischen Probleme erhaben u. praktisch legitimiert. (b) Die heute vorherrschende Bedeutung von C. S. meint den „gesunden Sinn" überhaupt, der sich als theoretische u. praktische Urteilskraft im normalen Verstehen von u. im praktischen Umgang mit Alltagsangelegenheiten dokumentiert: ein Sinn für das konkret Gegebene, das je Machbare, das sittl. Gebotene, der gleichsam instinktiv u. ex tempore arbeitet u. deshalb durch ein Wissen aus allgemeinen Prinzipien nicht ersetzbar ist (→Klugheit). Eine zentrale systematische Funktion erhielt der Begriff in der C. S.-Philosophie der Schottischen Schule (*Th. Reid, D. Steward, J. Beattie* u. a.): der C. S. als Quelle ursprünglicher u. natürlicher Urteile bezüglich fundamentaler Lebensfragen (Existenz →Gottes, Unsterblichkeit der →Seele, Existenz der Außenwelt etc.) u. als Berufungsinstanz gegen philosophische Skepsis u. Spekulation. Diese Tradition reicht von der griechischen Popularphilosophie u. der römischen Klassik *(Cicero)* über die Schotten bis in die analytische Philosophie der Gegenwart *(G. E. Moore).* (c) Die dritte Bedeutung ist spezifisch e bzw. naturrechtlicher Art (so im Anschluß an spätantike Vorstellungen bei *Vico* u. *Shaftesbury,* vor allem

aber präsent im frz. bon sens): der C. S. als „Gemeinsinn" ist natürliche Quelle der Erkenntnis des dem Gemeinwesen Nützlichen wie Ursache gesellig-gesellschaftlichen Verhaltens. (d) Das deutsche Wort „*gesunder Menschenverstand"* hat, zumindest seit *Kant,* gleichfalls eine primär praktische Bedeutung; es meint (im Gegensatz zur reinen Theorie) einmal ein der Regeln Kundigsein in Fällen der Anwendung, den Besitz angemessener Begriffe „zum Zwecke ihres Gebrauchs" (Anthropologie § 41), zum anderen die (unreflektierte, aber gesunde) sittl. Urteilsfähigkeit des gemeinen Mannes (Grundl. z. Metaph. d. Sitt., Abschn. 1). Der gesunde Menschenverstand ist brauchbar bei Urteilen, „die in der Erfahrung unmittelbar Anwendung finden", nicht jedoch in Fragen der →Wissenschaft (Prolegomena, Vorrede).

Lit.: G. B. Vico, De nostri temporis studiorum ratione; A. Shaftesbury, Sensus Communis; Th. Reid, An Inquiry into the Human Mind on the Principles of C. S.; G. E. Moore, Eine Verteidigung des C. s., Frankfurt 1969; N. Isaacs, The Foundations of C. S., London 1949; S. A. Grave, The Scottish Philosophy of C. S., Oxford 1960; H. G. Gadamer, Wahrheit u. Methode, Tübingen [2]1965, S. 16ff. *M. F.*

D

Dankbarkeit →Wohlwollen.

Darwinismus →Sozialdarwinismus.

Dasein →Existentialistische E.

Dekalog →Jüdische E.

Demokratie (griech., Volksherr-
schaft) bezeichnet nicht nur eine bestimmte Staatsform, sondern allgemein eine sozio-politische Lebensform. Als Staatsform ist D. ein
→Herrschafts–System, dessen Macht
vom Volk abgeleitet wird (Volkssouveränität) u. das den gemeinsamen
Willen (nicht die Summe der Einzel-
willen) des Volkes in parlamentarischen Gremien direkt (Rätesystem)
oder indirekt (repräsentative D.) repräsentieren u. durch die Regierung
u. Rechtsprechung durchsetzen soll.
Die *politische Beteiligung,* die Mitwirkungsrechte der Bürger an der Gesetzgebung, primär durch aktives u.
passives Wahlrecht, werden durch die
Organisationsprinzipien des Mehr-
heitsprinzips u. der *Gewaltenteilung*
formal gesichert: den Mißbrauch
staatlicher Macht soll deren Aufteilung in die unabhängigen Organe der
Gesetzgebung, Rechtsprechung u.
Regierung verhindern. Die Freiheitssphäre des Bürgers wird durch die
Bindung der Staatsgewalt an Gesetze,
insbesondere die →Grundrechte gewahrt (Rechtsstaatlichkeit). Die Regierung wird von einer Mehrheit des
Parlaments, einer Partei oder Koali-
tion gebildet u. von einer verfassungsmäßig gesicherten *Opposition*
kontrolliert (*Parlamentarismus*). Als
Leitprinzipien dieser Organisation
gelten die Grundrechte, die mit den
weiteren Regelungen der →Verfas-
sung allgemeine, direkte, freie, gleiche u. geheime Wahlen, ein Mehrpar-
teiensystem, eine parlamentarische
Opposition, eine unabhängige
Rechtsprechung u. Verfassungsge-
richtsbarkeit gewährleisten sollen.
Die materialen Elemente der D. sind

neben Volkssouveränität u. Rechtsstaatlichkeit vor allem →Freiheit u.
→Gleichheit. Sie bilden die normativen politischen, sozialen, ökonomischen u. kulturellen Kriterien der D.,
nicht nur als Staats-, sondern allgemein als Lebensform. Die Forderung
nach D. geht von der Annahme aus,
daß ohne diese Leitprinzipien u. ohne
die Gültigkeit der formalen u. materialen Kriterien der D. Menschen zu
Werkzeugen anderer Menschen gemacht u. in ihren angeborenen Rechten unterdrückt werden können, ohne
daß dies geahndet werden könnte. D.
basiert auf der Grundforderung, daß
das Recht auf Selbstverwirklichung
u. →Glück dem Menschen als Glied
einer →Gesellschaft unveräußerlich
ist. Jedes Herrschafts-System, das dieses Recht leugnet, ist nicht vernünftig
legitimierbar. Spezifisch für die D. ist
die e Rechtfertigbarkeit ihrer Herrschaft mit Hilfe der jeweils besten Lösung der Aufgaben des →Gemein-
wohls, der möglichst geringen Einschränkung der individuellen Freiheit
u. der größtmöglichen Mitwirkung
des einzelnen (*Partizipation*) an der
Festlegung u. Verwirklichung humaner →Normen, auch in Form der *Mitbestimmung* der Arbeitnehmer an ökonomischen Entscheidungen.

Die Geschichte des demokratischen
Denkens hat sich auf die beiden
Grundprobleme konzentriert, die
→Rechte einer Gesellschaft so festzu-
legen, daß sie von allen Mitgliedern
auch gegenüber dem →Staat geteilt
werden können u. ihre rechtlichen
Mittel durch die Teilung der →Ge-
walt langfristig sichern. Als beste Methode zur Lösung dieser Probleme gilt
seit *Aristoteles* vernünftige Überle-

gung, ohne die keine gerechte Herrschaft legitimierbar ist. Die rationale →Legitimation der Normen u. →Entscheidungen, mit der die Gültigkeit der Normen selbst wieder rechtfertigbar wird, ist das e Postulat sowohl der politischen wie der sozialen u. ökonomischen Bereiche der D. Normen wie →Verantwortung, Uneigennützigkeit, →Toleranz sind erst auf der Basis dieses e Postulats für die Sicherung des Gemeinwohls, den Schutz vor →Manipulation u. die Kontrolle des Einflusses von Gruppeninteressen zu realisieren. Voraussetzungen ihrer Realisierung sind einmal die Mündigkeit der Bürger, ihre Fähigkeit, Ziele u. Handlungen eigenverantwortlich im Rahmen der gesetzlichen Normen zu bestimmen, u. zum andern die politische Willensbildung als Möglichkeit, Ziele, Interessen u. Bedürfnisse zu erkennen u. zu artikulieren. Dem Postulat der rationalen Legitimation kommt dabei die besondere Bedeutung zu, orientiert an den Zielen der Verfassung einseitige Interessen von gesellschaftlich notwendigen u. zumutbaren Erfordernissen unterscheidbar u. die politischen, rechtlichen oder ökonomischen Entscheidungen einsehbar zu machen. Der Grad der Selbst- und Mitbestimmung, der dabei erreicht wird, hängt einmal von den institutionell geregelten Verfahren u. den formalen Kriterien der D. ab, zum andern von der Anerkennung u. Verwirklichung der materialen humanen Leitprinzipien der Verfassung, die in den Verfassungs- u. Gesetzestexten nicht als unmittelbare Handlungsanweisungen, sondern nur als Rahmenbedingungen vorliegen. D. hat in der Pflicht zur Rationalität u. zur Rechtfertigung des Handelns die e Grundlagen des für sie gültigen engen u. kritischen Wechselverhältnisses zwischen E u. →Politik.

Lit.: Montesquieu, Vom Geist der Gesetze, Buch 3, 5, 8, 11, 12, 13; Rousseau, Der Gesellschaftsvertrag; A. de Tocqueville, Über die D. in Amerika, München 1976, Teil II (1835), Kap. 6–9; B. M. Barry, Neue Politische Ökonomie, ökonomische u. soziologische D.-Theorie, Frankfurt / New York 1975; R. A. Dahl, Vorstufen zur D.-Theorie, Tübingen 1976; J. Habermas, Strukturwandel der Öffentlichkeit, Neuwied/ Berlin ³1968; P. Hartmann, Interessenpluralismus u. politische Entscheidung, Zum Problem politisch-e Verhaltens in der D., Heidelberg 1968; R. Löwenthal (Hrsg.), Die D. im Wandel der Gesellschaft, Berlin 1963; F. Neumann, Demokratischer u. autoritärer Staat, Frankfurt 1967; J. A. Schumpeter, Kapitalismus, Sozialismus u. D., München ³1972, Kap. 20–23; W. Conze u. a., D., in: Geschichtliche Grundbegriffe, Bd. 1; O. Negt, Keine D. ohne Sozialismus, Frankfurt 1976; C. B. Macpherson, Demokratietheorie, München 1977; O. Höffe, Die Menschenrechte als Legitimation demokratischer Politik, in: Freiburger Zeitschrift für Philosophie u. Theologie Bd. 26, 1979; J. Lively, Democracy, Oxford 1979.   *W. V.*

Demut →Gott.

Deontische Logik. Die d. L. (griech. to déon: das Erforderliche, die „Pflicht"), auch *Normenlogik* genannt, ist eine von *Bentham* begründete, als eigene Forschungsrichtung aber noch sehr junge Disziplin, die normative Sätze: *Gebote* (Pflichten, Verpflichtungen), *Verbote* u. *Erlaubnisse* (→Rechte) formallogisch analysiert.

Diese L. der d. Operatoren „geboten" (obligatorisch), „verboten" u. „erlaubt" ist, wie man schon im Mittelalter gesehen hat, der ModalL. der Operatoren „notwendig", „unmöglich" u. „möglich" analog. (Ein weiterer d. Operator, „indifferent" – gebotsneutral – bezeichnet →Handlungen, die erlaubt, aber nicht geboten sind.) Die d. L. formuliert u. systematisiert Prinzipien wie „nichts kann zugleich geboten u. verboten sein"; „was geboten ist, ist auch erlaubt"; „was verboten ist, dessen Unterlassung ist geboten". Als formale L. untersucht sie im Unterschied zur →(normativen) E nicht das, wozu man wirklich verpflichtet ist. Sie interessiert sich nicht für die Richtigkeit normativer Sätze, sondern ausschließlich für die formale Schlüssigkeit, die Folgerichtigkeit zwischen beliebigen normativen Sätzen. Sie betrifft das widerspruchsfreie, das konsistente Gebieten u. Verbieten, so wie die AussagenL. das konsistente Aussagen betrifft. Da →Normen jede Art von vorschreibenden, steuernden, kontrollierenden u. beurteilenden Verhaltensregeln bedeuten, es der →E aber nur um eine besondere Art geht, ist die d. L. für sie unspezifisch. Sie ist ebenso für die Rechtswissenschaft, die →Politik- u. Gesellschaftstheorie, die →Entscheidungs- u. Planungstheorie von Bedeutung. – Eine für die E spezifische d. L. arbeitet im Anschluß an *Kants* →kategorischen Imperativ mit dem *Universalisierungsprinzip,* mit dessen Hilfe sittl. von nichtsittl. Normen abgehoben werden sollen. Um dies zu erreichen, kann man sich aber nicht auf die äußere Form des normativen Satzes berufen. Denn nicht das Fehlen

jeder Bedingung definiert einen kategorischen (praktisch unbedingten oder →sittl.) Imperativ, genauso wenig wie das Vorliegen irgendeines Bedingungsverhältnisses, sprachlich eines Wenn-dann-Satzes, einen hypothetischen (praktisch bedingten oder nichtsittl.) Imperativ anzeigt. Kategorische Imperative mögen zwar unter Voraussetzung eines bestimmten Situationstypes gelten, sie sind gleichwohl sittl. verbindlich, weil sie ohne jede Rücksicht auf Interessen und Wünsche des Handelnden auskommen (z. B. „Wenn jemand dir Geld geliehen hat, dann zahle es vereinbarungsgemäß zurück"), während der Imperativ „Achte auf deine Gesundheit" ohne Situationsbedingungen formuliert ist, trotzdem nur hypothetisch, nämlich unter Voraussetzung des Wunsches gilt, →glücklich zu sein.

Mit der d. L. verwandt, jedoch älter als sie, ist der *praktische Syllogismus.* Er hat dieselbe Struktur wie ein wissenschaftlicher (theoretischer) Syllogismus, nur bezieht er sich auf Handeln: Aus zwei Prämissen, deren →Wahrheit bzw. Richtigkeit nicht zur Debatte steht, dem allgemeinen Obersatz u. dem besonderen oder individuellen Untersatz, folgt logisch notwendig der Schlußsatz, die Konklusion. *Aristoteles* verwendet ihn als formales Denkmodell, um die Struktur des Handelns zu erläutern, u. zwar jedes, nicht bloß des sittl., nicht einmal nur des spezifisch menschlichen Handelns. Eine Handlung verdanke sich dem Moment des →Strebens, das ein relativ allgemeines →Ziel verfolge, u. dem der Überlegung bzw. Empfindung, das das entsprechende besondere Mittel bestimme, so daß die Handlung als Schlußsatz aus einem Ober- u. Untersatz verstanden werden könne: „Weil A das Verlangen hat, q herbeizuführen, u. weil A glaubt, bzw. die Empfindung hat, um q herbeizuführen, müsse er p tun, macht sich A daran, p zu tun." – Man kann den praktischen Syllogismus auch verwenden, um z. B. aus einem allgemeinen Gebot u. einer singulären Tatsachenaussage ein singuläres Gebot, eine konkrete Handlungsvorschrift, abzuleiten (Du sollst Notleidenden helfen; hier ist jemand in Not; also: Du sollst ihm helfen). Aus Tatsachenaussagen allein läßt sich dagegen kein Gebot erschließen (naturalistischer Fehlschluß: →MetaE).

Lit.: R. M. Hare, Die Sprache der Moral, Frankfurt 1972; ders., Practical Inferences, London 1971, bes. Kap. 1, 2 u. 4; G. E. M. Anscombe, Intention, Oxford ²1963; G. H. v. Wright, Norm u. Handlung, Königstein 1979; ders., Handlung, Norm u. Intention. Untersuchungen zur d. L., Berlin-New York 1977; R. Hilpinen (Hrsg.), Deontic Logic, Dordrecht 1971; G. Kalinowski, Einführung in die Normenlogik, Frankfurt 1972; F. v. Kutschera, Einführung in die L. der Normen, Werte u. Entscheidungen, Freiburg/München 1973, Kap. 1; H. Lenk (Hrsg.), NormenL., Pullach 1974; D. L. u. Semantik, Wiesbaden 1977 (ital. Bologna 1977: Bibliographie). *O. H.*

Deontologische E →Normative E.

Desintegration →Krankheit.

Deskriptive E →E.

Determination im e Sinn heißt die vielfache Bedingtheit menschlicher Praxis im persönlichen, sozialen u. politischen Bereich. D. ist nicht nur der E, sondern auch dem Alltagsbewußtsein seit langem vertraut, in ihren verschiedenen Aspekten aber erst durch die modernen Natur- u. Sozialwissenschaften zu präziser empirischer Erkenntnis geworden: Der Mensch unterliegt wie jeder Körper den Gesetzen der Physik u. Chemie u. als lebendiger Leib den Gesetzen der Physiologie; seine Motivationen sind durch Triebkonstellation, Charakter usf. bedingt, die wiederum von Genstrukturen (→Instinkt), frühkindlichen Prägungen, ferner von Temperament u. persönlichen Erfahrungen, von ökonomischen, sozialen, politischen u. geschichtlich-epochalen Faktoren abhängen. Ähnlich stehen die →Entscheidungen politischer Gemeinschaften unter mannigfachen geographischen, ökonomischen, sozialen, persönlichen u. anderen Bedingungen. Selbst wenn die Ursachen menschlicher Praxis erst unvollständig erkannt u. deren Verflechtungen noch unzureichend aufgehellt sind: die empirischen →Wissenschaften gehen grundsätzlich von der Idee durchgängiger D., nämlich der prinzipiellen Erklärbarkeit aller Phänomene aus Ursachen u. Motiven, aus, wobei deren Gesetzmäßigkeiten – wie etwa im subatomaren Bereich – auch durch Wahrscheinlichkeits- u. Unbestimmtheitsbeziehungen (*Heisenberg*-Prinzip) ausgedrückt sein können. Die empirischen Wissenschaften vertreten insgesamt einen methodischen *Determinismus,* nach dem sich für alles, auch die menschliche Praxis u. das ihr zugrundeliegende Wollen, im Prinzip (wenn auch nicht immer schon auf dem gegenwärtigen Forschungsstand) adäquate wissenschaftliche Erklärungen finden lassen. Diese Einstellung rechtfertigt jedoch nicht die Tendenz vor allem junger Wissenschaften, sich selbst absolut zu setzen u. alle Bedingtheiten menschlichen Verhaltens jeweils nur aus physikalischen, biologischen, psychologischen, ökonomischen oder soziologischen Gesetzen (Physikalismus, Biologismus, Psychologismus usf.) zu erklären. Aus einem methodischen Determinismus läßt sich auch nicht – wie es der sog. „e Determinismus" tut (*d'Holbach, Hospers, Skinner*) – ableiten, daß →Freiheit u. →Verantwortung bloße Illusion seien, wohl aber, daß sie nicht als Lücken im Wissen von Ursachen, als Gesetz- u. Ursachlosigkeit, aufzufassen sind, sondern entweder als ein →Handeln, das – ohne äußeren Zwang – im Einklang mit den eigenen Wünschen u. Überzeugungen steht (*Hobbes, Hume, Mill* u. a.), oder als Selbstgesetzgebung (Autonomie: *Kant, Fichte, Schelling, Hegel*).

Im Gegensatz zum Determinismus behauptet der *Indeterminismus*, mindestens einige Handlungen oder →Willensentschlüsse ließen sich prinzipiell nicht empirisch erklären, womit weniger menschliche Freiheit u. Verantwortung „gerettet" als grundsätzliche Grenzen der menschlichen Erkenntnisfähigkeit behauptet werden.

Lit.: Spinoza, Ethik; Leibniz, Prinzipien der Natur u. der Gnade; D. Hume, Eine Untersuchung über den menschl. Verstand, Stuttgart 1967, Kap. 8; P. d'Holbach, System der Natur ..., Kap. 11–12; I. Kant, Kritik der reinen Vernunft, B 472–479; J. G. Fichte, Die Bestimmung des Menschen (1800);

M. Planck, Determinismus oder Indeterminismus, Leipzig [6]1958; S. Hook (Hrsg.), Determinism and Freedom ..., New York 1958; B. Berofsky (Hrsg.), Free Will and Determinism, New York 1966; W. Wickler u. a., Freiheit u. D., Würzburg 1966; F. B. Skinner, Jenseits von Freiheit u. Würde, Reinbek 1973; J. Monod, Zufall u. Notwendigkeit, München 1975; Seminar: Freies Handeln u. Determinismus, Frankfurt 1978.   *C. H.*

Determinismus → Determination.

Dezisionismus →Entscheidung.

Dialektische E →Methoden der E.

Dialog →Kommunikation.

Diebstahl →Eigentum.

Diktatur →Herrschaft.

Diskriminierung (lat. discrimen: Unterscheidung) ist die rechtliche Benachteiligung, politische Unterdrückung oder ungleiche u. feindselige Behandlung von Gruppen oder Individuen durch andere, in der Regel einer Minderheit durch eine Mehrheit. Dabei werden nicht nur die →Grundrechte, sondern auch die sittl. Grundforderungen der →Humanität u. →Toleranz wegen rassischer, sprachlicher, kultureller, ethnischer, religiöser, politischer, sozialer oder geschlechtlicher Verschiedenheit verletzt. – Der *Antisemitismus* benachteiligt Juden aus ethnischen, religiösen, sozialen u. politischen Gründen. Bereits im Mittelalter wurde Juden jedes ,ehrbare' Handwerk verboten, u. sie wurden für Naturkatastrophen wie Pest u. Hunger verantwortlich gemacht u. in Pogromen verfolgt. Die rassische D. von Juden durch den →Sozialdarwinismus und *Faschismus* berief sich auf den pseudowissenschaftlichen Begriff der minderwertigen Rasse, war aber von Konkurrenzneid u. dem Gefühl sozialer Benachteiligung bestimmt. Der Faschismus verfolgte mit der →Ideologie von ‚Volksgemeinschaft‘ u. ‚Führerprinzip‘ nicht nur Juden, sondern alle sozio-politisch, ethnisch u. kulturell andersartigen Gruppen bis zu deren Vernichtung in Konzentrationslagern. Die Formen der D. sind geprägt von →Gewalt u. Terror u. bedingt durch Massenorganisationen, Propaganda, Indoktrination u. Intoleranz. – *Imperialismus* u. *Kolonialismus* unterdrükken, getrieben vom „biologischen Druck wachsender Massen" (*A. Gehlen*) industrialisierter Nationen, ganze Völker u. Gebiete im Interesse der Sicherung oder Gewinnung von politischen Einflußbereichen, von Absatzmärkten oder Rohstoffquellen. Beide Formen der D. wurden zwar bei der Gründung der UN (1948) verurteilt u. mit der Entkolonialisierung nach dem Ende des 2. Weltkriegs offiziell beendet, wirken aber weiterhin als Hegemoniestreben vieler Staaten. Andererseits bedient sich die politische Propaganda der Begriffe Imperialismus u. Kolonialismus auch zur D. von Staaten u. Parteien, u. a. im Zusammenhang mit der →Entwicklungshilfe. – Eine spezifische Form der D. richtet sich gegen ethnische u. sozio-kulturelle *Minderheiten,* deren →Grundrechte zwar verfassungsmäßig anerkannt sind, ihnen jedoch von der Mehrheit vorenthalten werden. Dabei können neben rassischen u. weltanschaulichen Gründen auch Sprachkompetenz, Aussehen, sozialer Status, Besitz, Bildungsstand, Familien- u. Stammeszugehörigkeit maßgebend sein. D. führt in solchen Gesellschaften zu →Konflikten bis zu Terror u. Bürgerkrieg. – Demokratische →Verfassungen garantieren einen Minderheiten-Schutz (vgl. Art. 3, 4 GG), der jedoch gefährdet ist, wenn die Meinungs- u. Willensbildung ein Monopol von Mehrheiten ist u. sich das politische Verhalten in der Anwendung von Mehrheitsentscheidungen erschöpft. Soziale Vorurteile werden so gefestigt; etwa dann, wenn *Gastarbeiter* weniger beruflich u. sozial gesichert sind als einheimische Arbeitnehmer, keine ausreichenden Bildungsmöglichkeiten für deren Kinder verfügbar sind oder sich deren Familien aufgrund selektiver Wohnungsangebote u. fehlender Sozialkontakte mit der ansässigen Bevölkerung zur Gettobildung veranlaßt sehen. – Widerstand gegen die geschlechtliche D. der Frau im öffentlichen Leben, in Beruf, Familie u. Politik leistet der *Feminismus.* Sein Protest, der in ideologisch fixierter Form selbst eine Form der D. ist, richtet sich gegen die Bevorzugung des Mannes in allen Lebensbereichen. Er fordert mit der →Emanzipation der Frau die Verwirklichung des Gebots der →Gleichheit, allgemein die Befreiung von geschlechtlichen Rollenklischees u. Vorurteilen. – Bei allen Formen der D. korreliert mit den sozialen Benachteiligungen ein Dogmatismus, der seine Normen absolut setzt u. die *Minderwertigkeit* aller anderen behauptet. Die dafür notwendigen Machtmittel können politisch-ideologischer, ökonomischer oder militärischer Art sein. Der Dogmatismus kann sich rechtlicher Formen bedienen u. Rechtsnormen zu Lasten derer auslegen, die sozio-kulturell benachteiligt sind oder als bevorzugt gelten (→KlassenE). Dogmatismus (→Begründung) u. Intoleranz (→Toleranz) gegenüber Fremdem u. Andersartigem, aber auch Unkenntnis, Desinteresse u. Voreingenommenheit durch →Ideologien sind die Grundlage von *Vorurteilen,* auf denen die Formen der D. basieren. – Der Mißbrauch sittl. Normen zur Disziplinierung u. als Sanktionen gegen gesellschaftliche Gruppen bildet auch in demokratischen Staaten eine häufig latente Form sozialer D. Die Grundrechte formulieren in ihren Freiheits- und Gleichheitsrechten D.-Verbote, die auch bei der Bedrohung des sozialen →Friedens u. der staatlichen Sicherheit gültig bleiben.

Lit.: H. Adam, Südafrika, Soziologie einer Rassengesellschaft, Frankfurt 1969; H. J. Gamm, Judentumskunde, Frankfurt 1962; W. I. Lenin, Der Imperialismus als höchste Stufe des Kapitalismus, Frankfurt 1968; G. Myrdal, An American Dilemma, The Negro Problem and Modern Democracy, New York 1944; E. Nolte, Theorien über den Faschismus, Köln/Berlin 1967; A. Gehlen, Moral u. Hypermoral. Eine pluralistische E., Frankfurt/Bonn ²1970, Kap. 8; T. Nipperdey, Antisemitismus, in: Geschichtliche Grundbegriffe, Bd. 1.
                                                          W. V.

Dogmatismus →Begründung.

Doppelte Moral. Unter d. M. verstehen wir die wissentliche oder unwissentliche Praxis, einen grundsätzlichen Unterschied zwischen dem moralischen Anspruch an sich selbst, die eigene Gruppe oder eigene Gesellschaftsschicht u. dem an die anderen

zu machen, so etwa, wenn der moralische Standpunkt des Künstlers vom Bürger, des Politikers vom Privatmann getrennt wird. In der Philosophie taucht der Ausdruck gelegentlich im Zusammenhang mit der Forderung der Befreiung der Staatsraison von der Individualmoral auf. Vielfach wird damit auch die Diskrepanz zwischen offiziellem Lippenbekenntnis religiöser oder politischer Art u. dem tatsächlichen Verhalten bezeichnet. Das Problem der d. M. erscheint stets im Zusammenhang von →Herrschaft, die sich auf →Macht u. →Willkür u. nicht auf die Zustimmung der Beherrschten stützt. In diesem Sinne ist das Problem der d. M. so alt wie die machtpolitischen Auseinandersetzungen der Menschheit. Im besonderen Sinne ist die moderne bürgerliche Gesellschaft in den Ruf geraten, die d. M. zu fördern, weil in ihr die Triebfeder des Eigennutzes des einzelnen (→Individuum) in Gegensatz zum →Gemeinwohl geraten kann. Bewußt oder verschleiert wird sich daher das Machtstreben des einzelnen anderen moralischen Ansprüchen unterstellt wissen (Naturzustand bei *Hobbes* u. *Locke),* als dies in den bürgerlichen Gemeinschaftsformen in Erscheinung tritt (Vertragszustand). Selbst in den privaten Beziehungen, insbesondere der bürgerlichen →Ehe, hat dies zu der Erscheinungsform geführt, daß sich auf Grund des Besitzdenkens u. der Herrschaft des Mannes eine d. M. herausgebildet hat, derzufolge →sexuelle Untreue dem Mann eher nachgesehen wird als der Frau. Pseudowissenschaftliche Auffassungen haben diese Einstellung durch verschiedene „Veranlagung" der Geschlechter zu legitimieren versucht. *Nietzsche* hat aus der zweideutigen Moral seiner Zeit, die verschleiert nach Eigennutz u. Macht strebte, öffentlich aber von der Forderung des Altruismus u. des Mitleids (*Schopenhauer*) bestimmt war, die radikale Konsequenz gezogen, daß die E der Nächsten-→Liebe insgesamt Ausdruck einer d. M. u. einer uneingestandenen Position der Schwäche sei. Der Schmerz über das eigene Unglück sei verdrängt u. zum unbewußten Ressentiment (→Neid) geworden. Die daraus entspringende Forderung der Gleichheit u. Nächstenliebe würde jedoch nur den eigenen Machthunger verdecken. Die →Moralkritik der Psychoanalyse *Freuds* zeigte, daß die Befangenheit in einer d. M. nur auflösbar ist, wenn das sittl. Streben durch Einbeziehung des Unbewußten eine neue vertiefte Wahrhaftigkeit gewinnt.

Lit.: Th. Hobbes, Leviathan, Kap. I, 13 u. 14; J. Locke, Über die Regierung, Kap. II–IV; F. Nietzsche, Zur Genealogie der Moral. Eine Streitschrift. *A. S.*

Doppelte Wirkung →Erfolg.

Dritte Welt →Entwicklungshilfe.

E

Egoismus →Selbstinteresse.

Ehe nennen wir die Verbindung zwischen →Menschen verschiedenen Geschlechts, die teils ihrem →sexuellen Verlangen (biologische Wurzel), teils ihrer Neigung (psychische Wurzel) entspringt u. durch persönliche →Entscheidung u. gesellschaftliche Bestimmung ihre Form erhält. Die biologische Antriebskraft zur E. ist das sexuelle Verlangen des Menschen, das auf lustvolle (→Freude) Erfüllung u. indirekt auf Fortpflanzung gerichtet ist. Auf Grund seiner Erlebnisfähigkeit bilden sich im Menschen darüberhinaus Gefühle der Zuneigung zum anderen aus, die sich in Sympathie (→Wohlwollen) u. Verliebtheit zur erotischen →Liebe weiterentwickeln können. Die emotionale Bindung ist dabei durch den unbewußten Erfahrungshintergrund beider Personen bestimmt, die je ihre verschiedenen Erwartungen mitbringen u. unterschwellig dem Partner signalisieren. Die Beziehung stellt somit eine wechselseitige Rollenzuschreibung dar. Deformierte Erfahrungsstrukturen der frühen Kindheit führen dabei zu einer Art unbewußten Zusammenspiels (Kollusion) zwischen den Partnern, das sie wechselseitig in ihrer neurotischen Struktur stabilisiert. Die wesentlichen emotionalen Beziehungsformen bleiben dabei unter der Schwelle des sprachlich Mitteilbaren *(Willi)*. Im Falle gelingenden Austausches ermöglichen Denken u. Sprache den Partnern, sublime, d. h. geistige Formen des →personalen Interesses aneinander zu entwickeln, die die Entscheidung zur E. erst tragfähig machen. Die persönliche →sittl. Entscheidung ist von den vorgegebenen gesellschaftlichen Möglichkeiten der Organisation dieser Verbindung mitabhängig u. konkretisiert sie durch den eigenen Entschluß. Die E.formen differieren daher sehr stark nach der Art u. Weise gesellschaftlicher Organisation. In matriarchalischen Gesellschaften ist die geschlechtliche Beziehung von unmittelbareren erotischen Bedürfnissen bestimmt u. meist offener u. *polygam*, jedoch nicht so sehr personal orientiert. In patriarchalischen Gesellschaften ist mit der Vorherrschaft des Mannes der Gesichtspunkt der persönlichen Bindung hervorgetreten u. die Entwicklung zur *Monogamie* erfolgt. Im bürgerlichen Denken des 19. u. 20. Jh. ist die E.form deshalb in eine Krise geraten, weil mit dem →Herrschafts- u. Besitzdenken das Problem der lebenslangen sexuellen Treue u. der Eifersucht in den Vordergrund getreten ist u. in einer →doppelten Moral „eheliche Verfehlungen" des Mannes u. der Frau unterschiedlich bewertet werden. Die Entwicklung neuer Partnerschaftsformen schwankt zwischen der Tendenz zu Bindungslosigkeit in der „freien Liebe" u. dem sittl. Anliegen, die Mängel der bürgerlichen E. zu überwinden. Durch die Möglichkeit der Kindererzeugung ist die E. mit dem sittl. Problem der →Familie untrennbar verbunden, dies insbesondere im Hinblick auf das Problem ihrer Auflösung in der Scheidung. Ihre sittl. Problematik ist darin zu sehen, daß gegen sie die Bedeutung langjähriger personaler Bindung u. die Notwendigkeit konstanter Bezugspersonen für die Kindererziehung spricht. Die →christliche E hält daher die E. aus Gründen der personalen Bedeutung für unauflöslich. Für die Auflösbarkeit spricht jedoch der Gesichtspunkt, daß ein strukturelles sexuelles u. emotionales Mißverständnis den Partnerschaftsgedanken aufhebt. Die Unauf-

löslichkeit der E. bedeutet daher ein schwer zu verwirklichendes sittl. →Ideal.

Lit.: G. W. F. Hegel, Grundlinien der Philosophie des Rechts; §§ 161–169; A. Westermarck, The History of Human Marriage, London [5]1921; C. Lévi-Strauss, Les formes élémentaires de la parenté, La Haye (Den Haag) 1963; P. Bovet, E.kunde, 2 Bde., Bern 1961–62; J. Bodamer, Schule der E., Freiburg i. Br. 1965; M. Mead, Mann u. Weib. Das Verhältnis der Geschlechter in einer sich wandelnden Welt, Hamburg 1974; J. Willi, Die Zweierbeziehung, Hamburg 1975; G. Gorschenek (Hrsg.), Grundwerte in Staat u. Gesellschaft, München 1977.   *A. S.*

Ehelosigkeit →Verzicht.

Ehre (gr. timē, eudoxia, lat. honor). Unter E. versteht man die im menschlichen Zusammenleben bekundete Anerkennung u. Schätzung, die man selbst empfängt u. anderen erweist. E. ist das in Worten u. Taten sich äußernde positive Urteil, die symbolisch vermittelte Manifestation des Wertes, den wir uns gegenseitig beimessen *(Hobbes)*. Welche Qualitäten als Gegenstand begründeter E. gelten (edle Geburt, Zugehörigkeit zu einer Klasse, einem bestimmten Berufsstand, Alter, Besitz von materiellen Gütern u. Macht, Leistung, sittl. Trefflichkeit oder das Personsein überhaupt) hängt entscheidend von den Wertvorstellungen u. der soziokulturellen Verfassung einer Gesellschaft ab. Da menschliches Selbstbewußtsein u. Selbstwertgefühl durch mitmenschliche Anerkennung vermittelt sind, ist das *Bedürfnis nach Geltung* natürlich u. als vernünftig zu

rechtfertigen. Hoher Sinn (gr. mega-
lopsychia), *Stolz, Hochmut,* Ehrgeiz u.
Eitelkeit sind jene →Tugenden u.
Untugenden, die das Verhältnis des
Menschen zu seiner E. bestimmen.
Als hochsinnig gilt, wer sich hoher
Dinge für wert hält u. es auch wirklich ist, wer E. allein nach Maßgabe
seiner Verdienste beansprucht, sie nur
bei ernstzunehmenden Personen
sucht u. über ihre unberechtigte
Kränkung gelassen hinwegsieht *(Aristoteles)*. Ähnliches gilt vom Stolz als
einer feststehenden Überzeugung
vom eigenen überwiegenden Wert in
irgendeiner Hinsicht; fehlt diesem das
Bewußtsein des rechten Maßes, so
spricht man von Hochmut (gr. Hy-
bris); als ehrgeizig u. eitel hingegen
gilt, wer zu sehr nach E. trachtet
(inordinatus honoris appetitus, *Thomas v. Aquin*) und das Selbstwertgefühl nur durch die Anerkennung von
seiten anderer zu erringen trachtet u.
zu bewahren vermag. E. als ‚Dasein in
der Meinung anderer‘ *(Schopenhauer)*
wird vielfach als höchstes der ‚äußeren‘ Güter eingestuft, da sie neben ihrer identitätsstiftenden Funktion sowohl das Handeln anderer mit u. gegen uns wie unsere eigenen Handlungsmöglichkeiten in einer Gemeinschaft bestimmt. Ihre eminente soziale Bedeutung führte in der Geschichte
zu den verschiedensten Begriffen u.
Unterscheidungen von E. (StandesE.,
BerufsE., AmtsE., SexualE., Fami-
lienE., StammesE., etc.) u. zu geschriebenen u. ungeschriebenen Normen, die ihre Zuerkennung, Bewahrung, Verletzung u. Wiederherstellung regelten. Die Bedingungen der
Restituierung verletzter oder verlo-
rener E. bestanden zumeist, insofern

selbstverschuldet, in Formen der Bewährung, insofern fremdverschul-
det, in Formen der *Rache,* wobei in
beiden Fällen oft das Leben der Preis
der E. war. In den Rechtssystemen
der Gegenwart wird in der Regel die
ungerechtfertigte Verletzung der E.
des anderen durch falsche Aussagen
(Verleumdung) unter →Strafe gestellt.

Lit.: Aristoteles, Nikomach. E, Buch
IV, 7–9; A. Schopenhauer, Aphorismen
zur Lebensweisheit, Kap. IV; H. Reiner,
Die E., Darmstadt 1956; L. Strauss,
Hobbes' politische Wissenschaft, Neu-
wied/Berlin 1965, Kap. IV; W. Korff,
E., Prestige, Gewissen, Köln 1966;
H. J. Hirsch, E. u. Beleidigung, Karls-
ruhe 1967; F. Bollnow, Einfache Sitt-
lichkeit, Göttingen ⁴1969, S. 47–61;
E. Terraillon, L'honneur …, Paris
1972.   *M. F.*

Ehrfurcht →Gott.

Eifersucht →Neid.

Eigentum. Unter E. versteht man
im allgemeinen das Recht der unbe-
schränkten u. ausschließenden Herrschaft (dominium) einer natürlichen
oder künstlichen Person über eine Sache *(F. C. v. Savigny)*. Dieses Recht
umfaßt nicht nur körperliche, festumrissene Gegenstände wie Grundstücke
(GrundE.) u. bewegliche Dinge
(FahrnisE.), sondern auch Obligationen, Mitgliedschaftsrechte, Urheber-
rechte, Patentrechte etc., d. h. alles,
was „Vermögen" ist. Das unbe-
schränkte u. ausschließende E.recht
verleiht dem Eigentümer die Befug-
nis, die „Sache" mit Ausschluß aller
anderen nicht nur zu eigenem Nutzen
zu gebrauchen u. zu verbrauchen,
sondern auch zu veräußern, zu ver-

pfänden, zu belasten oder sonst nach
Gutdünken damit zu schalten u. zu
walten. Dieser moderne E.begriff im
Sinne eines ungeteilten Herrschafts-
rechts (dominium plenum) verdankt
sich dem spätrömischen Recht u.
→naturrechtlichen Reflexionen der
neuzeitlichen Aufklärung. Er kontra-
stiert in gewisser Weise dem germanischen Recht, das vor allem bezüglich
des GrundE starke Bindungen zugunsten sozialer Gruppen kannte sowie zwischen einem gegenseitig sich
beschränkenden OberE. des Lehns-
herrn u. dem UnterE. des freien
Lehnsmannes unterschied (geteiltes
E.).

Der Begriff des E. konstruiert eine
intelligible Beziehung, ein unsichtba-
res, über Raum u. Zeit hinweggehen-
des Band zwischen einer Person u.
einer bestimmten Sache, er erweitert
die Rechtssphäre einer Person über ihren Leib u. seine natürliche Grenze
hinaus auf einen Gegenstand derart,
daß im unrechtlichen Gebrauch der
Sache durch andere die Person in ihrem Rechtsanspruch verletzt wird
(Kant). Der Begriff des E. beinhaltet
also eine Rechtsbeziehung, einen naturrechtlichen bzw. positiv-rechtli-
chen Herrschaftsanspruch, während
der Begriff des *Besitzes* eine physische
Beziehung, die tatsächliche Herrschaft einer Person über eine Sache
meint *(Hegel)*. Das E. kann einer Gesamtheit von Berechtigten zustehen
(KollektivE. GemeinE.), es kann
auch individuellen Personen zur
freien Verfügung zugewiesen sein
(PrivatE., IndividualE.). Die gewöhnlichen Formen der Verletzung
von E. sind *Raub* (gewaltsame, mani-
feste unrechtliche Besitzergreifung)

u. *Diebstahl* (heimliche unrechtliche
Besitzergreifung). Unter *Enteignung*
hingegen versteht man die rechtliche
Entziehung von PrivatE. durch staatlichen Hoheitsakt zum Wohl der Allgemeinheit. Im allgemeinen ist die
Enteignungsbefugnis des →Staates u.
die Bedingung ihrer Anwendung gesetzlich fixiert.

Der Anspruch auf E. ist ganz allgemein bedingt durch menschliche
Grundbedürfnisse (z. B. Hunger,
Durst, Schlaf). Zu ihrer Befriedigung
sind Dinge nötig (Nahrungsmittel,
Wohnung u. dgl.), die nicht von mehreren zugleich gebraucht bzw. ver-
braucht werden können. Insofern
derartige „Gebrauchsgüter" begrenzt
sind u. die Menschen nicht nur in
freundschaftlicher Verbindung stehen, ist eine individuelle E.ordnung in
Bezug auf sie unverzichtbar. Die
Frage hingegen, ob das E. an Grund u.
Boden sowie an anderen Produktionsmitteln nach Normen einer Pri-
vat- oder GemeinE.ordnung juridisch
organisiert werden soll, läßt sich ohne
Rekurs auf Versuche rechts- u. so-
zialphilosophischer Letzt- →Begrün-
dung wie auf Fragen ökonomischer
Zweckmäßigkeit nicht entscheiden
(→WirtschaftsE). Die Rechtfertigung
individueller Ansprüche auf E. geht in
der neuzeitlichen Rechtsphilosophie
aus vom Theorem eines Status ursprünglichen Gemeinbesitzes der
Erde u. ihrer Früchte, der für jeden die
rechtmäßige Möglichkeit des Gebrauchs von Gütern impliziert. Die
individuelle Aneignung ist natur-
rechtlich möglich als Besitzergreifung
herrenlosen Gutes (occupatio) zum
Zweck unmittelbaren Gebrauchs u.
Verbrauchs. Die Entstehung eines

privaten E.rechts, das über dieses zeitlich u. räumlich gebundene physische Verfügungsverhältnis hinausgeht, ist rekonstruierbar nur als Resultat einer stillschweigenden oder expliziten gegenseitigen Vereinbarung (pactum) *(Grotius)*. Diese vertragstheoretische Grundlegung des E.begriffs bewahrt dem Souverän bzw. dem Gemeinwillen den Herrschaftsprimat über die GemeinE., das den Einzelpersonen zur privaten Verfügung überantwortet ist *(Grotius, Hobbes, Rousseau)*. Erst die These, daß →Arbeit ein exklusives Rechtsverhältnis der Person zu der von ihr bearbeiteten Sache stiftet *(Locke)*, legitimiert ein E.recht, das aller staatlichen Ordnung vorausliegt. Gleichwohl läßt sich diesem liberalistischen Ansatz nachweisen, daß Grund u. Boden sich eben nicht menschlicher Arbeit verdankt *(Rousseau)* u. daß die Formen der Arbeit selbst je schon gesellschaftlich vermittelt sind. Die Institution von PrivatE. an Produktionsmitteln kann nur als bedingte rechtliche Übertragung innerhalb einer positiven Rechtsordnung gerechtfertigt werden. Die sozialistische bzw. kommunistische Ablehnung dieser Institution stützt sich auf die Grundthese, daß PrivatE. in Verbindung mit den Mechanismen von Arbeitsteilung, Tausch u. Konkurrenz zu Besitzakkumulation u. Verelendung, zur Ausbeutung des Menschen durch den Menschen u. zu radikaler →Entfremdung führt *(Marx, Engels)*. Liberal-soziale Theorien verweisen darauf, daß PrivatE. die äußere Sphäre der →Freiheit der Person sei, daß es das Interesse an Wirtschaft u. Gesellschaft wecke u. damit zur Förderung des →Gemein-

wohls beitrage; gleichzeitig wird, vor allem im Anschluß an christliche Soziallehren, die Sozialbindung des PrivatE. betont: in Zeiten gesamtgesellschaftlicher Not fällt die Verfügungsgewalt über PrivatE. an die Gemeinschaft zurück, in Situationen extremer individueller *Armut* (insofern diese nicht im freiwilligen →Verzicht auf entbehrliche, sondern im Fehlen der lebensnotwendigen Güter besteht) hat der einzelne das natürliche Recht, sich von dem anzueignen, was andere in Überfluß besitzen *(Thomas v. Aquin, Leo XIII, Pius XI)*.

Lit.: Thomas v. Aquin, Summa theol. II–II, q 66; H. Grotius, De jure belli ac pacis, Buch II, Kap. 2, 3, 8; J. Locke, Zweiter Traktat über die Regierung, Kap. 5; J.-J. Rousseau, 2. Discours, Teil 2; I. Kant, Metaphysik d. Sitten, Allgem. Rechtslehre, Teil I, §§ 1–17; G. W. F. Hegel, Rechtsphilosophie, §§ 41–71; P.-J. Proudhon, Théorie de la propriété; K. Marx, Ökonomisch-philosophische Manuskripte aus dem Jahre 1844; K. Marx/F. Engels, Die deutsche Ideologie; F. Engels, Der Ursprung der Familie, des PrivatE. u. des Staats; M. Stirner, Der Einzige u. sein E.; Leo XIII, Rerum novarum; Pius XI, Quadragesimo anno; F. Negro, Das E., Geschichte u. Zukunft, München/Berlin 1963; C. B. Macpherson, Die politische Theorie des Besitzindividualismus, Frankfurt 1973; ders., Demokratietheorie, München 1977; R. Brandt, E.theorien von Grotius bis Kant, Stuttgart 1974; D. Schwab, Art. E., Geschichtl. Grundbegriffe, Bd. 2; H. Rittstieg, E. als Verfassungsproblem, Darmstadt 1975. *M. F.*

Einfühlung →Verstehen.

Einsamkeit →Leid.

Emanzipation (lat. emancipare: jmd. für selbständig erklären) bezeichnet einmal den historischen u. weltanschaulichen Prozeß der Befreiung von einzelnen u. von sozialen Gruppen aus politischer Abhängigkeit, religiöser Bevormundung u. →Diskriminierung. Dieser Prozeß, vor allem politisch-historisch durch die Aufklärung u. die Französische Revolution ausgelöst, hat sein Ziel in der politisch-rechtlichen Selbstbestimmung (→Freiheit) des einzelnen: seiner Mitbestimmung am politischen u. sozialen Leben, der Sicherung der →Grundrechte, von Chancengleichheit u. freiem Zugang zu Bildung u. →Arbeit. E. ist in ihren Zielen von dem politischen u. soziokulturellen Begriff der →Demokratie bestimmt. – E. ist als utopisches Ideal die Befreiung von allen Zwängen der äußeren u. inneren →Natur des Menschen (→kritische Theorie, →marxistische E). – Als geistesgeschichtlicher Prozeß meint E., von der Vernunft freien u. öffentlichen Gebrauch zu machen (*Kant*). Ziel dieses Prozesses ist nicht primär die Befreiung des Menschen von einer entfremdeten Bedürfnis- u. Gesellschaftsnatur, sondern seine *Mündigkeit*: die Fähigkeit, sittl. u. soziale Normen u. deren Verbindlichkeit unabhängig von äußeren Bestimmungsgründen zu erkennen u. anzuerkennen u. entsprechend eigenverantwortlich zu handeln (→Sittlichkeit). Diese E. begründet ein sittl. Verhältnis des Menschen zu seiner eigenen →Person wie zu seiner →Gesellschaft, hat aber über den politisch-historischen Prozeß der E. hinaus normativen u. rationalen Charakter. Ergebnis dieser E. ist die sittl. Kompetenz (→Erziehung), die nicht ein für allemal erworben werden kann, sondern ständiges →Ziel im Bildungsprozeß des einzelnen bleibt. – Zur →Ideologie wird E. dann, wenn sie ihr Ziel nicht in bestimmten sittl. u. sozialen Normen u. in der Vermittlung sozialer Kompetenz, sondern in einer bloßen Prozeßhaftigkeit hat, in der die Infragestellung jener Normen unabhängig von Gründen selbst zur Norm wird.

Lit.: I. Kant, Beantwortung der Frage: Was ist Aufklärung?; K. Marx, Ökonomisch-philosophische Manuskripte, Mskr. III; K. M. Grass, E., in: Geschichtl. Grundbegriffe, Bd. 2; M. Horkheimer, Th. W. Adorno, Dialektik der Aufklärung, Frankfurt 1975, S. 7–41; R. Spaemann, E. – ein Bildungsziel? in: Tendenzwende? Stuttgart 1975; I. Fetscher, Herrschaft u. E., München 1976; H. Schröder (Hrsg.), Die Frau ist frei geboren, Texte zur FrauenE., Bd. 1, München 1979. *W. V.*

Emotion →Leidenschaft.

Emotivismus →MetaE.

Empfängnisverhütung →Geburtenregelung.

Empirische E →Empirismus, E.

Empirismus. Der E. geht im allgemeinen von folgenden Grundpostulaten aus: (1) Es läßt sich ein unmittelbar Gegebenes vom Unterscheidungs- u. Aussageapparat der natürlichen u. der Wissenschaftssprache rein ablösen. (2) Nur diejenigen Termini u. Begriffe sind wissenschaftlich gerechtfertigt, deren Bedeutung bzw. Inhalt sich auf der Basis dieses Gegebenen konstituieren läßt. Erkenntnistheoretisch bedeutet der E. die Zurückführung aller Vorstellungen, Begriffe u. Urteile über die Wirklichkeit auf Erfahrung (als Rezeptionsinstanz von Gegebenem, Bedeutungsbasis von Begriffen, Kontrollinstanz von Urteilen), wobei als primäres Erfahrungsinstrumentarium die Wahrnehmung u. das Gefühl fungieren. Im Bereich der →normativen E, die die Erkenntnis u. Begründung des moralisch Richtigen zum Inhalt hat, führt die Ablehnung der Möglichkeit nichtempirischer Erkenntnis zu einer spezifischen Position bezüglich der →Ziele sittl. Handelns wie bezüglich des Charakters der →Normen als Handlungsregeln zur Erreichung der Ziele. Praktische Vernunft ist demzufolge empirisch-praktische Vernunft in einem doppelten Sinn: sie gewinnt ihre →Zwecke aus den empirisch gegebenen →Bedürfnissen, Interessen, Wünschen, Gefühlen etc., die sie dann als gut oder schlecht qualifiziert; sie gewinnt die einzelnen Handlungsregeln induktiv aus Tatsachen vergangener Erfahrung, die anzeigen, wie diese Ziele im allgemeinen erreicht werden können. Empiristisch in diesem Sinn sind die verschiedenen Spielarten einer hedonistischen E (→Freude): egoistischer Hedonismus bei *Aristipp, Epikur, Hobbes,* universalistischer bei *Bentham, J. S. Mill, Sidgwick* u. a. (→Utilitarismus). Ihre Wertlehre setzt das Ziel menschlichen Handelns in das →Glück des einzelnen oder das der Allgemeinheit u. bestimmt dieses durch empirisch erhebbare u. kontrollierbare Momente. Normativ bleiben diese Theorien insofern, als sie einen empirisch beschreibbaren Zustand nach einem axiomatischen Kriterium (→Moralprinzip) als gesollt auszeichnen. Sie unterscheiden sich darin von rein deskriptiv-empirischen Arten der Untersuchung, die wie etwa die *Moralstatistik* (d. h. der empirische Aufweis typischer Gleichförmigkeiten menschlichen Verhaltens) moralische Phänomene beschreiben, erklären u. Theorien menschlichen Verhaltens u. seiner Entwicklung entfalten. Die Verabsolutierung ihrer Methodik führt, wie etwa im *Positivismus* (es gibt nur das tatsächlich Gegebene im Sinne des konkret Gegebenen, Wissenschaft ist die induktiv gewonnene Erkenntnis der Zusammenhänge dieses Gegebenen), zur Eliminierung der normativen E aus dem Bereich der Wissenschaft.

Der E. übt seinen Einfluß auf die E vor allem über den logischen Positivismus *(Schlick, Carnap)* u. die Philosophie der normalen Sprache *(Wittgenstein)* auf meta-e Diskussionen der Gegenwart aus (*R. M. Hare, A. J. Ayer, C. L. Stevenson, St. Toulmin* u. a.). In der →MetaE, in der sich kognitivistische u. nichtkognitivistische Theorien unterscheiden lassen, ist innerhalb des Kognitivismus der Naturalismus *(Schlick, R. B. Perry* u. a.) eine extreme Spielart des E. Seine Kernthese lautet: Moralische Prädikate lassen sich bei genauer Analyse als gleichbedeutend erweisen mit deskriptiv-empirischen Prädikaten (z. B. gut = begehrt werden), moralische Urteile sind mit Hilfe der betreffenden Definition des betreffenden moralischen Begriffs aus empirischen Urteilen in logisch gültiger Form ableitbar. Im Anschluß an Untersuchungen *G. E. Moore*s wie *R. M. Hare*s besteht indessen heute weitgehend Einigkeit darüber, daß moralische Prädikate nicht natürliche Eigenschaften, daß moralische Normen nicht als alternative Formen von Tatsachenbeschreibungen interpretierbar sind. Zwar begründen wir moralische Urteile häufig unter Hinweis auf Tatsachen, und insoweit Handlungen ihrer Zwecksetzung wie ihrer Realisierungsmöglichkeit nach von faktischen Bedingungen u. Gegebenheiten abhängen, ist dies auch sinnvoll (darin liegt die Berechtigung der alltäglichen Rede von der *normativen Kraft des Faktischen*), doch eine solche Begründung bleibt logisch betrachtet stets unvollständig. Es ist offensichtlich nicht möglich, moralische Urteile aus Prämissen abzuleiten, von denen nicht mindestens eine ebenfalls moralischer Natur ist (praktischer Syllogismus; →deontische Logik). – Der Nonkognitivismus *(B. Russel, A. J. Ayer)*, der es für unangebracht hält, im Bereich moralischen Sprechens mit Begriffen wie Erkenntnis u. Wahrheit zu operieren, interpretiert moralische Prädikate u. Urteile als Expressionen von →Gefühlen, Wünschen, Befehlen in mißverständlicher grammatischer Form ohne deskriptive Bedeutung. Insofern diese Theorie der ‚emotiven‘ Bedeutung moralischer Sprache (die auf *D. Hume* zurückgeht) moralische Normen auf subjektive Erfahrung des Fühlens u. Strebens zurückführt, vertritt auch sie einen E. Eine transzendentalphilosophische Antwort (→Methode der E) auf den E. stellt *Kants* Versuch dar, die apriorischen Bedingungen menschlichen Erfahrungswissens zu rekonstruieren u. das Sittengesetz als Selbstverpflichtung einer autonomen, erfahrungsunabhängigen praktischen Vernunft zu interpretieren (→Freiheit).

Lit.: D. Hume, Eine Untersuchung über die Prinzipien der Moral; G. E. Moore, Principia Ethica; M. Schlick, Fragen der E, Wien 1930; C. L. Stevenson, Ethics and Language, New Haven 1944; St. Toulmin, Reason in Ethics, Cambridge 1950; F. Kambartel, Erfahrung u. Struktur. Bausteine zu einer Kritik des E. u. Formalismus, Frankfurt 1968; A. J. Ayer, Sprache, Wahrheit u. Logik, Stuttgart 1970, Kap VI; R. M. Hare, Die Sprache der Moral, Frankfurt 1972; A. Pieper, Sprachanalytische E u. praktische Freiheit, Stuttgart 1973, Kap. II, 3. *M. F.*

Endzweck →Höchstes Gut.

Engagement →Verantwortung.

Enteignung →Eigentum.

Entfremdung bezeichnet den Verlust oder die Verfehlung des menschlichen Wesens im Prozeß der →Arbeit (→marxistische E), allgemein bei der Selbstentfaltung des →Menschen. *Hegel* hat diesen Begriff am Verhältnis von Herrschaft u. Knechtschaft erläutert: Der Knecht entfremdet sich von sich selbst, weil er seine Arbeit für den Herrn u. nicht zur Herstellung seines eigenen Bewußtseins leistet, u. der Herr, weil er die Arbeit des Knechts nur genießt, sich dabei selbst aber nicht schafft. Weder der Herr noch der Knecht gewinnen ihr eigentliches menschliches Wesen. Es ist aber letztlich die Arbeit des Knechts, die die Welt gestaltet. *K. Marx* nahm diesen dialektischen Ansatz auf u. sprach dem Knecht die höhere Möglichkeit zu, sich von der E. zu befreien. Grund der E. ist die Teilung der Arbeit zwischen Kapitalisten u. Arbeitern als Lohnarbeit u. zwischen den Arbeitern. Die E. hat vier Stufen: die E. vom Produkt der Arbeit, von der Natur der Arbeit, die des Arbeiters von sich selbst u. von der →Gesellschaft. Die E. zur Ware, zu einem Ding mit Geldwert, kennzeichnet die *Ausbeutung* des Arbeiters, der vom Wert seiner Arbeit nur das für seine Existenz Nötige erhält, während der Mehrwert vom Kapitalisten für Maschinen investiert wird, die den Arbeiter ersetzen sollen. Zur Überwindung der E. fordert *Marx* die Abschaffung des Eigentums in der →Revolution, die →Emanzipation des Menschen vom Trieb des Habenwollens im Kommunismus u. eine Versöhnung des Menschen mit sich u. der →Natur. – Dieser radikale →Humanismus lehnt eine kontinuierliche Steigerung menschlicher Lebensbedingungen als Vertiefung des Egoismus' ab. Dagegen geht die E davon aus, daß E. sowenig wie das →Böse oder die Abhängigkeit des Menschen von der Gesellschaft dauerhaft überwindbar sind. Ziel der E ist es, E. in Form inhumaner Abhängigkeiten durch einen vernünftigen Ausgleich zwischen den natürlichen Anlagen des Menschen u. den sittl. Normen des Handelns mit der Anerkennung ihrer Verbindlichkeit u. der Einsicht in ihre Richtigkeit zu überwinden.

Lit.: G. W. F. Hegel, Phänomenologie des Geistes, Herrschaft u. Knechtschaft; K. Marx, Ökonomisch-philosophische Manuskripte, Manuskript I, S. XXII–XXVII; H. Marcuse, Ideen zu einer kritischen Theorie der Gesellschaft, Frankfurt [4]1970, S. 7–54; H.-H. Schrey (Hrsg.), E., Darmstadt 1975. *W. V.*

Enthaltsamkeit →Verzicht.

Entscheidung bezeichnet den freien Willensakt von einzelnen oder von Gruppen, mit dem man aus verschiedenen Handlungsmöglichkeiten eine als die eigene ergreift u. sich dadurch zu einem Tun oder Lassen bestimmt. Durch E.en entsteht im persönlichen u. politischen Raum geschichtliche Wirklichkeit. Mit der Zurückführung seiner Handlungen auf E.en wird der Mensch zum Ursprung seines Tuns, für das er deshalb →Verantwortung trägt, allerdings keine totale, da er den persönlichen u. gesellschaftlichen Kontext seiner E. nicht mitsetzt (→Determination). Als E. ist nicht bloß der örtlich u. zeitlich punktuelle Akt der Beschlußfassung zu verstehen, sondern der ganze Prozeß der E.-findung, in dem oft auf eine problemorientierte Phase die lösungsorientierte folgt. Dieser Prozeß besteht aus drei begrifflichen Momenten, denen je eine Dimension von Richtigkeit (Rationalität) bzw. Verantwortlichkeit entspricht: aus der Überlegung eines Zieles oder Zweckes, aus der bewußten u. freiwilligen Anerkennung des Zieles als des eigenen u. der Überlegung (Planung) der Wege zum Ziel (der Rationalität im verkürzten Sinn: →E.theorie). – Im Unterschied zu diesem Verständnis der E. als *Wahl* (vgl. *Aristoteles*) erfährt der Begriff in der →existentialistischen E seit *Kierkegaard* eine emphatische Bedeutung. Danach stehen konkrete E.en innerhalb eines umfassenden (ästhetischen, e oder christlichen) Sinnhorizontes u. Lebensmaßstabes, über den mitentschieden wird u. letztlich in ursprünglicher →Freiheit eine Grund-E. zu fällen ist. Diese zeigt sich weniger in einem einmaligen empirischen Ereignis als in der (auf eine spätere Korrektur hin offenen) Lebensausrichtung des Menschen, die all sein Denken u. Tun bestimmt. – In dem auf *Carl Schmitt* zurückgehenden *Dezisionismus* wird – in abstraktem Gegensatz zum →Naturrechtsdenken, zu bürgerlicher E.flucht u. einer Totalisierung des Sachverstandes – die E. (Dezision) als nicht mehr ableitbarer, rein voluntativer Akt verstanden. In der souveränen E. des Staates sollen Normen nicht befolgt, sondern allererst gestiftet werden (vgl. *Hobbes*: auctoritas, non veritas facit legem). Hier verbindet sich mit dem Pathos der (permanenten) Ausnahme-Situation eine Irrationalisierung der E.: Über E.en kann man nicht mehr streiten, weil es für sie keine guten Gründe gibt.

Lit.: Aristoteles, Nikomach. E, Kap. III 1–7; S. Kierkegaard, Entweder-Oder; C. Schmitt, Polit. Theologie, München-Leipzig ^{2}1934; P. Ricoeur, Le volontaire et l'involontaire, Paris 1948; C. v. Krockow, Die E., Stuttgart 1958; R. C. Jeffrey, Logik der E.en, Wien/München 1967; H. Lübbe, Theorie u. E., Freiburg 1971, S. 7ff., S. 144ff.; W. Kirsch, Einführung in die Theorie der Entscheidungsprozesse, Wiesbaden 1977; Gesellschaftl. Entscheidungsvorgänge, Basel/Stuttgart 1977; O. Höffe, E u. Politik, Frankfurt 1979, Kap. 12–13.   *O. H.*

Entscheidungstheorie. Die E. ist eine interdisziplinäre Forschungsrichtung, die als sozialwissenschaftliche (deskriptive) Theorie faktisches Entscheidungsverhalten untersucht, als normative Theorie aber Regeln für rationale →Entscheidungen aufstellt, wobei sie Rationalität auf Nutzenkalkulation verkürzt. Die für die E bedeutsamere, die normative E. ist aus mathematischer Statistik, klassischer Nationalökonomie u. dem →Utilitarismus entstanden. Sie entwickelt logisch-mathematische Verfahren (Entscheidungskalküle), mit deren Hilfe Individuen oder Gruppen bzw. Organisationen aus mehreren Handlungsmöglichkeiten die zu ihren Zielen optimale Möglichkeit errechnen. Eine →methodische Erschließung der Handlungsmöglichkeiten, vor allem eine kritische Reflexion u. evtl. Veränderung der Ziele unterbleibt. Die E. erklärt stillschweigend die Nutzenoptimierung u. deren Erfolgskontrolle, also den aufgeklärten Egoismus (→Selbstinteresse) zur e Grundverbindlichkeit. – (1.1) Sofern die Ergebnisse u. Nutzenwerte der Handlungsmöglichkeiten genau bekannt sind (die sog. Entscheidung unter Gewißheit), lautet die Entscheidungsregel (*Rationalitätskriterium*): „Wähle die Handlung mit dem maximalen Nutzen", wobei Gewinn u. Vorteile als positiver, Kosten, Verluste u. Nachteile als negativer Nutzen gelten. (1.2) Sofern sich Ergebnis u. Nutzen der Handlungsmöglichkeiten nicht genau, sondern nur mit einer bestimmten (subjektiven) Wahrscheinlichkeit angeben lassen (die sog. Entscheidung unter Risiko), gilt es nach der Entscheidungsregel von *Bayes* (1763), den (subjektiv) *erwarteten* Nutzen zu maximieren. (1.3) Sofern man die Ergebnisse nicht einmal mit einer bestimmten Wahrscheinlichkeit kennt (die sog. Entscheidung unter Ungewißheit), gibt es mehrere rivalisierende Regeln, z. B. die pessimistische Maximin-Regel („Wähle eine Handlung, für die der Schaden auch in der ungünstigsten Situation möglichst gering ist."). – (2) Da Entscheidungen meist in →Konfliktsituationen stattfinden, in denen der eigene Handlungserfolg vom Handeln anderer abhängt, haben *v. Neumann* u. *Morgenstern* die E. im engeren Sinn zur *Spieltheorie* modifiziert (1944). Insofern diese davon ausgeht, daß man die eigenen Ziele gemäß seiner Macht durchzusetzen sucht, wird Konfliktlösung hier auf rationalen Egoismus u. tatsächliche Machtverhältnisse fixiert. – (3) Die *Wohlfahrtsökonomie* (Sozialwahltheorie) dagegen betrachtet die einzelnen als Mitglieder einer Gruppe, die trotz unterschiedlicher individueller Ausgangsziele doch als Gruppe ein gemeinsames Ziel, den kollektiven Gesamtnutzen, anstrebt. Nach Regeln, die gewissen Postulaten der Fairneß (→Gerechtigkeit) genügen (sog. Wohlfahrtsfunktionen), wird aus individuellen Nutzenwerten der entsprechende kollektive Wert errechnet; zu wählen ist die Handlung mit dem größten kollektiven Nutzen. Wegen ihrer Orientierung an Fairneßgesichtspunkten bedeutet diese Variante der E. einen e Fortschritt. Allerdings kann man kritisieren, daß weder eine Reflexion u. Veränderung der individuellen Ziele vorgesehen noch es ausgeschlossen ist, daß berechtigte individuelle Interessen dem Kollektivwohl geopfert werden. – Neuerdings hat *Rawls* (auch *Buchanan*) versucht, selbst Prinzipien der →Gerechtigkeit aus einer rationalen Entscheidung abzuleiten. Aufgrund von Zusatzannahmen wird der Ansatz der E. hier aber so radikal verändert, daß es sich weniger um Nutzenkalkulation als um eine sittl. Wahl handelt.

Lit.: J. v. Neumann, O. Morgenstern, Spieltheorie u. Wirtschaftswissenschaft, Wien-München 1963; R. D. Luce, H. Raiffa, Games and Decisions, New York 1957; A. Bohnen, Die utilitarist. E als Grundlage der modernen Wohlfahrtsökonomie, Göttingen 1964; R. C. Jeffrey, Logik der Entscheidungen, Wien-München 1967; M. Shubik (Hrsg.), Spieltheorie u. Sozialwissenschaften, 1965; G. Gäfgen, Theorie der wirtschaftlichen Entscheidung, Tübingen ²1968; F. v. Kutschera, Einführung in die Logik der Normen, Werte u. Entscheidungen, Freiburg/München 1973; J. M. Buchanan, The Limits of Liberty, Chicago/London 1975; O. Höffe, Strategien der Humanität, Freiburg/München 1975, 1. Teil; ders., E u. Politik, Frankfurt 1979, Kap. 7 u. 12; ders., Entscheidungstheoretische Argumentationsfiguren u. die Begründung von Recht, in: Archiv f. Rechts- u. Sozialphilosophie, Sonderheft 1980; E., Texte u. Analysen, Wiesbaden 1977.   *O. H.*

Entwicklungshilfe hat aus der Sicht westlicher Industrienationen den Zweck, den zumeist aus Kolonialgebieten hervorgegangenen Entwicklungsländern (*Dritte Welt*, D. W., im Unterschied zur Ersten Welt, E. W., der Industrieländer) die Möglichkeit zur politischen, ökonomischen u. sozialen Selbstbestimmung als freie Gesellschaften u. zur Teilnahme am allgemeinen Fortschritt zu gewähren u. mit der Beseitigung der Armut in der D. W. soziale →Gerechtigkeit zu ermöglichen. (1) Als direkte E. gelten a) staatliche Kredite als Kapitalhilfe zur Finanzierung wirtschaftlicher Projekte mit Einflußnahme auf die Verwendung der Mittel u. Programme ohne Einflußnahme sowie b) technische Hilfe (Fachkräfte etc.) u. Ausbildungshilfe. Aufgrund der zunehmenden Verschlechterung des Verhältnisses der Exportgüterpreise (meist von Rohstoffen) zu den Importgüterpreisen (meist Industriegüter) für die D. W., aufgrund mangelnder Koordination der Hilfeleistungen zwischen den Industrieländern u. aufgrund von deren Eigeninteresse bei der Mittelvergabe konnte die E. bisher das ständige Anwachsen des Abstands zwischen dem Reichtum der E. W. u. der Armut der D. W. nicht verhindern. (2) Mehr Aussicht auf Erfolg verspricht die indirekte E.: eine Neuordnung des Weltmarkts, der Rohstoffpreise, des Währungssystems, der Außenhandels- u. Zollpolitik.

Die Probleme der E. kristallieren sich im sog. Nord-Süd-Konflikt zwischen Industrie- u. Entwicklungsländern. Die Übertragung von Technologien, Gesellschafts- u. Bildungssystemen auf die Länder der D. W., die im Interesse westlicher Länder zur politischen Stabilisierung, im Interesse einiger östlicher Länder zur Revolutionierung der politischen Ordnungen beitragen sollte, ließ die E. als imperialistische u. kolonialistische →Ideologie erscheinen. – Radikal ablehnend zur E. verhalten sich jene Marxisten, die nur in der →Revolution die Bedingungen für eine Entwicklung der D. W. sehen (*H. G. Isenberg*), in der E. aber ein „Mittel kapitalistischer Systemstabilisierung" (*J. Küster*). Anstelle der E. fordern diese Kritiker den internationalen Klassenkampf. – Problematisch ist die E., die die Kriterien von Entwicklung mit den Zivilisations- u. Fortschrittsnormen der Industrieländer gleichsetzt. Wenn Entwicklung nicht wirtschaftliches Wachstum mit sozialer Gerechtigkeit verbindet, trägt sie zur vermehrten Abhängigkeit der D. W. von den Industrieländern u. nicht zur Selbstbestimmung bei. E. als Weltsozialpolitik soll als Strategie weltweiter Gerechtigkeit zur Sicherung des →Friedens beitragen: E. soll als Bedingung dafür die Minimalerfordernisse menschenwürdiger Existenz in der D. W. erfüllen. Dazu ist eine größere politische Kompetenz internationaler Organe (EWG, UN) zur Koordinierung wirtschaftlicher Maßnahmen erforderlich. – E. wird mißverstanden, wenn man sie als Rechtsanspruch der D. W., als →sittl. Pflicht der Industrieländer oder als Instrument politischer u. ökonomischer Interessen auffaßt. Die Ziele einer Weltsozialpolitik sind nur durch kooperative E. erreichbar. Damit sollen die legitimen Interessen von Geber- u. Nehmerländern nicht bilateral, sondern multilateral (durch internationale Organe) vermittelt werden. Voraussetzung dafür ist nicht die plane Übertragung von technischer Zivilisation, von Lebens- u. Konsumgewohnheiten, sondern die Anerkennung der kulturellen Eigenständigkeit der Länder der D. W. Deren Selbstbestimmung ist zwar von Industrialisierung u. allgemeinem Lebensstandard u. diese wiederum vom Bildungsniveau der Menschen abhängig; der kausale Zusammenhang dieser Faktoren setzt auch Bedingungen wirksamer Hilfeleistung. Aber ohne eine gleichberechtigte Kooperation von armen u. reichen Ländern bei der Bestimmung von Zielen u. Mitteln der Entwicklung ist E. weder als frei gewährte Hilfe anerkennbar, noch als Mittel einer Politik der Friedenssicherung gerechtfertigt.

Lit.: J. J. Kaplan, The Challenge of Foreign Aid, New York/Washington/London 1967, Abschn. I. u. III; Kooperative E., Bochumer Symposion 1968, Bielefeld 1969, Teil 1 u. 6; H. G. Isenberg, Imperialismus u. E., in: Das Argument, Bd. 51, 1969; M. Bohnet (Hrsg.), Das Nord-Süd-Problem, München ²1971; C. Uhlig, E.politik, Hamburg 1971; F. Büttner (Hrsg.), Sozialer Fortschritt durch E.? München 1972, bes. J. Küster, K. Jettmar, W. Ehmann; H. Schoeck, E., München 1972. *W. V.*

Epikie →Gerechtigkeit.

Epikureische Ethik. Die e. E geht auf den griechischen Philosophen *Epikur* u. seine in einem Garten gegründete Schule zurück. Zu ihren Vertretern gehören auch *Lukrez* u. *Horaz*. In *Epikurs* Philosophie haben Erkenntnis- und Naturtheorie keinen Selbstzweck, dienen vielmehr einer E, die die Empfindung von →Freude u. Schmerz als letzten Maßstab von →Gut u. →Böse betrachtet. Das einzige u. natürliche Ziel menschlichen →Strebens wird in der beständigen u. sicheren Freude des →Glücks gesehen, gegenüber dem die →Tugenden wie →Gerechtigkeit u. →Tapferkeit nur instrumentale Bedeutung haben; sie sollen zusammen mit Erfahrung u. →Klugheit eine lustvolle Harmonie aller →Leidenschaften bewirken. Damit wird zugleich die *Ataraxie,* die unerschütterliche Gemütsruhe des Weisen, erreicht, der seine Begierden zu beherrschen weiß, von allem Äußeren unabhängig ist u. daher wie ein Gott unter den Menschen weilt. Zu den Voraussetzungen des Glücks gehört es, daß der Mensch von den Schrecknissen des Aberglaubens u. der →Religion u. überhaupt der Furcht vor dem Tod befreit wird. – Nach der e. E ist nicht jede Freude zu erstreben, nicht jeder Schmerz zu fliehen, z. B. nicht der, auf den eine höhere Freude folgt. Weil sie beständiger und von äußeren Störungen unabhängiger sind als die sinnlichen Freuden, werden die geistigen Freuden ungleich höher geschätzt. Deshalb wird die e. E zu Unrecht verdächtigt, einen unbedenklichen Genuß aller sinnlichen Daseinsfreuden zu vertreten (der Epikureer als Genußmensch). Um die Ataraxie zu erreichen, hält sich der Weise auch von den Aufregungen des politischen Lebens möglichst fern: „Lebe zurückgezogen!" (Als Zweck des →Staates gilt lediglich die Sicherung der →Gesellschaft gegen das Unrecht, von dem die Menge nur durch →Strafen zurückgehalten werden kann.) Aus Rücksicht auf möglichste Ungestörtheit leiten sich auch die Bedenken der e. E gegenüber →Eheschließung u. →Familiengründung ab. Die e. E empfiehlt die Freundschaft, die Milde gegen Sklaven u. ein →Wohlwollen gegen alle Menschen.

Lit.: H. Usener (Hrsg.), Epicurea, Leipzig 1887; Epikur, Philosophie der Freude; A. J. Festugière, Epicure et ses dieux, Paris 1946 (engl. Oxford 1955); B. Müller, Die e. Gesellschaftstheorie, Berlin 1974; J. Bollack, La pensée du plaisir. Epicure, Paris 1975; J. H. Nichols, Epicurean political philosophy, Ithaca/London 1976. *O. H.*

Erbarmen →Christliche E.

Erbsünde →Christliche E.

Erfahrung →Handlung.

Erfolg. Unter E. versteht man im allgemeinen das (positive, seltener das negative) Resultat, die *Wirkung* zweckgerichteten menschlichen Handelns. Im Unterschied zu natürlichem Geschehen ist Handeln qualifiziert durch Antizipation, durch die *Voraussicht* von Ereignissen, die notwendiger-, wahrscheinlicher- oder möglicherweise auf das Tun folgen u. durch die *Absicht,* d h. durch die Auszeichnung einer oder mehrerer dieser Folgen als Mittel u. Zweck. Angesichts der Komplexität der Weltprozesse u. der →Freiheit der mithandelnden anderen kann menschliche Voraussicht immer nur einen Teil der Handlungsfolgen antizipieren; unter den vorausgesehenen zeichnet die selegierende Absicht einige als Mittel u. Zwecke, andere als unbeabsichtigte *Nebenwirkungen* aus. Zur Handlung gehören also unvorhergesehene u. vorhergesehene Folgen; letztere unterscheiden sich in beabsichtigte (Zwecke u. Mittel) u. in in Kauf genommene (Nebenwirkungen). Ersichtlich kann der Mensch nur für den Bereich voraussehbarer Folgen seines Tuns →Verantwortung tragen. Soll indessen allein die subjektive Absicht über die Moralität (→Sittlichkeit) einer Handlung entscheiden, so stellt sich das Problem, inwieweit der Zweck einer Handlung die Inkaufnahme beliebiger Nebenwirkungen rechtfertigt (das stets aktuelle Problem des actus duplicis effectus, der *doppelten Wirkung,* das vor allem im 16. u. 17. Jh. von Philosophen u. Moraltheologen wie *B. Medina, G. Vasquez, F. Sanchez, Johannes a Sancto Thoma, B. Pascal* intensiv diskutiert wurde). Eine Totalverantwortung für alle voraussehbaren Folgen würde menschliches Handeln objektiv überfordern (gerade in einer Zeit wachsender Interdependenz des Weltgeschehens u. weltweiter Information müssen wir die Augen verschließen dürfen vor einer Unzahl alternativer Handlungsmöglichkeiten, um überhaupt handeln zu können); die Nebenwirkungen völlig dem Verantwortungsbereich zu entziehen, führte zu einer problematischen Überbetonung subjektiver Intention. Neben der entlastenden Funktion von →Institutionen, die den persönlichen Verantwortungsbereich eingrenzen (sie präjudizieren in gewisser Weise, wer mein Nächster, was meine konkrete Aufgabe ist), bleibt dem →Individuum für die moralische Rechtfertigung der Inkaufnahme einer Nebenwirkung die Pflicht der Prüfung seiner subjektiven Aufrichtigkeit wie der objektiven Proportion, in der der ‚Wert‘ des intendierten Zweckes zum möglichen ‚Unwert‘ der unbeabsichtigten Nebenwirkung steht. Was niemals zum bloßen Mittel oder gar zur in Kauf genommenen Nebenwirkung im Verfolgen eines Handlungszieles gemacht werden darf, ist nach *Kant* die Verletzung des Selbstwertes einer →Person. – Unter *E.moral* versteht man eine Position, die die sittl. Qualität des Handelns nicht an der subjektiven Absicht, sondern an den objektiven, tatsächlichen Folgen des Tuns festmacht. E.ethik gilt seit *M. Scheler* als Terminus für jene Moralphilosophie, die im Gegensatz zur →Gesinnungsethik den sittl. Wert der Person u. des Willensaktes nicht an einer bestimmten Qualität des subjektiven Wollens, sondern an dem Verfolgen von Zielen mißt, die als positive Wirkungen in der realen Welt u. der Gesellschaft empirisch bestimmbar sind. Als Paradigma einer E.ethik kann der →Utilitarismus dienen.

Lit.: Johannes a Sancto Thoma, De bonitate et malitia actuum humanorum; B. Pascal, Lettres à un Provincial; M. Scheler, Der Formalismus in der E u. die materiale WertE, Teil III, Materiale E u. E.E; J. Mangan, An Historical Analysis of the Principle of Double Effect, in: Theol. Studies 1949; D. Baumgardt, GesinnungsE oder E.E, in: Philos. Studien Bd. 1, 1949; J. Ghoos, L'Acte à Double Effect, in: Theol. Louvaniensis Bd. 27, 1951; H. Reiner, GesinnungsE u. E.E, in: Archiv f. Rechts- u. Sozialphilos. Bd. 40, 1953; R. Spaemann, Nebenwirkungen als moralisches Problem, in: ders., Zur Kritik der polit. Utopie, Stuttgart 1977. *M. F.*

Erfolgsmoral →Erfolg.

Erkennen →Begründung, Gewissen.

Erlanger Schule →Konstruktive E.

Erlaubnis →Deontische Logik.

Erlösung →Religion.

Eros →Liebe.

Erziehung ist allgemein das auf bestimmte humane, soziale oder berufliche Ziele gerichtete planvolle u. gestaltende Handeln von Eltern, Lehrern u. anderen Erziehern. Es soll Kindern u. Jugendlichen in ihrer Entwicklung zu Selbstbestimmung (→Freiheit) u. Mündigkeit (→Emanzipation), bei der Entfaltung ihrer individuellen kognitiven, emotionalen, physischen u. psychischen Anlagen u. bei ihrer Integration in die →Gesellschaft Hilfe, Fürsorge, Lehre u. Orientierung gewähren. Komplementär zur E. u. ihren Zielen verhält sich das *Lernen* als Handeln der zu Erziehenden: Es soll nicht nur eine kognitive Aufnahme der E.inhalte sein, sondern zur bewußten Annahme u. zu eigenem Urteilen über die E.ziele führen. Der auf beruflich-soziale Ziele gerichteten (intentionale E.), Kulturtechniken (Lesen, Schreiben etc.), praktische Fertigkeiten, wissenschaftliches u. technisches Wissen vermittelnden (funktionale E.) u. von pädagogischen Techniken (Didaktik, instrumentale E.) bestimmten E. liegt das sittl. Verhältnis von Erzieher u. zu Erziehendem zugrunde: Es soll eine bloße Konditionierung u. fremdbestimmte (→Entfremdung) Anpassung Jugendlicher an die Welt der Erwachsenen dadurch verhindern, daß es den Erfolg der E. von der sittl. Kompetenz, der Solidarität, dem gegenseitigen Vertrauen u. der →Verantwortung beider Seiten abhängig macht. Wenn das Kind u. der Jugendliche erfahren, daß ihre Rolle als Lernende mit der der Erzieher austauschbar ist, daß dementsprechend auch die sittl. Ansprüche an menschliches Handeln grundsätzlich umkehrbar sind, werden sie am moralischen Urteilen beteiligt u. gewinnen so Verständnis für die →Normen humanen →Lebens. Dem Kind wird damit nicht schon von vornherein wie von der *antiautoritären E.* moralische Autonomie zugebilligt: dies wäre seinem zunächst „egozentrischen" Verhalten *(J. Piaget)*, in dem es das eigene Wünschen zum Maß aller Bewertungen macht, unangemessen (→Sozialisation).

Sittl. bzw. *humane Kompetenz* soll den Lernenden befähigen, „sich seiner selbst als eines verantwortlich Handelnden bewußt" zu werden, „daß er seinen Lebensplan im mitmenschlichen Zusammenleben selbständig fassen u. seinen Ort in Familie, Gesellschaft u. Staat richtig zu finden u. zu bestimmen vermag" *(Deutscher Bildungsrat* = D. B.). Als Leitziel der *moralischen E.*, der E. im engeren Sinne, erfordert der Erwerb humaner Kompetenz an äußeren Bedingungen eine bestimmte Struktur der Lernprozesse: sie sollen einen „Wechselbezug von reflexionsbezogenem u. handlungsbezogenem Lernen" (D. B.) ermöglichen. *Bildung* kann daher als Funktion der E. nicht auf allgemeine Kompetenzen, die am klassischen u. humanistischen Bildungsgut orientiert sind, beschränkt sein. Die Forderung, die Trennung von allgemeiner u. pragmatisch verstandener, beruflicher Bildung aufzulösen *(H. Krings)*, geht einmal davon aus, daß Urteils- u. Handlungsfähigkeit u. -bereitschaft zur Bewältigung sowohl beruflicher wie sozialer u. individueller Lebenssituationen zum anderen soll die *Chancengleichheit* (→Gleichheit) allen Lernenden den Zugang zum Erwerb dieser Kompetenzen u. beruflicher Fähigkeiten eröffnen. – Der seit 1973 in einigen Bundesländern (z. B. Bayern, Rheinland-Pfalz) alternativ zum Religionsunterricht eingeführte *E-Unterricht* macht die „Grundsätze der Sittlichkeit" u. des „natürlichen Sittengesetzes" zu Leitzielen eines Unterrichtsfaches. Im Hinblick auf den Wechselbezug von Handlung u. Reflexion, auf den sittl. Kompetenz angewiesen ist, kann das Fach ‚E' nur methodische Bedeutung für die sittl. Reflexion haben: es kann helfen, „Begründungs-, Beurteilungs- u. Kritik-Aspekte nach Maßgabe von Selbstbestimmung u. sozialer Verantwortung zu finden" *(O. Höffe)*. Sittl. Kompetenz bildet sich als Fähigkeit, tolerant, verantwortlich u. solidarisch zu handeln u. zu urteilen in →Kommunikations- u. Interaktionsprozessen. Theoretisches Lernen schafft dafür reflexive Bedingungen, die jedoch gefährdet sind, wenn für jenes Lernen das Prinzip der Auslese dem der individuellen Förderung u. Werte wie Fleiß u. konkurrierende Leistung denen der sittl. Kompetenz übergeordnet werden.

Lit.: W. Klafki, Studien zur Bildungstheorie u. Didaktik, Weinheim ⁹1967; R. Dahrendorf, Bildung ist Bürgerrecht, Hamburg ³1968; R. S. Peters, Ethics and Education, London ⁶1969, Teile I, IV, VII, XI; D. B., Empfehlungen der Bildungskommission, Strukturplan für das Bildungswesen, Bonn 1970, Kap. 3. u. 4.; ders., Zur Neuordnung der Sekundarstufe II, Bonn 1974, Abschn. 2 2 u. 2.3; W. Killy, Bildungsfragen, München 1971; H. Krings, Neues Lernen, München 1972; J. Piaget, Das moralische Urteil beim Kinde, Frankfurt 1973; A. Flitner, Tugendlehre u. moderne E., in: Merkur, Nr. 336, 1976; C. Günzler, Anthropologische u. e Dimensionen der Schule, Freiburg/München 1976; J. Fellsches, Moralische E. als politische Bildung, Heidelberg 1977; O. Höffe, E-Unterricht in pluralistischer Gesellschaft, in: E u. Politik, Frankfurt 1979, Abschn. 16; ders., E-Unterricht, in: Zeitschr. f. Didaktik der Philosophie, Heft 3; K. Schneid (Hrsg.), E. in der Schule, München 1979, darin u. a. O. Höffe, 31–56.   *W. V.*

Es →Bedürfnis.

Eschatologie →Hoffnung.

Ethik (griech. ēthos: gewohnter Ort des Lebens, Sitte, Charakter) geht als philosophische Disziplin u. als Disziplintitel auf *Aristoteles* zurück, der ältere Ansätze (*Sophisten, Sokrates, Platon*) aufgreift. Dort, wo überkommene Lebensweisen u. Institutionen ihre selbstverständliche Geltung verlieren, sucht die philosophische E, von der Idee eines sinnvollen menschlichen Lebens geleitet, auf methodischem Weg (→Methoden der E) u. ohne letzte Berufung auf politische u. religiöse Autoritäten (→theologische E, →buddhistische, →christliche E usw.) oder auf das von alters her Gewohnte u. Bewährte allgemein gültige Aussagen über das gute u. gerechte Handeln (→Moral u. Sitte, →Sittlichkeit, →Gerechtigkeit). Bei *Aristoteles* u. in der von ihm begründeten Tradition (→Geschichte der E) hat die E neben der engen auch eine umfassende Bedeutung, nach der die Ökonomie u. die Politik (Sozial-, Rechts- u. Staatsphilosophie) mit zu ihr zählen. E ist dann gleichbedeutend mit →praktischer Philosophie. Später verengt sich die Bedeutung auf *Moralphilosophie* (philosophia moralis), die sich vor allem mit der persönlichen Seite rechten Handelns befaßt u. die soziale u. politische Dimension weitgehend ausklammert.

Je nach dem Erkenntnisinteresse lassen sich drei Formen der E unterscheiden. (1) Die *deskriptive* oder *empirische E* sucht die mannigfachen Phänomene von →Moral u. Sitte der verschiedenen Gruppen, →Institutionen u. Kulturen zu beschreiben, zu erklären u. evtl. zu einer empirischen Theorie menschlichen Verhaltens zu verallgemeinern. Dies ist keine Aufgabe der Philosophie, sondern eine der Historie, Ethnologie, Psychologie u. Soziologie (z. B. *M. Weber*). (2) Das Ziel der →*normativen E* dagegen u. wohl der letzte Zweck einer philosophischen E überhaupt ist es, die jeweils herrschende Moral kritisch zu prüfen (→Moralkritik) sowie Formen u. Prinzipien rechten Handelns zu →begründen. (3) Dafür übernimmt die →*Metaethik* die wichtige Aufgabe, die sprachlichen Elemente u. Formen moralischer Aussagen kritisch zu analysieren u. Methoden zu ihrer Rechtfertigung zu entwickeln. – Von *Aristoteles* her hat das Adjektiv „ethisch" zwei Bedeutungen. Es kennzeichnet sowohl die das Sittl. behandelnde Wissenschaft als auch das Sittl. selbst. Allerdings dient es der besseren Verständigung, wenn man nur in bezug auf die Wissenschaft von „ethisch" (oder moralphilosophisch), in bezug auf den Gegenstand aber von „sittl." (→Sittlichkeit) oder „moralisch" spricht.

Lit.: Platon, Protagoras; Aristoteles, Nikomach. E; Spinoza, Ethik; Malebranche, Abhandlung über die Moral; D. Hume, Untersuchung über die Prinzipien der Moral; I. Kant, Grundlegung zur Metaphys. d. Sitten; M. Weber, Die E des Protestantismus u. der Geist des Kapitalismus (1904/05), 2 Bde., Hamburg 1973; R. B. Brandt, Ethical Theory, Englewood Cliffs/N. J. 1959; H.-G. Gadamer, Über die Möglichkeit einer philosoph. E, in: Sein u. Ethos, Mainz 1963; R. Spaemann, Die zwei Grundbegriffe der Moral, in: ders., Zur Kritik der polit. Utopie, Stuttgart 1977; G. Patzig, E ohne Metaphysik, Göttingen 1971, Kap. II; W. K. Frankena, Analyt. E, München ²1975; R. Ginters (Hrsg.), Typen ethischer Argumentation, Düsseldorf 1976; A. Pieper, Pragmat. u. e Normenbegründung, Freiburg/München 1979, Kap. 1 u. 3;

O. Höffe, E u. Politik, Frankfurt
1979.   *O. H.*

E-Kommissionen →Medizinische
E.

E ohne Metaphysik →Methoden
der E.

E-Unterricht →Erziehung.

e Pluralismus →Relativismus.

e Relativismus →Relativismus.

Ethnozentrismus →Kultur.

Ethologie →Instinkt.

Ethos→Moral u. Sitte.

Eudämonismus→Glück.

Eurozentrismus →Kultur.

Euthanasie →Medizinische E.

Evidenz →Sittliche Gewißheit.

Evolution →Evolutionistische E.

Evolutionistische Ethik. Die Evolution (lat. evolvere: entwickeln) beschreibt den organischen Entwick-
lungsprozeß biologischen →Lebens
als Entstehen der Arten von Lebewesen aus anderen Arten nach den Gesetzen der natürlichen Auslese. Da von
jeder Art meist mehr →Individuen
geboren würden, als überleben könnten, u. da sich die organischen Anlagen der Individuen von Generation zu
Generation veränderten, würden im
notwendigen Kampf ums Dasein –
dem Kampf von Individuen gleicher
Art untereinander, gegen andere Arten u. gegen die äußere Natur – die
Tüchtigsten überleben: Deren Anlagen böten die größeren Chancen der
Erhaltung der Art. Die natürliche
Auslese wirke durch u. für das Wohl

eines Lebewesens u. perfektioniere
seine körperliche u. mentale Ausstat-
tung kontinuierlich *(C. Darwin)*. – (1)
Die e. E zieht aus diesen deskriptiven
Gesetzen der Evolution den normativen Schluß: Der evolutionäre Prozeß
sei ein Kriterium des →Guten *(J.
Needham)*. Das Gute wird dabei von
der Tüchtigkeit, nach bestimmten naturalen Erfordernissen in einer Umwelt zu überleben, abgeleitet. Es ist
zwar ein Kriterium sittl. →Werte,
dem →Glück u. den →Bedürfnissen
der Betroffenen zu dienen; aus der
Tatsache, daß etwas Bestimmtes
gewünscht wird, läßt sich aber nicht
schließen, daß dies wünschenswert ist
(naturalistischer Fehlschluß: →Meta-
E). Allgemein ist das *Überleben,* das
von der Effizienz organischer Dispositionen abhängt, weder ein Grund für
die Annahme, daß das sittl. beste Lebewesen überlebt, noch umgekehrt
dafür, daß sittl. Kriterien überhaupt
Bedingungen des Überlebens sind.
Schließlich kann man nicht sagen, daß
ein Opfer der Auslese den Kampf ums
Dasein zu seinem Wohle verloren hat.
Die e.E läßt im übrigen offen, welche
evolutionären Tatsachen mit welchen
sittl. Werten verknüpft sind. – (2) Die
e.E übernimmt die Fortschrittsidee
der Evolutionstheorie u. interpretiert
sie e: Der evolutionäre Prozeß begün-
stige jeden Wandel der →Natur, der
Leben vermehre u. →Glück steigere
(H. Spencer). Ein Gesetz des evolutionären →Fortschritts zur höheren, besseren Art, die im historischen Sinne
auch vom →Materialismus geteilt
wird, ist aber nicht einmal biologisch
zwingend. Die Auslese beruht lediglich auf der Effizienz der Anlage, die
in einer bestimmten Umwelt zum

Überleben notwendig ist. Ein Lebewesen kann trotz hochentwickelter anderer Anlagen nicht überleben. Daß die Besten überleben, liefert daher kein allgemeines Kriterium für das, was sie vor anderen Lebewesen auszeichnet. Die Fortschrittsthese der e.E ist aus analogen Gründen unhaltbar: Sie würde ein indifferentes sittl. Verhalten nahelegen, wenn die Evolution per se immer das Beste bewirken würde. Da der →Mensch seine Geschichte selbst gestaltet u. selbst eine bestimmende Funktion in der Entwicklung des organischen Lebens innehat u. die evolutionären Gesetze bis in den Bereich der Erbanlagen manipulieren (→Manipulation) kann, sind Kriterien seines Verhaltens aus dem evolutionären Prozeß nicht ableitbar. Die *Konkurrenz* (lat. Wettstreit), das egoistische →Streben nach dem Vorrang individueller →Interessen mit Hilfe höherer Durchsetzungskraft (→Sozialdarwinismus), gefährdet sowohl das Leben in der →Gesellschaft wie in der Natur (→Umweltschutz). Die Verminderung des Unglücks u. die Sicherung des sozialen u. natürlichen Lebens ist auf →Toleranz, gerechten Interessenausgleich u. wechselseitige →Verantwortung angewiesen. Sie müssen notwendig an die Stelle evolutionärer Gesetzlichkeiten treten, damit humanes Leben möglich ist.

Lit.: C. M. Williams, Evolutional Ethics, London/New York 1893, Teil 1,2; H. Spencer, The Principles of Ethics, Bd. 1, Teil 1, Bd. 2, Teil 6; J. Needham, Time: The Refreshing River, London 1943, S. 151ff.; A. G. N. Flew, Evolutionary Ethics, London u. a. 1967, Teil 3 u. 4.   *W. V.*

Existentialistische Ethik. Die e. E ist keine einheitliche, systematisch entwickelte e →Methode. Die unterschiedlichen Ansätze entwickeln keine Prinzipienlehre sittl. Verhaltens, sondern betonen die Abhängigkeit unbedingter Forderungen von der jeweiligen geschichtlichen Existenz des Handelnden. *Heideggers* von den übrigen Ansätzen abweichende These ist, daß der →Sinn e Bestimmungen solange ungeklärt ist, solange sie nicht als Möglichkeiten des Daseins dem →Verstehen der Menschen u. ihrer Sinngebung offen sind. Das *Dasein* als Geworfensein in die Welt ist geprägt von Furcht u. Bedrohlichkeit (*Befindlichkeit*) u. schließlich von der →Angst vor dem Nicht-sein. In der Befindlichkeit erschließt sich dem Menschen die Möglichkeit des Seinkönnens u. das Verstehen seiner *Existenz* (lat.: Dasein) als „Sein zum Tode". Die Existenz ist primär von der Endlichkeit der Zeit bestimmt u. daher auf ihre unwiederholbaren geschichtlichen Möglichkeiten eingegrenzt. Die *Geschichtlichkeit* des Menschen besagt daher, daß sein Handeln u. der →Sinn seines →Lebens nicht von absoluten sittl. Normen, sondern von der absoluten Endlichkeit des Daseins bestimmt sind. Das Glücken oder Scheitern des Lebens ist damit dem „Geschick des Seins" ausgesetzt. Das Dasein wird zum *Wagnis*, da über seine Seinsbedingungen weder im Denken noch im Handeln Sicherheit zu gewinnen ist.

Grundgedanken dieses Ansatzes formulierte schon *Kierkegaard*: Nicht die abstrakten sittl. Bestimmungen einer allgemeinen Vernunft, sondern die Selbstwahl als Realisierung subjektiver →Freiheit begründet die Verbindlichkeit u. die Verwirklichung des von den Normen christlicher Existenz geprägten „Können-Sollens". Die sittl. Forderungen stehen hier in einem Spannungsverhältnis zwischen sittl. Unbedingtheit u. zeitlich-geschichtlicher Notwendigkeit. – *Jaspers* hält wie Kierkegaard an der Gesetzlichkeit des Sollens fest. Der einzelne kann sich über dieses Sollen in der geschichtlichen Situation seiner Existenz keine absolute, sondern nur eine relative Gewißheit in der Erhellung des „philosophischen Glaubens" verschaffen. Er ist in seinen *Grenzsituationen* (Tod, →Leid, →Schuld) zum *Scheitern* verurteilt u. auf sich zurückgeworfen. Eine unbedingte Forderung gibt es nicht ausdrücklich, sie muß aber vorausgesetzt werden u. kann in der →Liebe erfahren werden. Die Erhellung der Existenz hat eine appellative Funktion: Sie stellt den einzelnen vor die sittl. Aufgabe, die →Verantwortung seiner Existenz in →Freiheit zu übernehmen. – *Sartre* radikalisiert diese Position, indem er jegliche →Werte, einen unbedingten Sinn des Daseins u. ein den Menschen moralisch bindendes Wesen negiert. Der Mensch erfährt sich nicht im Ganzen einer sinnvollen Welt, sondern schafft sie sich. Er ist zu seiner Freiheit verurteilt, die er rückhaltlos auf sich nimmt u. dem Anspruch der andern gegenüber verantwortet. Die Freiheit jedes einzelnen muß mit der Freiheit der andern übereinstimmen, sie fordert „Engagement" u. bildet das Grundelement dieses e. Humanismus (→Humanität). – *Camus* sieht im Verhältnis u. gleichzeitigen Vorhandensein einer überlegenen Welt u. ei-

nes in seinem Wollen u. Handeln unterlegenen u. daher zur Revolte aufgerufenen Menschen die Sinnlosigkeit des Daseins (→Nihilismus). Dieses *Absurde,* das Mißverhältnis zwischen den Kräften u. Zielen des Menschen, ist für ihn die erste Wahrheit u. Gegebenheit. Aus ihm leitet er die Forderungen der Auflehnung, der Freiheit und der →Leidenschaft ab. Nur die Einsicht in das Absurde ist vernünftig, jede absolute Forderung aber irrational. Absolut ist nur die Leidenschaft, alles im Leben Gegebene auszuschöpfen. – Im Gegensatz zu Camus vertritt *Marcel* einen christlichen Existentialismus. Das Unbedingte, das Geheimnis vermittelt u. offenbart sich dem Menschen. Aus ihm schöpft er die Kraft der →„Hoffnung wider alle Hoffnung". Der Mensch verfehlt sich, wenn er sich dem Geheimnis entzieht; er findet seine wahre Möglichkeit in Treue u. Verpflichtung ihm gegenüber. – Die Bedeutung der e. liegt nicht in der argumentativen Lösung u. der theoretischen Entfaltung e Probleme, sondern in ihrer Verknüpfung mit der Interpretation existentieller Probleme. Die e. Ansätze vertreten die These, daß zur Lösung existentieller Probleme sittl. Postulate nicht hinreichend sind u. daß die Bedeutung dieser Postulate von den geschichtlichen Bedingungen des Daseins abhängig ist. Gemeinsam ist diesen Ansätzen der Vorbehalt, kritisch betrachtet die Resignation gegenüber rationalen Lösungen e u. existentieller Probleme.

Lit.: S. Kierkegaard, Die Krankheit zum Tode, Teil A.; M. Heidegger, Sein u. Zeit, §§ 54–60; ders., Über den Humanismus, Frankfurt 1949; E. Grisebach,

Gegenwart, eine kritische E, Halle 1928; K. Löwith, Das Individuum in der Rolle des Mitmenschen, München 1928; K. Jaspers, Philosophie, Bd. 2, Berlin ³1956, S. 177–187; ders., Vernunft u. Existenz, München 1960, Vorlesung 1 u. 3; J. P. Sartre, Das Sein u. das Nichts, Hamburg ²1962, Teil 4; ders., Drei Essays, Frankfurt–Berlin 1963, S. 7–51; A. Camus, Der Mythos von Sisyphos, Düsseldorf 1956, Abschn. I u. II; ders., Der Mensch in der Revolte, Reinbek 1953, S. 14–86; G. Marcel, Homo viator, Düsseldorf 1949, S. 173 ff.; M. Müller, Existenzphilosophie im geistigen Leben der Gegenwart, Heidelberg ³1964, Teil 1; M. Warnock, Existentialist Ethics, London–New York 1967; H. Fahrenbach, Existenzphilosophie u. E, Frankfurt 1970; B. Sitter, Dasein u. E, Zu einer e Theorie der Eksistenz, Freiburg/München 1975. *W. V.*

Existenz →Existentialistische E.

F

Fairneß →Gerechtigkeit.

Faktisch →Empirismus.

Faktum der Vernunft →Methoden der E, Sittlichkeit.

Familie heißt die soziale Einheit, die durch die eheliche Verbindung zweier →Menschen verschiedenen Geschlechts begründet wird, gemeinsam die ökonomischen Reproduktionsbedingungen erarbeitet u. die Erzeugung u. →Erziehung der Kinder zum Inhalt hat. Die F. wird durch die →Ehe begründet. Als Form des Zusammenlebens (Gemeinsamkeit von Bett u. Tisch) bedarf sie einer ökonomischen Grundlage, die durch die →Arbeit beider Teile erworben werden muß. Dies ist selbst dann noch der Fall, wenn der Mann die Berufsarbeit im engeren Sinne u. die Frau die Hausarbeit verrichtet, wie dies die traditionelle gesellschaftliche Rollenverteilung vorsieht. Die ökonomische Seite der F. muß einer sorgsamen Erwägung u. Planung unterzogen werden, teils um die Ressourcen für die Gestaltung des gemeinsamen Lebens (Wohnung, alltäglicher Verbrauch, Erholung) zu kennen, teils um in →verantwortungsvoller Weise den Lebensraum für die Kinder vorzubereiten. Durch die Möglichkeit der Fortpflanzung ist die F. mit der Entscheidung konfrontiert, neues →Leben zu ermöglichen u. die heranwachsenden Kinder zu erziehen oder diese Möglichkeit aus gewichtigen Gründen auszuschließen. Die →Entscheidung zum Kind stellt eine der zentralen →sittl. Fragen der F. dar, weil damit ein neuer Erfahrungsbereich für die Eltern erschlossen wird (nach *Hegel* die objektiv angeschaute Einheit der Beziehung), aber auch weil →Liebe u. Einsatz der Eltern auf Jahre hinaus dem gemeinsam erzeugten Dritten gelten muß. In diesem Erfahrungsbereich fließen unbewußte emotionale Beziehungsformen der Ehepartner zueinander auch in das Verhältnis zum Kind ein. Im Erziehungsprozeß findet eine wechselseitige unbewußte Rollenzuschreibung zwischen Eltern u. Kind statt. Die Gefahr krankhafter Verzerrungen zeigt sich in den angsthysterischen, paranoiden u. hysterischen Grundmustern, die solche Beziehungen prägen können, sei es, daß diese Krankheit einem F.mitglied zugeschoben wird (Sündenbockrolle) oder die F. als ganzes betrifft (*Richter*).

Ehe u. F. stehen als kleinere soziale Einheit in ihrer Struktur mit den gesamtgesellschaftlichen Organisations- u. Beziehungsformen in einem wechselseitigen Austauschverhältnis. Dies verdeutlicht die Geschichte des F.begriffs. Während in den fruchtbaren Flußkulturen des Mittelmeerraumes u. Mesopotamiens matriarchale Frühformen ausgebildet wurden, wobei der Mutterclan ihre Form bestimmte, veränderte sie sich unter patriarchalischen Vorzeichen zur männlich regierten GroßF., die planmäßig Ackerbau betrieb. Das antike Haus (oikos) ist nach *Aristoteles* aus den drei sozialen Verhältnissen Mann – Frau, Eltern – Kinder u. Herr – Sklave zusammengesetzt. Gleichzeitig stellt es die ökonomische Produktionszelle dar, in der die Sklaven die körperliche Arbeit verrichten, auf deren Grundlage die Herren handeln. Das ,,ganze Haus'' bildet einen kleinen Organismus, in dem jedem Teil von Natur seine Funktion zugewiesen ist, deren Ausübung der Herr lenkend überwacht. Diese alteuropäische F.struktur, in der auch die neuen F.gründungen durch Vereinbarung der Eltern gestiftet wurden, wird erst im bürgerlichen Zeitalter des 19. u. 20. Jh. durch den Begriff der KleinF. abgelöst, die sich auf die persönliche Neigung u. Liebe sowie auf die sittl. Entscheidung der einzelnen freien Person gründet. Diese sog. ,,sentimentale'' F. bringt die triadische Struktur Vater – Mutter – Kind zum Tragen, die von der Psychoanalyse *Freuds* im Ödipuskomplex als Grundfigur eines Beziehungsdramas erkannt wurde. Erst Mitte des 20. Jh. beginnt sich eine weitere tiefgreifende Veränderung der F.struktur abzuzeichnen. Bedingt durch die ökonomische Selbständigkeit der Frau, zeichnet sich nicht nur eine Gewichtsverschiebung von der Herrschaft des Mannes zur gleichberechtigten Partnerschaft ab. Die Mobilitätsforderungen der Industriegesellschaft (z. B. rascher Wechsel des Arbeitsplatzes) stellen auch die Stabilität einer lebenslangen Verbindung in Frage. Das moderne Partnerschaftsverständnis schwankt daher zwischen dem Rückgriff auf traditionelle F.vorstellungen u. dem →Emanzipationsversuch aus ihnen.

Lit.: Aristoteles, Politik, Buch I; G. W. F. Hegel, Grundlinien der Philosophie des Rechts, §§ 158–181; S. Freud, Das Ich u. das Es, Werke Bd. XIII; A. Gehlen, Moral u. Hypermoral, Kap. 6, Frankfurt [3]1973, S. 87f.; D. Claessens u. P. Milhoffer (Hrsg.), F.soziologie, Frankfurt a. M. 1973; R. König, Soziologie der F., in: Handbuch der empirischen Sozialforschung II, München 1969; ders., Die F. der Gegenwart. Ein interkultureller Vergleich, München 1974; H. E. Richter, Patient F., Hamburg 1972; S. Simitis u. G. Zenz, Seminar F. u. F.recht, Frankfurt a. M. 1975; F.dynamik. Interdisziplinäre Zeitschrift für Praxis u. Forschung, Hrsg. v. H. Stierlin u. J. Duss-von Werdt, Bd. 1, 1976; M. Mitterauer u. R. Sieder, Vom Patriarchat zur Partnerschaft. Zum Strukturwandel der F., München 1977.   *A. S.*

Fanatismus →Toleranz.

Faschismus →Diskriminierung.

Fatalismus →Schicksal.

Feigheit →Tapferkeit.

Feminismus →Diskriminierung.

Finalität →Ziel.

Fleiß →Arbeit.

Formale Ethik – Materiale Ethik.
Die Unterscheidung von f. E. u. m.
E., zunächst von *Kant,* dann in polemischer Betonung von *Max Scheler* in
die philos. Diskussion eingeführt,
gründet in der unterschiedlichen Auffassung vom Bestimmungsgrund
menschlichen Begehrens u. Handelns, der dieses als sittl. qualifiziert.
Während die m. E. den Begriff des
Moralischen primär am Erkennen
(oder Fühlen), Wollen u. Verfolgen an
sich guter →Zwecke bzw. →Werte,
also am intendierten Inhalt festmacht
(Scheler), sieht die f. E. Moralität allein in einer bestimmten Qualifikation der freien Subjektivität, in der
vernünftigen Form ihres Begehrens
begründet *(Kant).* Zur m. E. gehören
nach dieser Unterscheidung alle
Spielarten ,teleologischer' →E., die
dem menschlichen Leben ein individuelles (e Egoismus) oder kollektives
(e Universalismus), empirisch be-
stimmbares (→Utilitarismus), metaphysisch erkennbares *(Platon-Aristote-
les)* oder durch Offenbarung vermitteltes (→theologische E) Ziel vor Augen stellen, dem die Regeln des Handelns funktional zugeordnet sind. Zur
m. E. gehören auch jene ,deontologi-
schen' Theorien, die nicht ,außermo-
ralische' Güter (wie Glück, Erkenntnis, die Ehre →Gottes, die Ordnung
des Seins etc.), sondern inhaltlich bestimmte Handlungsregeln u. moralische Werte *(Scheler, N. Hartmann, W.
D. Ross)* als in sich sinnvolle, weder
weiter begründbare noch begrün-
dungsbedürftige →Normen menschlicher Verpflichtung anerkennen. Die

f. E., als deren Paradigma *Kants* E gilt,
rekonstruiert im Ausgang von ,,der
gemeinen Idee der Pflicht und der
sittl. Gesetze" mit ihrem Charakter
unbedingter u. allgemeingültiger
Forderung den transzendentalen
Grund der Verpflichtung ,,aus dem
allgemeinen Begriffe eines vernünftigen Wesens überhaupt". Das Moment autonomer Praxis der sich selbst
wollenden u. bestimmenden →Ver-
nunft, nicht die vorgegebenen u. nur
empirisch feststellbaren Bedürfnisse,
Interessen u. Ziele menschlichen
Wollens konstituieren Moralität
(→Freiheit). Das aus reiner praktischer Vernunft deduzierbare Gesetz
des Handelns ist für ein endliches Vernunftwesen wie den Menschen lediglich in seiner formalen Grundstruktur
(der Verallgemeinerungsfähigkeit der
Maximen u. der Anerkennung aller
Vernunftwesen als Selbstzwecke) a
priori bestimmbar. Insofern dieser
→kategorische Imperativ wohl ein
notwendiges, nicht aber (wie *Kant*
unterstellt) auch ein zureichendes
Kriterium für die Gebotenheit bzw.
Erlaubtheit konkreten moralischen
Handelns darstellt, ist die Kritik der
m. E. berechtigt. Insofern eine m. E.
Kriterien zur Prüfung des moralischen Werts von Inhalten u. Zielen
des Handelns bereitstellt, könnte sie
als Ergänzung einer f. E. dienen.

Lit.: I. Kant, Grundlegung zur Metaphysik d. Sitten; ders., Kritik d. praktischen Vernunft; M. Scheler, Der Formalismus in der E u. die materiale Wertethik; N. Hartmann, E, Kap. 11–13;
E. v. Aster, Zur Kritik der materialen
Wertethik, Kant-Studien, Bd. 33, 1928;
W. D. Ross, The Right and the Good; G.
Patzig, E ohne Metaphysik, Göttingen
1971.   *M. F.*

Fortschritt benennt die Form einer geordneten Bewegung vom Niederen zum Höheren. Als philos. Terminus gehört F. in die *Geschichtsphilosophie* u. zwar als eine Idee, die die Einheit des Gegenstandes Geschichte als zielgerichtete Bewegung der Menschheit interpretiert, als stetigen oder revolutionären Progreß aus Unwissenheit zur Aufklärung, aus Armut u. Unglück zu Reichtum u. →Glück, aus Unfreiheit zu →Freiheit, aus barbarischer Animalität zu kultivierter Gesittung *(Kultur).*). Die Entwicklung des F.gedankens ist aufs engste verbunden mit dem Auftreten neuzeitlicher, auf Mathematik, Erfahrung u. Experiment basierender Naturwissenschaft, die Wissen nicht länger als erkennende Betrachtung der unverfügbaren Welt versteht, sondern als Forschung, Entdeckung u. Konstruktion, die die wahre Natur der Dinge erfaßt, um sie in den Griff zu bekommen (vgl. *F. Bacon,* Nov. Org. I, 84). Die Wissenschaft u. die auf sie gegründete Kunst (→Technik) wird zum Träger menschlicher Praxis, u. Praxis versteht sich zunehmend als graduell sich erweiternde Herrschaft des Menschen über die Natur (ebd. II, 52). Der Erfolg ihrer Methode macht Naturwissenschaft in der Aufklärung zum Paradigma von →Vernunft überhaupt u. zum Garanten der erhofften Herrschaft der Ratio auf allen Gebieten des Lebens (so v. a. bei *Condorcet*). Mit der technisch-praktischen Befreiung aus Naturzwängen verbindet sich der Glaube an eine zunehmende Befreiung des Menschen aus ökonomischer, rechtlich-politischer, religiöser u. moralischer Knechtschaft in Richtung auf eine ihre Geschichte selbst verwaltende Menschheit, die sich aus Freien, Gleichen u. Vernünftigen konstituiert (etwa *Voltaire*). *Rousseaus* Kulturkritik erschütterte den naiven Glauben an die Parallelität von wissenschaftlich/kulturellem u. eudämonisch/sittl. F. Die Erfahrung schließlich, die die Moderne mit den keineswegs nur befreienden Folgen des technischen F. gemacht hat, scheint inzwischen das Gegenmodell der Verfallsgeschichte zu stützen. *Kants* präzise Unterscheidung von theoretischer, technisch-praktischer u. praktischer Vernunft löst denn auch zu Recht den F.begriff aus dem Rahmen theoretischer, objektive Erkenntnis konstituierender Vernunft. Geschichte in ihrer Einheit ist nicht erkennbar, sie ist nicht theoretisch-objektiv als Verfalls- oder Vervollkommnungsprozeß der Gattung diagnostizierbar. Die „Tendenz zum continuierenden F. des Menschengeschlechts zum Besseren ... (ist) eine moralisch-praktische Vernunftidee", nach der zu handeln die praktische Vernunft dogmatisch gebietet (Akad. Ausg. XIX, 611), u. ein hypothetischer Leitfaden, nach dem die reflektierende Urteilskraft in praktischer Absicht den Verlauf der Geschichte als Prozeß zunehmender Kultivierung teleologisch interpretiert.

Lit.: F. Bacon, Novum Organum; M. J. de Condorcet, Esquisse d'un tableau historique des progrès de l'esprit humain; J.-J. Rousseau, 1. u. 2. Discours; I. Kant, Idee zu einer allgem. Geschichte in weltbürgerl. Absicht; Hegel, Vorlesungen über die Philosophie der Geschichte; H. Kuhn/F. Wiedmann (Hrsg.), Die Philosophie u. die Frage nach dem F., München 1964; J. Ritter, Art. F., Hist. Wörterb. d. Philos., Bd. II.   *M. F.*

Frankfurter Schule →Kritische Theorie.

Freiheit meint *Selbstbestimmung*. Der philosophische u. sittl.-politische Schlüsselbegriff vor allem der Neuzeit bedeutet negativ die Unabhängigkeit von *Fremdbestimmung* (naturaler, sozialer oder politischer Art) u. positiv, daß man selbst seinem Tun den bestimmten Inhalt gibt. Zunächst – sowohl im Germanischen als auch im Griechisch-Römischen – war ,frei' ausschließlich eine partikulare Rechtsbestimmung, die gewisse Personen vor anderen auszeichnete. Als vollwertige Mitglieder einer Gemeinschaft lebten die ,Freien' im Unterschied zu den Sklaven um ihrer selbst willen, unabhängig von fremder Gewalt u. waren im Unterschied zu den Fremden vor Verletzung oder Unterdrückung durch andere Gewalt geschützt. Unter dem Einfluß von →stoischer u. →jüdisch-→christlicher E sowie von Philosophen u. politischen Bewegungen der Neuzeit wurde F. universal zum Anspruch jedes →Individuums u. jeder politischen Gemeinschaft. Die doppelte Bedeutung des ,Freien' hat sich jedoch bis heute durchgehalten: Politische F. besteht im Ledigsein von fremder Gewalt u. zugleich der Sicherung des Ledigseins durch eine anerkannte Gewalt. Die universal gewordene F. tritt auf zwei verschiedenen Ebenen auf, als die Selbstbestimmung des Handelns (HandlungsF.) u. als die des Wollens (WillensF.).

(1) *HandlungsF.* besteht im elementarsten Sinn schon dort, wo sich jemand im Sinne seiner eigenen Kräfte u. Möglichkeiten bewegen kann. So leben auch Tiere frei, wenn sie sich in ihrer angestammten Umwelt entfalten u. nach den Gesetzen ihrer Art- u. Selbsterhaltung bewegen können. In einem engeren u. spezifisch menschlichen Sinn besteht die HandlungsF. erst dort, wo jemand (einen Spielraum von alternativen) Möglichkeiten des Verhaltens sieht u. eine davon auswählen kann. F. heißt hier, handeln u. auch nicht handeln (libertas exercitii) oder das eine u. auch ein anderes tun können (libertas specificationis): WillkürF. Diese F. hat zwei Aspekte: Zum einen meint sie die Fähigkeit des Menschen, aus sich heraus Vorstellungen von den Zielen u. Wegen seines Lebens zu entwickeln u. den Vorstellungen gemäß, ohne äußeren Zwang, zu handeln; sie meint die Fähigkeit etwas zu wollen: bewußt u. freiwillig zu handeln. Zum anderen bedeutet sie, daß die eigenen Kräfte sowie die soziale u. politische Welt es erlauben, das auszuführen, was man will. – HandlungsF. ist keine angeborene Eigenschaft, sondern eine Möglichkeit, die es zu realisieren gilt, was den verschiedenen Menschen unterschiedlich weit gelingt. Ein Individuum ist um so freier, auf je mehr Bahnen es sich bewegen kann (*Hobbes,* Vom Bürger, Kap. 9). Dies hängt von den physischen, psychischen, wirtschaftlichen u. politischen Bedingungen ab. HandlungsF. ist deshalb ein komparativer Begriff. Dem Kind, dem Kranken, Armen oder Schwachen sind engere Grenzen gesetzt als dem Erwachsenen, dem Gesunden, Reichen oder Mächtigen. Ferner hat man desto mehr F., je mehr Handlungsalternativen man aufgrund von Intelligenz u. Erfah-

rung sieht, je mehr man aufgrund seines Charakters die Affekte u. →Leidenschaften beherrscht u. je weniger Zwänge eine „offene Gesellschaft" (*Bergson, Popper:* →kritischer Rationalismus) ausübt.

Eine politische Gemeinschaft ist in ihrem Handeln frei, wenn ihre Gesetze nicht von außen auferlegt, sondern von ihr selbst gegeben werden (Souveränität nach außen) u. diese auf das eigene →Gemeinwohl zielen. Sie ist – worauf vor allem die liberale Tradition (*Locke, Hume, A. Smith, J. S. Mill* u. a.) Wert gelegt hat – für ihre Mitglieder in dem Maß frei, wie sie diese von Einschränkungen direkter u. zusätzlich – so nach der →kritischen Theorie – auch indirekter Art (→Manipulation, →Ideologie u. a.) freihält. F. gilt hier als der Inbegriff der in den GrundF.en (Recht auf Leben, MeinungsF., VersammlungsF., F. des Eigentums usf.) näher bestimmten individuellen Freiräume, die gegen die Übergriffe von anderen Individuen, auch Verbänden u. der politischen Gewalt gesichert sein sollen u. die es jedem erlauben, sich nach eigenen Zielen u. Wegen zu entfalten, evtl. auch auszuleben. Ferner ist eine politische Gemeinschaft nach innen frei aufgrund einer Regierungsform, die sich durch (a) allgemeine Gesetze, nicht durch willkürliche Maßnahmen (→Recht), (b) Gewaltenteilung, dabei insbesondere unabhängige, auch Regierung u. Parlament kontrollierende Gerichte, u. (c) ein →demokratisch gewähltes, die Regierung wählendes u. abwählendes Parlament u. (d) Dezentralisierung der Macht (Föderalismus) auszeichnet sowie (e) im Fall der Verletzung der GrundF.en die

Möglichkeit, vor Gericht zu klagen, notfalls auch →Widerstand gegen die Regierung zuläßt.

(2) Da die WillkürF. des einen mit der eines anderen in Konflikt geraten kann, sind politische Gesetze der →Konfliktregelung notwendig, durch die die HandlungsF. eines jeden eingeschränkt u. zugleich gesichert wird. Überdies ist dort, wo man rechtlich das tun kann u. darf, was man will, das Wollen seinerseits durch physische, psychische, soziale u. andere Bedingungen vielfach bestimmt. Der Tatbestand mannigfacher →Determination läßt sich nicht leugnen u. stellt die F. in Frage. Entgegen einem geläufigen Mißverständnis schließen sich aber F. u. Bestimmtsein (Determination) nicht aus. Politische F. und *WillensF. (liberum arbitrium)* bestehen nicht in reiner Ungebundenheit, sondern in einer Determination zweiter Ordnung: im Selbergeben der Gesetze *(Autonomie),* nach denen man als politische Gemeinschaft (politische F.) oder als Individuum *(moralische F.)* handelt.

(2.1) WillensF. ist das Vermögen, einen Zustand von selbst anzufangen *(Kant).* Sie besteht darin, daß der Wille sich letztlich nicht von etwas anderem, den Antrieben der Sinnlichkeit oder auch von sozialen Zwängen, bestimmen läßt *(Heteronomie),* sondern selbst Ursprung seines Sou.-nicht-anders-Wollens ist. Dies heißt keineswegs, daß der Mensch seine mannigfaltigen Bedingungen einfach abstreifen u. aus dem Nichts neu anfangen könnte. Vielmehr sind Bedingungen vorhanden, aber nicht als unabänderliche Fakten, sondern der Mensch kann sich in ein Verhältnis zu ihnen setzen: sie benennen, beurteilen u. anerkennen (sie sich produktiv u. kreativ zu eigen machen) oder aber verwerfen u. in (selbst-)erzieherischen, therapeutischen, politischen u. anderen Prozessen auf ihre Veränderung hinarbeiten. Das Moment des Selbstverhältnisses heißt *praktische Vernunft* oder freier →Wille. Der freie Wille ist also nicht, wie vielfach angenommen (z. B. *Ryle*), empirisch oder quasi-empirisch als eine unabhängige Geistsubstanz, sondern transzendental (→Methoden der E) als ein Reflexionsverhältnis zu denken *(transzendentale F.)*, das in der entsprechenden Art zu handeln manifest wird. Die transzendentale F. bedeutet, daß dem Willen sein Gehalt nicht einfach vorgegeben ist, sondern daß der Wille sich dem Gehalt allererst öffnen, daß er eine primäre Anerkennung leisten soll. Angemessen für die Anerkennung ist nur ein Gehalt, der selbst den Rang von F. hat. F. setzt sich deshalb durch Bejahung anderer F., durch Anerkennung des Anderen als freier Person; F. hat Kommunikationscharakter *(Fichte, Krings)*. (2.2) Eine Handlung ist moralisch frei oder sittl., wenn sie nicht sinnlich bedingten u. insofern subjektiv zufälligen Maximen, sondern objektiven oder universalisierbaren Gesetzen folgt, d. h. dem Kriterium des →kategorischen Imperativs genügt. (2.3) Eine Gemeinschaft von Menschen, eine politische Ordnung, ist frei, wenn das äußere Verhältnis der Mitglieder zueinander nicht durch Willkür u. Anarchie (Naturzustand), sondern durch streng universalisierbare Gesetze bestimmt ist. Die F. besteht in einem Rechtszustand

gemäß dem Vernunftbegriff von Recht: in einer Ordnung der wechselseitigen Einschränkung u. zugleich Sicherung der Willkür (HandlungsF.) eines jeden Individuums, zu der jeder seine Zustimmung geben könnte. Politische F. besteht primär nicht in der Minimierung von Einschränkungen u. Maximierung von Freiräumen, sondern in der Gleichheit u. Wechselseitigkeit von Einschränkung u. Sicherung der WillkürF.en. Frei ist ein System von Rechten als Erlaubnissen (Recht auf →Leben, →Eigentum, freie Meinungsäußerung usw.) u. von komplementären →Pflichten in der Form von Verboten (Verbot von Tötung, Diebstahl, Behinderung der Meinungsäußerung anderer usw.). Die Maximierung der Freiräume ist allerdings eine notwendige Begleiterscheinung. Denn gesetzlicher Zwang ist nur dort legitim, wo es um die Verhinderung eines Hindernisses der F. anderer geht.

Lit.: Aristoteles, Metaphys. I 2, 982 b 24–28; ders., Nikomach. E, Kap. III 1–3; ders., Politik, Kap. III 6–9 u. a.; Augustinus, Der freie Wille; Thomas v. A., Die menschl. WillensF., hrsg. v. G. Siewerth, Düsseldorf 1954; Spinoza, Ethik, V; Leibniz, Neue Abhandlungen über den menschlichen Verstand, Kap. XXI; R. Descartes, Meditationen, IV; D. Hume, Untersuchung über den menschl. Verstand, Kap. 8; I. Kant, Kritik der reinen Vernunft, B 350–595; ders., Kritik der praktischen Vernunft; F. W. J. Schelling, Philosoph. Unters. über das Wesen der menschl. F.; G. W. F. Hegel, Grundlinien der Philosophie des Rechts; J. S. Mill, Über die F.; G. E. Moore, Grundprobleme der E, Kap. 6; H. Bergson, Zeit u. F.; M. Heidegger, Vom Wesen des Grundes, Frankfurt ³1949; G. Ryle, Der Begriff

des Geistes, Stuttgart 1969, Kap. 3;
P. Ricœur, Philosophie de la volonté,
Bd. I, Paris 1953; I. Berlin, Four Essays
on Liberty, Oxford 1969; H. Rombach,
Strukturontologie. Eine Phänomenolo-
gie der F., Freiburg/München 1971;
F. A. Hayek, Die Verfassung der F.,
Tübingen 1971; Art. F. in: Geschichtli-
che Grundbegriffe, Bd. 2; J. Ellul, Ethi-
que de la liberté, 2 Bde., Paris 1974;
J. M. Buchanan, The Limits of Liberty,
Chicago/London 1975; A. Kenny, Will,
Freedom and Power, Oxford 1975,
Kap. VIII; Seminar: Freies Handeln u.
Determinismus, Frankfurt 1978;
H. M. Baumgartner (Hrsg.), Prinzip F.,
Freiburg/München 1979; O. Höffe, F.
in sozialen u. politischen Institutionen,
Internat. kathol. Zeitschr. Bd. 8, 1979;
H. Krings, System u. F., Freiburg/
München 1980.   *O. H.*

Freiwillig →Handlung.

Freizeit →Arbeit, Spiel.

Fremdbestimmung →Freiheit.

Freude (*Lust,* griech. hedoné, engl.
pleasure) ist kein Gefühl eigener Art,
sondern das subjektive Empfinden
der Erfüllung eines →Strebens: Man
empfindet F., sofern man das erreicht
bzw. durchführt, wonach man (oft
unbewußt) verlangt. F. liegt in der
ungehinderten Aufmerksamkeit, die
von der Sache, mit der man sich beschäftigt, selbst hervorgerufen wird
(*Ryle*). Man empfindet in dem Maß
F., wie man in seinem Tun aufgeht,
wobei das Tun keineswegs mühelos
sein muß, das Gelingen schwieriger
Dinge die F. eher vermehrt. F. stellt
sich beim ungehinderten Selbstvoll-
zug ein.
    Die elementarste Form der F. ist die
sinnliche F. Sie verbindet sich teils mit
der Befriedigung von primär physio-

logisch bedingten →Bedürfnissen
(Hunger, Durst, sexuellem Verlangen) u. ist auf die biologischen Ziele
der Selbst- u. Arterhaltung bezogen;
teils betrifft sie das aus kultureller
Verfeinerung stammende Verlangen
nach genußreichen Erfahrungen; teils
hat sie auch pathologische psychische
Bedingungen (etwa tiefe Unsicherheit), wobei die Bedürfnisse dann als
Gier erscheinen, die – von den biologischen Zielen weitgehend abgekop-
pelt – bestenfalls vorübergehende Befriedigung findet. Aufgrund seiner
Vernunft u. ihrer geschichtlich-kulturellen Entfaltung hat der →Mensch
im Unterschied zum Tier wesentlich
auch geistige: soziale, intellektuelle,
ästhetische, auch religiöse Interessen,
deren Erfüllung entsprechende geistige F.n gewährt. – Über die biologisch
orientierten Bedürfnisse kann man
sich täuschen; ferner können sie untereinander u. mit den geistigen Interessen des Menschen u. diese auch untereinander in →Konflikt geraten. Zu
einem gelungenen →Leben gehört es
deshalb, die Bedürfnisse u. Interessen
so zu entwickeln u. zu ordnen, daß
man nach dem strebt u. darin F. findet, was – auf die biologischen Ziele
bezogen – diesen tatsächlich dient u.,
allgemeiner, mit der Gesamtheit der
Ziele eines Menschen in Einklang
steht u. darüber hinaus – gemäß den
Forderungen der →Gerechtigkeit u.
→Sittlichkeit – nicht bloß das eigene
Wohlergehen, sondern auch das anderer berücksichtigt. Die einem solchen
vernünftigen Streben korrespondierende F., die F. der →Tugend, gilt
nach *Aristoteles* u. zu Recht als die
höchste Form der F.; denn sie hat sittl.
Qualität. Sie dokumentiert, daß man

das sittl. →Gute auch gern, ohne emotionale Widerstände tut. – Die F. eines →Masochisten ist insofern unvernünftig, als sie den Wunsch nach eigenem Schmerz u. eigener Erniedrigung betrifft, somit, objektiv betrachtet, die harmonische Erfüllung der eigenen Wünsche grundsätzlich verhindert. Die F. des Sadisten ist unvernünftig, als sie mit dem Wunsch nach Angst, Qual u. Demütigung der Mitmenschen die Erfüllung ihrer Wünsche zu vereiteln sucht.

Eine Auffassung, die die F. zum höchsten Prinzip erklärt, heißt *Hedonismus:* (a) Nach dem psychologischen Hedonismus strebt der Mensch letztlich nach nichts anderem als F. Hierhin gehört auch das *Lustprinzip,* nach dem alle Lebewesen, auch der Mensch, nur Lust zu erlangen u. Unlust zu vermeiden suchen (*Freud*). Allerdings hält *Freud* das Programm des Lustprinzips für unerfüllbar, da der Mensch als Kulturwesen auch dem Realitätsprinzip unterliegt, das in sublimierter Form das Glücksstreben des Menschen auf Bedingungen kollektiver Selbsterhaltung einschränkt. Optimistischer als *Freud,* glaubt *Marcuse,* in einer Überflußgesellschaft ließen sich die repressiven Züge der →Kultur entscheidend mildern. (b) Nach dem e Hedonismus ist allein F. um ihrer selbst willen erstrebenswert. Dabei erklärt ein naiver e Hedonismus (*Aristipp*) die sinnliche F. des Augenblicks zum Maßstab; ein aufgeklärter e Hedonismus sucht das langfristige →Glück u. zieht deshalb die geistigen F.n vor (→epikureische E, auch *Mill*), während der von der christlichen Tradition beeinflußte →utilitaristische Hedonismus das

Glück für möglichst viele sucht. Dem e Hedonismus ist insoweit Recht zu geben, als ein gelungenes, gerade auch ein sittl. Leben ohne F. nicht denkbar ist. Aber die F. ist nicht das Ziel des Lebens, weil F. kein Gegenstand unseres Strebens, wohl die notwendige Begleiterscheinung ist, sofern das Streben Erfüllung findet. Man verlangt nicht nach Gegenständen der Bedürfnisbefriedigung, auch nicht nach Reichtum, Erkenntnis, →Freundschaft oder Gerechtigkeit, weil sie F. machen. Man findet vielmehr F. an ihnen, sofern man nach ihnen verlangt. Vor allem ist das subjektive Erleben der F. kein sittl. angemessener Maßstab, weil weder die sinnlichen noch die geistigen F.n als solche um ihrer selbst willen erstrebenswert sind, sondern nur jene F.n, die sich mit der Erfüllung eines vernünftigen Strebens verbinden.

Lit.: Platon, Protagoras 351 b 3 ff.; Gorgias 431 b 5 ff.; Philebos; Aristoteles, Nikomach. E, Kap. III 13–15, VII 12–14, X 1–5; Epikur, Philosophie der F.; de Sade, Die Philosophie im Boudoir, Hamburg 1973; S. Freud, Jenseits des Lustprinzips; G. E. Moore, Principia Ethica, Kap. III; H. Marcuse, Zur Kritik des Hedonismus, in: Kultur u. Gesellschaft, Frankfurt 1965; ders., Triebstruktur u. Gesellschaft, Frankfurt ²1968; E. Fromm, Psychoanalyse u. E, Stuttgart u. a. 1954, S. 187–213; G. Ryle u. W. B. Gallie, Pleasure, Proceedings of the Aristotelian Society, Suppl. Vol. 28, 1954; C. C. W. Taylor, Pleasure, Analysis, Bd. 23 Suppl., 1963; J. C. Goshing, Pleasure and Desire, Oxford 1969; J. Moltmann, Die ersten Freigelassenen der Schöpfung, München 1971; F.: Gruppentherapie, Sensitivitytraining, Ich-Erweiterung, Reinbek 1976. *O. H.*

Freundschaft (gr. philia, lat. amicitia) ist Thema der →praktischen Philosophie, die ihre Gegenstände unter dem Gesichtspunkt des vom →Menschen zu lebenden →Lebens analysiert. Als besondere Weise der Gemeinschaft hat F. ihren Ort im vieldimensionalen Feld des →Sozialen, das von passiver Gattungsgemeinschaft über den primär sachbezogenen Umgang miteinander bis zum direkten Zugang zueinander reicht. Im Unterschied zu einem mittelbaren interpersonalen Verhältnis, das sich durch die Gemeinsamkeit sachlicher Interessen konstituiert (der Andere als Mitarbeiter, Werkgenosse, Parteifreund, Berufskollege etc.) u. in dem die →Person des Anderen gleichsam nur passiv mitpräsent ist, ist F. durch direkte personale Zuwendung, durch ausdrückliche u. gegenseitige Anerkennung, Achtung u. Zuneigung gekennzeichnet u. insofern mit der Struktur der →Liebe identisch. Bei *Aristoteles,* der neben den Anregungen durch den christlichen Liebesbegriff die Begriffsgeschichte der F. entscheidend geprägt hat, findet diese ihren Ort in der Lehre von den sittl. →Tugenden, die nicht in Empfindungen u. →Leidenschaften, sondern im Habitus u. in freier Vorzugswahl gründen. F. im eigentlichen Sinn versteht sich als gegenseitiges u. ausdrückliches Wollen des →Guten für den anderen um des anderen willen (eunoia, Nikomach. E 1157 b 28–37). Sie ist so nur möglich zwischen Personen, die einander gleich u. liebenswert sind in ihrem Gut-sein u. die vertrauten Umgang haben in gemeinsamem Leben. Die →Lust u. der Nutzen, die neben dem Guten als mögliche Motive für

F.sbeziehungen figurieren, sind in der eigentlichen F. nicht Grund, sondern Begleitfolge ihrer Erfüllung. Die F.en allein um des Genusses u. um des Nutzens willen, die von *Aristoteles* als Vorformen u. als Implikationen der Grundform beigeordnet werden, wären präziser als Gegenform bzw. Verfallsform zu bestimmen. Folgt man dem heute vorherrschenden Sprachgebrauch u. der überwiegenden Ansicht der philosophischen u. literarischen Tradition, so unterscheidet sich F. von erotischer Liebe durch ihre größere →Freiheit von naturwüchsigen Voraussetzungen, durch das Dominieren der →Vernunft gegenüber den Momenten irrationaler Leidenschaft u. durch geringere Exklusivität u. Intimität. Während freilich im aristotelischen Begriff der F. der politisch-öffentliche neben dem intimen Aspekt präsent war – F. ist das Band, dem jede Gemeinschaft ihre Kohäsion u. Dauer verdankt –, wurde von dem das politische Denken beherrschenden →Rechtsgedanken der Neuzeit die Bedeutung der F. in die Sphäre des Privaten zurückgestuft.

Lit.: Platon, Lysis; Aristoteles, Nikomach. E, VIII, IX; Cicero, Laelius de amicitia; Montaigne, Essai de l'amitié; J.-J. Rousseau, Nouvelle Heloïse; F. H. Jacobi, Woldemar; M. Theunissen, Der Andere, Berlin 1965; F.-A. Steinmetz, Die F.lehre des Panaitios, Wiesbaden 1967; E. Hoffmann, Aristoteles' Philosophie der F.: E u. Politik des Aristoteles (Hrsg. F.-P. Hager), Darmstadt 1972; B. Waldenfels, Das Zwischenreich des Dialogs, Den Haag 1971; H. Kuhn, ‚Liebe'. Geschichte eines Begriffs, München 1975.   *M. F.*

Friede ist durch die Gültigkeit des

→Rechts gekennzeichnet, als Zustand nach Beendigung eines Krieges durch Vertrag (negativer F.) oder als Zustand rechtlich geregelter u. an humanen Leitprinzipien orientierter Lösung politischer, sozialer u. rechtlicher →Konflikte (positiver F.), nicht aber als konfliktfreier Zustand. *Kant* sah den F. durch das öffentliche Recht, durch Legalität u. Moralität (→Sittlichkeit) der →Politik in der republikanischen Verfassung gewährleistet, d. h. durch die Prinzipien der →Freiheit der Bürger, ihre Abhängigkeit von der Gesetzgebung u. ihre Gleichheit vor dem Gesetz. F. als Bedingung der Selbstverwirklichung des Menschen setzt dessen Moralität voraus. *Kants* Zuversicht, daß sich als Bedingung des F. in der Geschichte das Gute gegen die selbstzerstörerische Kraft des →Bösen durchsetzt, teilt die →christliche E. Sie unterscheidet den weltlichen vom seitigen F. u. identifiziert F. allgemein als spirituelles Ordnungsprinzip mit dem Heil durch Erlösung. Der Tod Christi hat F. als *Versöhnung* zwischen Gott u. den Menschen ermöglicht. Sie wirkt von Gott her auch im zwischenmenschlichen Bereich als Nächstenliebe u. Bemühen um Eintracht zur Herstellung des weltlichen F. u. ist Grundlage der →Hoffnung auf den jenseitigen F. (*Paulus*). Die christliche Forderung nach *Gewaltlosigkeit* schließt die Sicherung des weltlichen F. u. der mit ihm verbundenen Güter der →Wahrheit u. →Gerechtigkeit als sittl. Pflicht ein, so daß auch Gewaltanwendung im Gegensatz zum *Pazifismus*, der →Gewalt auch als Mittel gerechter Verteidigung des F. ablehnt, proportional zur Gefährdung

des F. gerechtfertigt wird. Die christliche E lehnt zwar *Krieg* als bewaffnete Auseinandersetzung zwischen Staaten, als Mittel der Interessenpolitik gesellschaftlicher Gruppen (Bürgerkrieg) u. als Revolutionskrieg ab, hält ihn aber als äußerstes Mittel zur Wiederherstellung der Rechtsordnung u. des F. nach Ausschöpfung aller vernünftigen u. friedlichen Mittel für gerechtfertigt. Die durch den Krieg entstehenden Schäden müssen jedoch im Verhältnis zur Rechtsverletzung legitimierbar sein. Allerdings leitet sich aus dieser Position der christlichen E kein komplementäres Verhältnis zwischen F. u. Gewalt ab, da mit Zwangsmitteln zwar Eintracht (concordia), aber nicht F. herstellbar ist. *Augustinus* wies auf diesen Zusammenhang hin u. sah allein in der gerechten →Ordnung (opus iustitiae pax) die Grundlage des F.

Die Möglichkeiten der politischen u. sozialen F.-Sicherung u. die Ursachen für Gewalttätigkeit u. Krieg untersucht die *F.-Forschung.* Sie hält Krieg im Zeitalter der Abschreckung durch nukleare Vernichtungswaffen nicht für moralisch legitimierbar. F. durch Abschreckung ist ein Angst- u. Terror-F. u. entspricht einer Symbiose von →Politik u. Gewalt (*D. Senghaas*). Angesichts des ständig wachsenden Vernichtungspotentials fordert die F.-Forschung eine E der technischen Welt (*C. F. v. Weizsäcker*), die als Planung des F. einer Welt-F.-Ordnung dienen soll. Dieser E wird jedoch vorgeworfen, als technokratisches Modell mit der Angst vor Vernichtung zu kalkulieren u. die e Anstrengung zum F. nur als privates Motiv zu verstehen. Solche Kritik

sieht die Möglichkeit des F. im angst-
freien Handeln, das in einer revolutionären Veränderung gesellschaftlicher
Machtpositionen in einer „Weltrevolution als F." (S. Papcke) gelernt werden soll. Der soziale F. als Überwindung der sozialen Ängste (z. B. Ar-
beitsplatzunsicherheit) sei mit der
Selbstbestimmung des Bürgers revo-
lutionär zu gewinnen. Die für den sozialen F. maßgeblichen Prinzipien der
→Grundrechte, der Solidarität u. der
freien →Kommunikation sind dabei
weder gesichert noch in ihrem Wert
erkannt. Diese revolutionären Strategien bannen weder die Kriegsgefahr
noch Gewalt als Mittel der Politik.
Dagegen fordern die F.-Strategien einen Abbau von Spannungen durch
Beseitigung von Vorurteilen, die Lösung politischer Streitfragen oder
durch Abrüstung (C. Osgood). Sie halten ein minimales Abschreckungspo-
tential unentbehrlich für eine rationale
Außenpolitik u. hoffen auf rationale
Lern- u. Kommunikationsprozesse,
die langfristig den F. von der Abschreckung durch die Vernichtungs-
gefahr befreien sollen. – Die e Alternative zum F. der Angst, der der Politik erstmals ein gemeinsames Bewußtsein der Menschheit vermittelt
hat, ist nicht die Politisierung des F.,
mit der nur Machtkonflikte durch
ideologische ersetzt werden, sondern
eine Erziehung zum F. als sozialer
Kompetenz. Diese begreift F. als Ergebnis einer vernünftig rechtfertigba-
ren sittlichen →Entscheidung.

Lit.: Paulus, Römerbrief 14, 19; Korin-
therbrief 14, 33; A. Augustinus, De civi-
tate Dei, Buch XIX, Abschn. 13;
I. Kant, Zum ewigen F.; H.-E. Bahr
(Hrsg.), Welt-F. u. Revolution, Frank-
furt 1970; E. Biser, Der Sinn des F.,
München 1960; K. v. Raumer, Ewiger
F. F.rufe u. F.pläne seit der Renaissance,
Freiburg/München 1953; C. F. v. Weiz-
säcker, Ist der Welt-F. unvermeidbar?
in: Protokoll Nr. 24 des Bergedorfer
Gesprächskreises, 1966; F. Henrich
(Hrsg.), Ist F. machbar? München 1969;
W. Janssen, F., in: Geschichtliche
Grundbegriffe, Bd. 2; W.-D. Eberwein,
P. Reichel, F.-Forschung u. Konflikt-
forschung, München 1976. *W. V.*

Friedensforschung →Friede.

Friedensstrategien →Friede.

Frömmigkeit →Spiritualität.

Frustration →Verzicht.

Fürsorge →Liebe.

G

Gastarbeiter →Diskriminierung.

Gebot →Deontische Logik.

Geburtenregelung umfaßt alle
bevölkerungspolitischen oder von
einzelnen ergriffenen Maßnahmen,
die den Zeitpunkt von Geburten regeln, ihre Häufigkeit beschränken
oder seltener fördern. Die Gründe für
die G. können humaner, sozialer,
ökonomischer u. eugenischer (erb-
hygienischer) Art sein. Die durch
medizinischen Fortschritt verminderte Kinder- u. Müttersterblichkeit, die
dadurch einerseits verminderte natürliche Auslese u. andererseits verursachte Bevölkerungsexplosion u.
Übervölkerung sind kausale Zusammenhänge, die die Staaten zur G. als
bevölkerungspolitischem Mittel ver-
anlassen können. Indirekte Faktoren

der G. in einem weiten Sinn sind Heiratsalter, Zahl der Eheschließungen u. sozialer Status außerehelicher Nachkommen. Zur G. im engeren Sinne können neben der dem biologischen Zyklus der Frau angepaßten geschlechtlichen Enthaltsamkeit als natürlichem Mittel chemische (ovulationshemmende Medikamente) u. mechanische (intrauterine Pessare) Mittel zur *Empfängnisverhütung* angewandt werden. Durch Aufklärung u. soziale Anreize werden darüber hinaus auch die organische Empfängnisunfähigkeit durch *Sterilisation* u. Zeugungsunfähigkeit durch Kastration nach einer bestimmten Zahl von Kindern vor allem in der Dritten Welt öffentlich gefördert. – G. lediglich als ein unter staatlichem Druck verordnetes Mittel zur Bekämpfung von Überbevölkerung ohne hinreichende Aufklärung u. Willensbildung der einzelnen u. als Ersatz für strukturelle soziale Entwicklungen ist weder politisch noch →sittl. legitimierbar. In hochindustrialisierten Ländern fördern dagegen die hohen ökonomischen u. sozialen Erwartungen, die wirtschaftliche Belastung durch Erziehungs- u. Ausbildungskosten der Kinder u. die eher subjektiv verstandene Rolle der →Sexualität die private Initiative zur G. – G. ist allgemein, sofern sie sich nicht des Mittels der →Abtreibung bedient, sittl. indifferent; sie kann unter besonderen Bedingungen zur Erhaltung der psychischen u. physischen Gesundheit der Frau u. im Interesse des Wohls von →Ehe u. →Familie, zur Wahrung der Würde u. zur Entfaltung eines freiheitlichen u. humanen →Lebens sittl. gerechtfertigt sein.

Lit.: G. Myrdal, Population. A Problem of Democracy, Gloucester/Mass. 1962; Th. Bruck, F. Rath, G. heute, Flensburg 1966; K.H. Wrage, Intimgemeinschaft u. Empfängnisregelung, Gütersloh ³1971; A.F. Guttmacher, Die Praxis der Geburtenkontrolle, München 1969.   *W. V.*

Geduld →Gelassenheit.

Gefühl (frz. sentiment, engl. feeling, sentiment, emotion) bezeichnet im Deutschen einmal den Tastsinn, zum anderen eine Vielzahl seelischer Phänomene. Sein Bedeutungsspektrum reicht von Sinnesempfindungen wie Hunger, Durst, Lust, Schmerz über seelische Zustände wie →Angst, Unsicherheit, →Freude, intentionale Gemütsbewegungen (Affekte, →Leidenschaften) wie →Liebe, Haß, Zorn, Mitleid bis zur Benennung einer eigenständigen Weise menschlicher Selbst- u. Welterfahrung (im Unterschied zu begrifflicher Erkenntnis). Versucht man eine allgemeine Bestimmung all dessen zu finden, was mit dem Wort bezeichnet wird, so könnte man G. als (lust- bzw. unlustbesetzte) subjektive Befindlichkeit des Gemüts bezeichnen, in der das →Individuum sein In-der-Welt-sein *(Heidegger),* sein Betroffensein u. seine Reaktionen erfährt. Antike u. Mittelalter, die keinen eigenen Namen für das G. hatten, bezeichneten sowohl den Zustand der Lust u. Unlust (→Freude) wie auch die →Leidenschaften mit pathos, passio bzw. affectus, affectio. Zwar spielte das mit dem Wort G. Gemeinte in den verschiedenen E-Entwürfen immer schon eine zentrale Rolle: So setzte der Hedonismus *Aristipps* u. *Epikurs* das

Ziel menschlichen Handelns in die Vermehrung von Lust- u. Verminderung von UnlustG.en, während die von *Platon* u *Aristoteles* beeinflußte →stoische E die Leidenschaften (passiones) wenn nicht als Krankheiten, so doch als Verwirrungen des Gemüts (perturbationes animi, *Cicero*), als eine der menschlichen →Freiheit u. Selbstbestimmung abträgliche u. fremde Macht qualifizierte u. ihre eindeutige Unterordnung unter die Maximen einer rein aus der Vernunft bestimmten Lebensführung forderte. Doch erst im 18. Jahrhundert wurde im Zusammenhang erkenntnistheoretischer Begründungsfragen der E *(Shaftesbury, Hutcheson, Hume, Kant),* der Ästhetik *(A. Baumgarten, Kant, Schiller),* später der Religionsphilosophie *(Schleiermacher)* der Begriff reflektiert u. terminologisch schärfer umrissen. Dabei wurde (insbesondere von *F. Hutcheson)* das *moralische* G. (moral sense) zum spezifischen Erkenntnisorgan wie zur primären Motivationskraft für Moralität erkoren. Der moral sense fungiert danach, auf der naturalen Basis uneigennütziger Neigungen (den kind affections, allgemein als →Wohlwollen für andere, als benevolence bzw. sympathy bzw. pitié bezeichnet), als inneres Sensorium wie als emotionale Kraft für das nicht weiter hinterfragbare →höchste Gut allgemeiner Glückseligkeit u. dient den partiell blinden naturalen Neigungen als erhellendes u. leitendes Korrektiv. Entgegen empiristischen Fehlinterpretationen ist zu betonen, daß die moral sense-Philosophie des 18. Jh. das moralische G. in die Nähe einer apriorischen *Intuition* rückt, einer reinen, billigenden Anschauung

materialer →Werte, wie sie später, im Anschluß an *H. Lotze, F. Brentano, E. Husserl* vor allem von *M. Scheler* ausgearbeitet wurde. Die Kritik dieser *Gefühlsmoral* bzw. GefühlsE (ein seit der 2. Hälfte des 19. Jahrhunderts gebräuchlicher Titel für alle Moralphilosophien, die das G. zur Beurteilungsinstanz wie zur Triebfeder für das gute Handeln machen) findet sich paradigmatisch bei *Kant* u. *Hegel*. Ein auf G.en basierendes Urteil vermag keine unbedingte Verpflichtung u. →begründen, da es lediglich eine faktische Befindlichkeit zur Darstellung bringt, die das passive Subjekt einem Eindruck verdankt; es ist zum anderen ein Urteil, dem die Möglichkeit vernünftiger Allgemeinheit (→kategorischer Imperativ) mangelt, da es der besonderen Erfahrung eines Subjekts in seiner Besonderheit entspringt. Wer sich in theoretischen wie in praktischen Problemen auf G.e beruft, verweigert sich „der Gemeinschaft der Vernünftigkeit" *(Hegel).* Das spezifisch moralische G. der *Achtung* vor dem Sittengesetz und den diesem entsprechenden Handlungen wird deshalb von *Kant* aus seiner Funktion als Erkenntnisorgan und Motivationskraft für sittl. Handeln entlassen und als Wirkung praktischer Vernunft auf das G. interpretiert.

Lit.: R. Descartes, Les passions de l'âme; A. A. C. Shaftesbury, An Inquiry concerning Virtue; F. Hutcheson, Abhandlung über die Natur u. Beherrschung der Leidenschaften; D. Hume, Eine Untersuchung über die Prinzipien der Moral, Anhang I; I. Kant, Grundl. zur Metaphysik der Sitten, 2. Abschn.; A. Smith, Theory of Moral Sentiments; F. Brentano, Grundlegung u. Aufbau der E; M.

Scheler, Der Formalismus in der E u. die materiale WertE; J.-P. Sartre, Esquisse d'une théorie des émotions; F. Grossart, G. u. Strebung, München 1961; G. Ryle, Der Begriff des Geistes, Stuttgart 1969, Kap. IV; S. Strasser, Phenomenology of Feeling, Pittsburgh 1977.   *M. F.*

Gefühlsmoral →Gefühl.

Gehemmtheit →Hemmung.

Gehorsam →Autorität.

Geistliches Leben →Spiritualität.

Gelassenheit meint einen Zustand des menschlichen Gemüts, in dem es die Dinge u. Menschen in ihrer Eigenart seinlassen u. annehmen kann. Psychologisch gesehen unterscheidet sich die G. von allen Einstellungen, die sich nicht auf eine →Situation einlassen können, sondern sie durch Macht u. Stärke im Sinne eigener Vorstellungen verändern wollen. G. darf aber auch nicht mit Haltungen verwechselt werden, in denen der Mensch aus Nachgiebigkeit u. Schwäche Situationen hinnimmt, wie sie sind. Zwischen Erzwingenwollen u. Gefügigkeit, zwischen Aktivität u. Passivität bezeichnet G. eine Haltung, die Fremdes sein lassen kann, ohne sich aufzugeben, die Unterschiede anerkennt, ohne sich zu verlieren. In diesem Sinne kann G. als Ausdruck von Ichstärke bezeichnet werden. Die Fähigkeit, Fremdes zu dulden (→Toleranz), sprechen wir besonders einem Menschen zu, den wir als *geduldig* bezeichnen. Wir meinen damit ebenfalls keine Unentschlossenheit oder Passivität, sondern die Fähigkeit, den rechten Zeitpunkt des Handelns abwarten zu können. *Aristoteles* u. *Thomas v. Aquin* betrachteten G. als wesentli-

chen Bestandteil der →Tapferkeit. *Meister Eckhart* hat die Identität von Aktivität u. Passivität, von Tun u. Leiden metaphysisch begründet: ,,gelazenheit" ist bei ihm der Zustand, der sich aus der mystischen Vereinigung mit dem Seelengrunde ergibt. Er befähigt den Menschen, die Dinge loszulassen u. sie dadurch in ihrem Sein belassen zu können. In jüngster Zeit hat *Heidegger* diesen Gedanken kritisch gegen das moderne, von der →Technik bestimmte Seinsverständnis ins Feld geführt. Die Entstehung der modernen Naturwissenschaft (*Galilei*) u. die Begründung des transzendentalen Denkens der Neuzeit (*Kant*) habe den Gesichtspunkt des Herstellens u. Machens einseitig hervorgekehrt u. die Wirklichkeit zum Material werden lassen. Dadurch sei der Blick auf ihr Sein verstellt worden. Mit der G. soll eine neue Weise der Begegnung angezeigt werden, die jenseits des bloßen Herstellens den Zugang zum Sein dadurch wieder eröffnet, daß es dieses seinlassen kann.

Lit.: Aristoteles, Nikomach. E, Buch II 6–7; Thomas v. Aquin, Summa th. II/II q. 136a.4; M. Eckhart, Deutsche Werke, Bd. V Traktat 2, Stuttgart 1963, S. 283f.; M. Heidegger, G., Pfullingen 1959; R. Guardini, Geduld, in: Tugenden, Würzburg 1959; L. Rangell, G. u. andere menschliche Möglichkeiten, Frankfurt a. M. 1976.   *A. S.*

Geltung →Moral u. Sitte.

Geltungsbedürfnis →Ehre.

Gemeinschaft →Gesellschaft.

Gemeinwohl. Das G. gilt als sozial-e Grundprinzip in →Gesellschaft u. →Staat. Das Wohl der gesamten Gesellschaft soll als →Entscheidungs-Prinzip im Rahmen der allgemeinen Verwirklichung der →Gerechtigkeit indirekt der Erfüllung der Ansprüche u. →Bedürfnisse der einzelnen Glieder der Gesellschaft dienen. – Solange die öffentliche →Ordnung als vernünftig begriffen wird, stehen sowohl die privaten wie die allgemeinen Bedürfnisse an materiellen Gütern u. das Streben nach →Glück der einzelnen unter der Kontrolle der Vernunft *(Platon, Aristoteles)*. Alle individual-e u. →sozial-e Vorschriften leiten unter dieser Bedingung ihren →Wert u. ihre Gültigkeit vom G. als höchstem allgemeinem Gut (bonum commune: *Th. v. Aquin)* ab u. sind ihm als dem höchsten →Ziel allen Handelns untergeordnet. Das G. entspricht dabei einem übergeordneten, vernünftigen u. göttlichen Interesse. – Als →sittl. Imperativ von →Politik fordert das G. sowohl die Trennung von privatem u. *öffentlichem Interesse* wie ihre Vermittlung. Das öffentliche Interesse ist nicht die Summe der Einzelinteressen, sondern das rechtliche u. politische Gleichgewicht zwischen den Einzel- u. Gruppeninteressen, das in staatlichen Entscheidungen den Bestand gerechter u. stabiler sozialer Verhältnisse sichert. Das G. ist das allgemeine sittl. Kriterium des Gleichgewichtscharakters des öffentlichen Interesses, ohne dessen Inhalte konkret zu bestimmen: Der Ausgleich der Interessen muß vernünftig legitimierbar sein u. der Verwirklichung humanen →Lebens dienen.

Wenn die →Tugenden des persönlichen Lebens aufgrund „eingeborener praktischer Prinzipien" (Bedürfnis nach Glück, Ablehnung von Un-

glück: *J. Locke)* prinzipiell mit der öffentlichen Wohlfahrt verknüpft sind, ist das G. sowohl Erfüllung wie Vermittlung von individuellem u. öffentlichem Interesse. Diese sich selbst regulierende Harmonie zwischen dem individuellen Streben nach →Glück u. Gewinn u. der Befriedigung der Bedürfnisse der ganzen Gesellschaft *(A. Smith)* überwindet nur scheinbar den →Konflikt zwischen G. u. Einzelwohl, da das öffentliche auf das private Interesse reduziert wird. Dieses Dilemma wird auch vom formalen Prinzip des „größten Glücks der größten Zahl" *(J. Bentham,* →Utilitarismus) nicht überwunden: Einerseits bleiben die individuellen Bedürfnisse unspezifisch u. die Annahmen über private Wünsche u. Ziele willkürlich, da sich kein allgemein gültiger Glückskalkül finden läßt, andererseits kann das private Glück nicht Gegenstand öffentlicher Planung sein. Die Orientierung der öffentlichen Ordnung am privaten Nutzen bleibt zweideutig; sie muß das G. mangels eines Prinzips des Gleichgewichts entweder dem radikalen, liberalistischen Konkurrenzprinzip (→Wirtschafts-E) oder staatlicher Planung überlassen *(J. S. Mill)*. – Letztere kann aber die Vermittlung von G. u. Einzelwohl weder auf der liberalistischen Grundlage freier Konsumwahl noch allein auf der staatlicher Macht leisten. Staatliche Planung benötigt Legitimität als Kriterium für G.: die Vermittlung von individuellem u. öffentlichem Interesse muß als Interessenausgleich vernünftig zu rechtfertigen sein. G. kann deshalb weder einer Gruppe von Experten noch einer politischen Mehrheit oder Partei überlas-

sen sein. Das vernünftige Gleichgewicht der Interessen von Individuen
u. Gruppen ist an die demokratischen
Verfahren der Konfliktlösung gebunden. Die Legitimität des G. erfordert
über diesen verfassungsmäßigen ko-
operativen Prozeß der Entscheidung
über konkurrierende Interessen hinaus auch eine Entscheidung über konkurrierende soziale →Ziele, die bestimmten Interessen entsprechen. G.
u. öffentliches Interesse hängen letztlich vom vernünftigen guten →Wil-
len u. der sittl. Kompetenz (→Erzie-
hung) der öffentlichen Entschei-
dungsträger ab. Sie sind zusammen
mit den demokratischen Entschei-
dungsmechanismen notwendig, um
G. zu ermöglichen: als größtmögliche
individuelle Selbstverwirklichung, als
Minimierung sozialer Konflikte u. als
gerechte Verteilung ökonomischer u.
kultureller Vorteile u. Lasten.
Vernünftige öffentliche Entscheidungen erhöhen als Vollzugsformen des
G. nicht nur die Chancen seiner Verwirklichung, sondern auch die Chancen der Übernahme u. Anwendung
dieses Typs von Entscheidungen
durch die Betroffenen.

Lit.: Platon, Der Staat, Buch I u. V; Aristoteles, Nikom. E, Buch I, V, VIII;
Th. v. Aquin, Summa theol., I, II qu.
96.2, II, II qu. 31,3; J. Locke, Versuch
über den menschlichen Verstand, Buch I
Kap. 3, II 20, 22; A. Smith, Der Wohlstand der Nationen, Buch IV; J. Bentham, Eine Einführung in die Prinzipien
der Moral u. der Gesetzgebung, in: O.
Höffe (Hrsg.), Einführung in die utilitaristische E, München 1975; J. S. Mill,
Über die Freiheit, Kap. 4; F. J. Sorauf,
The Public Interest Reconsidered, in:
Journal of Politics, Bd. XIX, 1957; C. J.
Friedrich (Hrsg.), The Public Interest,
New York 1962, Abschn. 1–6, 9, 13, 15,
19; O. Höffe, Strategien der Humanität,
Freiburg-München 1975, Kap. 4–7,
10–12.   *W. V.*

Generalprävention →Strafe.

Genmanipulation →Manipulation.

Gerechtigkeit als e (nicht auch theologischer) Begriff hat zwei aufeinander bezogene Bedeutungen. In einem
„objektiven" (institutionellen, polit.-
sozialen) Verständnis ist G. das
grundlegende normative Prinzip des
äußeren Zusammenlebens in seinen
Kooperations- u. →Konfliktaspek-
ten: das Ideal u. höchste Kriterium
von individuellen Handlungen, von
Institutionen, selbst der Grundordnung einer politischen Gemeinschaft.
Die G. betrifft vor allem den Bereich
von →Recht u. →Staat: die Gesetzgebung, Rechtsprechung u. vollzie-
hende Gewalt (die polit.-soziale G.
als normative Idee von Recht u.
Staat). Darüber hinaus bezieht sie
sich auch auf Kooperation u. Konflikte in informell geregelten Bereichen (etwa in →Familie, Nachbar-
schaft u. Schule). Zwar gibt es noch
andere normative Kriterien (wie Stabilität, Sicherheit, Zweckmäßigkeit
u. Wohlfahrt). Aber allein die G. ist
der Maßstab einer unbedingten, einer
sittl. Rechtfertigung oder Kritik der
Regeln des Zusammenlebens (→Sitt-
lichkeit). – In einem „subjektiven"
(personalen) Verständnis ist G. jene
sittl. Lebenshaltung im Verhältnis zu
den Mitmenschen, die – im Unterschied zu →Freundschaft, →Liebe u.
→Wohlwollen – weder auf freier Zuneigung beruht noch beim Handeln
über das hinausgeht, was man einem
anderen schuldet (G. als →Tugend).

G. als Persönlichkeitsmerkmal bedeutet nicht bloß, das Gerechte zu tun, sondern es aus einer bestimmten →Gesinnung zu tun, nämlich deshalb, weil es gerecht ist, u. nicht etwa, weil man andernfalls bestraft oder sozial geächtet würde. G. als Tugend zeigt sich dort, wo man trotz größerer Macht u. Intelligenz andere nicht zu übervorteilen sucht oder wo man sein Tun – als Gesetzgeber, Richter, Lehrer, Eltern, Mitbürger – auch dann an der Idee der objektiven G. ausrichtet, wenn entweder Recht u. →Moral Lücken u. Ermessensspielräume lassen oder ihre Durchsetzung höchst unwahrscheinlich ist. G. als Tugend der Bürger ist eine wichtige Schranke gegen das Abgleiten einer politischen Gemeinschaft in eklatante Unrechtsverhältnisse.

Den Kern unserer Vorstellungen von G. bildet – neben den Ideen der unantastbaren Menschenwürde (→Humanität), der →Freiheit u. der Solidarität: →Wohlwollen – das e Prinzip der →Gleichheit: Menschen in gleichen Umständen sollen gleich handeln bzw. gleich behandelt werden (Gleichheitsgebot, vgl. →Goldene Regel), negativ formuliert: jede willkürliche Ungleichbehandlung ist ungerecht (Willkürverbot). Die Grundordnung einer politischen Gemeinschaft ist dann schon in einer wesentlichen Hinsicht als gerecht anzusehen, wenn das Gleichheitsprinzip eine alle drei Gewalten des Staates bindende Verfassungsbestimmung ist (vgl. für die Bundesrepublik Deutschland Art. 3 zusammen mit Art. 1 III des Grundgesetzes, für Österreich Art. 7 (1) des Bundesverfassungsgesetzes, für die Schweiz

Art. 4 u. 60 der Bundesverfassung). – Um dem Gleichheitsprinzip zu genügen, muß das geltende Recht erstens aus Bestimmungen bestehen, die nicht Einzelpersonen u. Einzelfälle als solche, sondern Typen von Fällen (Einkommensteuer, Diebstahl, Totschlag usf.) mit Hilfe gewisser Kriterien regeln (die Einkommensteuer z. B. nach Höhe des Einkommens, nach Familienstand u. Kinderzahl). Auch die Kriterien dürfen nicht willkürlich sein. Rechtsregeln sind zweitens nach Maßgabe derselben Regeln zweiter Ordnung zu gewinnen, nach den in der Verfassung niedergelegten Verfahrensregeln über die Entstehung von Gesetzen sowie nach normativen Leitprinzipien (etwa nach den Prinzipien des freiheitlichen Rechtsstaats, der Demokratie u. des Sozialstaats). Diese lassen sich aus einer Vermittlung der Anwendungsprinzipien der G. (Kooperation u. Konflikt; deskriptives Moment) mit dem höchsten Kriterium der Sittlichkeit (normatives Moment) →begründen. Anerkennt man die Universalisierbarkeit (→kategor. Imperativ) als Maßstab der Sittlichkeit, dann ergibt sich als G.prinzip die Bewältigung von Kooperations- u. Konfliktverhältnissen nach streng allgemeinen u. für alle gleichen Grundsätzen, insbesondere den unveräußerlichen Menschenrechten (→Grundrechten): den persönlichen Freiheitsrechten, den polit. Mitwirkungsrechten u. den Sozialrechten. Drittens müssen Exekutive u. Rechtsprechung die Gesetzbestimmungen unparteiisch, ohne Ansehen der Person (ihres Geschlechts, ihrer Religion, Rasse, sozialen oder wirtschaftlichen Stellung) anwenden (in der bildenden Kunst wird deshalb die G. mit verbundenen Augen dargestellt).

Die nähere Bestimmung der G. ist umstritten. (Doch stellen die genannten normativen Leitprinzipien wichtige Kriterien dar.) Bei der Verteilung von Rechten u. Pflichten, Gütern u. Lasten (austeilende oder *distributive G.*) gibt es vor allem drei Maßstäbe: Jedem das Gleiche oder jedem nach seinem Wert als Mensch überhaupt; jedem nach seiner Leistung oder Leistungsfähigkeit; jedem nach seinen Bedürfnissen. Gemäß der Idee der unantastbaren Würde des Menschen u. der Unverletzlichkeit der Person ist es im allgemeinen unumstritten, daß in bezug auf die →Grundrechte jedem das gleiche zukommt (daher Menschenrechte: unveräußerliche Rechte jedes Menschen). Soziale Positionen u. wirtschaftliche Güter dagegen sollen nach Leistungs-, nach Bedürfnisgesichtspunkten oder einer Verbindung beider verteilt werden (der individuelle Lohn richtet sich meist nach der Leistung, die Sozialhilfe nach Bedürftigkeit, die Steuern nach beidem: nach der Höhe des Lohns, aber auch nach Familienstand u. Kinderzahl). Die genauen Regeln nach Maßgabe der normativen Leitprinzipien, aber auch der wirtschaftl., gesellschaftl. u. kulturellen Lebensbedingungen zu bestimmen, gehört in den Aufgabenbereich der Politik, für die die Idee der G. eine normativ-kritische Funktion hat. Allgemein läßt sich sagen, daß zur unantastbaren Würde des Menschen auch die elementare Existenzsicherung gehört, hier deshalb der Bedürfnisaspekt den Vorzug verdient,

während die Ausgestaltung der eigenen Existenz der Freiheit des einzelnen überlassen bleiben soll, wobei die Idee der G. als Fairneß fordert, daß alle Güter, Positionen u. Ämter grundsätzlich für jeden offenstehen u. die Ordnung des wirtschaftlichsozialen Systems nicht bloß zum Vorteil gewisser Gruppen ist, sondern dem Wohlergehen aller dient. Unter dem Gesichtspunkt der Solidarität gehört es auch zur sozialen Gerechtigkeit, vorgefundene natürliche u. soziale Nachteile auszugleichen.

Die *ausgleichende G.* betrifft den Tausch verschiedenartiger Dinge (Kauf, Miete usf.). Der Tausch ist dann gerecht, wenn die getauschten Dinge den gleichen Wert haben, wobei das Geld als allgemeiner Wertmaßstab dient. Allerdings besteht die Schwierigkeit, den genauen Wert eines Dinges zu bestimmen, da die Kriterien selbst kontrovers sind (richtet sich der Wert nach der aufgewendeten Arbeit, dem Gebrauchswert oder dem Marktpreis?). Die Idee der G. fordert auch, verschuldete Schäden in der Höhe des Schadens wiedergutzumachen sowie →Strafen für Rechtsverletzungen nicht beliebig, sondern nach der Schwere der Übertretung zu verhängen. – Die Anwendung einer allgemeinen Rechtsregel kann in besonderen Einzelfällen zu offensichtlich nicht gerechten Ergebnissen führen. Hier fordert das Prinzip der *Billigkeit (Epikie)*, vom Buchstaben des geltenden Rechts abzuweichen, u. zwar nicht deshalb, weil die Idee der G. suspendiert, sondern weil sie auch dort beachtet werden sollte, wo es sich um außergewöhnliche Umstände handelt, die der Gesetzgeber nicht vorausgesehen hat.

Lit.: Platon, Der Staat; Aristoteles, Nikomach. E, Buch V; Thomas v. Aquin, Summa theologica II–II, quaestio 58–61; De virtutibus cardinalibus; Th. Hobbes, Leviathan, bes Kap. 13–15; J. S. Mill, Utilitarismus, Kap. V; H. Kelsen, Reine Rechtslehre, Wien [2]1960, Anhang; J. Pieper, Über die Gerechtigkeit, München [4]1965; H. L. A. Hart, Der Begriff des Rechts, Frankfurt 1974, Kap. VIII; R. Brandt (Hrsg.), Social Justice, Englewood Cliffs/N. J. 1962; M. Kriele, Kriterien der G., Berlin 1963; H. Welzel, Naturrecht u. materiale G., Göttingen [4]1968; Ch. Perelman, Über die G., München 1967; Th. Fleiner, Recht u. G., Zürich 1975; J. Rawls, Eine Theorie der G., Frankfurt 1975; ders., Gerechtigkeit als Fairneß, Freiburg/München 1977; D. Miller, Social Justice, Oxford 1976; R. Nozick, Anarchie, Staat, Utopia, München o. J.; O. Höffe (Hrsg.), Über John Rawls' Theorie der Gerechtigkeit, Frankfurt 1977; ders., Ethik u. Politik, Frankfurt 1979, Kap. 4–7, 14–15; Studia philosophica, Bd. 38, 1979: G. in der komplexen Gesellschaft.   *O. H.*

Geschichte der Ethik. →E als eigene philosophische Disziplin geht auf *Aristoteles* zurück, der von e Theorie spricht (Anal. post. 89 b 9) u. die theoretische von der →praktischen Philosophie unterscheidet (Nikom. E 1096 b 31). In der Sache nimmt er die *sokratisch-platonische* Frage nach dem guten Leben auf u. sucht gleich seinen Vorgängern die durch die Sophisten problematisierte Antwort nach dem maßgebenden Grund u. der rechten Verfassung eines in Gesetz, →Sitte u. Gewohnheit geordneten menschlichen Lebens. Während indessen von *Sokrates/Platon* die Möglichkeit des

guten Lebens u. der Wiederherstellung der politischen Ordnung an die philosophische Einsicht in die reine Idee des →Guten gebunden wird, geht die *aristotelische* E methodisch von den menschlichen Begehrungen, Vermögen u. Tätigkeiten (→StrebensE) wie von den bestehenden Ordnungen des Zusammenlebens aus u. sucht den Grund der →Sittlichkeit in dem im individuellen u. gemeinschaftlichen Handeln tätig erreichbaren →höchsten (menschlichen) Gut. Dieses, das →Glück eines vollendeten Lebens, wird bestimmt als „Verwirklichung der Seele gemäß der Tugend" mit ausreichenden äußeren Gütern im Stande des freien Bürgers einer vollendeten Polisgemeinschaft. Praktische Philosophie als Theorie über das „zum Menschsein des Menschen Gehörige" hat deshalb die Lehre vom Hauswesen (Ökonomik), die E im engeren Sinn (Wesen u. Arten der →Tugend) u. die Lehre von der Polis (Politik) als untrennbare Einheit zum Inhalt. Die enge Verbindung von E u. Politik zerbricht bereits mit dem Zerfall der antiken Polis. Epikureische u. →stoische E negieren die Verschränkung von geglücktem Leben mit politischer Praxis. Inhalt der E wird die Lehre von den individuellen →Bedürfnissen, Strebungen u. Trieben u. ihrer vernünftigen Befriedigung *(Aristipp, Epikur)* bzw. die Kunstlehre tugendhafter Lebensführung, die im Glück des leidenschaftslosen, von politischen u. persönlichen Umständen innerlich freien Weisen ihr Leitbild findet (Stoa). Der Neuplatonismus (vor allem *Plotin*) macht Glück u. Tugend zum Gehalt des philosophischen Lebens im Göttlichen u. Unsterblichen u. bereitet die enge Verbindung von E u. Theologie vor.

In der →christlichen E wird der Inhalt der philosophia moralis in die theologische Lehre vom Menschen aufgenommen (so bei *Origenes, Klemens v. Alexandreia* u. a.) u. in die Dogmatik von Erbschuld, Gnade, Rechtfertigung u. endzeitlichem Heil integriert (*Augustinus, Thomas v. Aquin* u. a.). Peripatetisches, stoisches, neuplatonisches u. (vor allem im Mittelalter) genuin aristotelisches Gedankengut findet Aufnahme in die christliche Tugendlehre, die freilich im Glauben an die von →Gott eröffneten Heilswirklichkeit ihr entscheidendes Richtmaß findet. Diese theologische Fundierung der E geht bei einigen Autoren *(P. Abaelard, Duns Scotus, W. v. Ockham)* so weit, daß sie nicht nur das Endziel allen Handelns in der Partizipation am jenseitigen Gott u. die Möglichkeit eines rechten Lebens in der Mitwirkung seiner Gnade sehen, sondern das Gute selbst auf die souveräne Disposition des göttlichen Willens gründen (→theologische E). E wird erst dann wieder zum Teil einer allein auf den Menschen reflektierenden Philosophie, als durch *F. Bacon, R. Descartes, Th. Hobbes* u. a. Philosophie sich von ihrer Verschränkung mit der Theologie löst u. ihre Reflexionen auf wissenschaftlich kontrollierte Erfahrung u. rein rationale Argumentationen zu stützen beginnt (→Begründung, →Methoden der E).

Die neuzeitliche E setzt vor allem ein mit *Th. Hobbes.* Für ihn ist die Basis der praktischen Philosophie ein nach dem Vorbild von Geometrie u. Physik gewonnenes Wissen um die Natur des Menschen. Als deren Grundtendenz glaubt er das →Streben nach Selbsterhaltung ausmachen zu können. Diese Tendenz führt, unter den gegebenen Bedingungen einer verunsichernden Ratio, einer Vielzahl von Menschen, einer begrenzten Erde u. fehlender sozialer Instinkte bzw. Triebe zu einem Status gegenseitiger Agressivität u. Destruktion. E versteht sich dann als Inbegriff jener Verhaltensnormen, die eine schlußfolgernde Vernunft (recta ratio) im Blick auf die Situation des Menschen in der Welt zur Erreichung des primum bonum optimaler Selbsterhaltung als notwendig erkennt (law of nature, Naturgesetz). Auf dem Boden der auf Selbsterhaltung u. Bedürfnisbefriedigung gerichteten Gesellschaft antagonistischer Individuen, die weder alle ihre →Vernunft richtig gebrauchen noch von sich aus den Normen der Friedenssicherung folgen, hat die E den Begriff des →Rechts u. den das Recht als Gesetz verbürgenden u. durchsetzenden →Staat zur Voraussetzung. *Hobbes* gründet also die praktische Philosophie auf die mechanisch bestimmbare Natur des Menschen u. die sittl. Normen auf die Vernunft; er löst damit das scholastische →Naturrecht ab, das sittl. Verhalten an den ‚Gesetzen' einer als zweckgerichtet interpretierten Natur orientierte, in der sich die verbindliche göttliche Schöpfungsabsicht dokumentiert. Wenngleich die starke Verschränkung von praktischem Naturgesetz qua Vernunftgesetz mit dem politischen Gesetz von zahlreichen Autoren der beginnenden Neuzeit gelockert wurde, so bildet die von *Hobbes* gezeichnete Bestimmung der philosophischen E im Zusammenhang von →Gesellschaft, Recht u. Staat, ihre Gewichtung äußeren Verhaltens u. ihre Abgrenzung von der theologischen E (die die Bewegungen des Herzens u. das innere Verhältnis zu Gott enthält) Gemeingut neuzeitlich naturrechtlicher E (so bei *Th. Golius, Ph. Melanchthon, J. G. Darjes, H. Grotius, S. Pufendorf, G. F. Meier, Chr. Wolff* u. a.).

Im Gegenzug gegen *Hobbes'* Anthropologie, die neben der ambivalenten Ratio nur egozentrische Triebe, Bedürfnisse u. Affekte als naturgegeben anerkennt, setzt in England eine Strömung ein, die E auf ein inneres, von der Sphäre der Gesellschaft u. des Staates unabhängiges Prinzip gründet. Grundanliegen sowohl der platonischen Schule von Cambridge (*H. More, R. Cudworth*) wie der späteren moral sense-Philosophie (*Shaftesbury, F. Hutcheson, D. Hume,* →Gefühl) ist der Aufweis einer natürlichen inneren Anlage des Menschen zur Erkenntnis u. Anerkennung sittl. Grundsätze, die die vernünftige Harmonie von Selbstliebe (→Selbstinteresse) u. Nächsten-→Liebe zum Inhalt hat u. von den animalischen Strebungen nach Bedürfnisbefriedigung u. Selbsterhaltung sich unterscheidet. E wird so auf die innere Konstitution der menschlichen Natur gegründet, die unverstellte Subjektivität wird zum Maßstab sittl. Verhaltens. *Kants* Werk u. die ihm folgende Philosophie versucht die auf das Innere des Menschen gegründete E u. die E der Naturrechtsschule zusammenzuführen. Im Anschluß an bereits vorgeprägte Unterscheidungen (*A. Rüdiger, A. G. Baumgarten* u. a.) wird

die „Sittenlehre" in Rechts- u. Tugendlehre gegliedert u. letztere auf diejenigen „inneren" Pflichten gegen sich selbst u. andere beschränkt, die „keiner äußeren Gesetze fähig" sind. Die Rechtslehre, die Prinzipien u. Normen des Daseins äußerer →Freiheit als Freiheit aller unter einem die Willkür gegenseitig beschränkenden Gesetz untersucht, ist auf die Legalität der Handlungen, d. h. ihre äußere Gesetzmäßigkeit ohne Rücksicht auf ihre Triebfedern bezogen. Die Tugendlehre hingegen, die sich allein mit der Moralität des Handelns befaßt, hat ihr Prinzip in der inneren Selbstbestimmung eines vernünftigen Wesens allein um der Vernunft willen. Grund der →Sittlichkeit ist nicht eine vorgegebene innere Naturanlage, sondern die absolute →Freiheit vernünftiger Selbstbestimmung.

Konsequenterweise schließt *Kant* von der Begründung der Moralität wie des →Rechts jeden Rekurs auf die sinnliche Natur des Menschen, auf den Erwerb von Lust u. Glückseligkeit aus. Den bei *Kant* unvermittelt zurückgebliebenen Dualismus von intelligibler Freiheit u. empirischer Natur wie von Moralität u. Legalität versucht *Hegel* dadurch zu überwinden, daß er die E der Moralität durch eine politisch-institutionelle Ersetzt. In den sittl. →Institutionen von →Familie, bürgerlicher →Gesellschaft u. Staat kommen sowohl die natürlichen →Bedürfnisse wie das Recht u. die Moralität zu ihrer vernünftigen geschichtlichen Wirklichkeit. Das 19. Jahrhundert ist durch verschiedene Neuansätze gekennzeichnet. *Marx* u. *Engels* nehmen die E in ihre Gesellschaftstheorie zurück, interpretieren die traditionelle E als klassengebundene Ideologie u. stellen eine neue sozialistische E nach Beseitigung der materialen Bedingungen der alten Moral in Aussicht (→marxistische E). *F. Nietzsche* versucht eine Neubestimmung der E, indem er die Scheinhaftigkeit bzw. lebensnegierende Unterdrückungsfunktion der traditionellen (speziell platonisch-christlichen) Moral aufzudecken sich bemüht (→Moralkritik). Erst in der freien Entfaltung des Lebens werde eine E möglich, die den Prozeß der Selbstgestaltung u. Selbstbejahung des Lebens zum Inhalt hat (→Lebensphilosophie). Der Neukantianismus (vor allem Marburger Prägung) entwickelt in Analogie zur transzendentalen Theorie der Erfahrung als Logik der reinen Naturwissenschaft die E als „Logik der Geisteswissenschaften" *(H. Cohen),* die im Ausgang vom Faktum der Rechts- u. Staatswissenschaft deren reine Prinzipien kritisch rekonstruiert. Im Gegenzug gegen den kantischen Formalismus wird *F. Brentano* zum Wegbereiter einer phänomenologischen E, die im beginnenden 20. Jh. durch *M. Scheler* u. *N. Hartmann* ihre Ausarbeitung erfuhr: als Quelle moralischer Begriffe gilt ihr der intentionale Akt innerer Wahrnehmung, der materiale →Werte u. ihre Ordnung zur Erscheinung bringt. Sittl. Verpflichtung sei nur auf diese „Einsicht" in die apriorischen Zusammenhänge zwischen materialen Werten u. Zwecken zu gründen (→Formale-Materiale E).

Eine von der kontinentalen Philosophie verschiedene Richtung nimmt die E des angelsächsischen Sprachraums, die im 19. Jahrhundert im Gegenzug gegen die Formen subjektiv begründeter E im →Utilitarismus *J. Benthams, J. St. Mills* u. *H. Sidgwicks* ihre dominierende Theorie findet: Der mit empirischen Methoden bestimmbare Nutzen der möglichst großen Zahl wird zum Prinzip privater Moral wie öffentlicher Entscheidungsprozesse (→Entscheidung, →Entscheidungstheorie). In höchst differenzierter Form gilt der Utilitarismus auch heute als entscheidender Bezugspunkt der Diskussion über Probleme normativer E im anglo-amerikanischen Sprachraum (*J. O. Urmson, J. J. C. Smart, J. Rawls, R. Brandt, M. Singer* u. a.). Daneben verlaufen die Bemühungen um Probleme der E in der Nachkriegszeit in zwei Richtungen, die sich gegenwärtig zu berühren beginnen: (a) auf der einen Seite arbeitet man an einer kritischen Rehabilitierung der praktischen Philosophie von *Aristoteles* u. *Hegel* (*J. Ritter* u. a.), von *Kant, Hegel* u. *Marx* (→Kritische Theorie), von *Hobbes, Kant* u. *Marx* im Verein mit sprachkritischer Methodik (→Konstruktive E) im Bereich der →normativen E; auf der anderen Seite steht die Verwertung der Methodik der analytischen Philosophie im Bereich der →MetaE, die sich mit der sprachlichen Form von Imperativen u. axiologischen Aussagen befaßt u. Die derzeit diskutierten metae. Theorien lassen sich ihrerseits in kognitive u. nichtkognitive unterscheiden. Die kognitiven halten an der möglichen objektiven Bedeutung moralischer Begriffe u. Sätze fest. Der e Naturalismus behauptet dabei die Transformierbarkeit moralischer Termini in empirisch-deskriptiv bestimmbare

Begriffe (*M. Schlick, R. B. Perry, C. I. Lewis* u. a.), der e Intuitionismus hingegen verteidigt die Eigenart moralischer Termini u. Sätze, deren objektiver Gehalt sich durch unmittelbare Einsicht in die innere Qualität von Handlungen u. Werten finden lasse (*G. E. Moore, W. D. Ross* u. a.), der e Logizismus versucht die Erstellung einer spezifischen Logik der E (→deontische Logik), vermittels derer sich die rationale Struktur moralischer Rede demonstrieren lasse (*S. E. Toulmin, R. M. Hare, G. H. v. Wright* u. a.). Für die nichtkognitiven Theorien (*A. J. Ayer, C. L. Stevenson* u. a.) sind imperativische u. wertende Begriffe u. Sätze bloßer Ausdruck subjektiver Gefühle, die keiner intersubjektiven Kontrolle zugänglich sind (Emotivismus).

Lit.: F. Vorländer, G. der philosophischen Moral-, Rechts- u. Staatslehre, 1855 (Neudr. Aalen 1964); H. Sidgwick, History of Ethics, 1879 (Repr. London 1962); M. Wundt, G. der griechischen E, 2 Bde., Leipzig 1908–1911; F. Jodl, G. der E in der neueren Philosophie, 2 Bde., Stuttgart/Berlin ³1920 (Neudr. 1964); E. Howald, A. Dempf, Th. Litt, G. der E, München/Wien 1978; C. D. Broad, Five Types of Ethical Theory, London 1930; F. Wehrli, Lathe biosas. Studien zur ältesten E bei den Griechen, Leipzig 1931; O. Dittrich, G. der E, 4 Bde., Leipzig 1926–1932; F. Wagner, G. des Sittlichkeitsbegriffs, 3 Bde., Münster 1928–1936; B. Switalski, Neoplatonism and the Ethics of St. Augustin, New York 1946; F. Flückiger, G. des Naturrechts, Zürich 1954; H. Welzel, Naturrecht u. materiale Gerechtigkeit, Göttingen ⁴1962; E. Wolf, Große Rechtsdenker der deutschen Geistesgeschichte, Tübingen ⁴1963; J. Maritain, La philosophie mora-

le, Paris 1960; H. Reiner, Die philosophische E, Heidelberg 1964; G. J. Warnock, Contemporary Moral Philosophy, London 1966; A. Pieper, Analytische E. Ein Überblick ..., Philos. Jahrb. Bd. 78/1, 1971; E. Bloch, Naturrecht u. menschliche Würde, Frankfurt ²1975.   *M. F.*

Geschichtlichkeit →Existentialistische E.

Geschichtsphilosophie →Fortschritt.

Geschick →Schicksal.

Gesellschaft hat im Unterschied zur →Natur einen moralischen, normativen u. geschichtlichen Charakter, der im menschlichen →Handeln begründet ist. Die Natur als Lebensraum u. die innere Natur des →Menschen werden durch seine →Arbeit in G., er selbst in das Wesen der G. (*Aristoteles*) umgewandelt (Transformation der Natur). Das zwischenmenschliche Handeln (→Kommunikation) schafft u. wird geleitet durch Normen u. Konventionen, die für die G. grundlegend sind. In Übereinstimmung oder Abhebung von ihnen kann sich jedes Mitglied der G. individuell u. sozial verstehen u. verständigen. Die Individuen gestalten das Leben der G. so, daß sie sich u. der G. in wechselseitiger Erfahrung →Sinn geben. Selbstbewußtsein, Handlungsvermögen, die Kenntnis der materiellen u. konventionellen Gegebenheiten u. der allgemein anerkannten Handlungsprinzipien der G. sind die Bedingungen dafür, daß die Zwecke gesellschaftl. Handelns wechselseitig erwartbar u. erkennbar sind. Beurteilbar u. verantwortbar sind diese aufgrund der normativen Struktur der G. u. der Intentionen u. des Handlungsvermögens ihrer Mitglieder. Die Entstehung der *bürgerlichen G.* leitet die liberale G.-Theorie (*Smith, Bentham, Mill*) vom Schutzbeürfnis individueller Güter (→Freiheit, →Leben, →Eigentum) u. dem Vorrang des menschlichen →Selbstinteresses ab, das sich durch ein beschränktes Maß an Gemeininteresse mit den Konventionen des →Rechts sichert. Dagegen ist das Recht für den Idealismus (*Hegel*) nicht nur Mittel, sondern Voraussetzung u. Zweck der bürgerlichen G. Das Subjekt soll in ihr im Bildungsprozeß seines Selbstbewußtseins seine Bedürfnisse, seinen Willen u. seine Freiheit als die aller anderen u. damit als notwendig erkennen. Freiheit u. Eigentum werden zu objektiven Zwecken der G. u. stehen damit in einem sittl., nicht vom Selbstinteresse geleiteten Verhältnis zum Individuum. – Die →marxistische E (*Marx*) lehnt diesen Begriff der G. als Grundlage der →Entfremdung u. als Klassenbegriff der G. ab. Sie bestimmt G. mit deren ökonomischer Struktur, den Produktionsweisen u. dem von ihnen bedingten →Konflikt, der nicht zwischen →Individuum u. G., sondern zwischen deren Klassen herrscht u. nur in einer sozialistischen G. aufgelöst werden kann. Marx analysiert im Unterschied zur →Kritischen Theorie der G. (*Adorno, Marcuse, Habermas*) nicht die Gründe der Konflikte von Normen u. Interessen, die sowohl innerhalb der Klassen wie unabhängig von ihnen in der G. herrschen.

Als Gegenbegriff zum mechanischen, konstruierten Charakter der G., die Menschen durch ökonomische Konkurrenz u. Konflikte nicht verbindet, sondern trennt, steht die *Gemeinschaft* (*F. Tönnies*) als eine auf Gewöhnung, Sprache, Verwandtschaft u. →Freundschaft beruhende organische Form des Zusammenlebens. Diese Elemente gewinnen in der modernen G.-Theorie als moralische Ideen Bedeutung (*E. Durkheim*), die neben den materiellen, das Verhalten mechanisch beeinflussenden Zwecken die moralischen Bestimmungen des Handelns sind. Gesellschaftl. Werte verknüpfen individuelle Bedürfnisse, in deren Struktur sie eingegangen sind, mit normativen Rollenerwartungen zum sozialen System (*M. Weber, T. Parsons*). Dieses System setzt einen moralischen u. kulturellen →Konsens voraus u. ordnet jedes Handeln in die umfassende Struktur der G. ein. G. ist danach ein statisches System von Normen, die befolgt oder nicht befolgt werden (abweichendes Verhalten), über die auch eine Ungewißheit im gesellschaftl. Handeln (*Anomie,* griech. Gesetzlosigkeit) bestehen kann, die sich auf das Rollenverhalten desorientierend u. störend auswirkt. – Die produktiven Fähigkeiten, Techniken u. Eigenschaften der Menschen, deren Rationalisierung in Form von Handlungsmöglichkeiten (Reproduktion) u. das für G. konstitutive Vermögen der Sprache lassen sich aber nicht allein mit der Verinnerlichung von Werten u. Normen verstehen. Der *Pluralismus,* die Verfügbarkeit u. Vielfalt der Normen einer *offenen G.* (*K. Popper*) setzt die kritische Fähigkeit des Menschen, zwischen Normen zu wählen u. sie zu bestimmen, frei u. bedingt so die Einsicht in den abstrakten institutionellen

Zusammenhang der G. u. die Regeln der →Kommunikation, die die Grundlage sittl. Entscheidungen im sozialen Handeln sind. Der Pluralismus der G. wird gewährleistet durch die →Toleranz (moralischen Entscheidungen anderer, sofern sie dieses Prinzip selbst nicht verletzen, mit Achtung zu begegnen), das politische Bemühen, die gesellschaftl. Leiden zu verringern u. die gesellschaftl. Machtverhältnisse durch Gesetzgebung u. Recht zu kontrollieren.

Lit.: A. Smith Der Wohlstand der Nationen, Kap. I, III, IV; G. W. F. Hegel, Rechtsphilosophie, §§ 182–256; K. Marx, Ökonomisch-philosophische Manuskripte, Manuskript III; ders., Die Deutsche Ideologie, MEW, Bd. 3, S. 17–77; F. Tönnies, Gemeinschaft u. G., [8]1935, Darmstadt 1970, S. 8ff., 40ff., 184ff., 251f.; E. Durkheim, Soziologie u. Philosophie, Frankfurt 1967, Kap. II; M. Weber, Wirtschaft u. G., Tübingen [5]1972, Teil 1, Kap. I, III, §§ 1–5; R. Dahrendorf, G. u. Demokratie in Deutschland, München 1971; J. Habermas, Zur Logik der Sozialwissenschaften, Tübingen 1967; H. Marcuse, Ideen zu einer kritischen Theorie der G., Frankfurt 1969; K. Popper, Die offene G. u. ihre Feinde, 2 Bde, Bern/München [2]1970, Bd. I, Kap. 10, Bd. II, Kap. 3–12; T. Parsons, Structure and Process in Modern Societies, Glencoe 1960, Teil IV, Kap. 8; H. P. Dreitzel, Die gesellschaftl. Leiden u. das Leiden an der G., Stuttgart 1972, Kap. II, V; M. Riedel, G., in: Geschichtliche Grundbegriffe, Bd. 2; J. S. Coleman, Macht u. G.struktur, Tübingen 1979.   *W. V.*

Gesellschaftsvertrag →Staat.

Gesetz →Recht.

Gesinnung. Unter G. verstehen wir das subjektive Wissen u. →Wollen des →Individuums, das sich im →Gewissen dem Anspruch des →Guten ausgesetzt weiß. Aus diesem Wissen u. Wollen leitet sich das Recht ab, der eigenen G. zu folgen u. seine →Entscheidungen darauf zu gründen. Die G. äußert sich in Sprechen, Gestik u. →Handeln des Menschen. Sie gründet sich auf das, was er weiß, will u. fühlt. Der Handelnde verleiht seiner Handlung eine *Bedeutung* oder mißt ihr →Sinn bei. Sinn u. Bedeutung stellen dabei die innere →Zielorientierung oder *Intention* der Handlung dar. Diese wiederum ist bedingt durch die vorgefundene →Situation der Umwelt u. des eigenen →Leibes, die im Wissen angeeignet u. zu einem *Motiv* für das Handeln wird. Die G. ist dadurch von der tierischen Sensomotorik abgehoben, daß durch die Sprache die Umwelt- u. Körperbedingungen zu lebenspraktisch angeeigneten, wißbaren Motiven werden, die damit einen Spielraum von →Freiheit für die intentionale Antwort öffnen. Die G. als vorreflexes Wissen u. innere Disposition des →Menschen kann in Entscheidungssituationen zum Gegenstand ausdrücklicher Überlegung u. bewußter Wahl werden. In jedem Falle findet in ihr eine (stillschweigende oder bewußte) Vergleichung statt zwischen den besonderen →Bedürfnissen u. Wünschen des Individuums (*Hegel* nennt sie die Seite des Vorsatzes) u. den Ansprüchen der Allgemeinheit, die in →Normen u. →Werten verinnerlicht sind (*Hegel* spricht von allgemeiner Absicht). Diese steht unter dem unbedingten Anspruch des Gewissens, das Gute zu wollen u. das Böse zu verneinen. Die Eigentümlichkeit der G. besteht darin, sich ganz auf dieses eigene Wissen u. Wollen des Guten zu stützen, unabhängig davon, ob die Handlung in der gesellschaftlichen Wirklichkeit zum Erfolg führt oder nicht. Als *GesinnungsE* unterscheidet sie sich von der →ErfolgsE (*M. Weber*). *Hegel* kritisiert diese moralphilosophische Einschränkung auf die Innerlichkeit der G., die er *Kant* zuschreibt, als eigensinnig u. eitel, da sie das Gute nur zu dem Teil in den Blick bekommt, den sie weiß, will u. fühlt. Dadurch kann sich aber die beste *Absicht* in ihr Gegenteil verkehren u. böse werden, weil die eigene Auffassung an die Stelle des wirklich Guten gesetzt wird. Er spricht daher der Gesellschaft gegenüber dem Einzelnen das Recht zu, dessen G. durch →Sitte u. Übereinkunft (→Konsens) zu korrigieren. Umgekehrt ist aber gegenüber dem Anspruch der Gesellschaft am Recht des Individuums festzuhalten, in seiner Besonderheit gehört u. respektiert zu werden. Eine Tat als Ausdruck der G. findet daher vor dem →Recht ihre Berücksichtigung.

Lit.: E. Husserl, Ideen zu einer reinen Phänomenologie u. phänomenologischen Philosophie II, Husserliana Bd. IV, Den Haag 1952, S. 172–280; G. W. F. Hegel, Grundlinien der Philosophie des Rechts § 115–140; M. Weber, Politik als Beruf, Berlin 1969. *A. S.*

GesinnungsE →Gesinnung.

Gespräch →Kommunikation.

Gestalttherapie →Psychotherapie.

Gesunder Menschenverstand →Common Sense.

Gesundheit →Krankheit.

Gewalt ist ein →Handeln, das menschliches →Leben unmittelbar verletzt, bedroht oder mittelbar gefährdet. Die potentielle oder aktuelle Überlegenheit der G.-Mittel wird zur Durchsetzung bestimmter Zwecke in vorbedachter u. vorsätzlicher Weise eingesetzt. Diese G. hebt bestehende Rechtsverhältnisse auf. Ihr Erfolg hängt, sofern er nicht unmittelbar physischer Natur ist, von der Erzeugung von →Angst ab. Damit schafft G. physischen u. psychischen Schrecken. G. ist in letzter Konsequenz auf den Tod gerichtet. Mit der Aufhebung von Rechtsverhältnissen u. der Erzeugung von Angst zerstört G. die intersubjektiven Bedingungen menschlicher →Gesellschaft. – Von diesem Begriff der G. ist die sog. *legitime* oder *öffentliche G.* (vgl. Art. 19, 4 GG) zu unterscheiden, das rechtlich begrenzte Vermögen, mit den staatlichen →Institutionen G. einzelner u. von Gruppen zu verbieten, zu verhindern oder zu ahnden (→Staat). G. als Mittel des →Rechts zur Stabilisierung des gesellschaftlichen u. staatlichen →Friedens u. zur Austragung von →Konflikten nach formellen Regeln ist weder identisch mit Recht noch generell davor geschützt, es bei seiner Durchsetzung zu verletzen. G. ist als Funktion des Rechts in Vollzug u. Methode der Rechtfertigung unterworfen (Grundrechtsbindung). Sie verändert dabei ihren auf Unterwerfung gerichteten Charakter nicht. Eine zu enge Identifikation von G. u. Recht führt zu einer Abhängigkeit der Geltung des Rechts u. der Autorität seiner legislativen, exekutiven u. judikativen →Institutionen von den jeweiligen Formen ihrer Durchsetzung, die dem Recht selbst negativ angelastet werden können. Die Anwendungsweisen staatlicher G. können daher als Kriterien der Beurteilung des Rechts zur Legitimation von sog. Gegen-G. führen. Weiterhin sind mit der einseitigen Rückführung von G. auf Recht oder Unrecht die Formen der G., die sich nicht unmittelbar gegen eine Rechtsordnung richten oder auf sie berufen können (→Diskriminierung, →Manipulation), nicht beschreibbar.

G. wird psychologisch als *Aggression* bestimmt, entweder als ererbter (*K. Lorenz, Eibl-Eibesfeldt* u. a.) oder durch Frustrationen (*J. Dollard*) verursachter menschlicher Trieb (→Instinkt) oder als sozial vermitteltes u. gelerntes Verhalten. G. soll dann entweder durch einen vernünftigen Willen gesteuert oder in einem sozialen Lernprozeß oder mit beidem zugleich abgebaut werden. Die →Konflikt-Soziologie versucht diese psychologische Erklärung von G. soziologisch zu ergänzen oder zu ersetzen, indem sie Konflikte auf die Struktur sozialer Systeme u. deren zwanghaft vermittelte Wertordnung zurückführt (*E. Durkheim, T. Parsons*). – Strukturelle G. ist nach der These von *J. Galtung* allen gesellschaftlichen Systemen immanent, die die volle Entfaltung der individuellen Anlagen durch eine ungleiche Verteilung von Eigentum u. Macht verhindern. Neben der utopischen Forderung der Entfaltung aller menschlichen Anlagen weist dieser Begriff über den der personalen G. hinaus auf die G. politischer Institutionen, deren Handeln sich der rechtlichen Kontrolle entziehen kann. Wenn im Sinne der strukturellen G.

aber „alles sozial Organisierte, Kultivierte u. Judifizierte für G." gehalten wird (*U. K. Preuß*), löst sich der rechtlich, psychologisch oder soziologisch definierbare Begriff der G. auf, u. G. läßt sich beliebig als Gegen-G. rechtfertigen. – Als individuell beliebiger Rechtsanspruch bildet G. die Grundlage anarchistischen *Terrors*, als Rechtsanspruch einer gesellschaftlichen Klasse Grundlage des Terrors der Revolution, die „alle Gegensätze der Entwicklung auf die Alternative bringt: Leben oder Tod" (*Trotzkij*). Bereits *N. Machiavelli* empfiehlt den Terror als letzte notwendige Sicherung der eigenen →Freiheit gegenüber politischen Gegnern. Terror ist die letzte Form der Eskalation von G. Diese G. hat in politischen G.-Systemen u. Terrorregimes ihren Zweck u. ihre Ursache unmittelbar in sich selbst zu ihrer eigenen Aufrechterhaltung. – Zweck u. Ursache außerhalb ihrer selbst hat die G. als *Zwang*. Beispielhaft dafür ist die Wahl zwischen zwei Übeln, von denen zwar keines an sich frei gewählt werden würde, aber doch eines in einer Handlung freiwillig übernommen wird (*Aristoteles*). Handlungen unter Zwang können aus eigener Entscheidung oder durch Überzeugung freiwillig sein. Erst wenn die Willensfreiheit des einzelnen behindert oder aufgehoben ist, wird Zwang zur G. Zwanghaft sind alle politischen Systeme, insofern sie die prinzipiell unendlichen Handlungsmöglichkeiten des einzelnen zum Zweck gesellschaftlicher Gemeinschaft einschränken. Auf der Basis demokratischer →Verfassungen herrscht über den gesellschaftlich notwendigen Zwang jedoch ein →Konsens. Sein G.-Charakter wird durch freie u. gleiche Willens- u. Konsensbildung aufgehoben. Das sittl. Prinzip der freien Verständigung hebt Zwang nicht gänzlich auf, sondern macht ihn für die Beteiligten freiwillig u. vernünftig anerkennbar. Zwang ist insofern eine Grundlage demokratischer →Gesellschaften, als das vernünftige Abwägen von Handlungen nach der von allen äußeren emotionalen Bedingungen unabhängigen Verständigung als sittl. Prinzip gilt. G. hat daher ihren stärksten Gegensatz nicht in der G.-losigkeit, sondern in der →Gerechtigkeit. Diese Erkenntnis nimmt das Postulat vernünftiger →Kommunikation zwischen freien u. gleichen Individuen auf, das die Rechtfertigung von G. aus grundsätzlichem Gegensatz zu ihr fordert.

Lit.: Aristoteles, Nikom. E, Kap. III, 1–4; N. Machiavelli, Discorsi, Buch III; G. Sorel, Über die G., Frankfurt 1969; Die Rolle der G. in der modernen Gesellschaft, Bergedorfer Gesprächskreis, Protokoll Nr. 33 (Beiträge v. U. K. Preuß u. a.); H. Arendt, Macht u. G., München 1970; J. Dollard, Frustration and Aggression, New Haven 1939; J. Eibl-Eibesfeldt, Krieg u. Frieden, München 1975; K. Lorenz, Das sogenannte Böse, Wien 1963, Abschn. III, IV, VII; H. Marcuse, Triebstruktur u. Gesellschaft, Frankfurt 1956; U. Matz, Politik u. G., Freiburg/München 1975; O. Rammstedt (Hrsg.), Anarchismus, Grundtexte zur Theorie u. Praxis der G., Köln/Opladen 1969; G. Roth (Hrsg.), Kritik der Verhaltensforschung, München 1974; R. Spaemann, Moral u. G., in: Riedel (Hrsg.), Rehabilitierung der prakt. Philos., Bd. I, Freiburg 1971; S. Papcke, Progressive G., Studien zum sozialen Widerstandsrecht, Frankfurt 1973, S. 13–67.   *W. V.*

Gewaltenteilung →Demokratie.

Gewaltlosigkeit →Friede.

Gewissen. Unter G. verstehen wir ein Selbstverständnis des →Menschen, in dem er sich dem (unbedingten) Anspruch unterstellt weiß, das Gute zu tun. Während er in der sittl. →Handlung auf Dinge u. Mitmenschen hin orientiert ist, ist er im G. bei sich. Diese Innerlichkeit des Erlebens begründet →Individualität u. Identität der →Person. Die Art u. Weise, in der der Mensch im G. bei sich ist, darf jedoch nicht vorschnell als ausdrückliche Selbstreflexion gefaßt werden. Vielmehr äußert es sich als begleitendes Wissen, als Mitwissen (lat. conscientia), d. h. der Anspruch des G. wird gefühlt oder erlebt. Erst die ausführliche G.prüfung fragt nach →Begründung u. sittl. Rechtfertigung. Die Elemente des erlebten G.anspruchs sind das →Gute, das in strenger Allgemeinheit erfahren wird, u. die besonderen Wünsche des einzelnen, der sich dem Guten unterstellt weiß (→Gesinnung). Sieht man von den inhaltlichen Bestimmungen des Guten ab, die vor allem persönlichen, religiösen oder sozialen Ursprungs sind u. entsprechend differieren können, so kann man als allgemeinsten Begriff des Guten festhalten, daß es auf Grund seiner Verbindlichkeit für alle Menschen die Grundsätze der →Humanität und →Freiheit beinhaltet. Das strukturelle Problem des Gemäß-seinem-G.-Handelns liegt darin, daß sich die Unbedingtheit der G.forderung in den historisch sozialen Bedingungen der menschlichen Praxis verwirklichen soll.

Ein Blick auf die menschliche →Sozialisation zeigt, daß die Genese des G. mit der Ausbildung der Sprachlichkeit beginnt. Von da an ist das Kind in der Lage, in den sprachlich vermittelten Handlungsanweisungen Verneinungen u. Bejahungen, Verbote u. Gebote zu erkennen. Diese sind mit Sanktionen des Liebesentzugs oder der Zuwendung, der Bestrafung oder →Belohnung verbunden u. bewirken im kindlichen Erleben eine Aufgliederung seines Wirklichkeitserlebens (Objektrepräsentanzen) zwischen dem, was die Eltern fordern (die Verbote als *Überich*, die Gebote als Ichideal →Ideal), u. dem, wie es sich tatsächlich verhält (reale Objekte). *Freud* hatte nur diese Seite der sozialen Abhängigkeit des G. im Blick u. sah nur den strafend-beurteilenden Aspekt des Überichs Neuere Erkenntnisse (*Erikson*) weisen auf die gleichzeitigen Veränderungen im Selbsterleben (Selbstrepräsentanzen) hin. Nicht alles, was die →Autoritäten fordern, macht sich das Kind in seiner Idealvorstellung (Idealselbst) o. seiner Realeinschätzung (Realselbst) zu eigen. In dem Maße, als es dieses Selbstgefühl ausbildet, kann es die Diskrepanz zwischen den Forderungen der Autoritäten u der Wirklichkeit besser ertragen, flexibler in seinem moralischen Urteil (*Piaget*) damit umgehen u. relativ autonom →entscheiden, in welcher Weise es dem Anspruch des Guten genügen kann. Das kindliche G. ist kein schlichtes Abbild der sozialen Normen, sondern entwickelt im individuellen Erleben einen Spielraum zwischen gesellschaftlichen Forderungen u. persönlichen Wünschen: sein eigenes Wollen.

Gelingt es nicht, eine realitätsgerechte Entscheidungsfähigkeit u. *G.bildung* zu erreichen, dann kann eine Veränderung ins Pathologische (→Krankheit) eintreten. So kann z. B. der Heranwachsende zwischen übermäßigen Schuldgefühlen auf der einen u. verbotenen Wünschen auf der anderen Seite hin- u. hergerissen werden u. sich im skrupulösen G. der Zwangsneurose zerreiben. Oder das G. kann zu übermäßiger Aufopferung u. Hingabe an den anderen antreiben, die notwendig mit Enttäuschung u. Kränkung bezahlt werden muß. *Freud* hat den Zwang zur Aufopferung „moralischen Masochismus" genannt. – Nicht nur die krankhaften Veränderungen zeigen, daß das G. irrtumsfähig ist. Da es immer der einzelne Mensch ist, der in besonderer Weise das Gute im G. erfährt, kann er es auch in seinem Sinne auslegen. Das G. kann dann zum moralischen Deckmantel pervertieren. Es ist daher an die →Kommunikation mit den anderen (Regeln u. Übereinkünfte der Gemeinschaft) als Orientierungshilfe u. Korrektiv verwiesen. Diese kann jedoch nicht von der G.entscheidung entlasten, die daher immer ein *Widerstandsrecht* gegen die geltenden Normen beanspruchen kann: Individuum u. Gemeinschaft, G. u. →Sitte, Moral u. öffentliche Meinung stehen in einem spannungsvollen Wechselverhältnis. In Demokratien ist das G. als letzte Entscheidungsinstanz anerkannt.

Lit.: Augustinus, Confessiones, Buch X; G. W. F. Hegel, Grundlinien der Philosophie des Rechts, § 129–157; H. Kuhn, Begegnung mit dem Sein, Tübingen 1954; P. Ricœur, Die Fehlbarkeit des Menschen, Phänomenologie der Schuld

I; Symbolik des Bösen, Phänomenologie der Schuld II, Freiburg-München 1971; J. Piaget, Das moralische Urteil beim Kinde, Frankfurt a. M. 1973; F. Böckle u. E. W. Böckenförde, Naturrecht in der Kritik, Mainz 1973; E. H. Erikson, Kindheit u. Gesellschaft, [5]Stuttgart 1974; S. 241–273; A. Gehlen, Moral u. Hypermoral, Kap. 11, Frankfurt [3]1973; J. Blühdorn (Hrsg.), Das G. in der Diskussion, Darmstadt 1976.   *A. S.*

Gewissensbildung →Gewissen.

Gewißheit →Sittliche Gewißheit.

Gewohnheit →Moral u. Sitte.

Glaube →Religion.

Gleichgültigkeit →Indifferenz.

Gleichheit ist neben →Freiheit eine Grundforderung der →Grundrechte u. Grundnorm demokratischer Gesellschaftsordnungen. Als rechtliches, politisches, moralisches oder religiöses Verhältnis zwischen Individuen oder Gruppen kann sie normativ-formal, material oder proportional bestimmt werden. Formal ist die G. aller Mitglieder einer →Gesellschaft vor dem Gesetz. Das Grundrecht der G. (Art. 3 GG) fordert G. unabhängig von Geschlecht, Abstammung, Rasse, Sprache, Herkunft u. religiöser oder politischer Überzeugung (→Diskriminierung). Die →Verfassung garantiert darüber hinaus die politische G. der demokratischen Mitwirkungsrechte jedes Bürgers u. die soziale G. der personalen u. beruflichen Entfaltungsmöglichkeiten. Materiale G. ist aufgrund der Un-G. menschlicher Anlagen, →Bedürfnisse, Interessen u. Fähigkeiten weder erwartbar noch herstellbar. Die sozialen Grundrechte intendieren eine materiale G. im Sinne der *Chancen-G.*, d. h. G. des Zugangs zu Möglichkeiten der →Erziehung u. →Arbeit u. G. im Hinblick auf die gerechte Verteilung von Lasten; sie richten sich gegen soziale Benachteiligungen u. ermöglichen eine öffentliche Kontrolle der Zumutbarkeit sozialer Lasten. – Proportional ist G. als G. gleicher Verhältnisse (*Aristoteles*): als geometrisch zuteilende oder arithmetisch ausgleichende →Gerechtigkeit. Die arithmetische G. regelt den Ausgleich von Gütern als Mittleres zwischen Leistung u. Schaden. Der Grundsatz ‚jedem das Seine' gilt für die geometrische G., die entsprechend den →Tugenden u. Fähigkeiten bürgerliche Freiheiten zuteilt u. die politisch-rechtlichen Verhältnisse regelt. Die proportionale G. als →Recht beruht demnach auf sittl. Kriterien. – Diese G. wird von der →christlichen E u. dem →Naturrecht zugunsten einer wesenhaften oder natürlichen G. aller Menschen verworfen. Die arithmetische G. wird demgemäß zu einem e Postulat (*Hobbes, Locke, Rousseau*), das seinen historischen Niederschlag in der Amerikanischen Unabhängigkeits- u. der Französischen Menschen- u. Bürgerrechtserklärung findet. Einen e Begriff der G. formuliert *Kant* im →kategorischen Imperativ: Aufgrund ihrer →Freiheit u. Autonomie sollen die Menschen unabhängig von äußeren Zwecken ihre Handlungen am unbedingten Prinzip der →Pflicht orientieren, das allein der absoluten Würde des Menschen entspricht. Die Pflicht ist deshalb für jeden gleich unbedingt, weil sie keinem anderen Gesetz folgt als dem, das sich der Mensch als Wesen der Vernunft selbst gibt (normative G.). – Demokratische →Verfassungen enthalten Elemente der proportionalen (an Leistungen orientierten), der normativen u. der materialen (distributiven) G. Menschen, die unter benachteiligenden Voraussetzungen handeln, die ihnen nicht selbst anzulasten sind, sollen nicht deren Lasten tragen (vgl. Art. 6, 5 GG: gleiche Startchancen für unehelich geborene Kinder). Ziel ist der Ausgleich, nicht die G. der Lebensbedingungen. Das demokratische G.-Prinzip verpflichtet den →Staat einerseits, gleiches Handeln gleich zu behandeln, andererseits aber Individuen u. Gruppen vor den Benachteiligungen der Gleichbehandlung zu schützen. Demokratische G. ist nicht eindeutig u. umfassend definierbar. Sie sucht einen Ausgleich zwischen formaler Gleichbehandlung u. der materiell an individuelle Voraussetzungen gebundenen Gerechtigkeit, die die Freiheitsrechte des einzelnen wahren soll. Ein Gegensatz zwischen Freiheit u. G. kann nur durch ein Gleichgewicht zwischen normativer, materialer u. proportionaler G. aufgelöst werden, zu dessen Bestimmung im konkreten Fall sowohl die sittl. Kriterien der Gerechtigkeit wie der Billigkeit, die Intentionen der Grundrechte u. die sozialen Lebensbedingungen notwendig sind.

Lit.: Aristoteles, Nikom. E, Buch V; ders., Politik, Buch II; J. J. Rousseau, Über die Entstehung der Un-G. unter den Menschen, Hamburg 1955; I. Kant, Grundlegung zur Metaphysik der Sitten, Abschn. 2 u. 3; A. de Tocqueville, Über die Demokratie in Amerika, München 1976, S. 517 f., 581 ff., 638 ff., 695 ff., 783 ff.; S. I. Benn, R. S. Peters, Social Principles and the Democratic State, London ⁴1965, Teil 2, 5 u. 6.; C. Jenks, Chancengleichheit, Reinbek 1974; A. Podlech, Gehalt u. Funktionen des allgemeinen G.-Satzes, Berlin 1971; O. Dann, G., in: Geschichtliche Grundbegriffe, Stuttgart 1975, Bd. 2; R. Spaemann, Bemerkungen zum Problem der G., Zeitschrift für Politik, Bd. 22, 1975. *W. V.*

Glück i. S. von „glücklich sein" (gr. eudaimonia, lat. felicitas, engl. happiness, frz. bonheur), nicht von „G. haben" (eutychia, fortuna, luck, fortune) ist ein Äußerstes u. Letztes, nach dem der →Mensch strebt. Obwohl alle Menschen nach G. verlangen, ist die nähere Bestimmung des G. höchst unterschiedlich. Die einen suchen es in Reichtum oder →Macht, andere in →Freundschaft oder →Liebe, wieder andere in wissenschaftlicher Forschung, →Kunst oder →Meditation. Wegen der individuellen u. sozio-kulturellen Vielfalt menschlicher Interessen u. →Sinnentwürfe können die G.erwartungen u. G.erfahrungen auch nicht einheitlich sein. Die Einheit des Begriffs G. ist nur eine formale: G. ist kein dominantes, sondern ein inklusives →Ziel, nicht die Spitze einer Hierarchie von Zielen, sondern der Inbegriff der Erfüllung der dem jeweiligen Menschen wesentlichen Bedürfnisse u. Wünsche. Das G. ist kein direkter Gegenstand menschlichen →Strebens, sondern die Begleiterscheinung im Fall des Gelingens: die Qualität eines zufriedenstellenden, weil sinnvollen Lebens.

Nicht erst in den zeitgenössischen Konsumgesellschaften neigen die meisten Menschen dazu, das G. ausschließlich oder vornehmlich im Besitzen u. Benützen materieller Güter sowie in leiblichen Genüssen zu suchen. Der Erwerb materieller Güter hängt aber von der Gunst der Umstände ab; das ängstliche Nachjagen nach ihnen schafft Zwänge, die uns vom G. abhalten; u. entgegen ihrem Versprechen gereichen diese Güter oft genug zum Schaden. Überdies: Für sich genommen sind sie allenfalls G.*chancen,* Gratifikationspotentiale, die man als diese erkennen, ergreifen u. in persönliche Befriedigung umsetzen muß. Deshalb läßt sich auch das G. nicht öffentlich herstellen. Gesellschaftspolitik entscheidet nicht über das G. der Bürger, sondern über die limitierenden Grundbedingungen; G. ist intentio indirecta, nicht directa öffentlichen Handelns.

Weil ein G., das von äußeren Gütern abhängt, dem Zufall ausgesetzt ist, u. weil leibliche Genüsse in der Regel nur oberflächliche u. kurzfristige Befriedigung schenken, hat die philosophische E seit der Antike das G. auf das verlagert, was der Mensch aus sich heraus hervorbringt. Unter Voraussetzung einer durch entsprechende →Erziehung bewirkten Veränderung der noch unkontrollierten Triebe u. →Bedürfnisse wird das G. in einer Lebensweise gemäß der Tüchtigkeit u. →Tugend des Menschen, in einem vernunftgemäßen Leben gesehen. Näherhin erwartet man das G. entweder aus einer Reinigung der Seele *(Platon)* u. einer inneren Unabhängigkeit u. →Freiheit des Charakters, in einer heiteren Gelassenheit (tranquillitas animi: →epikureische u. →stoische E), was nur wenigen vorbehalten ist, den Philosophen

(Platon) u. Weisen (Epikur, Stoa), oder man sieht es außerdem in einem freien sittl.-politischen Leben, das vielen offensteht *(Aristoteles).* In all diesen Fällen ist G. der Inbegriff des gelungenen Lebens, wobei dieses vor allem als sittl. Leben bestimmt ist. G. ist nicht erst der Lohn der →Tugend, sondern liegt in der Tugend selbst *(Spinoza).*

Die Vielfalt der G.bestimmungen betrifft nicht bloß die G.erwartungen und G.erfahrungen, sondern auch den Begriff von G., der allerdings auf die G.erfahrungen und G.erwartungen zurückwirkt:

(1) Als Begriff der praktischen Vernunft (→Sittlichkeit) ist G. jenes formal u. transzendental (→Begründung, →Methoden der E) zu verstehende Ziel, über das hinaus kein Ziel mehr gedacht werden kann, das absolute Optimum i. S. von Aristoteles' Begriff der *Autarkie.* Dabei bezeichnet Autarkie nicht persönliche Bedürfnislosigkeit oder wirtschaftliche Unabhängigkeit, sondern die Qualität eines in sich sinnvollen Lebens. Wie die Autonomie der Vernunft (→Freiheit) einen schlechthin ersten, einen unbedingten Anfang meint u. das Prinzip eines vom →Willen her verstandenen Handelns darstellt, so ist G. als Autarkie das schlechthin höchste oder unbedingte Ziel, das sittl. Prinzip von allem als →Streben gedeuteten Handeln; es ist das →höchste Gut oder der Lebenssinn des Menschen, sofern er Ziele u. Zwecke verfolgt.

(2) Als Ideal der Einbildungskraft (unserer Wünsche u. Phantasie) ist G. die – der Mannigfaltigkeit, dem Grad u. der Dauer nach – vollständige Erfüllung aller je auftretenden Inter-

essen u. Sehnsüchte. G. herrscht dort,
wo alles menschliche Verlangen endgültig gestillt ist. Ein solches G., das
gleichbedeutend ist mit dem vollkommenen Heil, der totalen Versöhnung u. dem ewigen →Frieden, ist für
den Menschen vorstellbar, aber nicht
erreichbar. Es ist im emphatischen
Sinn →utopisch, da es alle Beschrän-
kungen u. Widersprüche der Wirklichkeit als endgültig aufgehoben ansieht, also keine →Konflikte mehr
zwischen den Neigungen desselben
Menschen, zwischen verschiedenen
Menschen u. zwischen Mensch u.
Natur zuläßt. Dieser zu hohe Begriff
von G. führt leicht zur Resignation:
,,die Absicht, daß der Mensch glücklich sei, ist im Plan der Schöpfung
nicht enthalten" *(S. Freud)*. –

(3) Vor allem im Umkreis von Hedonismus (→Freude) u. →Utilitaris-
mus herrscht ein empirisch-prag-
matischer Begriff von G. vor: G. als
der Zustand der angesichts der jeweils
gegebenen Handlungsmöglichkeiten
tatsächlich erreichbaren relativ größten Interesse- u. Bedürfnisbefriedigung. Oft wird er von dem neuzeitlichen Optimismus begleitet, das G.
der Menschen rational berechnen u.
herstellen zu können (vgl. hedonistischen Kalkül: →Utilitarismus).

Da die augenblicklichen Wünsche
u. Hoffnungen durch mannigfache
Faktoren kognitiver, emotionaler u.
sozialer Natur verzerrt sein können,
garantiert deren Erfüllung keineswegs schon das G. Das G. ist vielmehr in einem lebenslangen, inhaltlich offenen Bildungs- u. Selbstfin-
dungsprozeß immer wieder neu zu
bestimmen u. zu verfolgen, wobei
die Entwicklung der eigenen Mög-

lichkeiten u. Fähigkeiten dazugehört.
Das G. liegt weniger, wie nach dem
,,epikuräischen" Ideal, im Besitz u.
Verzehr lustbringender Dinge noch
allein, wie nach asketischen Idealen,
in dem durch Verminderung der Begierden zu erreichenden Gleichgewicht von Begierde u. Befriedigung.
Es setzt auch nicht die Befreiung von
all unseren Sorgen u. Problemen voraus. Das G. als Überbietung des gewöhnlichen Lebens stellt sich viel
eher dort ein, wo man in all seinen
Problemen sich erfüllt: bestätigt, er-
freut, erhoben findet. Es tritt ein,
wenn ein starkes Verlangen befriedigt, etwas Unerwartetes zuteil wird
oder wenn man seiner selbst in einer
ursprünglichen Einheit mit anderen
Menschen u./oder der Natur inne-
wird. Als nicht notwendig das Ge-
wöhnliche überbietender u. deshalb
nicht bloß momentaner Zustand,
sondern als Grundzug eines tätigen
Lebens verstanden, findet sich G.
dort, wo man Pläne verfolgt, die eine
harmonische Erfüllung der eigenen
Interessen erwarten lassen, u. man in
diesen Plänen vorankommt, dort, wo
man das tun kann, was man gern u.
gut tut, u. wo man dieses so vollkommen wie möglich tut: G. als aktive
Freude. Dazu gehört auch die kreative
Auseinandersetzung mit den Bedingungen, die man jeweils vorfindet.

Eine E, die nicht die →Pflicht, sondern das G. zum höchsten Prinzip
menschlichen Handelns erklärt, heißt
Eudämonismus (gr. eudaimonia: G.).
Sie wird von *Kant* (u. vorher schon
Fénélon) als Widerspruch zur Sittlichkeit scharf kritisiert. Diese Kritik geht
allerdings vom G. als Inbegriff der
Erfüllung aller persönlichen Neigun-

gen aus u. trifft dort nicht zu, wo G. (wie z. B. bei *Aristoteles)* selbst sittl. bestimmt wird. – Als eudämonistische E bezeichnet *W. Kamlah* den Teil der →E, der sich nicht mit der Frage befaßt, was wir tun sollen, sondern mit der, wie wir leben können (Philosophie als Lebenskunst).

Lit.: Aristoteles, Nikom. E, Buch I u. X 6–9; Seneca, Vom glückseligen Leben; Thomas v. Aquin, Summa theologica I–II, q. 1–5; Th. Hobbes, Leviathan, Kap. 11; Spinoza, E, IV; Leibniz, Von der Glückseligkeit; La Mettrie, Discours sur le bonheur; Kant, Kritik der prakt. Vernunft, 1. Buch, §§ 3 u. 8, 2. Buch, 1. u. 2. Hst.; J. S. Mill, Utilitarismus, Kap. 2; S. Freud, Das Unbehagen in der Kultur, Kap. 2; G. E. Moore, Principia Ethica, Kap. VI; L. Marcuse, Die Philosophie des G., Zürich ²1972; B. Russell, Eroberung des G., München 1951; G. H. v. Wright, The Varieties of Goodness, New York 1963, Kap. 5; F. H. Tenbruck, Zur Kritik der planenden Vernunft, Freiburg/München 1972, Kap. 2; W. Kamlah, Philosoph. Anthropologie, Mannheim u. a. 1972, 2. T., 2. Kap.; Was ist G.? Ein Symposion, München 1975; O. Höffe, Strategien der Humanität, München 1975, Kap. 4 u. 7; A. Mitscherlich, G. Kalow, G., Gerechtigkeit, München 1976; W. Tatarkiewicz, Analysis of Happiness, Den Haag 1976; La recherche du bonheur – Die Suche nach dem G., Freiburg/Schweiz 1978; G. Bien (Hrsg.), Die Frage nach dem G., Stuttgart 1978; K. M. Meyer-Abich, D. Birnbacher (Hrsg.), Was braucht der Mensch um glücklich zu sein, München 1979.

O. H.

Gnade →Christliche E.

Goldene Regel. Die G. R. ist eine Grundregel für das sittl. richtige Verhalten, die sich in mancher volkstümlichen E, etwa bei Konfuzius u. den

Sieben Weisen (Thales), im indischen Nationalepos Mahabarata (XIII, 5571 ff.): →hinduistische E, im Alten (Tobias 4, 16) u. im Neuen Testament (Matthäus 7, 12; Lukas 6, 31) findet. In der philosophischen E wird sie – nach ihrer Bedeutung z. B. bei Augustin, Albert, Thomas, Hobbes, Voltaire u. Herder sowie ihrer Kritik durch Kant – erst in jüngster Zeit wieder stärker beachtet. Da die G. R. gleicherweise in der →chinesischen, →jüdischen, →christlichen u. →islamischen E erscheint, kann man in ihr eine fundamentale Übereinstimmung der Menschen über das sittl. Richtige u. damit ein empirisches Argument gegen die These vom Wandel aller Moral (→Relativismus) sehen. Die G. R. wird sowohl negativ als auch positiv formuliert (was du nicht willst, das man dir tu', das füg' auch keinem andern zu; handle gegenüber anderen so, wie du von ihnen behandelt sein willst). In beiden Fällen fordert die G. R. dazu auf, vom naturwüchsigen Handeln (gemäß dem bloßen →Selbstinteresse, einer →Vergeltungsmoral oder dem sozial Üblichen) Abstand zu nehmen u. sich in einem Gedankenexperiment auf den Standpunkt des Betroffenen zu stellen, was als der moralische Standpunkt gilt. – Die G. R. spricht keine konkreten Handlungsanweisungen aus (du sollst nicht lügen, nicht stehlen usf.), sondern hat die Bedeutung eines Maßstabs sittl. richtiger Handlungen oder Normen (→Moralkriterium). Wegen ihrer Einfachheit u. Plausibilität eignet sie sich für die moralische →Erziehung der Heranwachsenden, erweist sich aber bei näherer Betrachtung weder als zureichender

noch als hinreichend genauer Maßstab. Denn einerseits wird die sittl.
Verantwortung nur gegenüber den
Mitmenschen, nicht auch gegenüber
sich selbst angesprochen, u. andererseits führt die G. R. zu offensichtlich
absurden Resultaten, wenn man sie
unmittelbar auf die →Bedürfnisse u.
Interessen des jeweils Handelnden bezieht (wer zu stolz ist, sich helfen zu
lassen, dürfte anderen nicht helfen; ein
Masochist wäre moralisch verpflichtet, zum →Sadisten zu werden, d. h.
seine Mitmenschen zu quälen). Eine
sinnvolle Präzisierung der G. R. setzt
die Abstraktion von den individuellen
(evtl. exzentrischen oder asozialen)
Bedürfnissen und Interessen voraus u.
fordert, beim Handeln – so wie man
selbst will, daß die eigenen Bedürfnisse u. Interessen von anderen in Rechnung gestellt werden – auch die Bedürfnisse u. Interessen der anderen zu
berücksichtigen: Die G. R. gebietet
die wechselseitige Respektierung der
Menschen untereinander.

Lit.: H. Reiner, Die Grundlagen der
Sittlichkeit, Meisenheim 1974, S.
348–379; A. Diehle, Die G. R., Göttingen 1962; M. G. Singer, The Golden
Rule, Philosophy Bd. 38, 1963; R. M.
Hare, Freiheit u. Vernunft, Düsseldorf
1973, Kap. 6; G. Spendel, Die G. R. als
Rechtsprinzip, Festschrift f. F. v. Hip-
pel, Tübingen 1967; H.-U. Hoche, Die
G. R., Zeitschr. f. philosoph. Forschung Bd. 32, 1978.   *O. H.*

Gott. Der Name G. ist der Philosophie in religiöser, dichterisch-mythi-
scher u. umgangssprachlicher Rede
vorgegeben. Das von ihm Bezeichnete wird im allgemeinen als Inhalt einer
‚Erfahrung‘ ausgegeben, in der der
Mensch sich selbst u. seine Welt auf

einen Grund bzw. ein Gegenüber hin
übersteigt, der bzw. das sich als über-
wältigend, mächtig, gebietend, als
planend, schaffend, ordnend, als rich-
tend, strafend u. beseligend zeigt. Die
vorphilosophische Auslegung dieser
Erfahrung dokumentiert sich in Prä-
dikatoren, die der jeweiligen Lebenswelt entnommen sind und die dem G.
bestimmte Prädikate in unüberbietba-
rer Weise zusprechen (Licht, König,
Herrscher, Vater, Liebe etc.).

Die philosophische Reflexion, die
seit ihren Anfängen als Metaphysik
die begriffliche Erhellung des Seienden im Ganzen intendiert, spricht von
G. im Hinblick auf Grund u. Ziel der
Welt, auf den letzten Grund der
Wahrheit theoretischen u. praktischen Erkennens, auf das erfüllende
Ziel alles →Strebens u. Begehrens.
Der G. als der unbewegte Grund
aller Bewegung, als Schöpfer aller
→Ordnung, als reine Wirklichkeit, als
nichtendliche Bedingung alles Bedingten u. Kontingenten (= das *Absolute*), als Prinzip der Wahrheit, als
→höchstes Gut fungiert in der prima
philosophia von *Aristoteles* bis in die
deutsche Schulphilosophie hinein als
letzter Grund alles Seienden u. seiner
Ordnung u. dementsprechend als
vorzüglicher Gegenstand philosophischer Erkenntnisbemühung. In verschiedenen Verfahren (Gottesbewei-
se), die alle von einsichtig Gegebenem
auf die notwendig vorauszusetzende
unbedingte Bedingung des Gegebenen schließen, werden Existenz u.
Wesen G.es zu erkennen u. zu bestimmen versucht. *Kants* Metaphysik-
kritik hat diesen Versuchen den
erkenntnistheoretischen Boden entzogen u. zugleich eine Möglichkeit

eröffnet, das mit dem Wort G. Gemeinte auf neue Weise zu verstehen.
Die G.idee ist eine Setzung der endlichen Vernunft, die in ihrer Totalisie-
rungstendenz allem kontingent Wirklichen u. Möglichen einen absoluten
Einheitsgrund unterstellt u. ihn „nach
der Analogie der Realitäten in der
Welt" mit den Prädikaten höchster
Vollkommenheit auszeichnet, ohne
freilich in ihrer auf erfahrungsmäßig
Gegebenes (das je kontingent u. rela-
tional ist) beschränkten Erkenntnis-
funktion einen der Idee korrespondie-
renden Gegenstand ausmachen zu
können. G. ist ein „Gedankending einer sich selbst zu einem Gedankendin-
ge constituierenden Vernunft" (Op.
Post. XXI, 27), in der Erkennen u.
Sein (Allmacht, Allwissenheit), Sollen u. Wollen *(Heiligkeit)*, Begehren
u. Haben (Glückseligkeit) ineinsfal-
len. Im Gegensatz zum *Atheismus*, der
dieses Gedankending zu einer aus De-
fizienzerfahrungen entspringenden
Chimäre macht, der keine Wirklichkeit entspricht, stellt es für *Kant* ein
fehlerfreies Ideal dar, dessen objektive
Realität weder bewiesen noch wider-
legt werden kann (theoretischer
Agnostizismus).

In den metaphysischen Systemen
ist Erkenntnis u. Begründung sittl.
Verpflichtung aufs engste mit der Erkenntnis G. verknüpft. Die Frage
nach dem Verpflichtungsgrund moralischer Forderungen wird z. T. mit
dem Verweis auf den souveränen u.
heiligen Willen G. beantwortet, das
Ziel sittl. Handelns als beglückende
Gemeinschaft mit G. bestimmt u. die
Erkenntnis praktischer Gesetze an die
Selbstoffenbarung göttlicher Absicht
in seinen Werken (Naturordnung,

Gewissen) gebunden. Das oberste
→Moralprinzip dieser →theologi-
schen E bildet die Forderung, dem
Willen G. zu gehorchen, als Grundtugenden figurieren *Ehrfurcht* u. *Demut,*
als Grundverfehlung die *Gottlosigkeit,*
die als bewußtes u. willentliches Sich-
verschließen vor G. u. als stolzes Sich-
auf-sich-selbst-Beziehen verstanden
wird. Wesentlich anders stellt sich das
Problem einer Philosophie, die in der
Bestimmung der Grenzen menschlicher Erkenntnisfähigkeit die G.frage
als theoretisch unlösbar erweist u.
den Anspruch des Sittengesetzes
als Selbstverpflichtung vernünftiger
→Freiheit interpretiert. Moralität basiert dann allein auf Vernunft, G. wird
Gegenstand des Glaubens, der den
Verpflichtungsgrund sittl. Handelns
unberührt läßt. Spezifisch neuzeitlich
ist der Gedanke, daß nicht die Erkenntnis G. die Moral, sondern das
Sittengesetz den Glauben an G. begründen kann. In der französischen
Aufklärung (vor allem bei *Voltaire,*
Rousseau) dominiert die pragmatische
Ansicht, daß Moralität, wenn auch allein im Anspruch der menschlichen
Natur u. Vernunft begründet, bei den
meisten Menschen der Unterstützung
des Glaubens an einen richtenden G.
im Jenseits bedarf, um eine ausrei-
chende Triebkraft für menschliches
Handeln zu werden. Die *kantische* E
enthält den Gedanken von einem
„moralischen Beweise des Daseins
G.", der dem 19. u. 20. Jh. vielfach als
die einzig diskutable Argumenta-
tionsbasis im Zusammenhang des
G.problems erscheint: die unparteii-
sche Vernunft kann es nicht billigen,
wenn →Glück u. →Tugend nicht
ausgeglichen sind; in der erfahrbaren

Ordnung der Natur ist die Verbindung beider jedoch kontingent. Das Bedürfnis der Vernunft nach einem System der →Zwecke, in dem →Sittlichkeit mit dem Inbegriff aller anderen Güter (zusammengefaßt als Glückseligkeit) eine synthetische Verbindung ausmachen (das →höchste Gut), ist nur befriedigbar unter der Voraussetzung eines G.es, der die Folgen sittl. Handelns mit dem von diesem unverfügbaren naturalen Geschehen in ein harmonisches Verhältnis zu bringen vermag. G. ist das Postulat einer auf Sinneinheit gerichteten endlichen Vernunft.

Lit.: Aristoteles, Physik VII–VIII; Metaphysik XII; Augustinus, De libero arbitrio; Anselm v. Canterbury, Monologion; Proslogion; Thomas v. Aquin, Summa theol. I, q. 2. a. 3; Descartes, Meditationes, III u. V; Leibniz, Theodizee; Chr. Wolff, Theologia naturalis; J. N. Tetens, Abhandlung von den vorzüglichen Beweisen des Daseins G.; I. Kant, Kritik d. reinen Vernunft, Transzendentale Dialektik, 3. Hauptstück; Kritik d. praktischen Vernunft I. Teil, 2. Buch, 3. Hauptstück; Die Religion innerhalb der Grenzen der bloßen Vernunft; J. G. Fichte, Wissenschaftslehre von 1804, Verträge I–XV; Anweisung zum seligen Leben; L. Feuerbach, Das Wesen des Christentums; M. Scheler, Vom Ewigen im Menschen, Leipzig ³1933; W. Schulz, Der G. der neuzeitlichen Metaphysik, Pfullingen 1957; D. Henrich, Der ontologische G.beweis, Tübingen 1960; T. O'Brien, Metaphysics and the Existence of G., Washington 1960; I.-H. Walgrave, L'existence de Dieu, Tournai ²1963; W. Brugger, Theologia naturalis, Freiburg/Br. ²1964; H. Krings, Freiheit. Ein Versuch G. zu denken, Philos Jahrb. Bd. 77, 1970; W. Weischedel, Der G. der Philosophen, Darmstadt 1971–72, 2 Bde.; H. Knud-

sen, G. im deutschen Idealismus, Berlin 1972; H. Küng, Existiert Gott?, München/Zürich 1978.   *M. F.*

Gottlosigkeit →Gott.

Grausamkeit →Sadismus – Masochismus.

Grenzsituation →Existentialistische E.

Grundgesetz →Verfassung.

Grundrechte sind, soweit sie im weiteren Sinne als *Menschenrechte* verstanden werden, jedem Menschen seiner Natur nach angeboren u. unantastbar; sie gelten im Sinne des →Naturrechts zu allen Zeiten u. überall in gleicher Weise. Im engeren Sinn sind G. die „rechtlich-institutionell verbürgten Menschenrechte" (*M. Kriele*), die räumlich u. zeitlich bedingt als objektives →Recht gelten u. als subjektive Rechte einklagbar sind. G. sind insoweit positivierte Menschenrechte; d. h. letztere sind diejenigen →Normen, aus denen sich die →Geltung der G. ableiten läßt.

Als individuelle Freiheitsrechte, als Schutz- u. Abwehrrechte der →Menschen vor den Mitmenschen u. dem →Staat u. als politisch-soziale Wesensdefinition der →Person wurden die G. erstmals vom rationalen →Naturrecht (*Pufendorf, Hobbes, Locke, Wolff*) im Rückgriff auf Elemente der stoischen u. christlichen E formuliert; sie haben jedoch auch religiöse Wurzeln in der Reformation. Das Recht auf →Leben, →Freiheit, →Eigentum, das Streben nach →Glück u. Sicherheit waren die primären G. Historisch manifest wurden sie erstmals in der Virginian Bill of Rights (1776), dann in der Erklä-

rung der Menschen- u. Bürgerrechte
(1789) der Französischen Revolution.
Die erste Phase der Entwicklung der
G. war bestimmt von der rechtlichen
→Emanzipation des →Individuums
von staatlicher →Herrschaft u. willkürlicher →Gewalt. Bereits der Entwurf der Französischen Verfassung
von 1793 kannte soziale G. wie das
Recht auf Unterricht u. Bildung. Damit wurde die zweite Phase der Entwicklung der G. eröffnet. Weltweit,
aber unverbindlich wurden die G.
von den UN nach dem 2. Weltkrieg
anerkannt (1948). International verbindlich machte die G. (auch die sozialen) für die Staaten des Europarats
die Europäische Konvention zum
Schutz der Menschenrechte u.
Grundfreiheiten (1950 u. Paris 1952).

In der Bundesrepublik Deutschland
wurden die G. in den Artikeln 1–19
des Grundgesetzes (GG) als unmittelbar geltendes →Recht erklärt (1949).
Die unantastbare Würde des Menschen gilt als höchster u. unbedingter
→Wert. Die G. umfassen positivierte
Menschenrechte u. Bürgerrechte. Erstere gelten für jeden Menschen als
öffentliche Rechte, die letzteren in
gleicher Weise für jeden Deutschen;
sie werden durch Gesetze näher geregelt, für die sie als normative Kriterien bestimmend sind (z. B. Presse-
recht, Wirtschaftsrecht usw.). Die G.
sind im GG darüber hinaus mit staatlichen Organisationsprinzipien (Bun-
desstaatlichkeit, sozialer Rechtsstaat,
Volkssouveränität, Gewaltenteilung)
verknüpft. Zu den G. zählen auch die
staatsbürgerlichen Rechte: aktives u.
passives Wahlrecht, Zugang zu öffentlichen Ämtern, Recht auf gesetzlichen Richter, Rechtsgarantien bei

Freiheitsentzug. Eingeschränkt sind
die G. für Beamte, Soldaten u. Ersatz-
dienstleistende, Schüler, Studenten u.
Strafgefangene. Die G. sind auch als
Gesetze unverletzlich u. in ihrem We-
sensgehalt (Art. 19, 2 GG) u. ihrer
Dauer (Art. 79, 3 GG) geschützt.
Umstritten ist, ob sie auch als subjektiv öffentliche Rechte im sozialen u.
privaten Bereich u. damit als Pflichten
gelten können, etwa im Verhältnis
zwischen Arbeitgeber u. Arbeitnehmer (sog. Drittwirkung). Mit der
Umwandlung aller G. in Pflichten
wäre der individuelle Freiheitsraum
nicht mehr abgrenzbar u. der Charakter der G. grundlegend verändert. –
Die G. sind nach außen dadurch
geschützt, daß sie durch ihren Mißbrauch zum Kampf gegen die freiheitlich-demokratische Grundordnung
verwirkt werden. Dazu bedarf es jedoch einer Entscheidung des Bundes-
verfassungsgerichts. Die freie Wahl
von Beruf u. Arbeitsplatz, Freizügigkeit, Streikrecht, Brief-, Post- u.
Fernmeldegeheimnis können unter
Bedingungen des Notstands, jedoch
nur bei parlamentarischer Kontrolle
eingeschränkt werden.

Die G. sind keine individuelles
Handeln bindenden, rechtlich ein-
klagbaren Pflichten, sie sind unmittelbar nur für die staatlichen →Ge-
walten verbindlich, enthalten jedoch
mit der Unantastbarkeit der Würde
des Menschen, der Freiheit der Person u. dem Recht auf Leben Grundnormen, die alles politische u. soziale
Handeln leiten sollen. Jenseits der
Anerkennung des Menschen als
Zweck an sich selbst ist dessen *Würde*
nicht zu rechtfertigen. Würde, Freiheit u. Leben haben als Grundnor-

men absoluten Wert, fließen in alle G. als Geltungskriterien ein u. verleihen ihnen eine e Legitimationsbasis. Als →Pflichten sind jene Grundnormen jedoch im Sinne *Kants* zu verstehen, nämlich als Bestimmungsgründe des Handelns, die von jedem vernünftigen Wesen ohne äußeren Zwang als gültig anerkannt werden. Dagegen sind alle anderen G. primär Rechtsansprüche, deren Verpflichtungscharakter von den Grundnormen ableitbar ist. Jedes G. ist daher von jedermann so zu handhaben, daß weder die eigene noch des andern Würde, Freiheit u. Leben verletzt werden. – Daraus, daß die G. keine Drittwirkung haben u. Verstöße gegen sie dritten gegenüber rechtlich nicht zu ahnden sind, darf nicht geschlossen werden, daß sie im e Sinne keinen Verpflichtungscharakter haben. Die staatliche Verpflichtung durch die G. ist letztlich nur von der subjektiven ableitbar, u. deren absolute Legitimation durch die von keinen äußeren Gründen bedingten (selbstzwecklichen) Normen von Würde, Freiheit u. Leben (Grundnormen) begründet erst den Verpflichtungscharakter der G. für den Staat. Die Normativität von Würde, Freiheit u. Leben ist selbst nicht mehr begründbar; sie sind Kriterien ihrer eigenen Gültigkeit (unableitbare G.). Im Unterschied dazu ist der Verpflichtungscharakter von Gleichheit, Eigentum, freier Meinungsäußerung u. aller Freiheitsrechte (ableitbare G.) nicht aus diesen G. selbst, sondern von den Grundnormen ableitbar. Jene G. sind notwendige Entscheidungsnormen, um konkrete humane u. soziale Ansprüche beurteilen u. befrie-

digen zu können. Die ihnen zuzuordnenden Entscheidungsregeln orientieren sich an der →Goldenen Regel, die von jedem einzelnen fordert, so zu handeln, als ob er jederzeit die negativen Folgen u. Nachteile seines Handelns selbst zu tragen hätte. Diese →pragmatische e Basis ermöglicht bei wechselseitiger Abwägung von Interessen zwischen Handelnden eine rationale Begründung u. Rechtfertigung der Inhalte dieser Interessen. Sie steht keineswegs im Gegensatz zur absoluten Legitimierbarkeit von Leben, Freiheit u. Würde, sondern ermöglicht deren konkrete Bestimmung unter historischen Bedingungen.

Die naturrechtliche Begründung von Freiheit, Eigentum u. Gleichheit mit der Annahme eines ursprünglichen Naturzustandes (*Hobbes, Locke*) kann die e Legitimation dieser G. in einer Gesellschaft nicht leisten, sondern verharrt bei naturalistischen Rechtfertigungsgründen. Diese sind für eine normative Begründung des Verpflichtungscharakters von G. nicht hinreichend. Erst die Verknüpfung von Entscheidungsnormen (ableitbaren G.) mit absoluten Grundnormen (unableitbaren G.) ermöglicht demokratisches Handeln, das sich an allen G. orientieren u. in der Gesetzgebung verwirklicht werden soll.

Der Konflikt zwischen der Grundnorm Freiheit u. der Entscheidungsnorm Gleichheit ist der zwischen dem e Anspruch der Pflicht u. der pragmatischen Legitimierbarkeit von materiellen Ansprüchen. Er ist methodisch u. formal nicht lösbar, sondern notwendig zur konkreten Bestimmung des Verpflichtungscharakters der ableitbaren G. Das G. der freien Meinungsäußerung als Presse- u. Informationsfreiheit u. Verbot jeder *Zensur* (Art. 5, 1 GG) wird danach z. B. dann eingeschränkt, wenn die Verpflichtung dieses Rechts gegenüber den Grundnormen, die selbst gesetzlich geregelt sind, nicht erfüllt wird (Art. 5, 2 GG.) – Der Konflikt zwischen Freiheit u. Gleichheit wird auch am Problem der sozialen G. deutlich. Die e Implikate z. B. der Sozialpflichtigkeit des Eigentums lassen sich von keinem Selbstwert des Eigentums ableiten, sondern nur auf gegebene soziale Erfordernisse hin interpretieren u. gesetzlich regeln. Andererseits gelten für die Beurteilung von sozialen Notwendigkeiten die absoluten e Normen von Leben, Freiheit u. Würde. Der von ihnen gesetzte Maßstab muß zwar selbst historisch ausgelegt werden, ist aber nicht pragmatisch mit äußeren Bedingungen zu rechtfertigen. Das Recht auf Eigentum ist nur im Verhältnis zu den Erfordernissen im einzelnen bestimmbar, die sich mit den Grundnormen der G. rechtfertigen lassen. Die pragmatischen Entscheidungsnormen der G. werden durch deren Verhältnisbestimmung zu den unableitbaren G. rechtfertigbar. Die individuellen Freiheits- u. Gleichheitsrechte, die angesichts sozialer G. in einen Konflikt geraten, haben in Freiheit, Leben u. Würde ihren absoluten e Rechtsgrund. Wirksam wird dieser Rechtsgrund, wenn er im Zusammenhang mit allen G. im demokratischen Handeln die rationale Begründung pragmatischer Entscheidungen bei der Formulierung von Gesetzen als kritisches Moment begleitet.

Lit.: T. Hobbes, Leviathan, Kap. 14–17; J. Locke, Über die Regierung, Kap. 2, 5, 7; I. Kant, Metaphysik der Sitten, Rechtslehre; W. Abendroth, Das Grundgesetz, Pfullingen 1966; K. A. Bettermann u. a. (Hrsg.), Die G., Hdb. der Theorie u. Praxis der G., 4 Bde., Berlin 1954–67; F. Hartung, Die Entwicklung der Menschen- u. Bürgerrechte von 1776 bis zur Gegenwart, Göttingen ³1964; N. Luhmann, G. als Institution, Berlin 1965; R. Schnur (Hrsg.), Zur Geschichte der Erklärung der Menschenrechte, Darmstadt 1964; S. I. Benn, R. S. Peters, Social Principles and the Democratic State, London ⁴1965, Teil 2; G. Brunner, Die Problematik der sozialen G., Tübingen 1971; W. Heidelmeyer (Hrsg.), Die Menschenrechte, Erklärungen, Verfassungsartikel, internationale Abkommen, Paderborn 1972; M. Kriele, Einführung in die Staatslehre, Reinbek 1975, Teil II, Kap. 3; O. Höffe, Die Menschenrechte als Legitimation demokrat. Politik, in: Freiburger Zeitschr. f. Philosophie u. Theologie Bd. 26, 1979.   *W. V.*

Grundwerte →Grundrechte, Wert.

Gruppentherapie →Psychotherapie.

Gültigkeit →Moral u. Sitte.

Gute, das. D.G. gehört zu den zentralen Begriffen der Metaphysik u. der →praktischen Philosophie. Gleichwohl ist seine Bedeutung keineswegs eindeutig bestimmt. Im Sprachgebrauch der philosophischen Tradition kann man zwischen einer absoluten u. einer relativen Bedeutung des Begriffs unterscheiden: d.G. wird einmal verstanden als Eigenschaft eines Gegenstandes, Zustands, Ereignisses, einer Handlung, einer Aussage, die diesen an sich zukommt;

ein Seiendes ist gut, insofern es ist, was es sein kann. Seiendes wird als Zu-Seiendes verstanden, u. sein Gutsein bedeutet die Erfüllung der in ihm angelegten Möglichkeit, seine Vollendung. – Gut wird ferner genannt, was gut zu oder für etwas anderes ist: d. G. meint dann das funktionale Tauglichsein von dinglichen Gegenständen, von Organen, Tieren, von Menschen für einen bestimmten →Zweck. – Im Kontext einer objektiven Wesensmetaphysik, die Sein als teleologisch strukturierten, systematischen →Ordnungszusammenhang interpretiert, führt der Begriff d. G. als Vollkommenheit u. Zweckmäßigkeit zum Gedanken eines Systems des inneren wie funktionalen Gut-seins der Dinge (omne ens est bonum), das abgeschlossen u. begründet wird durch ein →höchstes Gut (summum bonum), dem jedes Seiende nach Maßgabe seiner Partizipation an ihm sein Gut-sein verdankt. Sein heißt Gut-sein, jedes Seiende ist u. ist gut in dem Maß, in dem es seinem vorgängigen Wesensbegriff entspricht; u. dieser Wesensbegriff ist fundiert in einem letzten Prinzip, das jedem Seienden seinen Stellenwert im Ganzen zuweist. Die christliche Philosophie übernimmt die ontologische Vorstellung eines allen Gütern ihr Gut-sein gewährenden G. als Prinzip allen Seins u. Erkennens u. identifiziert sie mit ihrem Begriff eines persönlichen →Gottes (*Augustinus, Thomas v. Aquin* u. a.). – Die Rede vom relativ G. meint noch ein zweites: d. G. ist gut für jemanden, d. G. ist das, was von einem Subjekt um seiner selbst oder seiner Nützlichkeit für anderes willen erstrebt, begehrt, gewollt, ge-

liebt wird. In dieser Bedeutung wird der Begriff zum Prinzip der E u. Politik. Die von *Aristoteles* begründete praktische Philosophie befaßt sich mit dem menschlich G. (anthropinon agathon) als letztem Worumwillen menschlichen Wollens u. Tuns, das allein um seiner selbst, alles andere aber um seinetwillen erstrebt wird: d. G. als absolutes Ziel u. Prinzip der Stufenordnung des relativ G., d. G. als das, wodurch u. worin der Mensch sein Seinsziel erreicht, also ganz er selbst wird (d. h. Eudaimonia, →Glück qua Autarkie). Die *aristotelische* Antwort auf die Frage, worin dieses G. für den Menschen der Sache nach bestehe, ist ambivalent: ein vollendetes Leben von Freien u. Gleichen in politischer Gemeinschaft, dessen Struktur durch die verschiedenen praxisorientierten →Tugenden bestimmt ist u. (oder?) die als Seligkeit gedachte, von aller Potentialität befreite, in sich selber zusammengeschlossene Aktualität des reinen Denkens. Die rein formale Bestimmung d. G. als des Letzterstrebten, auch die enge Verbindung (wenn nicht Gleichsetzung) mit dem Begriff des Glücks war Gemeingut antiker u. mittelalterlicher →StrebensE (kontrovers war stets seine materiale Qualifikation: Lust, →Tugend, Wissen, Gottesgemeinschaft etc.). Entscheidend für die *platonisch-aristotelisch*-scholastische Tradition ist: die affirmative teleologische Ontologie bleibt Basis der Bestimmung auch des praktisch G.; das menschlich G. als Ziel des Strebens ist eingebunden in einen kosmologischen Rahmen, das allein befriedigende Ziel menschlichen Begehrens ist auch das objektive Ziel seiner aus

Anlagen u. Fähigkeiten erkennbaren Wesensnatur.

Die neuzeitliche Rede vom G. ist von aller objektiv-teleologischen Interpretation des Seienden abgelöst. Die Auslegung des Seins als reiner, in raumzeitlicher Verlaufsgesetzlichkeit bestimmbarer Gegenständlichkeit entzieht dem objektiv Seienden seinen theoretisch erkennbaren u. praktisch zielgebenden Wertcharakter. D. G. wird definierbar nur im Rekurs auf ein Subjekt, das Gegenstände, Sachverhalte, Dispositionen, Handlungen etc. im Bezug auf sein Gefühl der Lust, sein Begehren, seinen Willen als angenehm, zweckmäßig, nützlich bzw. sittl. gut qualifiziert. D.G. ist demnach nicht ein Prädikat, das eine objektive Eigenschaft eines Seienden beschreibt, sondern ein Relationsbegriff, in dem die →wertende Einstellung eines Subjekts zu diesem Seienden zum Ausdruck kommt. Da menschliches Begehren auch u. primär in seiner →Bedürfnisstruktur wurzelt, wird das (außermoralisch) G. vielfach in jene Güter gesetzt, die der Befriedigung der Bedürfnisse dienen. Da menschliche Bedürfnisse gesellschaftlicher Vermittlung u. geschichtlichem Wandel unterliegen, ist das so verstandene G. relativ zu Person, Ort u. Zeit (*Th. Hobbes,* Vom Menschen, 11, 4). Das moralisch G. wird dann meist funktional interpretiert als die Anerkennung u. Befolgung jener Normen, die der Realisierung der Bedürfnisse des einzelnen (e Egoismus: →Selbstinteresse) oder einer Handlungsgemeinschaft (e Universalismus: z. B. →Utilitarismus) dienen. Verschiedene Theorien versuchten der Konsequenz dieses Ansat-

zes, der d. G. radikal relativiert u. Moralität (→Sittlichkeit) zu bloßer Zweckrationalität herabstuft, durch den Nachweis der Wahrheitsfähigkeit d. G. u. des Selbstwerts der Moralität zu entgehen: (1) Das im moralischen Urteil anerkannte u. geforderte G. wird interpretiert als Ausdruck allgemeinmenschlicher Empfindungen, die den Rahmen der auf Selbsterhaltung u. Selbststeigerung abzielenden Bedürfnisbefriedigung sprengen (*J. Butler, D. Hume*); (2) das in moralischen Wert- u. Verpflichtungsurteilen wie in außermoralischen Werturteilen erkannte, anerkannte u. geforderte G. wird als objektiver, überzeitlicher Gegenstand einer spezifisch praktischen Erkenntnisweise verstanden (moral sense-Philosophie von *Shaftesbury, F. Hutcheson* →Gefühl, das Wertfühlen der →WertE von *M. Scheler, N. Hartmann*); (3) das Phänomen uneingeschränkter Achtung vor einem Handeln, das in der Befolgung eines kategorisch gebietenden Sittengesetzes alle Glückserwägungen zurückstellt, wird rekonstruiert als emotionaler Widerschein einer sich selbst zum letzten Ziel setzenden u. als allein unbedingt gut anerkennenden praktischen Vernunft *(Kant)*.

Lit.: Platon, Politeia VI, 503e–509d; Aristoteles, Nikomach. E I, 4; Cicero, De finibus bonorum et malorum; Thomas v. Aquin, De malo; Summa contra gentiles, lib. III; Wilhelm v. Auvergne, De bono et malo; Th. Hobbes, Vom Menschen; Leviathan; I. Kant, Grundlegung zur Metaph. d. Sitten; G.E. Moore, Principia Ethica; W. D. Ross, The Right and the Good; J. B. Lotz, Sein u. Wert, Paderborn 1938; A. C. Ewing, The Definition of the Good, London 1948; J. Pieper, Die Wirklichkeit u. d. G., München

[8]1956; F. E. Sparshott, An Enquiry into Goodness and Related Concepts, Chicago 1958; B. Blanshard, Reason and Goodness, London 1961; Helmut Kuhn, Das Sein u. d. G., München 1962; G. H. v. Wright, The Varieties of Goodness, London 1963; W. Wieland, Platon u. der Nutzen der Idee. Zur Funktion der Idee d. G., in: Allg. Zeitschr. f. Philos. 1/1976.   *M. F.*

H

Handlung. Die menschliche H. (*Praxis*) läßt sich nur zureichend bestimmen, wenn man anthropologische, sozialphilosophische u. e Gesichtspunkte zusammen berücksichtigt. Anthropologisch nennen wir H. ein leibliches Verhalten des →Menschen, in dem er wissentlich-willentlich →Ziele verfolgt, um seine Bedürfnisse zu befriedigen. Sozialphilosophisch ist die H. als arbeitend-kommunikative Beziehung des Menschen zu seinen Mitmenschen zu begreifen. E gesehen tritt an der H. der Aspekt der wertenden Stellungnahme in den Vordergrund. Das biologisch-physiologische Problem der Sicherung des Körperbedarfs (→Bedürfnisbefriedigung) bildet die Trieb- oder →Strebensbasis der H. u. geht in Form von Körperreizen in die psychologische Motivation ein. Die →Sozialisation zeigt, daß nach Auflösung der organismischen Versorgungseinheit im Mutterleib u. der vergleichbar engen in der Stillzeit das Problem der Bedürfnisbefriedigung für das Kleinkind nur zu lösen ist, wenn es psychische Aktivitäten durch fortschreitende Ausbildung der Wahrnehmung (Sensorik) u. der Bewegung (Motorik) entwickelt. Erlebnisse der Befriedigung und Versagung werden im Gedächtnis festgehalten (Sammeln von *Erfahrung*) u. bilden den psychologischen Motivationshintergrund der H. Das Niveau →zielgerichteter (intentionaler) H. wird allerdings erst erreicht, wenn bei Vorliegen eines entsprechenden Interaktionsangebotes von seiten der Umwelt die Hör- u. Sprachfähigkeit des Kindes ausgebildet wird. Das Vorsprechen der Mutter ist mit entsprechenden Gesten u. dem Vorführen von Handgriffen verbunden. Das Kind hat die Bedeutung der Sätze u. der in ihnen enthaltenen H.anweisungen →verstanden, wenn es sie auf vergleichbare (analoge) Situationen anwenden kann. Sprachliche Symbolisierungsfähigkeit (Denken) u. tätige motorische Einübung ermöglichen jenen Spielraum an *Freiwilligkeit* (→Wille), der für eigene Initiativen vorausgesetzt ist. Die Seite der Zielgerichtetheit (Intentionalität) nennen wir den Erlebnisbereich der H., die wahrnehmbaren Körperbewegungen das *Verhalten*. Während sich das Verhalten als körperlicher Bewegungsablauf äußerlich beobachten u. kausal erklären läßt (H.ursache), erfordert die Behauptung des H.charakters, daß ich darüberhinaus diesem Verhalten Intentionen zuordne, d. h. es in intentionaler Sprache beschreibe (*Anscombe*). Intentionen aber stützen sich auf Gegebenheiten der →Situation u. Umwelt (H.grund) u. auf deren wissentliche u. willentliche Aneignung im psychischen Erleben (H.motiv). Beide Aspekte, Intention u. Verhalten, bedingen sich wechselweise u. begründen die Einheit der H. Die anthropologische Dimension der H. vervollständigt sich darin, daß sich das Kind bei der Imitation fremden Verhaltens oder des eigenen im Spiegel fortschreitend der Einheit des eigenen Leibes bewußt wird (dynamisches Körperschema). Dadurch kann es alle seine Aktivitäten aus der Einheit eines Ichbewußtseins organisieren u. begreift sich als Handelnder oder als →Person. Widersprüchliche (paradoxe) oder übermäßigen →Verzicht fordernde Interaktionsangebote aus der Umwelt können freilich bereits im Ansatz die Entwicklung zielstrebiger H.en in Frage stellen u. die Freiwilligkeit zum Erliegen bringen.

Wie die Sozialisation zeigt, bilden sich die menschliche H.fähigkeit u. sein Ichbewußtsein nur vermittels Interaktionsangebote von seiten der Umwelt aus. Der soziale Kontext ist für die H. konstitutiv, da das Tun des einen sich nur im Tun des anderen bewußt werden kann (*Hegel*), indem es Gemeinsamkeit u. Verschiedenheit mit ihm erfährt. Die Interaktionsbreite reicht von →Arbeit bis zu →Kommunikation. In der Arbeit, die zur Bedürfnisbefriedigung notwendig ist, richtet sich die H. primär auf die Zubereitung der Sache, setzt aber gleichwohl Verständigung der Arbeitenden über sie voraus. In der Kommunikation zielt die H. vorrangig auf den Mitmenschen, setzt aber die Lösung der Bedürfnisprobleme voraus oder hat sie zum Inhalt. Während für *Aristoteles* H. im engeren Sinn (praxis) allein in der politischen u. kommunikativen Praxis der freien Bürger bestand u. vom Machen (poiesis) u. der Tätigkeit der Sklaven unterschieden war, verbindet sich im modernen

H.begriff kommunikatives u. instrumentales Handeln, ohne sich völlig zu decken. Auf Grund ihrer intersubjektiven Verflechtung ist die menschliche Praxis von der gesamtgesellschaftlichen Organisation abhängig. Strukturen der →Gewalt im gesamtgesellschaftlichen (ökonomischen u. politischen) Kontext können den Handlungsspielraum durch Unterdrückung verengen, seine Intentionalität im strukturellen Konflikt brechen oder ihre Entwicklung durch paradoxe Umweltbedingungen verhindern (→Entfremdung). Dies hat zur Folge, daß sich der Mensch zu weitgehend zwangsläufigen u. stereotypen Verhaltensweisen zurückbildet.

→Sittl. Handeln setzt jedoch einen Spielraum an Freiwilligkeit voraus. In der sittl. Stellungnahme, die eine Sache als gut oder schlecht auszeichnet, verbinden sich wissentliche u. willentliche Momente mit emotionaler →Wertung. Die Stellungnahme des einzelnen (Gutsein für mich) vollzieht sich im Kontext gesellschaftlicher Überzeugungen (Gutsein für uns) u. unter Berücksichtigung der →Situation (Gutsein der Sache nach). Sie steht unter dem unbedingten Anspruch des →Guten, der im →Gewissen erfahren wird. Auch ohne sich ausdrücklich darüber Rechenschaft zu geben, schließt jede H. auf Grund ihrer impliziten Zielorientierung solche sittl. Stellungnahmen ein. Die alltäglichen H.en basieren auf der impliziten E der Gewohnheit u. →Sitte. Veränderte u. konflikthaltige Situationen erfordern jedoch eine e Neuorientierung, die sich auf ausdrückliche *Überlegung* u. vernünftige Rechtfertigung stützt. *Aristoteles* hat im „praktischen

Syllogismus⁺ die Form einer solchen praktischen Argumentation vorgezeichnet (→deontische Logik, →Verstehen). Da die sittl. Entscheidungen stets den gesamten sozialen Kontext betreffen, müssen sie sich auch im kommunikativen Kontext einer Beratung (Diskurs) mitteilen u. rechtfertigen lassen. Der auf vernünftigem Konsens basierende Beschluß der Kommunikationsgemeinschaft entwirft neue sittl. H.möglichkeiten, die es in der arbeitend-kommunikativen Praxis zu verwirklichen gilt.

Lit.: Aristoteles, Nikomach. E, Buch III u. Politik, Buch I; G. W. F. Hegel, Phänomenologie des Geistes, Abschn. „Herrschaft u Knechtschaft"; K. Marx, Ökonomisch-Philosophische Manuskripte III. Manuskript; G. E. M. Anscombe, Intention, Oxford 1957; A. Kenny, Act, Emotion and Will, London ⁴1969; R. Taylor, Action and Purpose, Englewood Cliffs 1963; G. H. v. Wright, Norm and Action, London 1963; H. Thomae, Die Motivation des menschlichen Handelns, Köln 1965, Teil VII; J. Habermas, Die klassische Lehre von der Politik in ihrem Verhältnis zur Sozialphilosophie, in: Theorie u. Praxis, Frankfurt a. M. 1967; M. Riedel, Rehabilitierung der praktischen Philosophie 2 Bde., Freiburg 1972/4; A. C. Danto, Analytical Philosophy of Action, Cambridge 1973; Analytische Handlungstheorie I, hrsg. v. G. Meggle, II, hrsg. v. A. Beckermann, Frankfurt 1977; H. Lenk (Hrsg.), H.theorien interdisziplinär 3d. II 1–2 u. IV; W. Vossenkuhl, Die Freiheit zu handeln. Analytische u. transzendentale Argumente für eine kausale H.theorie, in: H. M. Baumgartner (Hrsg.), Prinzip Freiheit, Freiburg/München 1979, S. 97–138; A. Schöpf, Die Motivation von sittl. Handeln, in: Zeitschr. f. philos. Forschung Bd. 32, 1978. *A. S.*

Handlungsutilitarismus →Utilitarismus.

Haß →Liebe.

Hedonismus →Freude.

Hedonistischer Kalkül →Utilitarismus.

Heil →Religion.

Heiligkeit →Gott.

Hemmung heißt die durch Verarbeitung äußerer Einschränkungen erworbene psychische Fähigkeit des Menschen, seine eigenen Antriebe u. Begierden in gezügelter Weise zuzulassen. Da die erfahrbare Wirklichkeit den menschlichen →Bedürfnissen nur selten unmittelbare Befriedigung erlaubt, muß der Mensch die äußeren Einschränkungen dadurch zu bewältigen versuchen, daß er im →Verzicht seine Begierden hemmen lernt, um durch →Arbeit die Wirklichkeit nach seinen Bedürfnissen zu gestalten. Von dieser realitätsgerechten Form der H. ist die *Gehemmtheit* zu unterscheiden, die aus einer über die Anforderungen der Wirklichkeit hinausgehenden Unterdrückung durch die Erziehungspersonen oder die →Gesellschaft entspringt. Diese wird in der →Angst verinnerlicht u. führt zu einer Reihe von Abwehrmaßnahmen gegen die Verwirklichung berechtigter Wünsche u. daher zur Einschränkung der normalen Lebensfunktionen des Ich. Widerstandserfahrungen der Wirklichkeit, insbesondere die Gebote u. Verbote der Eltern, zerstören schon frühzeitig die narzistische Illusion des vollständigen Luststrebens. Die verinnerlichten Gebote u. Verbote bilden in Form des Überich/Ichideals eine hemmende Gegeninstanz zum Lust-streben. Übermäßige Strenge der el-terlichen →Autorität, aber auch an-tiautoritäre Schrankenlosigkeit haben zur Folge, daß sich überhöhte innere Maßstäbe ausbilden, die als drücken-des Überich die Ausbildung eines *skrupulösen* →Gewissens befördern oder als unerreichbares →Ideal die Entwicklung der normalen Lebens-funktionen hemmen. Auf der anderen Seite bewirkt die Verunsicherung durch schwankende u. labile elterliche Erziehungsmaßnahmen, daß sich überhaupt kein tragfähiges Gefühl für →Normen u. damit keine Kontrollin-stanz im Hinblick auf die eigenen Be-gierden ausbildet. Deren unmittelba-res Hervorbrechen äußert sich dann als *Hemmungslosigkeit*. Sowohl über-mäßige Gehemmtheit wie weitgehen-de Hemmungslosigkeit bedrohen die Eigenständigkeit der →Person, die sich nur in Form der real notwendigen H. ausbilden kann.

Lit.: S. Freud, H., Symptom u. Angst, Werke Bd. XIV; H. Schultz-Hencke, Der gehemmte Mensch, Stuttgart ²1969. *A. S.*

Hemmungslosigkeit →Hemmung.

Hermeneutische E →Methoden der E.

Herrenmoral – Sklavenmoral ist eine Unterscheidung von *F. Nietz-sche*, der die Unbedingtheit morali-scher Gesetze als unmoralisch (→Mo-ralistik, →Nihilismus) u. ihre Befol-gung als sklavenhafte Unterwerfung verurteilte. Die →Moral verfehle da-durch die Natur des →Menschen, daß sie der Schwachheit der meisten ge-gen die wenigen starken u. schöpferi-schen Menschen zur Macht verhelfe. Moral beruhe auf Mißgunst, gehöre als „Zeichensprache der Affekte" in die Erscheinungswelt u. könne keinen Anspruch auf →Wahrheit erheben. S. sei wesentlich „Nützlichkeits-Mo-ral", die das Schwache als →„gut" u. das Starke aus Furcht als →„böse" empfinde. Die H. sei die des „vorneh-men" Menschen, der weder gut noch böse kenne, das Schwache verachte u. Strenge gegen sich selbst übe. H. sei die eigentliche Schöpferin der →Werte. Sie sei das →Streben des →Individuums nach einer höheren Gattung als der des Menschen u. ent-springe der höchsten Moralität, dem „Selbstmord der Moral" zugunsten einer Befreiung des →Lebens (→Le-bensphilosophie). – *Nietzsches* Unter-scheidung H.-S. beruht primär auf ei-ner psychologischen Kritik des plato-nisch-christlich bestimmten morali-schen Urteilens seiner Zeit, trifft da-her Entstehungsweisen von →Sitten u. bestimmte Verwirklichungswei-sen, nicht aber die Normativität sittl. Werte, ihre →Sittlichkeit. Ein bloß zwanghaftes, nicht auf der Aner-kenntnis einer →Pflicht u. auf dem Wollen eines Guten, sondern auf Nützlichkeitserwägungen beruhen-des Handeln, entspricht in der Tat ei-ner S.: sie handelt scheinbar legal, aber nicht sittl. Die H. befreit sich von der Pflicht der →Begründung von →Handlungen u. setzt deren →Zwecke gegen die Normen des →Gemeinwohls absolut. Sie lehnt so-wohl die Anerkennung der →Verant-wortung gegenüber den Mitmen-schen wie die Allgemeingültigkeit sittl. Normen ab.

Lit.: F. Nietzsche, Jenseits von Gut u. Böse, 5. Hauptstück, S. 186–204, 9. Hauptstück, S. 260ff.; ders., Umwertung aller Werte, Bd. I, Kap. 3, II, 4 u. 6; K. Jaspers, Nietzsche, Berlin/Leipzig 1936, S. 117–146; M. Heidegger, Nietzsche, 2 Bde., Pfullingen ²1961, Bd. 2, S. 117ff.   *W. V.*

Herrschaft ist ein Rechtsverhältnis, das die politischen Beziehungen zwischen den Mitgliedern einer →Gesellschaft verbindlich u. zu bestimmten Zwecken regelt. Sie äußert sich als öffentliche u. staatliche →Gewalt u. wird als politische →*Macht,* deren Entstehung u. Anwendung nach geltendem →Recht legitimierbar sein soll, gegenüber der Gesellschaft durch →Institutionen vermittelt. Der Charakter der H. ist abhängig von ihren Zwecken u. von der Entstehung, Rechtfertigung u. Anwendung des Rechts. Unabhängig von den Zwekken der H. gibt es jeweils Herrschende u. Beherrschte, die formal identisch sein u. sich in beiden Funktionen ablösen können (→Demokratie, auf →Freiheit u. →Gleichheit beruhende H.-Formen) oder in einem einseitigen H.-Verhältnis nicht die gleichen Rechte in Anspruch nehmen können (autoritäre H.-Formen). Die Unterscheidung in Herrschende u. Beherrschte macht jedoch den Charakter der H. als Autoritäts-, Abhängigkeits- u. Befehlsverhältnis nur formal organisatorisch deutlich (Gewaltenteilung). Grundlegender sind die Zwecke u. Legitimationen von H. Die Zwecke sind von Annahmen über die Natur des →Menschen abhängig: Gilt er als Wesen, das sich vor sich u. seinesgleichen schützen muß (*T. Hobbes*), ist der Grund der H. das

Schutzbedürfnis u. ihr Zweck das Überleben der Menschen. H. entspricht damit dem Interesse der Herrschenden u. der Beherrschten. Die bürgerliche H. setzt zu diesem Zweck den →Staat als →Autorität u. Hüter des Rechts ein, der die Gesellschaft als Summe rechtlich u. moralisch autonomer Individuen regiert, ohne deren private Zwecke zu bestimmen (*Hobbes, Locke, Spinoza*). Gilt der Mensch primär als Wesen der Vernunft, können die privaten mit den allgemeinen Zwecken der Gesellschaft identisch werden (*Hegel*), u. der Zweck der H. ist nicht mehr das bloße Überleben, sondern die Verwirklichung derjenigen Freiheit, die wiederum mit der Idee des Staates identisch ist (→Sittlichkeit). Der Zwangscharakter der H. löst sich zwar formal auf, da unter der H. der Vernunft die Herrschenden gleichzeitig die Beherrschten sind. H. wird damit aber totalitär. Der *Totalitarismus* geht von der absoluten Gleichheit der moralischen u. materialen Zwecke des Staates u. der Bürger u. damit von der Übereinstimmung von H. u. E aus; er verzichtet daher auf von der Gewaltenteilung, auf die Trennung der repräsentativen H. des Volkes durch die Gesetzgebung von der direkten, gesetzlich gebundenen Regierung. Diese Regierung, die zugleich gesetzgebend ist, ist despotisch (*Kant*), u. die Gesetzgebung ist selbst dem Zwang ihrer Gesetze unterworfen u. nicht frei (→Autonomie). Dies ist der Grundcharakter der *Diktatur:* die Zwecke der Gesetzgebung sind weder öffentlich änderbar noch überprüf- u. rechtfertigbar, da sie von der Regierung vorgegeben werden.

Gilt der Mensch als vernünftiges

Wesen, das des guten →Handelns fähig ist oder durch Erziehung u. Gewöhnung werden kann, erübrigt sich die Furcht vor seinesgleichen langfristig, u. der indirekte Zweck der H. kann das →Glück als gutes u. tugendhaftes →Leben des einzelnen werden (*Aristoteles*). Indirekt ist dieser Zweck, weil er an individuelles Handeln u. Wollen gebunden bleibt. Direkter Zweck der H. wird Glück dann, wenn jeder Mensch nur des guten Handelns fähig ist, so daß sich die Schutzfunktion der H. u. der ihr entsprechende Gehorsam der Bürger erübrigt (H.-Freiheit). Diese Lösung des Problems der H. macht sich zunächst die Einsicht zunutze, daß jede im Mißtrauen aller gegen alle begründete H. notwendig zur Tyrannei führe (*Platon*). Sie hält dann, aber ohne hinreichende Gründe, die Ursachen des Mißtrauens durch einen →Wandel der Moral in einer Erziehungsdiktatur mit der Aufhebung der →Entfremdung als Versöhnung von Mensch u. Natur (*K. Marx*) für beseitigbar u. verfolgt mit der Aufhebung des →Eigentums u. privater Glücksziele letztlich die selben totalitären Zwecke wie die H. der Vernunft. Diese langfristig angelegte Befreiung von H. durch moralische Umerziehung unterscheidet die →marxistische E vom *Anarchismus*: er fordert eine unmittelbare *H.-Freiheit* als Befreiung von jeder sittl. legitimen u. staatlich garantierten Beschränkung individueller Gewalt. Damit tritt die H.-Freiheit als Auflösung verbindlicher Handlungsnormen in den äußersten Gegensatz zur gerechten H., die davon ausgeht (*Hobbes, Kant,* auch →christliche E), daß E notwendig ein Korrektiv von H. sein muß, da die Möglichkeiten menschlicher Gewalt u. des →Bösen im Handeln nicht vernachlässigt werden können.

Geht man davon aus, daß der Mensch sein Glück nur in individueller Freiheit verwirklichen, sittl. Handeln lernen u. seine Selbstentfremdung abbauen kann, ist die *Technokratie* als H.-Form denkbar. Sie nimmt seit *Bacon* an, daß der Mensch mit Rationalität als vernünftiger Planung seiner materialen Zwecke auch sein Glück verwirklichen kann. Ihre Mittel sind technischer, wissenschaftlicher u. ökonomischer Natur, ihre Zwecke die Verbesserung der technischen Fähigkeiten u. des Wissens als Befreiung des Menschen von äußerem Zwang. Diese Perfektionierung des Lebens entkleidet den Menschen seiner Kreativität u. Kritikfähigkeit u. macht ihn zu einem ,eindimensionalen' Wesen (*H. Marcuse*), das sich der Rationalisierung seiner Lebenszwecke durch die Technik nur in einer ,großen Weigerung' u. nicht mehr mit rationalen Argumenten entziehen kann. Der Zweck der H. wird mit dem Nutzen der Beherrschten pragmatisch u. ihre Ausübung mit formalen Verfahren (*M. Weber*) gerechtfertigt.

H.-Formen sind der Gefahr von *Legitimationskrisen* (*J. Habermas*) ausgesetzt. Die *Legitimation* von H. als öffentliche Rechtfertigung ihrer Zwecke soll zeigen, in welcher Form H. geeignet ist, ihre Macht zur Verwirklichung der Werte einzusetzen, die für die Gesellschaft u. ihre Mitglieder konstitutiv sind. Zur Krise kommt es dann, wenn alternative →Entscheidungen zwischen konkurrierenden Zwecken notwendig sind u. als Kriterium legitimer H. nicht ein bestimmtes Niveau der *Rechtfertigung* verfügbar ist, mit dem eine für alle sozialen Gruppen tragbare u. konsensfähige Entscheidung über öffentliche Ansprüche getroffen werden kann. Verfahrensformen haben ohne eine vorherige Entscheidung über den Wert öffentlicher Ansprüche keine legitimierende Kraft. Legitime H. ist dann nicht möglich, wenn die konkurrierenden ökonomischen oder sozialen Zwecke einzelner Gruppen eine Legitimationsfunktion für politische Entscheidungen gewinnen u. die Intergrationsfunktion der H. aufgehoben ist. Ziel legitimer H. ist es, durch einen glaubhaften Sozialstaat →Konflikte zwischen Gruppen u. ihren Zwecken zu lösen u. den Verteilungskampf um soziale Güter u. eine Desintegration der Gesellschaft zu verhindern. Der Abbau sozialer Ungleichheit wird zum Kriterium legitimer H. – Die Legitimation von H. ist allgemein vom Problem gekennzeichnet, daß nicht nur materiell, sondern auch sittl. Interessen verfehlt werden können u. keine unbezweifelbare sittl. Legitimation von H. möglich ist. H. ist mit unterschiedlichen, z. T. auch gegensätzlichen Zwecken u. den diesen entsprechenden sittl. Normen legitimierbar, ohne damit schon kritisier- u. kontrollierbar zu sein. Alle H.-Formen, die die adäquaten Mittel zur Durchsetzung ihrer Zwecke finden, können sich deshalb rational definieren (*M. Weber*), ohne damit in einem kritischen Sinne schon legitim zu sein. Kontrolle u. Kritik von H. garantiert das Prinzip der →Gerechtigkeit als rationaler Kalkül

zur Kritik der H.-Zwecke. Es ist jedoch nur dann wirksam, wenn sich das H.-System verpflichtet hat, auf die legitimen Interessen der Beherrschten u. ihre Argumente einzugehen. Dies leisten freiheitliche demokratische Systeme, deren Politik nicht auf für alle verbindliche Zwecke, sondern auf sittl. Normen festgelegt ist, die sowohl die Wahrnehmung pluraler Zwecke wie eine legitime H. sichern sollen.

Lit.: Platon, Der Staat, Buch 8; Aristoteles, Nikom. E, Buch 1 u. 10; T. Hobbes, Leviathan, Kap. 13, 17, 21; J. Locke, Über die Regierung, Kap. 7 u. 8; B. Spinoza, Theologisch-politischer Traktat; I. Kant, Zum ewigen Frieden; G. W. F. Hegel, Rechtsphilosophie, §§ 257–360; M. Weber, Wirtschaft u. Gesellschaft, Tübingen [5]1972, Teil 1, Kap. III., Teil 2, Kap. IX.; H. Arendt, Elemente u. Ursprünge totaler H., Frankfurt [2]1958; R. Spaemann, Die Utopie der H.Freiheit u. Die Utopie des guten Herrschers, in: ders., Zur Kritik der polit. Utopie, Stuttgart 1977; H. Marcuse, Der eindimensionale Mensch, Neuwied 1967; J. Habermas, Legitimationsprobleme im Spätkapitalismus, Frankfurt 1973; H. Lenk (Hrsg.), Technokratie als Ideologie, Stuttgart u. a. 1973, S. 9–20, 94–124; G. Geismann, E u. H.ordnung, Tübingen 1974; J. Fetscher, H. u. Emanzipation, München 1976; O. Höffe, H.Freiheit oder gerechte H.?, in: ders., E u. Politik, Frankfurt 1979, Kap. 14.   *W. V.*

Herrschaftsfreiheit →Herrschaft.

Heteronomie →Autonomie.

Hinduistische Ethik. Die im Hinduismus (Hindu, Sanskrit: Indus) enthaltene →E ist genausowenig wie die →buddhistische E eine systematische Moralphilosophie, vielmehr eine religiös-metaphysisch begründete Lehre des rechten →Lebens. Im Unterschied zu anderen →Religionen hat der vor allem in Indien u. Pakistan verbreitete Hinduismus weder einen Stifter noch eine allgemeinverbindliche Glaubens- u. Sittenlehre. Er betrachtet sich als die ewige Religion. Maßgebend für die h. E ist allein die Anerkennung der in den heiligen Schriften entwickelten Lehre der persönlichen Vollendung u. die Teilnahme in dem von diesen Schriften begründeten Kastenwesen. An dessen Spitze steht die Kaste der Brahmanen (Priester); es folgen die der Adligen (König, Krieger, Richter u. Verwaltungsbeamte), die der Ackerbauer u. Gewerbetreibende sowie die der Dienstleistungsberufe. Außerhalb der vier in sich noch gestuften Hauptkasten stehen die rechtlosen Parias (Unberührbare). Dieses religiös-soziale System beruht auf der Lehre von der *Seelenwanderung* (Samsara): Alle Lebewesen der in ständigem Entstehen u. Vergehen begriffenen Welt bilden eine Stufenleiter, die bei den Pflanzen beginnt u. bei den Göttern endet. Die Zugehörigkeit zu einer der Stufen u. auch Kasten ist nicht die Folge eines Zufalls oder des Willens Gottes. Der ganze Kosmos wird vielmehr von dem →sittl. Vergeltungsgesetz (Karma) beherrscht, das jedem Wesen, das geboren wird, auf Grund der →guten u. →bösen →Handlungen im vorausgegangenen Dasein seinen Platz im gegenwärtigen Dasein anweist. Die Seelenwanderung findet nur dann ein Ende, wenn eine in zahlreichen Existenzen geläuterte Seele die Erlösung erreicht.

Den Hauptteil der heiligen Schriften bilden die *Veden* (Sanskrit: Wissen), deren älterer Teil aus vier ursprünglich mündlich überlieferten Sammlungen besteht: Hymnen an die Götter (Rigveda), Opfergesänge (Samaveda), Opfersprüche (Yadschurveda) sowie Hymnen u. Zauberlieder für häusliche Gottesdienste u. irdische Ziele (wie Kriegsglück, Besitz von Frauen, Gütern usf.: Atharvaveda). Sie haben jedoch stark an Bedeutung gegenüber den jüngeren *Upanischaden* (Sanskrit: geheime Unterweisung) verloren, die wegen ihres e-philosophischen Gehalts auch im Abendland, etwa auf *Schopenhauer* (→Lebensphilosophie), Einfluß hatten. Bei den Upanischaden tritt an die Stelle des Glaubens an eine Vielheit wunschgewährender Götter das →Streben, durch die Versenkung in das eigene Innere das Absolute, das Brahman, zu erfassen: jene Kraft, die im einzelnen Menschen wie im ganzen Weltall wirkt. Die weltzugewandte Haltung der Arier macht hier dem Wunsch Platz, durch Askese (→Spiritualität) der →Welt zu entsagen u. durch innere Erfahrung, die zugleich Grund u. Folge der Askese ist, die ursprüngliche Einheit von →Mensch u. Welt zu erkennen, sich dadurch vom natürlichen Lebensdrang u. allen Bedingungen →individueller Existenz zu befreien u. so das Ende der Seelenwanderung, die Erlösung, zu erreichen. In der h. E sind Erkennen u. Handeln, →Theorie u. Praxis, ursprünglich aufeinander bezogen: das Wissen wird durch ein asketisches Ethos ermöglicht, das auf Klärung u. Läuterung des Selbstseins gerichtet ist. Um die Erlösung zu gewinnen, liegt es im →Selbstinteresse des Menschen, den Heilsweg zu gehen.

Der *Yoga* (Sanskrit: Anspannung, Übung) war zunächst mit einer bestimmten h. Metaphysik, der Sankhya, verbunden, hat aber dann weit darüber hinaus kulturgeschichtliche Bedeutung gewonnen. Er ist eine höchst differenzierte Lehre der geistigen Konzentration u. Vertiefung des inneren Lebens, durch die man – kraft völliger Herrschaft über den Körper – den Geist befreit u. die Erlösung findet. Er lehrt acht Stufen der psychischen u. moralischen Selbstkontrolle, durch die der Mensch mehr u. mehr die Bindung des Geistes an die Welt aufhebt u. Lebensdrang, →Leid u. →Schuld von sich ablöst, bis er nur in sich selbst versenkt da ist: (1) moralisches Wohlverhalten, (2) äußere u. innere Reinheit (3) das auch außerhalb der h. E bekanntgewordene Einnehmen bestimmter Körperstellungen, (4) Regelung des Atmens, (5) Abwendung der Sinnesorgane von den Objekten, (6) Festlegen des Denkens auf einen bestimmten Punkt, (7) Meditation u. als deren Steigerung: (8) Versenkung.

Zu den heiligen Schriften gehören ebenso die beiden großen Epen Mahabarata u. Ramayana. Ersteres enthält (neben der →Goldenen Regel) unter seinen Lehrgedichten auch die berühmte *Bhagavadgita* (Gesang des Erhabenen), die über das Wesen von →Gott, Welt u. Seele belehrt u. zwei seitdem in der h. E als gleich möglich geltende Heilswege erläutert: den Weg der Askese u. Erkenntnis entsprechend den Upanischaden u. den neuen Weg des vom selbstischen Interesse freien pflichtgemäßen Handelns in →Liebe zu →Gott, der den Menschen gnädig aus dem Strom der Wiedergeburten befreit. Zu den →Pflichten zählen in der h. E sowohl allgemein menschliche Pflichten (wie →Gerechtigkeit, →Wohlwollen, Standhaftigkeit, →Verzeihung, Kontrolle der Sinne, Wahrhaftigkeit: →Wahrheit, Abwesenheit von Ärger) als auch kastenspezifische (so dürfen Krieger z. B. auf die Jagd gehen u. Fleisch essen, was den Brahmanen verboten ist).

Lit.: S. Nikhilanda, The Upanishads, New York / London 1949; Upanischaden, Stuttgart 1974; Bhagavadgita, Stuttgart 1975; S. Radhakrishnan, Indische Philosophie, 2 Bde., Darmstadt u. a. 1956; H. Day, Studium u. Praxis der Joga-Übungen, Stuttgart 1959; M. Eliade, Yoga. Unsterblichkeit u. Freiheit, Frankfurt 1977; S. Nikhilanda, Der Hinduismus, Frankfurt 1960; R. C. Zaehner, Hinduism, London 1962; P. Spratt, Hindu Culture and Personality, New York 1966; G. Oberhammer, Strukturen yogischer Meditation, Wien 1977; S. Dasgupta, Hindu Ethos and the Challenge of Change, Mystic ²1978.   *O. H.*

Hochmut →Ehre.

Höchstes Gut (lat. summum bonum bzw. finis ultimus). Vom h. G. ist philosophisch im Zusammenhang der Metaphysik u. der →praktischen Philosophie die Rede. Im Anschluß an *Platons* Konzeption der Idee des →Guten als letztem Seins- u. Erkenntnisgrund wurde in Neuplatonismus u. christlicher Philosophie dieses Prinzip mit →Gott identifiziert. Gott ist das „höchste ursprüngliche Gut" *(Kant)* in dem Sinne, als in ihm absolute Vollkommenheit des Seins (absoluter Selbstbesitz der Existenz, Allmacht, Allwissenheit,

Glückseligkeit, moralische Güte) sich versammelt u. der Grund für die Existenz wie die Qualität alles kontingent Seienden nach Maßgabe seiner Partizipation an diesem absolut Seienden vorgegeben ist.

Im praktischen Sinn wird der Terminus verwendet als Reflexionsbegriff, der den Handlungszusammenhang teleologisch interpretieren u. normieren soll. H.G. bedeutet dann soviel wie das letzte →Ziel unseres Strebens u. Wollens, der *Endzweck* (finis ultimus), in dessen vollendeter Realisierung menschliche Praxis ihre Erfüllung findet. Die nicht immer klare Grundlage der Rekonstruktion dieser von *Platon* eingeführten, von *Aristoteles* ausgearbeiteten u. von der gesamten nachfolgenden Tradition übernommenen formalen Bestimmung des h. G. als des Letzterstrebten u. zuhöchst Erstrebenswerten sind fundamentale Unterscheidungsmöglichkeiten in der Struktur unseres →Strebens: (1) Die Unterscheidung nach dem Schema von Mittel u. Zweck: wir wollen etwas um eines anderen willen, wir wollen etwas in gewisser Rücksicht um seiner selbst, in gewisser Rücksicht um eines anderen willen, wir wollen etwas allein um seiner selbst willen. Das h. G. ist nach dieser Unterscheidung das allein um seiner selbst willen Erstrebte u. Erstrebenswerte, das h. G. als das letzte Gut (finis ultimus); (2) Die Unterscheidung nach dem Schema von Teil u. Ganzem: Gegenstand unseres Strebens ist ein Ziel, das sich aus mehreren Gütern, Handlungen etc. zusammensetzt. Das h. G. versteht sich dann als vollendetes Gut (bonum consummatum, inclusive end); (3) Die Unter-

scheidung nach dem Schema der Rangordnung: unter den verschiedenen Gegenständen unseres Strebens bevorzugen wir einige vor anderen. Das h. G. ist hier zu verstehen als das oberste der Güter (bonum supremum, dominant end). (1) u. (3) sind bedeutungsmäßig vielfach verschränkt in Wert- u. Güterlehren, die der Pluralität der →Werte eine hierarchische Struktur u. einen funktionalen Ordnungszusammenhang zugleich unterstellen. Teleologische E-en, die Moralität u. ihre Prinzipien funktional im Blick auf die Erreichung des außermoralischen Guten begründen, setzen das h. G. gewöhnlich in einen vollendeten Zustand des menschlichen Lebens (meist Glückseligkeit genannt), der freilich im Blick auf das vorzügliche Mittel zu seiner Erreichung oder bezüglich seiner inhaltlichen Qualifikation höchst unterschiedlich bestimmt wird: als voluptas, d. h. Lust (*Epikur, Bentham* u. a. →Freude), als scientia, d. h. Wissen, beseligende Aktualität des reinen Denkens (*Aristoteles,* Peripatetiker: →WissenschaftsE), als machtvolle Größe u. Ruhm *(Machiavelli, Nietzsche),* als Gemeinschaft mit dem Göttlichen (*Platon,* →christliche E), als ungehindertes Fortschreiten von →Bedürfnisbefriedigung zu Bedürfnisbefriedigung *(Hobbes)* etc. Für *Kant,* dessen deontologische →E den unbedingten Verpflichtungscharakter von Moralität (→kategorischer Imperativ, →Sittlichkeit) betont, ist →Tugend das oberste Gut vernünftigen Wollens (bonum supremum), →Glück das naturhaft erstrebte Endziel allen lebendigen Begehrens u. die Kongruenz von Tugend u. Glück in einer Person

u. in der Welt das h. G. (bonum consummatum).

Lit.: Platon, Politeia, 503e–509d; Aristoteles, Nikomach. E, Buch I u. X, Politeia II; Cicero, De finibus bonorum et malorum; Ulrich v. Straßburg, S. de summo bono; Th. Hobbes, Vom Menschen; I. Kant, Die Religion innerhalb der Grenzen der bloßen Vernunft, Vorrede zur 1. Auflage; G. H. v. Wright, The Varieties of Goodness, London 1963; G. E. Moore, Principia Ethica, Kap. VI; K. Düsing, Das Problem des h. G. in Kants praktischer Philosophie, Kant-Studien Bd. 62, 1971; R. Spaemann, Art. ‚G., h.‘, Hist. Wörterb. d. Philos., Bd. 3.   *M. F.*

Höhere Gewalt liegt im Unterschied zur bewußten oder planmäßigen Anwendung von →Gewalt dann vor, wenn ein Schaden (z. B. Unfall) ohne Verschulden (→Schuld) von →Personen durch ein äußeres Ereignis (z. B. ein Naturereignis) verursacht wurde, das weder vorhersehbar noch mit angemessenen Mitteln u. unter äußerster zumutbarer Sorgfalt rechtzeitig zu vermeiden war.   *W. V.*

Hoffnung ist eine theologische, geschichtsphilosophische u. e Kategorie, die zwar als Kategorie, nicht aber mit wissenschaftlichen Kriterien präzisierbar ist, da sie sich auf Mögliches, nicht auf Vorhandenes bezieht. H. ist als religiöses, psychologisches oder ideologisches Phänomen identisch mit einem bestimmten Glauben, einem →Streben oder einer Überzeugung u. bestimmt von einem →Ziel, das realen oder utopischen Charakter haben kann. Als theologische Kategorie basiert H. auf der Erwartung künftigen Heils (→christliche E) u. dem Glauben an die absolute zeitlich nicht

bestimmbare *Zukunft* des Reiches Gottes; sie gilt als eine →Tugend, die dem Menschen durch Gnade gegeben oder nicht gegeben ist. Gegenbegriff dieser H. ist die *Verzweiflung* als vermessene Vorwegnahme der Nichterfüllung der H. u. als Sünde des Unglaubens. – Dagegen ist H. geschichtsphilosophische Kategorie einer Handlungslehre, die menschlichem →Leben angesichts von Tod, →Leid, →Schuld u. Versagen →Sinn geben (→existentialistische E) oder durch eine revolutionäre Verwirklichung einer vorgeplanten humanen Zukunft einen von allen Leiden erlösten Menschen schaffen will (→marxistische E). Für diese *Eschatologie* (griech., Lehre von den letzten Dingen) wird H. zu einem Prinzip der Unruhe (*E. Bloch*), das den Mangel jeder historischen Gegenwart u. damit gleichzeitig die „Not-wendigkeit" der Zukunft verdeutlicht (→Utopie). Als ideologische Entartung dieser H. gelten die technologische Rationalität u. der Fortschrittsglaube. – H. hat als theologische u. geschichtsphilosophische wie auch als e Kategorie einen handlungsorientierenden, teleologischen Charakter: als H. auf →Glück (→Streben). Während sie aber in den beiden ersten Begriffen direkte Bedingung u. Antrieb des Handelns u. vom Handeln selbst letztlich unabhängig ist, ist H. e Folge sittl. guten Handelns u. damit als indirekte Bedingung des Handelns von diesem abhängig; e basiert H. auf der *Treue*: auf dem Vertrauen in die Rechtmäßigkeit u. dem Gehorsam gegenüber den sittl. Pflichten, unabhängig von erwartbarem Nutzen oder zu befürchtendem Nachteil guten

Handelns. Das Maß dieser Treue entspricht demjenigen der H. auf Glück, dessen sich der einzelne in seinem Handeln als würdig erweist (*Kant*).

Lit.: I. Kant, Kritik der reinen Vernunft, A 804, B 832ff.; S. Kierkegaard, Die Krankheit zum Tode, Abschn. 2; G. Marcel, Homo viator, Düsseldorf 1949; E. Bloch, Das Prinzip H., 3 Bde., Frankfurt ³1976, Teil 1, 2, 4; J. Moltmann, Theologie der H., München ⁶1966, Kap. 1 u. 4.   *W. V.*

Homosexualität →Sexualität.

Humanexperimente →medizinische E.

Humanismus →Humanität.

Humanitarismus →Humanität.

Humanität heißt wörtlich das, was den →Menschen vor allen anderen Lebewesen auszeichnet: seine →Natur oder sein Wesen. Seiner Natur nach ist der Mensch nicht auf bestimmte Verhaltensweisen u. Lebensformen festgelegt. Er ist ein offenes Wesen mit einem außergewöhnlich weiten Spielraum, innerhalb dessen er als einzelner, als Klein- oder Großgruppe sich unterschiedlich entwickeln u. tätig werden kann. Überdies wird man nicht schon durch biologische Prozesse, sondern erst durch →(Selbst-)Erziehung u. freie →Sinnstiftung zu einem konkreten Menschen. H. bezeichnet daher weder einen empirischen Befund noch ein vorfindliches Muster, sondern eine Aufgabe, die die Menschen in einem nie abgeschlossenen Prozeß der Bildung, der Selbstfindung u. des Selbstentwurfs näher zu definieren u. aus eigenem Antrieb auszuführen haben.

H. ist das stets riskante Unternehmen der →Individuen u. der →Gesellschaft, zu sich selbst zu kommen u. ein gelungen-erfülltes Leben zu führen. Sie meint weniger die Schwäche u. Hinfälligkeit, Niedrigkeit u. Bosheit des Menschen als die für das persönliche, soziale u. politische Leben gültige normative Leitidee eines „wahren", von Selbstverwirklichung u. Mitmenschlichkeit bestimmten Menschseins. H. ist eine formale Idee, die für verschiedene, von den jeweiligen persönlichen u. soziokulturellen Bedingungen, Interessen u. Sinnvorstellungen abhängige Ausgestaltungen offen ist. Sie besagt, daß es dem Menschen letztlich nicht auf Selbstbehauptung u. Expansion, sondern auf jene Verständigung mit seinesgleichen ankommt, die unter den Ideen von →Gerechtigkeit u. →Sittlichkeit steht. H. geht vom unbedingten Wert des Menschen, von seiner →Freiheit u. Würde als unhintergehbarem Fluchtpunkt allen persönlichen, sozialen u. politischen Bemühens aus.

Diese Idee ist, von griech.-röm. u. →christl. Vorstellungen beeinflußt, durch Denker der Aufklärung u. Romantik, des →Marxismus, →Pragmatismus u. →Existentialismus sowie durch Ereignisse wie die französische Revolution, die Entstehung →demokratischer u. sozialer Verfassungs- u. →Staaten, die Veränderung des künstlerischen u. des religiösen Bewußtseins geprägt worden. Als Ideal des persönlichen Lebens zielt sie auf die Entwicklung u. den Gebrauch der sprachlichen, emotionalen, kreativen u. vor allem auch politisch-sozialen Fähigkeiten. Als normatives

Leitprinzip von Gesellschaft u. →Politik fordert sie ein →Rechts- u. Sozialsystem, das von der gegenseitigen Anerkennung der Menschen als Wesen gleicher Würde bestimmt ist, das Not, →Leid, Unfreiheit u. Ungerechtigkeit zu mindern sucht u. aus Respekt vor den Interessen u. dem →Gewissen der Mitglieder ihnen unterschiedliche Formen der Selbstverwirklichung ermöglicht: durch Sicherung der Menschenrechte (→Grundrechte) für jedermann; durch ein Bildungswesen, das von Chancengerechtigkeit u. individueller Förderung bestimmt ist; durch eine →Arbeitswelt, die es jedem erlaubt, nicht bloß seinen Lebensunterhalt zu verdienen, sondern auch – aufgrund einer Beanspruchung verschiedener Fähigkeiten u. Interessen – sich selbst zu verwirklichen; durch ein →Strafsystem, das von Gerechtigkeit, aber auch von Resozialisierung bestimmt ist; durch öffentliche Entscheidungsprozesse, die sich an humanen Leitprinzipien orientieren; usw.

Der *Humanismus* als historische Epoche (der römischen Republik, der Renaissance, des 19. u. 20. Jahrhunderts) vertritt ein Ideal vom gebildeten, schönen u. sittl. Individuum, das von Philosophie, Kunst, Geisteswissenschaften u. der Liebe zur Antike bestimmt ist, dabei aber →Wirtschaft, →Technik u. Industrie, oft auch die Politik ausklammert u. so einen Dualismus von Kultur- u. Arbeitswelt, von „hoher" Freizeit u. „niedriger" Erwerbstätigkeit (auch Machtkampf) schafft, wodurch tendentiell die Welt der Wirtschaft u. Politik den normativen Anforderungen der H. entzo-

gen u. – aufgrund der Beziehungslosigkeit zweier Welten – das Zusichselbstkommen des Menschen in seinen vielfältigen Aspekten beeinträchtigt wird. Der Humanismus als geistige Haltung u. überzeitliche Aufgabe befreit sich von solchen Einseitigkeiten. Er dokumentiert sich in dem immer neuen Bemühen, daß der Mensch – in mannigfaltiger Weise – frei für Menschlichkeit u. Mitmenschlichkeit werde u. darin seine Würde finde. – Als *Humanitarismus* bezeichnet Gehlen „die zur e Pflicht gemachte unterschiedslose Menschenliebe".

Lit.: J. G. Herder, Briefe zur Beförderung der H.; J. Kant, Grundlegung zur Metaphysik der Sitten, Akad. Ausg. Bd. IV, S. 428 ff.; J. G. Fichte, Die Bestimmung des Menschen; K. Marx, Pariser Manuskripte, Reinbek 1970, bes. S. 50 ff., 73 ff.; J. S. Mill, Über die Freiheit, bes. Kap. 3; F. C. S. Schiller, Humanismus, Leipzig 1911; J. Maritain, L'humanisme intégral, Paris ²1969; J.-P. Sartre, Ist der Existentialismus ein Humanismus?, in: Drei Essays, Frankfurt u. a. 1971; M. Heidegger, Brief über den Humanismus; Th. Litt, Das Bildungsideal der deutschen Klassik u. die moderne Arbeitswelt, Bonn ⁶1959; G. Krüger, Abendländische H., Stuttgart 1953; H. G. Gadamer, Wahrheit u. Methode, Tübingen ⁴1975, S. 1 ff.; W. Maihofer, Rechtsstaat u. menschliche Würde, Frankfurt 1968; A. Gehlen, Moral u. Hypermoral, Frankfurt ³1973, Kap. 6; W. Rüegg, Anstöße, Frankfurt 1973; O. Höffe, Strategien der H., Freiburg/München 1975; ders., Die Menschenrechte als Prinzipien politischer H., Internat. kathol. Zeitschr. Bd. 9, 1980.
O. H.

Hypothetischer Imperativ →Kategorischer Imperativ.

I

Ich →Person.

Ideale bilden sich im Kontext des eigenen Handelns heraus, in dem wir emotional bejahend oder verneinend Stellung nehmen. Die persönliche Wertung steht dabei im Zusammenhang gesellschaftlichen Wertens, in dem bestimmte Handlungsweisen als besonders trefflich u. gelungen u. die Handelnden selbst als *Vorbilder* ausgezeichnet werden. Sieht man von den einzelnen gelungenen →Handlungen oder vorbildlichen Personen ab u. faßt abstrakt deren Eigenschaften auf, dann kann man sie als allgemeine →Werte, →Normen, →Tugenden oder I. aussagen. Die I. nehmen somit eine vermittelnde Stellung zwischen der realen Handlung u. der Idee des →Guten ein, indem sie diese durch modellhafte Handlungen oder allgemeine Eigenschaften erläutern. Die Psychologie der I.bildung zeigt, daß diese an eine →Sozialisationsphase anknüpft, in der das Kind die äußeren Versagungen dadurch zu meistern versucht, daß es narzistische Allmacht- u. Größenphantasien ausbildet. Neben diesem gesteigerten Selbsterleben (Idealich) überschätzt es auch die Macht der Eltern u. idealisiert sie. Um diese idealisierte Elternimago kristallisiert sich der Teil des →Gewissens, in dem die Gebote der Vorbilder enthalten sind (das IchI.). In ihm sedimentieren sich auch alle späteren Erfahrungen von →Autorität. Davon sind *Idole* zu unterscheiden, die als Kompensationen eines versagten Lebens ideologische Funktionen erfüllen. Die e Bedeutung der I. ist darin zu sehen, daß sie Modelle gelungenen Handelns darstellen, die jedoch nur dann sittl. wirksam werden, wenn sie an frühere affektive Erlebnisse anknüpfen u. in ein ausgewogenes Verhältnis zu den realen Handlungsmöglichkeiten gebracht werden (relativ autonomes Selbst).

Lit.: G. E. Moore, Principia Ethica, Kap. 6; L. S. Stebbings, Ideals and Illusions, London 1948; H. Kohut, Narzismus, Frankfurt a. M. 1976; H. Henseler, Zur Entwicklung u. Regulation des Selbstwertgefühls, in: D. Ohlmeier (Hrsg.), Psychoanalytische Entwicklungspsychologie, Freiburg i. Br. 1973; M. Mitscherlich, Das Ende der Vorbilder, München 1978.   *A. S.*

Identität →Ich.

Ideologie (griech.-franz.: Lehre von den Ideen) ist ein erkenntnis- u. gesellschaftskritischer Begriff. Er dient dazu, Überzeugungen u. Theorien zu kritisieren, die nur vermeintlich bestimmten Kriterien von Wirklichkeit u. →Wahrheit entsprechen, tatsächlich jedoch von Interessen u. →Zwekken geleitet sind, die diesen Kriterien widersprechen. Ist der Begriff der Wirklichkeit auf den Bereich der sinnlichen Erfahrung beschränkt (Positivismus), gelten alle Ideen, →Weltanschauungen u. nicht-empirischen Theorien als I.n. Da I.n nach diesem Verständnis empirische Kriterien ihrer Gültigkeit fehlen, liefern sie der *Illusion* (lat., Täuschung), sowohl der subjektiven Selbsttäuschung wie der Mißdeutung der empirischen Wirklichkeit, Vorschub. – Gilt die objektive Wirklichkeit als Funktion der gesellschaftlichen u. ökonomischen Verhältnisse, so ist das menschliche Bewußtsein Produkt ökonomischer u. sozialer Verhältnisse (*Marx*). Das ,wahre' proletarische Bewußtsein läßt sich danach mit Hilfe der I.kritik vom ideologisch ,falschen' Bewußtsein aller anderen Klassen unterscheiden. Liberalismus u. Kapitalismus (→Wirtschafts-E) sind dann zu kritisierende I.n. – Nicht nur das bürgerliche, sondern jedes von Werturteilen geprägte nicht-rationale Bewußtsein ist nach der soziologischen Modifikation des marxistischen Ansatzes von seiner „sozialen Seinslage" bestimmt u. damit i. (*K. Mannheim*). Danach wären auch Sprache, Kunst (→Spiel) u. →Erziehung I. – Wenn die Theorien, die die Wirklichkeit nach technischen Zwecken u. deren Verfügbarkeit definieren, als vom Interesse an →Herrschaft bestimmt gelten, gerät die wissenschaftliche Rationalität selbst in den Verdacht, I. zu sein (*J. Habermas*). Auch der Versuch des →kritischen Rationalismus, I. von →Wissenschaft durch kritische Prüfung (*H. Albert*) zu unterscheiden u. dialektische Theorien als nicht prüfbar u. daher i. zu kennzeichnen, ist mit dem Problem konfrontiert, seine nicht näher begründeten sozialen Geltungsansprüche vom I.verdacht zu befreien (sogenannter Positivismusstreit). – I. ist demnach ein Begriff, mit dem alle theoretischen u. praktischen Positionen bezeichnet werden können, deren Wahrheits- u. Wirklichkeitskriterien von der jeweils entgegengesetzten Position her negativ beurteilt werden. Begründet ist der I.-Vorwurf allerdings nur auf der Basis vernünftig be-

gründeter Kriterien von Wahrheit u. Wirklichkeit.

Lit.: K. Marx, Die deutsche I., Abschn. I.; K. Mannheim, I. u. Utopie, Frankfurt ³1952, Teil I, II, V; Th. W. Adorno, H. Albert, J. Habermas, K. Popper u. a., Der Positivismusstreit in der deutschen Soziologie, Darmstadt/Neuwied ⁴1975; J. Habermas, Technik u. Wissenschaft als ,I.', Frankfurt 1968, S. 48–103; G. Lukács, Schriften zur I. u. Politik, Darmstadt/Neuwied ²1973, S. 1–40, 75–81; K. Lenk (Hrsg.), I., Neuwied/Berlin ⁵1971; H.-J. Lieber (Hrsg.), I. – Wissenschaft – Gesellschaft, Darmstadt 1976; P. C. Ludz, I.begriff u. marxistische Theorie, Opladen 1976, S. 82 ff.

W. V.

Idol →Ideal.

Illusion →Ideologie.

Immoralismus →Nihilismus.

Imperativ →Kategorischer Imperativ.

Imperialismus →Diskriminierung.

Indeterminismus →Determination.

Indifferenz. Mit I. bezeichnen wir eine Einstellung des →Menschen, die sich den Inhalten möglicher →Handlungen gegenüber →sittl. neutral verhält. Der Begriff der I. deckt sehr verschiedene Probleme ab: 1. In der mittelalterlichen Philosophie taucht er im Zusammenhang der Analyse des Handlungsverlaufes u. der sittl. Wahl (→Entscheidung) auf. Die menschliche →Freiheit wird durch die Annahme einer Phase im Handlungsverlauf gesichert, in der der Mensch den Inhalten der Handlung indifferent gegenübersteht (libertas indifferentiae), ehe er wählt. Während *Duns Scotus* eine strenge I. bis zur willentlichen Stellungnahme festhalten will, sieht *Thomas v. Aquin* im Erkenntnisakt bereits eine sittl. Qualifizierung, die die Wahl leitet. 2. Ein weiteres Problem der I. ergibt sich aus der Frage, ob man bestimmte Handlungen als sittl. neutral bezeichnen kann. Hierbei steht die Behauptung sittl. relativ bedeutungsloser Handlungen des Alltags der Auffassung entgegen, die stets einen entfernten Zusammenhang zu bedeutsamen Handlungen sieht. Auf Grund des →personalen u. →gesellschaftlichen Zusammenhangs menschlicher Entscheidungen muß man in der Tat auch den relativ bedeutungslosen einen indirekten Bezug zu sittl. bedeutsamen u. daher eine abgeleitete →Wertigkeit zusprechen. 3. Von den objektiven Bedingungen der I. unserer Handlungen ist schließlich die I. der subjektiven Einstellung zu unterscheiden. Eine solche fehlende →Motivation zur sittl. Stellungnahme nennen wir *Gleichgültigkeit*. Sie hat entweder ihre Ursachen in der frühkindlichen →Sozialisation, in der eine labile elterliche Erziehungspraxis keine Ausbildung eines sittl. Unterscheidungsvermögens ermöglichte. Oder sie resultiert aus der Enttäuschung über die mangelnde Überzeugungskraft u. praktische Wirksamkeit sittl. Entscheidungen u. äußert sich als Gefühl der *Resignation*, das u. U. die gesamte Lebenseinstellung bestimmen u. in den Selbstmord (→Leib) treiben kann.

Lit.: Thomas v. Aquin, Summa Theologiae II, I qu. 18; S. Kierkegaard, Die Krankheit zum Tode; W. Hoerres, Der Wille als reine Vollkommenheit nach Duns Scotus, München 1962, S. 212–220. *A. S.*

IndividualE →Individuum.

Individualismus →Individuum.

Individuum heißt das Einzelseiende, das nicht geteilt werden kann, ohne seine Einzigkeit u. Eigenexistenz zu verlieren. Als e Begriff bezeichnet es den einzelnen Menschen in der Einmaligkeit seiner →Bedürfnisse u. Interessen, Talente, Fähigkeiten u. auch →Leidenschaften, seiner Lebensweise u. →Sinnvorstellungen. Vor allem die →christliche u. die →existentialistische E *(Kierkegaard* als Antipode *Hegels)* haben die Würde (→Humanität) u. Unvertretbarkeit des einzelnen Menschen herausgestellt u. ihn aufgefordert, sich in einem emphatischen Sinn als I. zu realisieren, indem er weder rein willkürlich handelt noch bloß Autoritäten, vielmehr dem eigenen →Gewissen folgt, sich in seiner Eigenart, auch seinen Schwächen anerkennt u. für sein Handeln die →Verantwortung übernimmt. – Das menschliche I. ist weder eine beziehungslose noch eine von Geburt an fertige Monade. Es findet seine Identität in einem lebenslangen Bildungsprozeß. Für ihn sind charakteristisch →Erziehung u. Selbstfindung, →Arbeit u. →Kommunikation (dabei vornehmlich Beziehungen, die durch →Freiheit u. →Gerechtigkeit bestimmt sind), auch →Spiel, →Religion u. die Selbstdarstellung in Werken der Kunst, →Wissenschaft usw.

In Ergänzung zur →SozialE, die die angemessene Grundordnung der Gesellschaft bestimmt, untersucht die *IndividualE* die →Pflichten des I. gegenüber sich selbst u. den Mitmenschen (etwa die Verbote zu töten, zu lügen, zu stehlen). Sie geht vom Wesen des →Menschen als individueller Person aus u. hebt auf Eigenverantwortung u. Selbstverwirklichung ab, ohne die komplementäre soziale u. politische Dimension des Menschen leugnen zu müssen. – Der *Individualismus* behauptet den absoluten Vorrang des einzelnen seine Eigenverantwortlichkeit, die ihm keine Gemeinschaft abnehmen kann, u. seine Unvertretbarkeit, so daß (im Gegensatz etwa zum →Utilitarismus u. zu Formen →marxistischer E) das Wohl keines I. gegen das andere verrechnet werden darf. Ein „methodischer Individualismus" der klassischen u. zeitgenössischen Wirtschafts- und Vertragstheorie *(Hobbes, Locke, Rousseau, A. Smith, Kant, Hayek, M. Friedman, Rawls, Nozick u. a.)* behauptet weder die gänzliche Isoliertheit der Menschen noch, daß Zusammenarbeit nur ein Mittel zur Verfolgung individueller Ziele sei, wohl aber daß jede soziale u. politische →Ordnung sich letztlich nur aus dem →Selbstinteresse der I.en rechtfertigen könne. Teils begründet er eine →WirtschaftsE des laisser-faire u. einen →Staat, der sich auf die Sicherung der →Grundrechte konzentriert, um die freie Entfaltung der I.en zu ermöglichen (Liberalismus), teils resultiert er in einem politischen Absolutismus *(Hobbes)*.

Lit.: Th. Hobbes, Leviathan, bes. Kap. 6, 11, 13; J. S. Mill, über die Freiheit, bes. Kap. 3 u. 4; Th. Litt, I. u. Gemeinschaft, Leipzig ³1926; G. H. Mead, Geist, Identität u. Gesellschaft, Frankfurt ³1978, Teil III; H. Bouchet, Introduction à la philosophie de l'individu, Paris 1949;

O. v. Nell-Breuning, Einzelmensch u. Gemeinschaft, 1950; A. v. Hayek, Individualismus u. wirtschaftliche Ordnung, Erlenbach-Zürich 1952; H. Thomae, Das I. u. seine Welt, Göttingen 1968; P. B. Medawar, Die Einmaligkeit des I., Frankfurt 1969; M. Landmann, Das Ende des I., Stuttgart 1971; R. Nozick, Anarchie, Staat u. Utopia, München 1976; S. Lukes, Individualism, Oxford 1976; A. Schaff, Marxismus u. das menschliche I., Reinbek 1977.   *G. H.*

Instinkt heißt in der biologischen *Verhaltensforschung (Ethologie)* von Tinbergen, K. Lorenz, Eibl-Eibesfeldt u. anderen eine *angeborene* u. artspezifische Antriebskraft, das Moment der von individueller Lernfähigkeit nicht beeinflußbaren biologischen →Determination im Verhalten von Tier u. Mensch. Eine I.handlung ist eine auf Erbkoordination beruhende starre Bewegungsweise, die ohne Einsicht in ihren Ablauf oder gar in ihre →individuum- u./oder arterhaltende →Zweckmäßigkeit verläuft. Ihr geht ein von individuellem Lernen beeinflußbares Appetenzverhalten, das triebhafte Suchen nach jener Reizsituation voraus, die den ererbten Mechanismus auslöst, dessen Ablauf als lustgeladene (→Freude) Aktivität Befriedigung verspricht. I.e nach ihrer Funktion zu benennen (z. B. Paarungs-, Brut-, Beute-I.), ist irreführend, da an einer solchen Leistung mehrere voneinander unabhängige I.e sowie nicht-instinktive Elemente beteiligt sind. – Die Bedeutung von I.en für den Menschen ist kontrovers. In der Kulturanthropologie, etwa bei *A. Gehlen,* gilt der Mensch im I.bereich als verarmt u. verunsichert, zudem seien die Reste seiner I.e durch die kulturelle Entwicklung u. die Bewußtseinstätigkeit stark überdeckt. Das nicht mehr durch I.e (u. organische Schutz- u. Angriffsmittel) gesicherte individuelle u. kollektive Überleben soll daher durch →Kultur, durch →Moral u. Sitte auf der Basis gegenseitigen Vertrauens garantiert werden. Gegen eine zu starke Reduktion der biologischen Determinanten wendet sich die Verhaltensforschung, insofern sie biologische Kräfte, I.e u. Energien als Mitursachen menschlichen, z. B. auch aggressiven Verhaltens (→Gewalt) sieht. Ihre Kritiker (*J. Dollard, A. Plack, W. Michaelis* u. a.) halten Aggression usw. nicht für biologisch, sondern für rein sozial bedingt. Ursache sei allein eine repressive Umwelt u. die durch sie erzeugte Vereitelung von Bedürfnisbefriedigung (Frustration).

Verhaltensforscher wie ihre Kritiker gehen von einem linear-kausalen Konzept sowie der Alternative Erbgut-Umwelt aus. Als Ursache gelten entweder die ererbten I.e u. ihre Auslöser oder die soziale Umwelt u. ihre spezifischen Reize. Gegen I.- u. Umwelttheoretiker zugleich wendet sich die neuere ,,→Systemtheorie des Verhaltens" (*E. Mayr, W. Wieser;* Vorläufer: *J. v. Uexküll*) mit ihrem kybernetischen Modell der Wechselwirkung zwischen Organismus u. Umwelt, zu der bei Menschen auch Staatsformen, Erziehungsmethoden usf. gehören. Die Systemtheorie erkennt biologische Determinanten an, jedoch nicht in der starren Form von I.en. Sie sieht das Verhalten durch genetische Programme gesteuert, die sich in den Grundstrukturen des Zentralnervensystems finden, auf zusätzliche Informationen von außen ange-

wiesen u. unter Einfluß individueller Erfahrung in Grenzen veränderlich, also offen u. modifizierbar, sind. Auch der →Mensch besitze angeborene genetische Programme, die sein Verhalten mitbestimmen. Zu seinen Invarianzen gehört es etwa, von einem sozialen System abhängig zu sein, Kontakt u. Geborgenheit zu suchen, nicht an bestimmte Territorien gebunden u. in ständiger Paarungsbereitschaft zu sein. Erst durch Verarbeitung von Umweltinformationen, z. B. durch das Erleben sozialer Beziehungen, werden die Programme funktionsfähig, d. h. gehen sie von einer latenten in eine realisierte Struktur über. Überdies lassen sie aufgrund ihrer gegenüber dem Tier qualitativ größeren Plastizität die Art der brauchbaren Umweltinformation weitgehend offen, in bezug auf Sozialbeziehungen z. B., ob sie die Form von Sippen oder die von Kleinfamilien haben usf. Schließlich können Teile des Programms, etwa jene, die für die destruktiven Aspekte des Kampfes der Gruppen untereinander mitverantwortlich sind, durch den Um- u. Einbau in komplexere Verhaltensstrukturen modifiziert werden (z. B. Abbau aggressiver Gefühle gegen Fremde durch Ausweitung des Begriffs der Gruppe auf die Bevölkerung der Erde: →Humanitarismus). Diese Modifikation läßt sich im kybernetischen Modell auch als durch Bewußtsein, Vernunft gesteuert denken, da das Zentralnervensystem von einem gewissen Grad der Komplexität an beginnt, seine eigenen Anweisungen zu formulieren.

Lit.: J. v. Uexküll, Umwelt u. Innenleben der Tiere, Berlin 1909; J. Tinbergen,

I.lehre, Berlin² 1972; A. Gehlen, Anthropolog. Forschg., Reinbek 1961; ders., Moral u. Hypermoral, Frankfurt ³1973; K. Lorenz, Über tier. u. menschl. Verhalten, 2 Bde., München 1965 u. ö.; ders. u. P. Leyhausen, Antriebe tier. u. menschl. Verhaltens, München ⁴1973; E. Mayr, Behavior Programs and Evolutionary Strategies, American Scientist Bd. 6, 1974; G. Roth (Hrsg.), Kritik der Verhaltensforschung, München 1974; J. Eibl-Eibesfeldt, Grundriß der vergleichenden Verhaltensforschung-Ethologie, München ⁴1974; W. Wieser, K. Lorenz u. seine Kritiker, München 1976; M. Rassem, Über alte u. neue Ethologie, Zeitschr f. Politik Bd. 23 (N.F.) 1976; M. Merleau-Ponty, Die Struktur des Verhaltens, Berlin 1976.   *O. H.*

Institutionen (von lat. instituere: einsetzen, anordnen) sind kein starres System, das die Verhältnisse zwischen Individuen u. Gruppen untereinander u. gegenüber der →Gesellschaft u. dem →Staat rein funktional bestimmt. Gewohnheiten, →Sitten u. →Bedürfnisse werden mit ihrer Anerkennung auf Dauer gestellt. Sie bilden die Regelmäßigkeiten sozialen Handelns, er tlasten den einzelnen von der Wiederholung bewußter →Entscheidungen zu bestimmten Handlungsweisen (Entlastungsfunktion), heben jedoch nicht das subjektive Bewußtsein der Handlungsnormen so auf wie biologische oder triebhafte Funktionen (→Biologismus). I. sind „Handlungsformen der Gewohnheit" (*A. Gehlen*), ein „objektiv festgelegtes System sozialer Handlungen" (*H. Schelsky*), im Sinne *Hegels objektiver Geist,* als Einheit des vernünftigen u. des einzelnen Willens, in der der subjektiven Willkür Schranken gesetzt sind u. die Zwecke von

Gesellschaft u. Staat mit den privaten in Sitte u. Gewohnheit übereinstimmen. I. können anthropologisch als bedürfnisbedingte Funktionen (*B. Malinowski*) zur Stützung einer soziokulturellen Einheit (Integrationsfunktion), sozialphilosophisch als Funktion der ihnen zugrundeliegenden Ideen u. Vorstellungen (*M. Hauriou*) oder pragmatisch als funktionale u. zweckmäßige Organisationsformen des sozialen Lebens (*A. Gehlen*) betrachtet werden: Sie bilden jeweils das ein Handeln konstituierende System von Normen, das einerseits gesellschaftliches Leben stabilisiert, andererseits aber Basis des sozialen Wandels ist, indem es ein kritisches Bewußtsein von Normen u. deren Legitimität schafft. Damit kann sich ein Gegensatz zwischen normativen Ansprüchen u. institutioneller Legitimität entwickeln, der einen Wandel der I. notwendig macht. – Ein Konflikt zwischen →Freiheit u. I. entsteht für jene E, die die normativen Bestimmungen des Handelns auf die subjektive Verpflichtung des →Gewissens einschränkt (*I. Kant*) u. demgegenüber den normativen Anspruch der I. abwertet. Das Problem der I. ist jedoch das der sittl. Wirklichkeit des Handelns, das notwendig die kritische Reflexion von Handlungsnormen u. die Legitimation von I. im Prozeß der →Kommunikation einschließt. Das offene, kritisierbare Verhältnis von Freiheit u. I. innerhalb der politischen u. rechtlichen →Ordnung mit Hilfe der Grund-Institution der →Sprache (*K.-O. Apel*) bildet die Grundlage freien u. vernünftigen Handelns.

Lit.: G. W. F. Hegel, Rechtsphilosophie, §§ 182ff., u. Enzyklopädie,

§§ 483–552; K.-O. Apel, Transformation der Philosophie, Bd. 1, Frankfurt 1973, 197–221; H. Schelsky (Hrsg.), Zur Theorie der I., Düsseldorf 1970; R. Schnur (Hrsg.), Die Theorie der I. u. 2 andere Aufsätze von M. Hauriou, Berlin 1965, S. 27–66; ders., (Hrsg.), I. u. Recht, Darmstadt 1968; A. Gehlen, Moral u. Hypermoral, eine pluralistische E, Frankfurt/Bonn ²1970, Kap. 7; O. Höffe, Freiheit in sozialen u. politischen I.en, in: Internationale katholische Zeitschr. Bd. 8, 1979.   *W. V.*

Instrumentaler Wert →Wert.

Integration →Krankheit.

Intention →Gesinnung, Handlung.

Intentionalität →Handlung, Verstehen.

Interaktion →Kommunikation.

Interesse →Bedürfnis.

Interpretation des Verhaltens →Verstehen.

Intuition →Gefühl, Methoden der E, Wert.

Intuitionismus →MetaE.

Irrtum →Wahrheit.

Islamische Ethik (arab. islām: Ergebung in Gott, Hingabe). Die i. E. ist der Inbegriff der Glaubens- u. Rechtsvorschriften, die sich für den gläubigen Moslem (muslim: jemand, der den Islam praktiziert) als Mitglied der islamischen Gemeinschaft (umma) ergeben. Sie leiten sich aus dem Glauben an Allah als den einzigen →Gott, an Mohammed als seinen höchsten Propheten u. an den *Koran* ab, das heilige Buch, in dem die Offenbarung Allahs an Mohammed niedergelegt ist. Sure 4, 136 enthält sinngemäß die Glaubensformel (šahāda), die die Zugehörigkeit zum islamischen Glauben begründet: „Es gibt keinen Gott außer Allah, u. Mohammed ist der Gesandte Allahs". Die vorislamischen sittl. Prinzipien u. Rechtsgrundsätze (→Tugend, murū'a = virtus, Ehrbegriff, Freigebigkeit, ius talionis) wurden von Mohammed (570–632 n. Chr.) gewandelt u. modifiziert. Elemente der →jüdischen u. →christlichen E, die in den Glaubensauseinandersetzungen des vorderen Orients präsent waren, gingen in seine Lehre ein, wurden aber dem Primat des streng monotheistischen Glaubens an Allah u. dem Anspruch der Einzigartigkeit der Berufung Mohammeds als des höchsten Propheten untergeordnet. Mohammed lenkte die arabische Kriegslust auf den heiligen Krieg gegen die Ungläubigen (ǧihād) u. empfahl die Möglichkeit der finanziellen Begleichung der Blutrache.

Die E des Koran verpflichtet den Moslem, 1. seinen Glauben öffentlich zu bekennen (šahāda); 2. fordert sie ihn zum fünfmaligen täglichen Gebet (salāt) verbunden mit Riten u. Waschungen auf, das seinen Höhepunkt in der Gemeindeversammlung zum Freitagmittagsgebet in der Moschee findet; 3. verlangt sie von ihm Steuern u. Abgaben zur sozialen Fürsorge für Arme, Kranke u. Waisen u. zum Kampf gegen die Ungläubigen (zakāt); 4. ermahnt sie zum Fasten im Monat Ramaḍān, in dem Mohammed die Offenbarung zuteil wurde, u. fordert 5. zur Pilgerfahrt nach Mekka (ḥaǧǧ) als Höhepunkt des religiösen Lebens auf. Diese Hauptpflichten werden von der *Sunna,* einer Sammlung von Koranerläuterungen u. biographischen Begebenheiten aus dem Leben Mohammeds, als die fünf Säulen (arkān) des Islam bezeichnet. – Glaube u. →Recht, →Religion u. →Politik bilden im Islam eine ungeschiedene Einheit. Aus Koran u. Sunna als den Hauptquellen der Rechtsvorstellungen wurde durch die Gelehrten (sing. muftī) die Gesetzeswissenschaft (fiqh) weiterentwickelt. Neben dem Prinzip der Tradition (ḥadīt), das sich auf Präzedenzfälle stützt, hat bereits der Koran eine Quelleninterpretation (iǧtihāt) auf der Basis von Analogieschlüssen (qiyās) vorgesehen. Dazu kommt gemäß der Sunna das Prinzip der Übereinstimmung der Gesetzeslehrer (iǧmā'), das eine Angleichung der Rechtsvorschriften an die religiösen, politischen, sozialen u. individuellen Erfordernisse erlaubt. Von den orthodoxen Vorschriften sind vor allem die Heiratsgesetze (Möglichkeit, bis zu vier Frauen zu ehelichen), die rigiden Strafen bei Diebstahl (Abhacken der Hand) u. das Verbot von Alkohol u. Glücksspiel bekannt geworden.

Die i. E. hat zahlreiche historische Wandlungen durchgemacht. Die frühen theologischen Auseinandersetzungen kreisten um das Problem der Einzigkeit Gottes u. der Möglichkeit von Offenbarung, der Vorherbestimmung u. menschlichen →Freiheit. Die strikt deterministische Auffassung der Qadriten, die als Fatalismus, als Glaube an die qisma, das von Allah zugeteilte →Schicksal, dem Islam nachgesagt wird, hat sich jedoch in der Gesamttradition nicht durchgesetzt. Die Auseinandersetzung mit der philosophischen E wurde durch die arabischen Übersetzungen der griechischen Philosophie zwischen 700 u. 900 n. Chr. möglich. Dem monotheistischen Prinzip war der durch *Porphyrius* vermittelte neuplatonische Gedanke der Emanation u. des Aufstiegs der Seele zur Vereinigung mit Gott verwandt. Daneben gewannen durch die Übersetzung der Nikomachischen E des *Aristoteles* das klassische Vernunftprinzip u. die auf Erkenntnis gestützten sittl. Prinzipien durch *Al-Fārābī* u. *Ibn Sina (Avicenna)* große Bedeutung. Ihren Höhepunkt fand die philosophisch bestimmte E des Islam in den Schriften des *Ibn Miskawaihi* u. *Al Ghazzālī* im 10. u. 11. Jh., die das sittl. Prinzip der →Freude u. der →Tugend in den Mittelpunkt stellten. Neuplatonisches fand neben der gnostischen Lehre des *Mani*, der die Prinzipien von →Gut u. →Böse ontologisch durch Sein u. Nichtsein interpretierte, Eingang in die Bewegung der i. Mystik (Sufismus), die in der Gottesliebe (taṣawwuf) u. der Ekstase die sittl. Vollendung erblickte. Insbesondere die Bewegung der Derwische suchte durch Musik u. Tanz diese Vereinigung herbeizuführen. Insgesamt orientierte sich die i. Mystik am sittl. Prinzip der persönlichen Nachfolge des Propheten. Mystik u. philosophische E standen in ständiger Auseinandersetzung mit der theologischen Orthodoxie, ehe sie integriert wurden. Dies gilt auch für den modernen Reformismus des 19. u. 20. Jh., der unter dem Eindruck der politischen Vormachtstellung Europas einen Ausgleich mit dessen Rechtsvorstellungen suchte. Ihre Integration (z. B. im Hinblick auf die →Ehegesetze u. eine völkerrechtlich vertretbare Auffassung des heiligen Krieges) wurde durch eine Neuinterpretation der Tradition angestrebt. In ähnlicher Weise beruft sich der Islam in der Auseinandersetzung mit dem Sozialismus (→WirtschaftsE) auf verwandte Ideen in den i. Quellen.

Lit.: Der Koran, in der Übersetzung v. M. Henning, Leipzig 1901; ders., in der Übersetzung von R. Paret, Stuttgart 1962 ff.; The Encyclopaedia of Islam (New Edition), Leiden 1960 ff.; G. Bergsträsser, Grundzüge des i. Rechts, Berlin–Leipzig 1935; H. Stieglecker, Die Glaubenslehren des Islam, München–Paderborn–Wien 1959; D. M. Donaldson, Studies in Muslims Ethics, London 1953; Pierre Rondot, Der Islam u. die Mohammedaner von Heute, Stuttgart 1963; R. Köbert, W. Schatz, Islam, in: Lexikon für Theologie u. Kirche, Bd. 5, Freiburg 1960.   *A. S.*

J

Japanische E →Chinesische u. japanische E.

Jüdische Ethik. Die E, die sich implizit in den maßgebenden Schriften der jüdischen Religion findet – im Pentateuch, d. h. den 5 Büchern Moses, u. den Schriften der Propheten als den beiden Teilen des Kanons, sowie in Talmud u. Midrasch als der kodifizierten mündlichen Lehre, in der die gelehrte Auslegung der Schrift, bestehend aus lehrhafter religionsgesetzlicher Anweisung (Halacha) u. erbaulichen Betrachtungen, Erzählungen, Sittensprüchen, Gleichnissen (Haggada) des nachbiblischen Judentums versammelt ist – kann als Paradigma einer →theologischen E bezeichnet werden.

Der Glaube an Jahwe als den einen →Gott, den Souverän über Natur u. Geschichte, der das Volk Israel zum Bundespartner seines Handelns in der Geschichte erwählt, bildet den unhintergehbaren Bezugspunkt jüdischer →Sittlichkeit. Moralität ist formal definiert als Gehorsam gegenüber dem souveränen Willen Gottes, dessen Gebote, durch Moses u. die Propheten geoffenbart, in ihren sittl., rechtlichen u. kultischen Vorschriften den verpflichtenden Rahmen eines guten, d. h. gottgefälligen Lebens vorgeben. Die streng theozentrische Interpretation des Lebens u. der Gedanke völkischer Auserwählung führen zu einer unlöslichen Verschränkung von Theologie, →Politik u. →E. Kultisch-rituelle Vorschriften (bezüglich Sabbat, Fest- u. Fasttage, Beschneidung, Tempelkultus, Torastudium, Speiseordnung) stehen gleichberechtigt neben Normen öffentlichen u. privaten →Rechts wie der →Moral im engeren Sinn. Die Dominanz des Gesetzesbegriffs u. seine juridische Auslegung hat in verschiedenen Phasen der Geschichte des Judentums zu einer stark legalistischen Auffassung von Moral u. zur Ausbildung einer subtilen →Kasuistik geführt (vor allem im Talmudismus). In Antithese hierzu standen immer wieder Strömungen, die das Recht der Innerlichkeit, der Gesinnung, des persönlichen →Gewissens, der unmittelbaren Frömmigkeit in den Vordergrund stellten, so in Ansätzen bei den Propheten, etwa *Jeremias,* in den asketisch-apokalyptischen Täuferbewegungen der Zeitenwende, etwa bei den Essenern, den Heiligen von Qumran, der Jesusbewegung, in der mittelalterlichen, aus neuplatonischem Gedankengut gespeisten Mystik der Kabbala u. deren neuzeitlicher Spätblüte, dem Chassidismus des osteuropäischen Judentums *(M. Buber)*, sowie in der jüdischen Aufklärung (etwa *Moses Mendelssohn*) u. im Neukantianismus *(H. Cohen)*.

Die j. E. bildet kein geschlossenes System wie etwa die katholische →Moraltheologie. Gleichwohl lassen sich neben der theonomen Begründung zwei Grundgedanken angeben, die die Moralvorstellungen des Judentums entscheidend bestimmen, der Gedanke der Nächsten- →Liebe u. der der Vergeltung. Die älteste systematisierende Fassung j. E., auf die sich alle weitere Auslegung u. Differenzierung bezieht u. die der zeitweiligen Verengung des Interesses auf Fragen des Ritus, Kultus, des kasuistischen Rechts u. der nationalen Sittlichkeit als Korrektiv zur Seite stand, ist der mosaische *Dekalog* (Exodus 20; Deuteronomium 5). Neben Weisungen der Gottesverehrung u. der Sabbatheiligung haben diese Zehn Gebote allein das Verhältnis zum Mitmenschen zum Inhalt (Elternliebe, Verbot von Mord, Ehebruch, Diebstahl, Lüge). Auf dem Monotheismus fußt dabei der zentrale Gedanke, daß die Menschen als Menschen einander gleich sind, nämlich als Kinder u. Ebenbilder Gottes. Daraus resultiert die Pflicht der Nächstenliebe (vgl. Leviticus 19, 18), die sich nicht nur, wie die christliche Auslegung bis zu Beginn des 20. Jahrhunderts glauben machte, auf den Volksgenossen beschränkt, sondern explizit den Fremdling einbezieht (Exodus 23, 9). Neben der Grundtugend der Gottesfurcht (so

vor allem in den Weisheitsbüchern) steht also die Nächstenliebe, deren formales Prinzip in der →Goldenen Regel des Rabbi *Hillel* klassischen Ausdruck fand. Die j. E. ist ferner entscheidend geprägt vom Begriff der Vergeltung. Der jüdische Gott ist der Gott der →Gerechtigkeit, der menschliches Handeln nach Maßgabe von Schuld u. Verdienst belohnt u. bestraft, der Gott der Rache (Psalm 94, 1), der Gott der Vergeltung (Jeremias 51, 56). Der altorientalische Gedanke der Vergeltung im Diesseits u./oder (im nachexilischen Judentum) im endzeitlichen Gericht wird zum primären Motiv der →Sittlichkeit (vgl. etwa R. *Akiba,* Abot 3, 1) u. bedingt einen stark eudämonistischen Zug j. E. (vgl. etwa das Gebot: Du sollst Vater u. Mutter ehren, auf daß es dir wohl ergehe auf Erden); zugleich bestimmt er entscheidend den in Strafrechtsfragen leitenden Grundsatz, wonach der Täter die gleiche Verletzung an Leib u. Gütern erdulden soll, die er zufügte oder verursachte (lex talionis, vgl. Exodus 21, 23–25; Leviticus 24, 18.20; Deuteronomium 19, 21; Weisheit 11, 16; Äth. Henoch 41, 1; R. Akiba, Abot 3.16).

Lit.: Moses Mendelssohn, Schriften zum Judentum; M. Lazarus, The Ethics of Judaism, 2 Bde., Philadelphia 1900; H. Cohen, Jüdische Schriften (Hrsg. F. Rosenzweig) 3 Bde., Berlin 1924; Der Nächste (Hrsg. F. Rosenzweig), Berlin 1935; L. Baeck, M. Dienemann u. a., Die Lehren des Judentums nach den Quellen, 3 Bde., Berlin 1920–29 (Bd. I Die Grundlagen der j. E); J. Z. Lauterbach, The Ethics of Halakah, Rabbinical Essays, Cincinnati 1951; I. Mattuck, Jewish Ethics, London 1953; E. L. Berkovits,

Was ist der Talmud?, Frankfurt ²1963; L. Baeck, Das Wesen des Judentums, Darmstadt ⁶1966; L. Goldschmidt, Der babylonische Talmud (Deutsche Übersetzung in 12 Bänden), Berlin ²1966; M. Mielziner, A. Guttmann, Introduction to the Talmud, New York ⁴1968; M. Fox, Modern Jewish Ethics, Ohio 1975. *M. F.*

K

Kampf ums Dasein →Sozialdarwinismus.

Kapitalismus →WirtschaftsE.

Kardinaltugenden →Tugend.

Kasuistik (lat. casus: der Fall). Unter K. versteht man die an Einzelfällen exemplifizierte methodische Anleitung, die allgemeinen →Normen des →Rechts oder Sittengesetzes auf konkrete →Handlungen u. Handlungssituationen anzuwenden bzw. das im Einzelfall geltende u. anzuwendende Gesetz zu finden. Sie ist notwendig, weil die allgemeinen Normen die konkreten Handlungen u. Handlungssituationen nicht zureichend und/oder eindeutig bestimmen (v. a. in den Grenzsituationen von Gewissenskonflikten u. →Pflichtenkollisionen); sie ist möglich, weil sich konkretes Handeln sowohl durch einmalige u. unwiederholbare wie durch allgemeine u. schematisierbare Momente konstituiert; sie wird problematisch, insofern sie durch Sammlung u. Systematisierung exemplarischer Fälle ein bis ins Kleinste spezifiziertes Gesetzessystem zu liefern beansprucht, das alle möglichen Fälle erschöpfend regelt u. das Handeln seines →Freiheits- u. →Verantwor-

tungsspielraums beraubt. Unumstritten ist die Notwendigkeit der K. für die konkrete Rechtsfindung. Auch eine philosophische →E, die sich nicht auf eine →Begründung allgemeiner Prinzipien u. Normen sittl. Handelns beschränkt, wird auf K. nicht verzichten können (vgl. etwa *Kants* Metaph. d. Sitten, 2. Teil). Eine Theorie sittl. Handelns zielt auf Handeln ab, u. dieses ist je konkret. Die heute gängige Aversion gegen Moral-K. resultiert z. T. aus berechtigter Kritik gegen das geschlossene System moralischer Vorschriften u. Sündenregister, das von der katholischen →Moraltheologie der nachtridentinischen Ära im 17. u. 18. Jh. bis zu skurriler Perfektion gesteigert wurde (→Probabilismus). Die protestantische Theologie lehnt im allgemeinen unter Berufung auf die personale Unmittelbarkeit des göttlichen Gebotes, das im Hören des geoffenbarten Wortes den Gläubigen in Anspruch nimmt, die Moral-K. als ‚gesetzliches' Mißverständnis des Evangeliums ab.

Lit.: Augustinus, Enchiridion ad Laurentium, cap. 78; Angelus de Clavasio, Summa de casibus conscientiae vulgo Summa Angelica, Venedig 1468; Alfons v. Liguori, Theologia moralis; I. Kant, Metaphysik d. Sitten, 2. Teil; J. Mausbach, Die katholische Moral u. ihre Gegner, Köln ⁵1921; J. Klein, Ursprung u. Grenzen der K., Festschr. F. Tillmann, Düsseldorf 1950; G. Söhngen, Gesetz u. Evangelium, Freiburg i. Br. 1957. *M. F.*

Kategorischer Imperativ heißt in der E *Kants* jenes schlechthin höchste Gebot (Sollen), das ohne jede Einschränkung, also unbedingt, gültig ist. Der k. I. steht im Gegensatz zu *hypothetischen* I.en, die als (technische) I.e der Geschicklichkeit nur unter Voraussetzung gewisser Absichten gelten (z. B. wer reich werden will, muß weit mehr Einnahmen als Ausgaben haben) oder die als (→pragmatische) I.e der →Klugheit bestimmte Handlungen als Mittel zum eigenen →Glück gebieten (z. B. Diätvorschriften). Der k. I. fordert zu Handlungen auf, die nicht in bezug auf etwas anderes, sondern als solche für sich selbst gut sind (→Sittlichkeit). Weil er jede (subjektive) Absicht, auch die allgemeinste, das Glück, ausschließt, ist er objektiv, allgemein u. notwendig gültig; er ist das Grundgesetz reiner praktischer Vernunft (eines von empirischen Bedingungen unabhängigen Begehrungsvermögens). Sein Ursprung liegt in der Autonomie des Willens (→Freiheit). Mit der Aufforderung zum sittl. Handeln nennt der k. I. zugleich das höchste Kriterium dafür (→Moralprinzip): „Handle nur nach derjenigen Maxime, durch die du zugleich wollen kannst, daß sie ein allgemeines Gesetz werde." Da das Dasein der Dinge nach allgemeinen Gesetzen der formale Begriff der →Natur ist lautet der k. I. auch: „Handle so, als ob die Maxime deiner Handlung durch deinen Willen zum allgemeinen Naturgesetz werden sollte." Der k. I. spricht keine genauen Handlungsanweisungen an. Doch lassen sich mit seiner Hilfe persönliche Lebensgrundsätze, eben Maximen, als sittl. oder nicht beurteilen. Als I. betrifft der k. I. nur die sog. endlichen Vernunftwesen (→Menschen), die im Unterschied zu reinen Vernunftwesen (→Gott) auch durch →Sinnlichkeit bestimmt sind, deshalb nicht notwendig sittlich handeln u. so überhaupt unter I.en stehen. – Im Anschluß an den k. I. Kants haben neuere Ethiker (*Hare, Singer*) das Prinzip der *Verallgemeinerung (Universalisierungsprinzip)* als Moralprinzip formuliert: „Man sollte keine Handlung ausführen, deren allgemeine Ausführung schlechte Folgen hat." Doch werden hier nicht Maximen (→Normen), sondern direkt die Handlungen verallgemeinert; ferner sind Folgeüberlegungen erforderlich, die der k. I. als Kriterium reiner Vernunft ausdrücklich abwehrt.

Lit.: I. Kant, Grundlegung zur Metaphysik der Sitten; H. J. Paton, Der K. I., Berlin 1962; R. M. Hare, Freiheit u. Vernunft, Düsseldorf 1973; J. Ebbinghaus, Die Formeln des k. I. . . ., in: Ges. Aufsätze, Darmstadt 1968; K. Cramer, Hypothet. I.e, in: M. Riedel (Hrsg.), Rehabilitierung der prakt. Philosophie, Bd. I, Freiburg 1972; R. P. Wolff, The Autonomy of Reason, New York 1973; M. G. Singer, Verallgemeinerung in der E, Frankfurt 1975; O. Höffe, E u. Politik, Frankfurt 1979, Kap. 3; R. Bittner, Hypothetische I.e, Zeitschr. f. philosoph. Forschung Bd. 34, 1980.   *O. H.*

Keuschheit →Sexualität.

Kirche →Religion.

Klassenethik. Die K. ordnet die Kriterien der →Sittlichkeit dem gemeinsamen politischen, ökonomischen u./ oder sozialen Interesse einer gesellschaftlichen Gruppe (Klasse) unter. Dies geschieht z. B. in der →marxistischen E, die die →Moral als eine Form des ökonomisch bestimmten gesellschaftlichen Bewußtseins betrachtet u. damit einen funktionalen Zusammenhang zwischen E u. geschichtlichen Lebensprozessen herstellt. Sittl. ist danach, „was der Zerstörung der alten Ausbeutergesellschaft ... dient" *(W. I. Lenin)* u. die Entwicklung zu einer klassenlosen →Gesellschaft fördert. Allgemein setzt eine K. ihre sittl. Kriterien absolut u. räumt Menschen anderer Klassen nicht den gleichen sittl. Wert u. die gleiche Kompetenz, sittl. zu handeln, ein (→Diskriminierung). Im Unterschied dazu billigt eine *universale E* allen →Menschen in gleicher Weise ein Streben nach →Glück, den Anspruch auf die Erfüllung ihrer humanen Bedürfnisse u. eine moralische Urteilsfähigkeit zu. Eine universale E macht die Gültigkeit sittl. Normen von ihrer vernünftigen →Begründbarkeit im Hinblick auf die allgemeinen Ziele der →Humanität, nicht aber vom historischen Stellenwert politischer u. sozialer Ziele einzelner Gruppen oder Parteien abhängig.

Lit.: →Marxistische E. *W. V.*

Klassenkampf →Marxistische E.

Klugheit (gr. phronesis, lat. prudentia) als philosophischer Terminus gewinnt seine festumrissene Bedeutung durch die Aufteilung des Gesamtbereichs der Philosophie in eine theoretische u. eine praktische Sphäre. Wiewohl auch →praktische Philosophie Theorie ist u. bezüglich der Pflicht zur reflexiven Aufklärung ihrer Begriffe u. zur Strenge ihrer Beweise u. →Begründungen nicht hinter der theoretischen Philosophie zurückbleibt, so ist ihre Unterscheidung von reiner Theorie gerechtfertigt durch ihren spezifischen Objektbereich (menschliches Handeln) u. durch ihren Ausgang von spezifischen Formen der Erkenntnis (sittl. Einsicht), die ihren Gegenstand nicht lediglich darzustellen, sondern ihn zu gestalten u. zu verändern streben. Praktische Philosophie verständigt sittl. Einsicht über sich selbst u. tritt insofern selbst in die Sphäre des Praktischen ein. Der Inbegriff der der Praxis eigenen Erkenntnisweisen wird von der aristotelischen Tradition als K. (phronesis) bezeichnet. Davon unterscheidet sich der vor allem durch *Kant* definierte Begriff der K., der diese als pragmatisches Wissen um die zur Beförderung eigener Glückseligkeit dienlichen Mittel bestimmt. Diese Bedeutung ist im heutigen Sprachgebrauch dominant.

(a) Im Rahmen der Unterscheidung von theoretischer u. praktischer Erkenntnis steht *Weisheit* (sophia) für die Vollendung theoretischen Wissens, das ein kontemplatives Wissen um die Ursachen u. letzten Prinzipien alles Seienden anzielt u. im Veränderlichen u. Kontingenten das Unveränderliche, Notwendige, Gesetzmäßige, Allgemeine sucht. K. hingegen ist jene Verstandestugend, die im Blick auf das allgemeine Ziel menschlichen Lebens (das →Glück des Einzelnen, des Hauswesens, der Polis im Ganzen) im konkreten Einzelfall das →Gute zu treffen u. das Handeln zu leiten vermag. Menschliches Glück realisiert sich in vollendetem Handeln, u. menschliches Handeln ist je konkret. Die auf rechtes Handeln zielende praktische Vernunft ist deshalb nicht nur normatives Wissen um allgemeine sittl. Prinzipien, →Normen u. Regeln, sondern auch rechtes handlungsleitendes Situationsverständnis.

Als konstitutive Momente der K. werden deshalb bei *Aristoteles* neben ihrer Orientierung am guten u. geglückten Leben im ganzen jene Fähigkeiten genannt, die die rechte Urteilsbildung in den Einzelfällen des Handelns ermöglichen: die richtige Überlegung (eubulia), die das konkrete Ziel bedenkt u. über Alternativen, die Arten der Durchführung, die möglichen Folgen u. die Zeitumstände reflektiert; die Verständigkeit (synesis), die in Kommunikation mit anderen ein eigenes Urteil über das sittl. Rechte zu finden vermag; die geistige Gewandtheit (deinotes), die dem geschickten Erfassen u. Verwerten der auf ein gegebenes Ziel hintendierenden Umstände dient. Entscheidend ist freilich, daß die die K. konstituierenden Teiltugenden dem Richtmaß des sittl. geglückten Lebens zugeordnet bleiben. Nur so kann sich K. als allen praxisbezogenen Verstandestugenden voranstehende Trefflichkeit verstehen, als eine mit rechter →Vernunft verbundene, zum Habitus verfestigte Fähigkeit des Handelns im Bereich des dem Menschen Wertvollen. K. ist demnach sittl. *Urteilskraft*, die aufgrund natürlicher Verstandesfähigkeiten u. einer auf →Entscheidung u. Gewöhnung beruhenden sittl. Grundhaltung im Feld der Praxis das Einzelne mit dem Allgemeinen zu vermitteln vermag. K. ist die zur →Tugend gewordene Fähigkeit zu einem durch vernünftige Überlegung gelenkten Handeln in allen Einzelfällen, die nie adäquat u. zureichend als Fälle einer allgemeinen Handlungsnorm u. einer schematisierten Handlungssituation erfaßbar sind. Das Ziel der →Sittlichkeit ist sittl. Handeln, u.

dieses kann ob seiner eigenen Struktur der Zeitlichkeit u. Situationsabhängigkeit nur Gegenstand einer spezifisch praktischen Vernunft sein. K. ist die Grundtugend menschlichen Lebens, insofern dieses, in unterschiedlichen, je wechselnden, nie eindeutig bestimmbaren Umständen u. als Praxis unwiederholbar, unwiderruflich u. unbedingt, zugleich in seinen einzelnen Akten wie im ganzen vernunftbestimmt sein soll.

(b) K. verliert ihren dominierenden Rang als ‚Herrin des Lebens‘, sobald dieses sein Ziel nicht mehr in seinen vollendeten Handlungen, sondern in einer transzendenten Anschauung →Gottes zu finden glaubt, dem alles Handeln als Vorbereitung dient. Das Wissen um das eine, absolute Ziel wird Sache gläubiger, kontemplativer Weisheit (sapientia), die Kenntnis universaler praktischer Gesetze Sache des →Gewissens (synderesis), die K. (prudentia), der sapientia u. synderesis instrumentell nachgeordnet, bewahrt dann lediglich die Funktion rechter Erkenntnis der Mittel zum anderwärts vorgegebenen Endzweck (vgl. *Thomas v. Aquin,* Summa theol. II. II, q 47 a 6). Auf dieser Linie liegt noch die Bestimmung der K. durch *Kant:* sie ist Wissen um die Mittel u. Wege zur Beförderung eigener Glückseligkeit. Und da →Glück nicht mehr als leitendes Prinzip sittl. Lebens fungiert, ist die Tugend der K. nur noch von pragmatischer, nicht aber von sittl. Bedeutung (Grundl. z. Metaph. d. Sitten, 2. Abschn.). Die Idee einer praktischen Philosophie u. mit ihr der zentrale Begriff der K. (im Sinn der phronesis) gerät ferner in dem Maß in Vergessenheit, in dem sich die Konzeption der neuzeitlichen Wissenschaft als für alle Theorie verbindlich durchsetzt: baut sich diese doch auf durch normierte, situationsenthobene, wiederholbare, schematisierte Handlungen u. sieht ab von entscheidenden Strukturmerkmalen konkreter Praxis. Eine philosophische E, die sich nicht auf die Legitimation von Normen wie auf die Rekonstruktion schematisierter Handlungen u. Handlungssituationen beschränkt, sondern das eminent praktische Problem der Anwendung der Norm auf den kategorial heterogenen konkreten Sachverhalt mitbedenkt, wird auf eine Analyse der sittl. Urteilskraft, die von *Aristoteles* unter dem Titel Phronesis eingeführt wurde, nicht verzichten können.

Lit.: Aristoteles, Nikomach. E, Buch VI; Thomas v. Aquin, Summa theol. II. II, q 47; P. Aubenque, La prudence chez Aristote, Paris 1962; J. Pieper, Traktat über die K., München [7]1965; R. A. Gauthier/ J. Y. Jolif, L'Éthique à Nicomaque, Louvain/Paris 1970, vol. I, 1, 267–283; W. Wieland, Praxis u. Urteilskraft, Zeitschr. f. philos. Forschung, 28, 1974; O. Gigon, Phronesis u. Sophia in der Nikomach.E des Aristoteles, KEPHALAION, Festschr. C. J. de Vogel, Assen 1975.   *M. F.*

Kognitivismus →MetaE.

Kolonialismus →Diskriminierung.

Kommunikation nennen wir ein Beziehungsgeschehen (*Interaktion*) zwischen Menschen, das auf Verständigung abzielt. Für →sittl. →Handeln als eine Vermittlung des →Selbstinteresses mit dem der anderen, wie dies etwa die →Goldene Regel fordert, ist K. eine notwendige Bedingung. Sozialphilosophisch gesehen steht sie im Dienste der →Bedürfnisbefriedigung u. daher im Zusammenhang mit der →Arbeit. Deren Organisation verlangt eine Verständigung über Produktionsgüter, Produktionsweise (Arbeitsteilung) u. Verteilung der Produkte (Distribution: →Gerechtigkeit). Selbst dort, wo sich K. vom Zusammenhang der Arbeit löst u. der Befriedigung geistiger (wissenschaftlicher, musischer oder religiöser) Interessen dient, muß der Freiraum der Muße durch Arbeit ermöglicht sein. K. in Arbeit u. Muße zeigt die Doppelstruktur, daß in ihr Sachinformationen ausgetauscht werden (semantisch-syntaktischer Aspekt) u. daß gleichzeitig die Art der Beziehung zwischen den Menschen festgelegt wird (pragmatischer Aspekt). K. über gesellschaftlich notwendige u. sinnvolle Arbeit kann nur gelingen, wenn alle Arbeitenden in sie einbezogen werden. Sie setzt gesellschaftlich-politische *Anerkennung* voraus. Im Herrschafts-Knechtschaftsverhältnis, in dem die Arbeit dem Knecht, die freie Verfügung über die Produkte dem Herrn zugeteilt ist, beschränkt sich die K. auf despotisches Befehlen u. Gehorchen. Erst die Befreiung aus der politischen Unmündigkeit ermöglicht mit der (formalen) Anerkennung der prinzipiellen Gleichrangigkeit aller Mitglieder einer Gesellschaft (→Gleichheit) eine K.form von der Art eines vertraglich geregelten Austausches. K. gewinnt jedoch erst dann ihren vollen Sinn, wenn sie über die formale Regelung hinaus wesentliche menschliche Bedürfnisse einbeziehen u. (inhaltlich) anerkennen kann. K. besteht dann in der Intention, daß nicht nur jeder Teilnehmer sein Selbstsein im Anderssein realisieren kann, sondern daß das „Tun des Einen" ebenso das „Tun des Anderen" (*Hegel*) ist. Die Interaktion gewinnt die Form des *Dialogs* ihrer Mitglieder.

→Anthropologisch gesehen bestimmt K. die menschliche Sozialisation, längst bevor sich die Befähigung zur Arbeit ausgebildet hat. Vorformen der K. finden sich bereits im affektiven Austausch von Körpersensationen zwischen Mutter u. Kind, die die ersten Lebensmonate bestimmen. Auf ihm baut der Erwerb der Wahrnehmungsfähigkeit auf, die bereits eine taktil-optisch-akustische K. ermöglicht, wie sie besonders im blickerwidernden Lächeln des Säuglings deutlich wird. Von entwickelter K. können wir erst sprechen, wenn im Zusammenhang der sog. Achtmonateangst eine individuelle Bezugsperson ausgesondert u. durch Einführung in die *Sprache* (ca. 15. Lebensmonat) eine symbolische Interaktion (*G. H. Mead*) möglich ist. Diese kann freilich nur gelingen, wenn die affektiven Beziehungsformen der frühen Kindheit Eingang in den Symbolgebrauch finden, d. h. wenn die Sprache zur angemessenen Ausdrucksform der Gefühle wird. Zugleich muß die Befangenheit des Kindes in den bildhaft-imaginären Erlebnisweisen des primären Narzismus dadurch aufgelöst werden, daß ihr besonderer Gehalt in die allgemeine Symbolik der Sprache eingebracht wird (*Lacan*). Das Wort der primären Bezugsperson (Mutter) repräsentiert diesen allgemeinen vorstrukturierten Sinn der Sprache. Durch das Vorsprechen in Verbin-

dung mit dem Gefühlsausdruck (in Gestik u. Mimik) u. praktischen Anweisungen (Handlungen) stiftet sie den Zusammenhang mit den Intentionen u. dem Ausdrucksbedürfnis des Kindes u. fädelt sie in die Sprache ein. Vorstrukturierter Sinn der Symbole u. sinnbildende Intention des einzelnen verbinden sich damit in der Einführungssituation der Sprache u. ermöglichen die *Begegnung* der Sprechenden im allgemeinen Symbol, d. h. K. in Form des *Gesprächs*.

Die sittl. Bedeutung von K. wird aus dem Versuch des Rückzugs von ihr u. aus Störungen deutlich. Die Fähigkeit des Menschen, in der Reflexion sich selbst zuzuwenden, eröffnet ihm die Möglichkeit des Rückzugs aus der K. in eine relative Einsamkeit. Da jedoch selbst dieses Sichzurückziehen in die Innerlichkeit im Medium von →Leib u. Sprache seinen Ausdruck findet, ist zu bezweifeln, ob ein vollständiger Zustand der Icheinsamkeit (*Solipsismus*) unter nichtpathologischen Bedingungen denkbar ist. Vielmehr sind Einsamkeit u. K. zwei Pole menschlicher Beziehung, die sich wechselweise voraussetzen u. daher sittl. gesehen in einem komplementären Verhältnis stehen. Dagegen vollzieht sich eine tiefgreifende Vereinsamung in den Störungen der K., die durch eine neurotische Veränderung der Persönlichkeit eintreten. Frühe affektive u. bildhaft-imaginäre Erlebnisformen, die nicht in die allgemeine Symbolik der Sprache Eingang gefunden haben, sondern aus ihr verdrängt wurden, bewirken, daß sich in die allgemein vollziehbare sprachliche K. narzistisch-imaginäre Erlebnisformen einschieben, die den Einzel-

nen der Allgemeinheit entfremden
(→Krankheit). Dabei kann sowohl
die Befangenheit in der Eigenwahr-
nehmung die Fremdwahrnehmung
verdecken (schizoide oder autistische
K.form) wie das Aufgehen im Fremderleben die Selbstwahrnehmung
auslöschen (depressive oder symbiotische K.form). Die Auflösung der K.
kann im Grenzfall bis zur wahnhaften
Verkennung der Umwelt führen.
K.störungen im persönlichen Bereich
verweisen indirekt auf allgemein-ge-
sellschaftliche Probleme, ohne durch
sie zureichend erklärt werden zu können. Politische Unterdrückung hat
ihre Entsprechung in psychischer, die
unter besonderen Bedingungen zur
Verdrängung wird. Die Wiederherstellung gesellschaftlicher K. als sittl.
Aufgabe unterliegt daher anderen
Bedingungen als der therapeutische
Prozeß, wenngleich sie sich wechselseitig voraussetzen. Im politischen
Bereich müssen sich die Beteiligten
selbst reflexiv über ihre unterdrückten Bedürfnisse verständigen u. stok-
kende K. wieder in Gang setzen. Dies
kann nur gelingen, wenn den Mitgliedern der K.gemeinschaft die eigenen Bedürfnisse erlebnismäßig präsent sind u. sie durch ein Minimum
an unmittelbarer K.bereitschaft den
Diskurs tragen. Dieser kann nur in
dem Maße erfolgreich sein, als sich
seine Resultate politisch realisieren
lassen. Beim therapeutischen Prozeß
hingegen erfordert es die sittl. Verpflichtung gegenüber der eigenen
Gesundheit, sich an den „neutralen
Anderen", den Therapeuten, zu wenden, der die Bedingungen einer emotionalen Wiederherstellung der Person schafft u. die Fäden der K.

knüpft. Diese kann nur in dem Rahmen gelingen, den der Stand der all-
gemein-gesellschaftlichen K. vorzeichnet.

Lit.: Aristoteles, Politik, Kap. I, 2; G. W.
F. Hegel, Phänomenologie des Geistes, S.
141 f.; M. Buber, Ich und Du; M. Theunissen, Der Andere, Berlin 1965; G. H.
Mead, Philosophie der Sozialität, Frankfurt 1969; J. Habermas, Vorbereitende
Bemerkungen zu einer Theorie der
kommunikativen Kompetenz, in:
Theorie der Gesellschaft oder Sozialtechnologie, Frankfurt 1971; Watzlawick, Beavin, Jackson, Menschliche K.,
Bern-Stuttgart-Wien [3]1972; B. Waldenfels, Das Zwischenreich des Dialogs,
Den Haag 1971; K. O. Apel, Transformation der Philosophie, Frankfurt 1973,
Bd. II, S. 220–263 u. 330–435; J. Lacan,
Funktion u. Feld des Sprechens u. der
Sprache in der Psychoanalyse, Schriften I, Frankfurt 1975; M. Krüll, Schizophrenie u. Gesellschaft, München 1977;
W. Zimmerli (Hrsg.), K., München
1978.   *A. S.*

Kommunismus →Marxistische E.

Kompetenz, humane →Erziehung.

Kompetenz, sittl. →Erziehung.

Kompromiß →Konflikt.

Konditionieren →Belohnen u. Bestrafen.

Konflikt (lat. configere: streiten) bezeichnet allgemein einen Gegensatz,
keinen unversöhnlichen Widerspruch, zwischen →Personen, Ideen,
→Werten u. →Handlungen. (1) K.e
sind innerhalb oder zwischen staatlichen, ökonomischen u. ideologischen
→Ordnungen möglich. In beiden Fällen können die K.parteien bestimmte
→Normen u. →Interessen teilen, sie
aber verschieden auslegen oder für

unterschiedliche Zwecke in Anspruch nehmen. Uneingeschränkte K.e im Sinne kriegs- oder bürgerkriegsähnlicher Auseinandersetzungen sind dann möglich, wenn die K.parteien unvereinbare Normen u. Interessen vertreten oder keine verbindlichen Normen bei widerstreitenden Interessen vorhanden sind. Die Möglichkeit eines solchen totalen K. geht von den anthropologischen Voraussetzungen aus, daß der Mensch seinem Wesen nach in einem vorgesellschaftlichen Naturstand der Feind seines Mitmenschen sei *(Hobbes)*, daß er aus „krummem Holz" sei u. zur Verhinderung des Mißbrauchs seiner Freiheit „einen Herrn nötig" habe *(Kant)*. Die K.*forschung* (→Friedensforschung) begründet die Möglichkeit von K.en entweder analog mit einem reparablen, angeborenen Aggressionstrieb *(K. Lorenz)* oder entwicklungspsychologisch mit bestimmten Frustrationen in der individuellen →Sozialisation, die durch soziale Maßnahmen wie →Erziehung kompensiert werden sollen. (2) Die K.soziologie lehnt diese Begründungen von K. ab u. betrachtet jeden sozialen Prozeß als K. K.e sind dementsprechend der kreative Kern u. ein struktureller Faktor der →Gesellschaft zur Gewinnung humaner Lebenschancen, zur Integration von Individuen u. Gruppen, die Bedingung ihrer Aktivierung u. Solidarisierung *(R. Dahrendorf)*. Die Formen des K. entscheiden über den Typ der freien oder autoritären Gesellschaft. Primäres Ziel freier Gesellschaften ist daher nicht die Beseitigung von K.en, sondern deren rationale Regelung mit Hilfe der Prinzipien des →Rechts u. staatli-

cher →Institutionen: Sie bieten formale Mechanismen zur Lösung von InteressenK.en mit dem Ziel der Stabilisierung des sozialen Systems u. des Interessenausgleichs an. Der *Kompromiß* (lat., Übereinkunft) soll mit der Herstellung des Gleichgewichts von Interessen deren Legitimität anerkennen. Der Interessenausgleich ist jedoch nur auf der Basis eines allgemeinen rationalen *Konsens* (lat., Zustimmung) über die Grundwerte (→Grundrechte) der Gesellschaft u. die verfassungsmäßigen Formen der K.regelung möglich, die aus den K.en ausgegrenzt sind. Sind Grundwerte in den K. einbezogen, werden der bisherige Konsens u. die Legitimität formaler K.regelung in Frage gestellt (normativer K.). Eine Alternative zur gewaltsamen Neufestlegung von Normen u. Werten (→Revolution) bietet dann ein Normenwandel auf der Basis eines erneuten rationalen Konsens: die e legitime Einlösung der Geltungsansprüche verbindlicher Werte u. Normen. Da die praktische Geltung sittl. u. sozialer Normen nicht allein rational bestimmbar ist, kommt auch die Regelung normativer K.e nicht ohne Regeln aus, die außerhalb des K.bereichs liegen u. entscheiden, welches der rationalen Argumente Recht hat (→Begründung). (3) K.e entstehen auch bei Individuen u. zwischen ihnen u. der Gesellschaft. Wenn soziale Werte u. Normen als Formen der Regulierung der individuellen Triebstruktur u. der Bedürfnisbefriedigung versagen, kehrt sich deren Funktion der Anpassung in Abwehrmechanismen um (→Entfremdung). Sie bewirken einen Orientierungsverlust (RollenK.), der zu Neurosen (→Krankheit) u. Verhaltensstörungen führen kann. Er weitet sich zu einem sozialen K. aus, wenn sich allgemein individuelle Bedürfnisse nicht mehr durch gesellschaftliche Interessen legitimieren lassen u. diese nicht mehr in die Motivation individuellen Handelns eingehen. Dieser K. läßt sich analog dem normativen durch einen Normenwandel, durch die Ermöglichung von Integration unter veränderten sozialen Bedingungen lösen.

Lit.: T. Hobbes, Leviathan, Kap. 13–15; I. Kant, Idee zu einer allgemeinen Geschichte in weltbürgerlicher Absicht, Satz 6; R. Dahrendorf, Gesellschaft u. Demokratie in Deutschland, München 1971, Abschn. 10; W. Sohn, Der soziale K. als e Problem, Gütersloh 1971; W. Bühl (Hrsg.), K. u. K.strategie, München 1972, bes. G. Simmel, J. Galtung, V. Aubert; L. Coser, Theorie sozialer K.e, Neuwied/Berlin 1972; H. P. Dreitzel, Die gesellschaftlichen Leiden u. das Leiden an der Gesellschaft, Stuttgart 1972, Kap. V u. VI; H. R. Buck, Soziale K.e, München 1976, Teil A u. B. *W. V.*

Konfliktforschung →Konflikt.

Konformität bezeichnet ein Verhalten, in dem der einzelne die Übereinstimmung mit den →Normen u. →Werten der Allgemeinheit (Gruppen, Klassen, →Gesellschaft) sucht, NonK. ein Verhalten, in dem er seine Unabhängigkeit, Selbständigkeit u. Verschiedenheit gegenüber den anderen betont. Ein Minimum an Übereinstimmung mit den Wertvorstellungen der anderen ist die Bedingung von Rollenspiel u. Interaktion, d. h. ohne ein bestimmtes Maß an K. gibt es kein Gesellschaftsverhältnis des Menschen. Umgekehrt würde die Gesellschaft die wirklichen →Bedürfnisse des einzelnen verfehlen u. zum funktionalen Apparat erstarren, wenn das →Individuum nicht seine eigenständigen Ansprüche anmelden u. den anderen entgegensetzen könnte. Ohne NonK. im Sinne von Selbständigkeit u. Kritikfähigkeit gibt es keine Identität der →Person u. kein differenziertes Leben der Gesellschaft. Die sittl. Bestimmung des →Guten ist daher ebensowenig wie die anthropologische Bestimmung der Gesundheit (→Krankheit) mit der *Anpassung* an die Gesellschaft identisch. Für das Gutsein der Übereinstimmung mit den anderen spricht die Bedeutung von →Sitte u. →Konsens, für das Gutsein der Differenz die eigene →Gewissensentscheidung. Die sittl. Aufgabe zu entscheiden, in welchem Maße K. u. NonK. vertretbar sind, stellt sich in verschiedenen historischen Lebens- →Situationen jeweils anders, ebenso in einer totalitären Gesellschaftsordnung anders als in einer →demokratischen. Einseitige Anpassung als Ausdruck einer *opportunistischen* →Gesinnung, wie sie dem Typus des Karrieristen u. Erfolgsmenschen in unserer Gesellschaft zugeschrieben wird, muß jedoch ebenso sittl. fragwürdig erscheinen wie prinzipieller Widerspruch. Wird der Widerspruch gar zum Lebensprinzip einer Gruppe oder Vereinigung, kann die NonK. gegenüber Dritten selbst noch einmal Ausdruck planer K. sein.

Lit.: Th. W. Adorno, Studien zum autoritären Charakter, Frankfurt 1973; D. Claessens, Rolle u. Macht, München 1974. *A. S.*

Konfuzianismus →Chinesische u. japanische E.

Konkurrenz →Evolutionistische E, Neid.

Konsens →Konflikt.

Konstruktive Ethik. Die k.E. der sog. *Erlanger Schule* steht im Gesamtzusammenhang der Rekonstruktion von Aufgaben u. Bedingungen der Bildung menschlichen Wissens überhaupt u. seiner methodischen →Begründung. Die Hauptaufgabe der Wissensbildung sieht der Konstruktivismus darin, unser Eingreifen in die Geschehnisse, d. h. unser Reden, →Handeln u. Herstellen, zu rekonstruieren u. vorzubereiten; ihr →methodischer Aufbau besteht dem Anspruch nach in einer schrittweisen u. zirkelfreien, interpersonal überprüfbaren Rekonstruktion von Grundregeln u. Grundbegriffen des vernünftigen Argumentierens. Als Wissenschaftstheorie im weitesten Sinn unterwirft der Konstruktivismus auch die →E seinen Anforderungen, nach deren Befolgung Theorie sich nicht als Mitteilung persönlicher Meinungen oder Handlungsvorschläge, sondern als eine begründete u. lehrbare Tätigkeit verstehen kann. In diesem Rahmen schlägt die k.E. Regeln rationaler Argumentation vor, die für vernünftiges Handeln u. damit verbundene Zwecksetzungen konstitutiv sind. E wird dabei nicht als Theorie des guten (menschlichen) Lebens u. der es leitenden →Werte, auch nicht als transzendentale Rechtfertigung von →Sittlichkeit u. ihren Prinzipien verstanden. Vielmehr beschränkt sich die k.E. – unter der Voraussetzung

eines elementaren Interesses an konfliktfreiem Miteinanderleben – auf die Analyse u. Begründung jener Regeln der *Beratung,* die zu vernünftiger, d. h. argumentativ vermittelter, gewaltloser Gemeinsamkeit des Handelns führen. Im 'Vernunftprinzip' (Transsubjektivität der Zwecksetzungen) u. 'Moralprinzip' (Aufsuchen gemeinsamer 'Oberzwecke', Substitution konfligierender 'Unterzwecke' durch konfliktfreie, äquivalente 'Unterzwecke' zu diesen 'Oberzwecken') sieht die k.E. jene situations- u. kulturinvarianten Regeln, die die Aufstellung gemeinsam überprüfbarer u. annehmbarer Sätze als Handlungsvorschläge zum Zweck vernünftiger Konfliktbewältigung ermöglichen. Die Begründung materialer Normen verlangt darüber hinaus die Anwendung dieser Prinzipien in einer von der Basis der menschlichen →Bedürfnisse ausgehenden kritischen Genese von Normensystemen.

Lit.: P. Lorenzen, Normative Logic and Ethics, Mannheim 1969; O. Schwemmer, Philosophie der Praxis, Frankfurt/M. 1971; W. Kamlah, Philosophische Anthropologie, Mannheim 1972; P. Lorenzen/O. Schwemmer, K. Logik, E u. Wissenschaftstheorie, Mannheim [2]1975; W. Wieland, Praxis u. Urteilskraft, Zeitschr. f. philos. Forschung, 28, 1974.
M. F.

Konsum →Materialismus.

Kontext →Situation.

Konvention →Moral u. Sitte.

Kosmopolitismus →Patriotismus–Kosmopolitismus.

Krankheit ist eine Schädigung oder Beeinträchtigung der psychophysi-

schen Einheit des →Menschen u. seiner Interaktionsfähigkeit, die er teils
aus der Auseinandersetzung mit der
Umwelt (exogener Ursprung), teils
aus eigenen Bedingungen (endogener
Ursprung) erleidet. Ein umfassendes
Verständnis der K. läßt sich nur erarbeiten, wenn man den →medizini-
schen (biologisch-physiologischen)
Aspekt nicht von dem psychischen
der Erlebnisweise der K. u. diesen
nicht von dem sozialen der Umweltbeziehungen trennt. Selbst im Falle
einer organischen Schädigung, sei sie
durch äußere Verletzungen zustande
gekommen oder konstitutionell-erb-
lichen Ursprungs, ist nicht allein die
Funktionstüchtigkeit des Organismus betroffen. Die psychische Veränderung durch Einstellung auf den
Schmerz bedeutet eine Einschränkung der Außenwahrnehmung u.
eine Konzentration auf die Wahrnehmung des Körpers als ,,Schmerz-
raum". Die Umweltbeziehung kann
in der doppelten Weise betroffen sein,
daß gefährdende Umstände die K.
mitbedingt haben bzw. die Tatsache
der K. die Beziehungen zur Umwelt
verändert.

Unter ihrem Außenaspekt in methodischer Neutralität betrachtet, erscheint K. als Naturtatsache. Die Medizin kontrolliert hierbei vorwiegend
die Irregularitäten der physiologischen Abläufe u. betrachtet sie als so-
matisches K.bild. Die Verhaltenspsychologie dagegen beobachtet den Organismus in seiner Abhängigkeit von
der Umwelt. Diese Beziehung gilt als
gestört, wenn der Organismus den zu
seiner Selbsterhaltung notwendigen
Gleichgewichtszustand (Homöostase) nicht aufrechterhalten kann, sei es,

daß er dazu konstitutionell nicht in
der Lage ist, sei es, daß er durch Um-
welteinwirkung daran gehindert
wird. Abweichendes Verhalten soll
dann die benötigten Bedingungen er-
satzweise herstellen. Dieses unange-
paßte Verhalten gilt der Verhaltenspsychologie als krank (Verhaltensstörung), wobei sie unterstellt, daß das
durchschnittliche Verhalten der Umwelt als normal zu bezeichnen ist. Die
naturwissenschaftliche Abstraktion
im Hinblick auf K. wird aufgehoben, wenn man die Erlebnisweise
des Kranken u. seine →Kommunika-
tionsweise ins →Verstehen einbezieht. Wie die Gestaltpsychologie gezeigt hat, ist der Mensch im Hinblick
auf seinen →Leib u. seine leibliche
Umwelt (→Situation) bis zu einem
gewissen Grad in der Lage, die auftretenden Bedingungen kognitiv-emo-
tional zu verarbeiten u. seinem Erleben zu *integrieren*. Psyche u. Soma
(→Leib) sind dann in der Einheit des
leiblichen Bewußtseins verschmolzen
(Merleau-Ponty). Widersprüchliche
Umweltbedingungen (*Watzlawick*
u. a.) sowie organische Schädigung u.
die begrenzte Integrationsfähigkeit
des Menschen bewirken eine Abtren-
nung des Erlebens vom leiblichen
Verhalten. Diese *Desintegration* hat
zur Folge, daß das Verhalten stereo-
typ u. die Erlebnisfähigkeit eingeschränkt wird. Für die Gestaltpsychologie ist K. somit nur unter dem Dop-
pelaspekt der somatischen u. der Be-
wußtseinsveränderung zu erfassen.
Sie ist ein Problem der *Psychosomatik*.
Während diese jedoch die Untersuchung des Erlebens ganz auf die aktuelle Wahrnehmungsfähigkeit u. die
Verengungen des Bewußtseins ein-

schränkt, nimmt die Tiefenpsychologie oder Psychoanalyse (→Psychotherapie) die ausgeklammerten „sinnlosen" K.phänomene u. -symptome als Ausdruck ungelöster Beziehungskonflikte der frühen Kindheit, die eine Fixierung des Erlebens auf eine ihrer Stufen u. eine Einschränkung der weiteren Entwicklungsmöglichkeiten bewirkt haben. Während es in der *Perversion* gelungen ist, diese →Konflikte in eine wenn auch abweichende, so doch nicht krankmachende Lebensform umzusetzen, ist in der *Neurose* der Konflikt als solcher aus dem Bewußtsein *verdrängt* worden. Dies hat die pathogene Wirkung, daß er in unbewußter Weise weiterhin wirksam ist. Dem Symptom liegt ein in widersprüchliche Intentionen aufgelöstes Erleben zugrunde, von dem lediglich das Resultat eines schlechten Kompromisses die Bewußtseinsschwelle überschreitet u. als K.bild faßbar wird. Unfähigkeit zur Konfliktlösung im frühesten Stadium der Kindheit kann aber auch eine Disposition zur Abwendung von der Wirklichkeit u. zum Rückzug in die primär-narzistische Phantasiewelt zur Folge haben, wie sie besonders eindrucksvoll in der *Psychose* in Erscheinung tritt, die in ihren Schüben weitgehend mit der Realität bricht. Während in der Verhaltenstheorie (→Belohnen-Bestrafen, →Instinkt) das Normalitäts- bzw. Gesundheitskriterium in der Anpassungsfähigkeit an das durchschnittliche Verhalten der Umwelt liegt, kann in der Gestaltpsychologie u. Psychoanalyse abweichendes Erleben durchaus als realitätsgerecht gegenüber einer von Widersprüchen gekennzeichneten Umwelt gelten. Die Anormalität kann statt auf Seiten des Individuums auch auf Seiten der Umwelt liegen (*Laing*). Von K. kann man erst sprechen, wenn soziale Unterdrückung über weitgehende psychische Einschränkungen hinaus zur Verdrängung der Konflikte führt u. sich in subjektivem Leidensdruck (Arbeits-, Genuß- u. Liebesunfähigkeit) äußert.

Die e Bedeutung einer Analyse des K.begriffs liegt darin, daß sich die Begriffe von Gesundheit/K. sowie von →Gut/→Böse teilweise überschneiden, ohne sich zu decken. Da bestimmte Formen der K. die →Freiwilligkeit des menschlichen →Handelns weitgehend einschränken können, ist psychische Gesundheit eine notwendige Vorbedingung für sittl. Handeln. Umgekehrt besteht auch eine Verpflichtung, die eigene Gesundheit nach Kräften zu schützen. In organischer Hinsicht sind Hygiene, Sport u. medizinische Vorsorge geeignete Möglichkeiten, in psychischer emotionale →Wahrhaftigkeit u. Kommunikationsbereitschaft. Im Falle der Unvermeidbarkeit der Erkrankung stellt sich die Aufgabe, das →Leid anzunehmen u. alles zur Wiederherstellung Erforderliche zu tun. Eine unheilbare K. (wie Krebs etc.) freilich bedeutet eine äußerste Belastung u. eine schwer zu lösende sittl. →Grenzsituation. Das Problem von K. u. Heilung bewegt sich jedoch insofern im Bereich der Vorbedingungen sittl. Handelns, als psychische Gesundheit eine notwendige, aber keine hinreichende Voraussetzung für es darstellt. Eine besondere Schwierigkeit ergibt sich daraus, daß es im Grenzgebiet von E u. Therapie Erkrankungen

gibt, bei denen das Bewußtsein e Gesinnung die Einsicht in die K. ver-
sperrt. So erscheint die zwangsneuro-
tische →Gewissensprüfung als ausge-
prägtes moralisches Bewußtsein, obgleich sie jede Entscheidungsfähigkeit
lähmt. Depressive Aufopferungsten-
denzen u. die unbegrenzte Bereitschaft zu leiden, wie sie den „moralischen →Masochismus" (*Freud*) kennzeichnet, vermitteln das subjektive
Gefühl, ein guter Mensch zu sein, obgleich sie die Grenze zur K. überschritten haben, weil der Betreffende
gar nicht mehr anders handeln kann.
Die Einsicht in die K. kann somit subjektiv durch den Anschein sittl. Gesinnung verdeckt u. objektiv dadurch
erschwert sein, daß die Übereinstimmung mit kranken Zügen der
Öffentlichkeit eher das abweichende
Verhalten des Nonkonformisten als
das übereinstimmende des →Konfor-
misten als krank erscheinen läßt.

Lit.: S. Freud, Das ökonomische Problem des Masochismus, Werke
Bd. XIII.; J. Bodamer, Arzt u. Patient,
Freiburg i. Br. 1962; A. Görres (Hrsg.),
Der Kranke – Ärgernis der Leistungsge-
sellschaft, Düsseldorf 1971; M. Merleau-
Ponty, Phänomenologie der Wahrnehmung, I. Teil, Der Leib, [2]Berlin 1974; P.
Watzlawick, J.H. Beavin, D.D. Jackson, Menschliche Kommunikation,
[3]Bern–Stuttgart–Wien 1972;; R.D.
Laing, Das geteilte Selbst, Köln 1974; W.
Loch (Hrsg.), Die K.lehre der Psychoanalyse[2], Stuttgart 1971; Der Kranke in
der modernen Gesellschaft, hrsg. v. A.
Mitscherlich, T. Brocher, O. v. Mering,
K. Horn, Köln 1972; A. Mitscherlich, K.
als Konflikt, 2 Bde., Frankfurt a.M.
1974/5; M. Krüll, Schizophrenie u. Gesellschaft, München 1977.   *A. S.*

Krieg →Friede.

Kriegsdienstverweigerung
→Wehrdienst.

Krise (der Moral) →Herrschaft,
Moralkritik.

Kriterium →Moralprinzip.

Kritik →Moralkritik.

Kritischer Rationalismus. Der
k.R., von *Popper* begründet u. im
deutschen Sprachraum besonders von
Albert vertreten, verficht ein neues
Rationalitätsmodell von Wissenschaft, dann auch von →Politik, das
unter Verzicht auf absolute Gewißheit
rationale u. kritische Prüfung fordert.
Die klassische Erkenntnistheorie,
die von selbstevidenten Vernunft-
prinzipien (→Rationalismus) oder
täuschungsfreien Beobachtungen
(→Empirismus) ausgehe, führe in das
Trilemma: infiniter Regreß, logischer
Zirkel oder Abbruch des Verfahrens.
Dieser Aporie der sog. Begründungsphilosophie entgeht der k.R. durch
einen konsequenten Fallibilismus
(keine Erkenntnis gilt als an sich irr-
tums- und vorurteilsfrei) u. einen
theoretischen Pluralismus, wonach
man sich mittels Konstruktion erfah-
rungsbezogener Hypothesen u. deren
Kontrolle durch begriffliche u. empirische Kritikversuche der →Wahrheit
annähere. Der k. R. hält die Erfahrung
für eine Falsifikations-, keine Verifi-
kationsinstanz; er kritisiert die hermeneutische u. sprachanalytische Philosophie (→Methoden der E), weil sie
sich letztlich gegen Kritik immunisie-
ren, u. im sog. Positivismusstreit das
dialektisch-hermeneutische Verfahren der →k. Theorie. In der neueren
Diskussion wird die wissenschafts-
theoretische Auffassung des k. R. aus

einer Analyse der Wissenschaftsge-
schichte heraus kritisiert *(Th. Kuhn,
Lakatos, Feyerabend)*.

Für die Politik vertritt der k.R. eine
liberale Sozialphilosophie. Im Anschluß an *Bergson* fordert er als politisch-soziale Lebensordnung eine *offene Gesellschaft*, die durch freie Konkurrenz der Anschauungen, durch
Revisionismus u. Reformismus (gegen die revolutionäre →marxistische
E) zu sozialem u. politischem Wandel
im Dienst der →Freiheit u. ihrer institutionellen Sicherung führe. Der k.R.
lehnt ebenso eine quasi-deduktive politische Theologie konservativer oder
→utopischer Herkunft ab, die die Politik aus Offenbarungen einer göttlichen Autorität ableitet, wie quasi-in-
duktive Systeme, die die individuellen
Bedürfnisse für sakrosankt halten
(Wohlfahrtsökonomie: →Entschei-
dungstheorie) u. dabei deren sozio-
kulturelle Abhängigkeit sowie
→Herrschaft u. →Konflikte leugnen.
Politik sei als rationales soziales Expe-
rimentieren auf der Basis theoretisch
gestützter Sozialkritik u. -technologie
durchzuführen. Sie ziele nicht auf utopische →Ideale absoluter →Gerech-
tigkeit oder Freiheit, sondern auf
Eliminierung konkreter Übelstände
(negativer →Utilitarismus) durch
schrittweise Verbesserung (Stück-
werktechnik). – Man kann gegen den
k. R. einwenden, daß er die transzen-
dental-reflexive Analyse der Konsti-
tutionsbedingungen von Erkenntnis
u. sittl. Handeln (→Begründung) un-
terschlage, deshalb in seiner Kritik der
Begründungsphilosophie nicht voll
überzeuge u. er seine impliziten normativen Leitideen wie Wahrheit u.
Freiheit nicht legitimiere, ferner daß

er für die Politik erst mehr ein allgemeines Programm sei, das es noch näher auszuführen u. gegebenenfalls zu
modifizieren gilt.

Lit.: K. Popper, Logik der Forschung,
Tübingen [6]1976; ders., Die offene Gesellschaft u. ihre Feinde, 2 Bde., Bern/
München [2]1970 u. ö.; ders., Das Elend
des Historizismus, Tübingen [4]1974;
ders., Conjectures and Refutations,
London [5]1974; ders., The Self and its
Brain, Berlin u. a. 1977; H. Albert,
Traktat über k. Vernunft, Tübingen
[3]1975; ders., Aufklärung u. Steuerung,
Hamburg 1976; ders., Krit. Vernunft u.
menschliche Praxis, Stuttgart 1977;
ders., Traktat über rationale Praxis, Tübingen 1978; T. W. Adorno u. a., Der
Positivismusstreit in der dt. Soziologie,
Neuwied/Berlin [5]1976; D. Aldrup, Das
Rationalitätsproblem in der polit. Ökonomie, Tübingen 1971; P. A. Schilpp
(Hrsg.), The Philosophy of K. Popper,
La Salle/Ill. 1974; Th. Kuhn, Die Struktur wissenschaftlicher Revolutionen,
Frankfurt [2]1976; O. Höffe, Strategien
der Humanität, Freiburg/München
1975, Kap. 5 u. 10.2; P. Feyerabend,
Wider den Methodenzwang, Frankfurt
1976; H. F. Spinner, Popper u. die Politik, Berlin/Bonn 1978; H. Keuth, Realität u. Wahrheit, Tübingen 1978.

                                                    O. H.

Kritische Theorie bezeichnet die in
den 30er Jahren am Institut für Sozialforschung (begr. 1924 in Frankfurt u.
nach dem New Yorker Exil wieder
dort ansässig, daher: *Frankfurter Schule*) insbesondere von *M. Horkheimer,
Th. W. Adorno* u. *H. Marcuse* begründete marxistische Theorie der →Ge-
sellschaft. (1) Als geschichtsphilosophische Methode versucht sie, eine
„Theorie des Verlaufs der gegenwärtigen Epoche" (*M. Horkheimer*) aus-
zuarbeiten. Sie modifiziert einerseits

Hegels objektive Logik der →Weltgeschichte, indem sie die Menschengattung als bewußtes Subjekt der Geschichte einsetzt u. kritisiert *Hegels* Idealismus als abstrakte „Verklärung" gesellschaftlicher Widersprüche. Andererseits greift die k. T. *Marx'* Ansatz auf, die Geschichte der menschlichen Gattung als Naturprozeß zu erklären (→Materialismus) u. der →Gesellschaft als deren Handlungssubjekt die objektive Möglichkeit zuzusprechen, in einem „aktiven Humanismus" (*Horkheimer*) →Glück u. →Freiheit zu verwirklichen. (2) Als Wissenschafts- u. Technik-Kritik wirft die k. T. dem Positivismus *K. Poppers* u. a. (→k. Rationalismus) einen naiven, an der sinnlichen Oberfläche von →Natur u. Gesellschaft verharrenden, dem Idealismus einen die Vernunft mystifizierenden Begriff von Wissenschaft vor. Die k. T. versteht kritische Wissenschaft als reflexive u. soziale Vermittlung (Dialektik) von Objektivität u. Begriff, von Erfahrungswissenschaften (Empirie) u. theoretischem Denken, als →Praxis: als kritisch-revolutionäre Theorie zur Durchsetzung vernünftiger gesellschaftlicher Verhältnisse. (3) Als Kritik der Erkenntnis verweist die k. T. auf den Zusammenhang von Erkenntnis u. →Interesse: die „erkenntnisleitenden Interessen bilden sich im Medium von Arbeit, Sprache u. Herrschaft" (*J. Habermas*). Nur die an der →Emanzipation der Gesellschaft interessierte Selbstreflexion kann danach in einem rationalen Diskurs (Idee der idealen Sprechgemeinschaft) den auf →Herrschaft gerichteten Charakter von Wissenschaft aufklären u. als →Ideologie kritisieren. Er-

kenntnistheorie ist nach dieser These nur als Gesellschaftstheorie möglich. – Die k. T. wurde als Geschichtstheologie kritisiert, die Natur u. Gesellschaft identifiziert u. der Natur im Widerspruch zu ihrem theoretischen Ansatz einen Vorrang vor der Geschichte einräumt (*M. Theunissen*). Der k. T. wurde weiterhin ihr Dogmatismus vorgeworfen, mit dem sie „nur eine Wahrheit" behauptet (*Horkheimer*). Schließlich kann gegen die Idee der idealen Sprechgemeinschaft eingewandt werden, daß sie mit dem theoretischen Ideal des rationalen Diskurses einen abstrakten Begriff der Gesellschaft verbindet, der sich primär mit der Rationalität u. nicht mit der →Sittlichkeit des Handelns rechtfertigt.

Lit.: M. Horkheimer, k. T., 2 Bde., Frankfurt 1968, bes. Bd. 2, S. 146–199; H. Marcuse, Philosophie u. k. T., in: Zeitschrift für Sozialforschung, Bd. 6, 1937; J. Habermas, Erkenntnis u. Interesse, Frankfurt 1968, Abschn. I., 3, II., 8 u. III.; ders., N. Luhmann, Theorie der Gesellschaft oder Sozialtechnologie, Frankfurt 1971, bes. S. 101–141; M. Theunissen, Gesellschaft u. Geschichte. Zur Kritik der k. T., Berlin 1969; M. Horkheimer, Th. W. Adorno, Dialektik der Aufklärung, Frankfurt 1971; M. Jay, Dialektische Phantasie – Die Geschichte der Frankfurter Schule …, Frankfurt 1976. *W. V.*

Kult →Religion.

Kultur (lat. colere: bauen, gründen) umfaßt im Unterschied zur gewachsenen →Natur den vom Menschen geschaffenen Lebensraum. In einem traditionellen Verständnis wird K. im Sinne der geschichtlichen K.werke (Kunst: →Spiel, →Wissenschaft,

→Religion) als Ergebnis eines Handelns, das seinen Zweck in sich selbst hat, von *Zivilisation* als instrumentaler, funktionaler, von sozialen Zwecken bestimmter Lebensform unterschieden (*E Troeltsch, T. Mann*). In k.anthropologischen Begriffen der K. hat dagegen das Element der Zivilisation Vorrang: der →Mensch schafft sich als Mängelwesen zum Ausgleich seiner Instinktunsicherheit die K. als zweite Natur (*A. Gehlen*). Institutionell ist der K.begriff, nach dem K. ein aus autonomen u. koordinierten →Institutionen gebildetes Ganzes ist (*B. Malinowski*). Diesem K.begriff von universellen Formen, Funktionen u. Strukturen der Organisation von K.en wurde der Vorwurf gemacht, den europäischen K.begriff auf alle K.en der Erde zu übertragen u. die individuellen Formen sog. primitiver K.en zu entwerten (*Eurozentrismus*). Diese Kritik nimmt der *Kulturalismus* auf, der einer einheitlichen Theorie der K. gegenüber skeptisch ist, ein rein kontextgebundenes Studium einzelner K.en fordert u. ein vergleichendes Studium ablehnt (*R. Benedict*). Von diesen ethnologischen, soziologischen u. institutionellen K.begriffen ist der e zu unterscheiden. Er geht vom Vorrang des an sittl. Normen orientierten Handelns vor dem technischen u. ökonomischen aus. Dabei wird keine ‚höhere‘ von einer ‚niedereren‘ K. ebensowenig wie K. von Zivilisation getrennt, sondern gefordert, daß im funktionellen Zusammenhang menschlicher Fähigkeiten u. Leistungen sowohl im instrumentalen wie im kommunikativen Handeln notwendig sittl. u. humane Normen anerkannt u. gültig sein müssen,

damit jenen Leistungen kultureller Wert u. →Sinn beigemessen werden kann. Sittl. Normen sind danach Grundaxiome u. Kriterien der K. als menschlicher Lebensform.

Lit.: Th. Mann, Betrachtungen eines Unpolitischen ([1]1918), Darmstadt o. J.; E. Troeltsch, Deutscher Geist u. Westeuropa, Tübingen 1925; H. Freyer, Theorie des gegenwärtigen Zeitalters, Stuttgart 1955, Teil I u. II; R. Benedict, Urformen der K., Hamburg 1955, Kap. I–III, VII, VIII; A. Gehlen, Urmensch u. Spätkultur, Frankfurt/Bonn [2]1964, Teil I; A. Schweitzer, K. u. E, München 1972; B. Malinowski, Eine wissenschaftliche Theorie der K., Frankfurt 1975, S. 45–172; G. Leclerc, Anthropologie u. Kolonialismus, München 1973, Teil 3.   *W. V.*

Kulturalismus →Kultur.

Kulturfortschrittsmoral   →Fortschritt.

Kunst →Spiel.

L

Laster →Tugend.

Leben bezeichnet neben dem komplexen biologischen System organischer Strukturen u. Funktionen wesentlich die zwischen Geburt u. Tod gegebenen Entfaltungs- u. Selbstbestimmungsmöglichkeiten des Menschen als →Person. Das biologische L. ist aber nicht allein durch Funktionen wie Stoffwechsel, Selbstaufbau u. Arterhaltung bestimmt. Merkmale wie Reizbarkeit, Sinnesfunktionen u. Bewegung ermöglichen eine relativ autonome Selbstdarstellung des Lebendigen über seine biologischen Funktionen hinaus. Auch die *Selbsterhaltung,* die alle Organe, Regulationen u. Stoffwechselprozesse umfaßt, ist dementsprechend nicht nur eine auf das Lebewesen allein bezogene Funktion, sondern eine „Weltbeziehung" *(A. Portmann).* Im biologischen Sinne dient L. nicht der bloßen Sicherung des *Überlebens,* wodurch weder die organischen Regenerationsprozesse noch die Fortpflanzung oder Artumwandlung zu erklären sind. Noch weniger ist das humane L. in seinem Entfaltungs- u. Selbstdarstellungsinteresse (→Kultur) oder biologisch vom Überleben im Kampf aller gegen alle *(T. Hobbes)* bestimmt. Aus der Perspektive der Evolution (→evolutionistische E), der ständigen Weiterentwicklung des L. u. seiner funktionellen Ordnung, erscheint das Überleben als Grundproblem des L.: Danach ist das planmäßige Altern u. der Tod des Individuums einer Art im Fortschritt der Entwicklung der Arten „genetisch einprogrammiert" *(M. Eigen).* Die Evolution ist aber als genetischer Prozeß weder eine aktuelle Bedrohung noch L.ziel eines →Individuums oder einer Gattung. Biologische Prozesse liefern keine Kriterien für den →Wert des L. oder die Beurteilung von Phänomenen wie dem Streben nach →Glück u. →Liebe. Die biologischen L.prozesse u. -organismen enthalten keine Teleologie (→Ziel) als Maßstab für die Zweckmäßigkeit menschlichen L. – Das *Altern* ist zwar mit dem biologischen Lebenszyklus verbunden; seine Phasen, vom Säuglings- über das Jünglings- bis zum Greisenalter unterscheiden sich jedoch nach ihren sozialen Rollen, Beziehungen u. deren Rechten u. →Pflichten. Mit den Stufen sind bestimmte geistige, seelische u. körperliche Leistungen u. Bedürfnisse verbunden, die ein Alter mit dem anderen in Beziehung setzen u. besonders in den frühen u. späten Altersstufen von der sozialen Umwelt abhängig machen. Die unantastbare Würde menschlichen L. (→Humanität) u. das gleiche Recht aller Menschen auf L. (→Menschenrechte) ist nicht an physische, psychische oder intellektuelle Leistungen gebunden. Menschliches L. gilt in allen Entwicklungsstufen als Zweck in sich selbst u. ist nicht von äußerer Verfügung oder Zwecksetzung bestimmt. Entscheidende e Kriterien des L. sind →Freiheit u. →Verantwortung, die für ein menschenwürdiges L. zumindest der Möglichkeit nach gegeben sein müssen. Diesen Kriterien, besonders aber der Selbstzwecklichkeit des L. entsprechen die →Pflicht zur Erhaltung von L. u. das Verbot der *Tötung* (→Abtreibung, →Medizin u. E). Dem Menschen ist die absolute Verfügungsgewalt über sein eigenes u. das L. anderer entzogen. – Wie unzureichend menschliches L. als Summe chemisch oder physikalisch gesteuerter Reaktionen begriffen ist, zeigt die Bedeutung des Todes für das L. Der *Tod* ist zwar auch das Ende bestimmter biologischer Funktionen, konstituiert aber den jeweils einmaligen geschichtlichen Wert des L.: Es gewinnt angesichts seiner Endlichkeit →Sinn (→existentialistische E, →Lebensphilosophie), u. zwar unabhängig von Annahmen über die Unsterblichkeit der Seele (→Religion) oder die Existenz →Gottes.

Lit.: Platon, Phaidros, 245 d–250 e; T. Hobbes, Leviathan, Kap. 13; G. W. F. Hegel, Wissenschaft der Logik, 2 Bde., Hamburg 1966f., Bd. 2, Buch 3, Abschn. 3; M. Heidegger, Sein u. Zeit, Teil 1, Abschn. 1; A. Portmann, Aufbruch der L.forschung, Zürich 1965, S. 13–32, 117–147; H. Thomae u. a. (Hrsg.), Altern, Frankfurt 1968; J. Améry, Über das Altern, Stuttgart ²1969; H. Schaefer u. a., Was ist der Tod?, München 1970; F. Jacob, Die Logik des Lebenden, Frankfurt 1972; J. Schwardtländer (Hrsg.), Der Mensch u. sein Tod, Göttingen 1976; G. Gorschenek, Grundwerte in Staat u. Gesellschaft, München 1977.   *W. V.*

Lebensgrundsatz →Norm.

Lebenskrise →Person, Psychotherapie.

Lebenslüge →Wahrheit.

Lebensphilosophie bezeichnet eine Richtung der Philosophie des 19. u. beginnenden 20. Jh., die gegenüber der einseitigen Betonung der bewußten Rationalität des Menschen u. der Fähigkeit der Selbstreflexion in der Aufklärung (*Descartes, Kant*) u. im Deutschen Idealismus (*Fichte, Hegel*) die Abhängigkeit von vorbewußten Prozessen der Natur u. des Lebens zur Geltung bringt. In der →E entwickelt sich die Stellungnahme der L. aus der Kritik eines „Du sollst", das in reiner Vernunfteinsicht erfaßt wird. So wird es bei *Kant* unter Absehung von allen Neigungen als →Pflicht begriffen oder bei *Hegel* als vernünftiger →Wille, zu dem sich die Triebe bilden müssen. Die L. weist auf den versteckten Machtanspruch des einzelnen hin, der sich in solchen abstrakt-vernünftigen Forderungen an sich selbst (Selbstbeherrschung: →Beson-

nenheit) u. an den anderen (Herrschaft über den Mitmenschen) verbirgt, obgleich sie sich am →Guten zu orientieren scheinen (→Gesinnung). Für die L. werden sie damit zum Inbegriff der Heuchelei u. einer →doppelten Moral. Aus der →Moralkritik entwickelt die L. ihr Prinzip, den blinden Drang des →Lebens nicht zu verneinen, sondern ihn in das eigene Wissen u. Wollen zu integrieren.

Für den *Kant*kritiker *Schopenhauer* ist die Welt der Vorstellung zugleich die Welt der sich bekämpfenden →Individuen, der Egoismen (→Selbstinteresse) u. sich ausschließenden Machtansprüche. Diese lassen sich nicht durch die abstrakte Forderung des →kategorischen Imperativs zügeln, der selbst zum Ausdruck des Machstrebens wird. Hinter der Welt der Erscheinungen mit den besonderen Willen der Individuen steht nach *Schopenhauer* nicht ein vernünftiger Wille, sondern der „Wille" der Gattung in seinem blinden Drang. Mißverständlicherweise wird die Auffassung der L. manchmal als *Voluntarismus* (lat. voluntas: Wille) gekennzeichnet. Wenn aber die Quelle alles Unrechts (→Gerechtigkeit) u. →Leidens in den bewußten Sonderbestrebungen der Individuen zu sehen ist, die in den Gegensatz zueinander geraten, dann gilt es, den eigenen Willen zurückzunehmen (*Schopenhauers Pessismismus*) u. der Stimme der Gattung folgend sich in fremdes Leid zu versetzen (Altruismus: →Wohlwollen). *Schopenhauer* begründet die E der allgemeinen Menschen-→Liebe „im Mitleid, in dem das fremde Leiden an sich selbst u. als solches mein Motiv wird" (Werke, Bd. III, S. 697–99).

F. Nietzsche folgt *Schopenhauer* in der Absicht, die reflexive →Vernunft auf ihren Grund im unbewußten Drang des Lebens, in Affekt u. Gefühl (→Leidenschaft) zu hintergehen. Er lehnt jedoch dessen Konsequenz der MitleidsE als Ausdruck der Verneinung von Lebensäußerungen u. als sklavische Moral in der Tradition der christlichen Nächstenliebe (→christliche E) ab. *Nietzsches* Moralkritik macht sich an der Verleugnung von Machtansprüchen fest, die sich in moralischen Forderungen an die Mitmenschen verbergen. Die →Moral sei insgesamt Ausdruck eines Ressentiments (→Neid), in dem der eigene Machtwille gekränkt u. der Schmerz darüber verdrängt worden sei. Die moralische Forderung sei daher Ausdruck einer sublimen Rache u. des Versuches des Sklaven, wieder die Oberhand zu gewinnen. *Nietzsche* weist den Weg zur Befreiung von der Verlogenheit der Moral durch Anerkennung der eigenen Natur u. des *Willens zur Macht* (Egoismus: → Selbstinteresse). Vulgäre Formen der L. haben den Willen zur Macht als politische Machtergreifung, die Überwindung der Vernunftmoral als moralischen Freibrief mißverstanden u. entgegen *Nietzsches* Ideal des „aristokratischen" Europäertums dem Faschismus den Weg bereitet. *Nietzsches* Hinweis auf ein Leben „jenseits von →Gut u. →Böse" steht (für ihn) als Befreiungstat des „letzten Menschen" noch unter dem Diktat des negativen Affektes gegen die Moral u. einer indirekten Abhängigkeit von ihr. Eine geradezu übermenschliche Verwandlung fordert die Verwirklichung des *Übermenschen*, der zu einer

heiteren Bejahung des Lebens fähig sein soll (*Optimismus*) u. zum Inbegriff von *Nietzsches'* E des vornehmen u. starken Menschen wird. – Lebensphilosophische Voraussetzungen gehen über *Nietzsche* u. den *Schopenhauerianismus* (*E. v. Hartmann*) in die Psychoanalyse *Freuds* ein. Ihre Moralkritik (→Krankheit) steht im Dienste des Wiederzugänglichmachens unbewußter, verdrängter Wünsche. Damit will sie gemäß ihrem therapeutischen Ethos (→Psychotherapie) zu einer die Gefühle integrierenden Rationalität anleiten, die eine Vorbedingung →sittl. Handelns darstellt.

Lit.: A. Schopenhauer, Preisschrift über die Grundlage der Moral; ders., Die Welt als Wille u. Vorstellung; F. Nietzsche, Zur Genealogie der Moral; ders., Jenseits von Gut u. Böse; ders., Zarathustra; S. Freud, Das Ich u. das Es, Werke Bd. XIII; ders., Die Disposition zur Zwangsneurose, Werke Bd. VIII. E. v. Hartmann, Die Philosophie des Unbewußten, Werke Bd. VII–IX, Leipzig 1904; K. Löwith, Von Hegel zu Nietzsche, Stuttgart 1941; O. F. Bollnow, Die L., Berlin 1958; M. Heidegger, Nietzsche, Bd. I u. II, Pfullingen 1961. *A. S.*

Lebensqualität bezeichnet die normativen u. materiellen Bedingungen, die zur humanen Gestaltung des →Lebens notwendig sind. Der Begriff stammt aus der Wohlfahrtsökonomie (→Entscheidungstheorie), hat aber neben seiner ökonomischen auch eine ökologische, sozialpolitische u. e Bedeutung. L. basiert auf der Annahme, daß wirtschaftliches Wachstum weder Maßstab noch alleiniges Mittel zur →Humanisierung des Lebens ist. Wachstum soll vielmehr selbst eine Funktion der L. sein. Die ökologi-

schen Grenzen des Wachstums (Roh-
stoffprobleme, Umweltverschmutzung, Bevölkerungsexplosion) haben
Untersuchungen veranlaßt, Grunddaten u. Grenzwerte der menschlichen Lebenswelt u. der Belastbarkeit
der →Natur zu bestimmen. Die
Schwierigkeit, quantifizierbare Kriterien für diese Grunddaten zu gewinnen, lenkte auf das normative Problem der L.: ihre Abhängigkeit von
sozialpolitischen Zielen u. Entscheidungen. Die Befriedigung von
Grundbedürfnissen, die Freiheit von
Not u. →Angst u. die Förderung individueller Verantwortung u. Selbstbestimmung stehen als sozialpolitische Ziele im Mittelpunkt bei der Bestimmung der Leitlinien des Lebensstandards u. der sozialen Sicherung.
Die Methode der Bestimmung von L.
durch demokratische Willensbildung
u. Mitbestimmung soll selbst Bestandteil der L. sein. – L. bestimmt
sich aus qualitativ verschiedenen Elementen: aus materiellen Bedingungen
humanen Lebens u. individuell auszufüllenden sittl. Normen. Die Befriedigung von Bedürfnissen u. demokratischen Verfahren können nicht
schon als Inhalte u. Kriterien individueller Lebens-, Wert- u. Zielvorstellungen gelten. L. ist ein sozialer Imperativ mit e Relevanz, indem sie
Grundnormen sozialen Lebens definiert, an denen der einzelne die Normen seines Handelns orientieren
kann. Individuelle Normen sollen mit
Hilfe sozialer besser realisierbar sein,
nicht aber inhaltlich festgelegt werden. Die Rangordnung sozialer Werte
im Sinne des →Gemeinwohls setzt die
L. entsprechend dem Postulat, daß die
Ordnung der verfügbaren Sachmittel

der Ordnung der Menschen u. der
→Gesellschaft dienstbar gemacht
werden soll, u. nicht umgekehrt.

Lit.: Qualität des Lebens, 10 Bde.,
Frankfurt 1973, bes. Bd. 1, 2, 4, 7, 8;
F.-W. Dörge (Hrsg.), Qualität des Lebens, Opladen 1973; W. Euchner, Egoismus u. Gemeinwohl, Frankfurt 1973; D.
Meadows u. a., Die Grenzen des Wachstums, Stuttgart 1972; W. L. Oltmann
(Hrsg.), ‚Die Grenzen des Wachstums‘,
Pro u. Contra, Hamburg 1974.   *W. V.*

Legalität →Sittlichkeit.

Legitimation(skrise)   →Begründung, Herrschaft, Moralkritik.

Legitime Gewalt →Gewalt.

Leib. Unter dem menschlichen L.
verstehen wir die angeborene organische Ganzheit, die durch seelisch-geistiges Erleben u. Handeln organisiert
u. gestaltet wird. Abstrahiert man
von Psyche u. Bewußtsein und betrachtet lediglich die anatomisch physiologische Seite, dann sprechen wir
vom Körper des Menschen. Sittl.
Handeln setzt die Handlungsfähigkeit
des Menschen, d. h. ein Handeln im
L., voraus (→Handlung). Dieser kann
durch äußere Verletzungen oder organische →Krankheiten beeinträchtigt sein u. damit den Handlungsspielraum empfindlich einschränken. Er
kann durch Erkrankung des seelischen Erlebens im →Menschen in
Auflösung geraten u. weitgehend zerfallen. Dadurch kann eine strukturelle
Unfähigkeit zu sittl. Handeln auftreten, die teilweise oder völlig von
→Verantwortung entlastet. Die e bedeutsame Frage besteht darin, inwieweit die Erreichung u. Wahrung der
Integrität des eigenen L. selbst vom

Handelnden mitgetragen u. daher sittl. verantwortbar ist, ob also die L.einheit eine sittliche Aufgabe darstellt.

Um den menschlichen L. zureichend zu bestimmen, ist hinter die eigene Bewußtseins- u. Erlebnisschwelle, ja hinter die unbewußten Erfahrungsgehalte der Träume u. Phantasien in den Bereich der Körpersensationen, der Reflexe u. physiologischen Reaktionen zurückzugehen. Der L. ist fundiert im natürlichen Leben des Organismus, der in einem Austausch mit der Umwelt steht. Wird der Gleichgewichtszustand (Homöostase), der für die Selbst- und Arterhaltung notwendig ist, unteroder überschritten, dann werden Verhaltensreaktionen in ihm ausgelöst, die Ausdruck eines Mangelzustandes (Deprivation) oder von →Bedürfnissen (z. B. Hunger, Durst etc.) sind u. auf Befriedigung (Sättigung) abzielen. Solche Reaktionen können reflexhaft (z. B. Magensaftsekretion) oder zufällig entstehen u. sich durch Verstärkung von seiten der Umwelt zu Verhalten formen. Unterhalb der Handlungs- u. Erlebnisschwelle kennen wir solche reflexartigen Reaktionen (z. B. Augenschließen bei Gefahr) auf Umweltereignisse. Die Mängelzustände unseres Organismus gehen aber auch in unser Erleben ein. Sie stellen Triebreize dar, die wir als Körperempfindungen affektiv erfassen u. die sich in unserem Erleben psychisch als Wünsche niederschlagen (z. B. sexuelles Verlangen nach einem Partner). Sinnesorgane u. Bewegungsapparat stehen im Dienste unserer Wünsche. Mit *Seele* bezeichnen wir das Organisationsprinzip des Körpers,

das von Körperempfindungen angetrieben durch die Organe des Körpers unsere Wünsche zu befriedigen sucht. In dieser Schicht, die der Mensch prinzipiell noch mit den Tieren gemeinsam hat, ist die psychophysische Einheit der höheren organismischen Lebewesen begründet. Die →Sozialisation des Menschen zeigt, daß entsprechend den Anforderungen der Mutter-Kind-Beziehung u. den Gegebenheiten der organischen Reifung stufenweise die Sensorik u. Motorik bestimmter Körperpartien entwickelt wird, zunächst die für die Tastwahrnehmung wichtigen Mund-Handpartien, dann die für die optische Wahrnehmung zentrale Augen-Stirngestalt, schließlich die für die akustische Verständigung notwendigen Hör-Sprechbereiche. Mit der Sprachfähigkeit ist die Körperlichkeit des Kleinkindes allseitig ausgebildet, so daß dieses in die Lage versetzt wird, eine Vorstellung von der Einheit seines Körpers zu gewinnen, die durch die Hautoberfläche zur Außenwelt abgegrenzt wird. Nach *J. Lacan* wird durch die Imitation der Körperbewegungen anderer Menschen oder der eigenen im Spiegel die Gewißheit der Einheit des eigenen Körpers vermittelt (Spiegelstufe). Die Fähigkeit, eine Vorstellung der senso-motorischen Einheit zu haben, ermöglicht es, zu sich „Ich" zu sagen. Das Bewußtsein des eigenen Körpers nennen wir mit *Merleau-Ponty* L. (corps vécu). Es markiert die endgültige Trennungslinie des menschlichen vom tierischen Erleben.

Dieses leibliche Bewußtsein bezieht sich auf die biologisch vorgegebene, schicksalhafte Körperlichkeit, die wissentlich u. willentlich (→Wille) angenommen und vom Bewußtsein organisiert und gestaltet wird. Die Einheit des lichen Bewußtseins ist somit nicht gegeben, sondern aufgegeben. *Merleau-Ponty* spricht von der zweideutiger Existenz zwischen Einheit u. Zerfall. Integration u. Desintegration, Gesundheit u. Krankheit. Die Gestaltpsychologie nennt dieses nicht reflexive, dynamische L.bewußtsein das Körperschema des Menschen, das im Unterschied zu ihrer Auffassung jedoch nicht allein psychologisch erklärt werden kann, da es aus Interaktionen entsteht, d. h. sozialen Ursprungs ist. Mit der eigenen Körperlichkeit übernimmt das Kind eine schicksalhaft vorgegebene, biologisch bedingte sexuelle Prägung. In den geschlechtsspezifischen Erlebnisformen der Ödipalphase u. der Pubertät muß es diese in seine Intentionalität übernehmen u. seinem leiblichen Bewußtsein integrieren. Gelingt dies, dann erfährt es sich als männliches oder weibliches Wesen. Leidet die →Sozialisation jedoch unter einem strukturellen Konflikt in der elterlichen Erziehungspraxis (z. B. zwischen Schuldgefühl u. verdrängten Wünschen), dann werden sich auch auf seiten des Kindes kein einheitlich-intentionales Erleben u. Handeln, sondern widersprechende psychische Tendenzen u. ein gebrochenes L.verhältnis ausbilden. Ist die Weise der elterlichen Zuwendung gar paradox, d. h. in ein u. derselben Handlung Zuwendung u. Abwendung zugleich, dann wird auch auf seiten des Kindes eine schizoide Überreflektiertheit das eigene L.verhältnis auflösen oder eine depressive Selbstzerstö-

rungstendenz (*Selbstverstümmelung* oder *Selbstmord*) den Weg in den psychotischen Zerfall einleiten. Der neurotische Konflikt wird daher die sittl. Verantwortlichkeit für die Leibeinheit einschränken, die psychotische Abwendung wird sie weitgehend aufheben. Von der kranken Form der Beendigung des eigenen Lebens ist jedoch der aus Verantwortung für sich selbst u. die Mitmenschen auf sich genommene Freitod zu unterscheiden.

Lit.: Seneca, An Lucilius, Briefe über E, Nr. 70; D. Hume, Of Suicide; M. Merleau-Ponty, Phänomenologie der Wahrnehmung, I. Teil: dt. Berlin ²1974; K. Löwith, Die Freiheit zum Tode, in: Vorträge u. Abhandlungen, Stuttgart 1966; R. Spitz, Vom Säugling zum Kleinkind, Stuttgart 1974; J. Lacan, Das Spiegelstadium als Bildner der Ichfunktion ..., Schriften I, Frankfurt a. M. 1973; J. Améry, Hand an sich legen, Stuttgart 1976; B. Frostholm, L. u. Unbewußtes, Bonn 1977. *A. S.*

Leid heißt eine Erfahrung, in der wesentliche Lebensvorstellungen oder Zukunfterwartungen des Menschen durch äußere oder innere Ereignisse in schmerzhafter Weise eingeschränkt oder gänzlich unterdrückt werden. Zur Verwirklichung eines sinnvollen menschlichen Lebens (→Humanität) wünschen wir uns mit Recht Gesundheit, berufliche Anerkennung, →Freunde, ein freiheitliches Gemeinwesen usw. Versagungen (→Verzicht) von seiten der Wirklichkeit verletzen uns u. bereiten Schmerz. Seine lähmende Wirkung auf das Handeln macht die Bewältigung von L. zum sittl. Problem. *Freud* unterscheidet drei L.quellen, einmal die Übermacht der →Natur, dann die Hinfälligkeit des eigenen Körpers, schließlich mangelhafte u. ungerechte soziale Einrichtungen. Dazu kommt, daß die Versagungen der Wirklichkeit unter bestimmten Bedingungen (schwache Konstitution, schwere Kindheit) geradezu traumatischen Charakter annehmen u. zur seelischen →*Krankheit* führen können. Dies innere L. ist meist durch schwere →*Angst* u. Isolierung gekennzeichnet. Von dieser krankhaften Vereinsamung, die sich in Identitäts- u. Rollenverlust äußert, müssen wir eine *Einsamkeit* der Selbstfindung unterscheiden, die eine Bedingung gelingender →Kommunikation darstellt.

Frühe Erklärungsversuche, die das L. als vom Menschen selbstverschuldet u. daher als gerechte →Strafe darstellten, stießen auf den Widerspruch, daß es Gerechte u. Ungerechte in gleicher Weise trifft (Altes Testament, Buch Hiob). So mußte es eher als →Schicksal oder Schickung begriffen werden, das letztlich als ungelöstes Rätsel stehen blieb. Theologie u. Philosophie verstrickten sich in der Frage, wie angesichts einer von L. u. Sinnlosigkeit geprägten Welt ein guter Gott als ihr Schöpfer zu rechtfertigen sei (Theodizeeproblem, →das Böse). Die Einsicht, daß durch gemeinsame Anstrengung L. zu vermeiden oder zu lindern ist, löste die Menschheit von einer fatalistischen Hinnahme des Schicksals, wie sie meist im Kismetglauben der →islamischen E gesehen wird. Die gesellschaftlichen Anstrengungen zur L.vermeidung waren die Antriebskräfte der →Kultur, die in →Wissenschaft, →Technik u. →Politik die Natur zu beherrschen, Krankheit zu heilen u. soziale Wohlfahrt zu befördern suchte. Heute wissen wir, daß diese Anstrengungen, wenn sie zu Ausbeutung u. Unterdrückung pervertieren, ihrerseits neues L. schaffen. Daraus ergibt sich die sittl. Konsequenz, diese menschlichen Möglichkeiten nur in solidarischer Weise zur Vermeidung oder Linderung von L. einzusetzen.

Alle gesellschaftliche Anstrengung hat jedoch ihre Grenze am nicht vermeidbaren L., das daher das Individuum mit umso größerer Wucht trifft. Dazu gehören neben dem bisher ungelösten Problem heimtückischer u. unheilbarer Krankheiten vor allem die Gebrechen des Alters u. der Tod. Sofern die Möglichkeiten des Alters (z. B. Verständigung mit der Jugend) nicht als sittl. Aufgabe ergriffen werden, können seine Lasten den Menschen bis zur *Verzweiflung* am Sinn des Lebens treiben (→Nihilismus). Während der Tod der Mitmenschen in der Trauer bewältigt werden kann, bedeutet die Erwartung des eigenen Todes die radikalste Vereinzelung. Als sittl. Konsequenz bleibt hier nur der Versuch, nicht in Bitterkeit, Ressentiment oder Resignation zu stagnieren, sondern dies Schicksal gemäß den Kräften der Persönlichkeit u. den eigenen Sinnerwartungen zu integrieren.

Lit.: Altes Testament, Buch Hiob; A. Schopenhauer, Die Welt als Wille u. Vorstellung, IV. Buch; S. Freud, Das Unbehagen in der Kultur, Werke Bd. XIV; S. Kierkegaard, Die Krankheit zum Tode; A. Camus, Der Mythos von Sisyphos, Düsseldorf 1960; W. Bitter (Hrsg.), Einsamkeit in medizinisch-psychologischer, theologischer u. soziologi-

scher Sicht, Stuttgart 1967; H. Reimann
(Hrsg.), Das Alter, München 1974.

A. S.

Leidenschaft. Unter L. verstehen
wir sinnliche Wünsche sexueller oder
aggressiver Natur, die sich in heftigen
Affektzuständen u. intensiven Gefühlen äußern. Der Mensch kann von ihnen derart hingerissen u. beherrscht
werden, daß er seine Besinnung u.
vernünftige Selbstbestimmung verliert. Dies hat zu dem klassischen Problem geführt ob man mehr der Vernunft oder mehr den L.en gehorchen
solle oder wie ein Ausgleich zwischen
beiden herbeigeführt werden könne.
Während die E des *Aristoteles* den
Ausgleich zwischen beiden Aspekten
des Handelns in einer strebenden Vernunft bzw. einem vernünftigen
→Streben sucht, ist die neuzeitliche
Fragestellung eher durch eine Konfrontation gekennzeichnet, deren Ex-
ponenten *Kant* u. *Nietzsche* darstellen.
Während *Kant* die vernünftige Selbstbestimmung unter Abbruch der L. für
das sittl. Handeln fordert – was zu
dem Vorwurf des →Rigorismus in
der Moral Anlaß gab –, plädiert *Nietzsche* für die Anerkennung der eigenen
Affektivität, für die Stärke der L., die
ihr Maß in sich selbst tragen soll. Die
aristotelische Lösung des Problems ist
uns in der Gegenwart erschwert, weil
wir zum einen durch die Psychoanalyse wissen, daß die vernünftige
Selbstbesinnung nicht ohne weiteres
bis in die unbewußten Quellen der L.
hinabreicht, u. zum anderen, weil in
Kriegen u. politischer Gewalt unge-
heure Leidenschaften freigesetzt worden sind, die den zur vernünftigen
Orientierung notwendigen sozialen
Rahmen beeinträchtigt haben.

Der Ansatzpunkt für die Entwicklung von *Begierden* u. L. im physiologisch bedingten Verhalten ist darin zu
sehen, daß der menschliche Organismus durch Energieverbrauch den
Gleichgewichtszustand (Homöostase) zur Umwelt verliert, Entbehrungen erleidet u. daher →Bedürfnisse
(der Nahrungsaufnahme, Liebeszuwendung usw.) entwickelt. In solchen herabgestimmten Augenblicken
(Deprivation) wird er auf Reize der
Umwelt in besonders heftiger Weise
reagieren. So definieren Verhaltens-
psychologen die *Emotion* als Zustand
der Stärke u. Schwäche von Reaktionen gegenüber der Umwelt. Je nach
Erfolg oder Mißerfolg wird der
menschliche Organismus diese Reaktionen zu einem Verhaltensmuster
entwickeln, einer „emotionalen Disposition". Der Ausgangspunkt beim
Verhalten berücksichtigt jedoch noch
nicht die spezifisch menschliche Erlebnisweise von Gefühlen u. L.en.
Durch Verstand u. Sprache gewinnt
der Mensch ein freieres Verhältnis zu
den Anforderungen der Umwelt u.
kann daher in geeigneterer Weise dazu wissentlich-willentlich-emotional
Stellung nehmen, d. h. intentional
antworten (→Verstehen, →Wert).
Die Einübung solcher Stellungnahmen von Gefühl u. Verstand zur →Si-
tuation führt zu regelmäßigen Gewohnheiten, zu den *Neigungen* eines
Menschen, die wir als situationsgerecht erleben. Doch Gefühle u. *Affekte*
können eine solche Heftigkeit annehmen, daß sie an der Situation vorbei-
gehen u. geradezu sinnlos werden
können. Die Psychoanalyse verweist
auf Wünsche u. →Bedürfnisse des Es,
die teils nie im bewußten Erleben zu-

gelassen oder aus ihm verdrängt wurden. Im Vorgang der Verdrängung
findet eine Veränderung am Affekt-
gehalt unserer Wünsche oder Vorstellungen statt. Teils werden die Affekte
von einer Vorstellung auf die andere
verschoben (die Wut gegenüber dem
Vater auf die Gesellschaft), teils werden sie qualitativ umgewandelt (die
unterdrückte Abneigung äußert sich
in übermäßiger Freundlichkeit), teils
werden sie vertauscht (die Vorwürfe
gegenüber dem Anderen werden zu
Selbstvorwürfen).

Da die Affekte u. L.en aus der
Empfindung von Körper- oder
Triebreizen erwachsen u. sich in der
Sinneswahrnehmung u. in Körperbewegungen äußern, d. h. die Gesamtheit des Menschen als →Leibwesen
betreffen, werden sie auch seine *Sinnlichkeit* genannt. Wenn mehr die sexuellen Antriebe dieses Sinnenwesens
im Vordergrund stehen, sprechen wir
von einem sinnlich-erotischen, wenn
mehr die aggressiven, von einem
*zorn*mütigen Menschen. Gefühle u.
Affekte erschöpfen sich jedoch nicht
in einmaligen Zuständen, sondern
verfestigen sich darüber hinaus zu Gewohnheiten u. Prägungen, die das
Temperament eines Menschen genannt
werden. – Das zentrale e Problem besteht darin, wie man die Vernunft verwirklichen kann, ohne die Leidenschaften zu unterdrücken. Zwischen
den gegensätzlichen Positionen der
Selbstbestimmung durch Vernunft
unter Abbruch der L.en (*Kant*) u. der
freien Realisierung der L.en unter Absehung von Gut u. Böse (*Nietzsche*)
besteht eine innere Beziehung. Ihr
Gemeinsames ist die Notwendigkeit
von Herrschaft, sei es der Ver-

nunft oder der L.en. In dem Maße,
wie sich der Herrschaftsanspruch der
Vernunft gegen die L.en erhebt, versuchen diese die Herrschaft über die
Vernunft zu erringen. Aus diesem Dilemma der Neuzeit sucht bereits *Schiller* einen ersten „ästhetischen" Aus-
weg im freien →Spiel der Kunst. Sie
soll ein Modell dafür sein, wie man
den Affekten u. L.en verbunden sein
u. sie dennoch in eine vernünftige
Form bringen kann. Dieser gewalt-
lose Weg des ästhetischen Spiels als
der Versöhnung von Form- u. Stofftrieb, von Vernunft u. Sinnlichkeit
wird jedoch nur dann wirksam, wenn
Mittel und Wege gefunden werden,
ihn in die sittl.-politische Praxis des
menschlichen →Handelns zu übertragen.

Lit.: Aristoteles, Nikomach. E, Kap. I
13; ders., Rhetorik, Kap. II 2–11; R. Descartes, Les Passions de l'âme; I. Kant,
Kritik der praktischen Vernunft; F.
Schiller, Über die Ästhetische Erziehung
des Menschen; F. Nietzsche, Jenseits von
Gut und Böse; A. Kenny, Action, Emotion and Will, London 1963. *A. S.*

Leistung →Arbeit.

Lernen →Belohnen u. Bestrafen,
Erziehung.

Liberalismus →Wirtschaftsethik.

liberum arbitrium →Freiheit,
Wille.

Liebe. Der Begriff L. hat unterschiedliche Bedeutungen. Häufig
meint er nur das sexuelle Verlangen,
dann wieder die erotischen Gefühle,
schließlich gemeinsame geistige Interessen. Er reicht von den flüchtigen
Sympathiebezeugungen über die Ver-

liebtheit bis zu →Freundschaft u. →Ehe, von der Partnerschaft mit einer einzigen geliebten Person bis zur allgemeinen Menschenliebe; er bezeichnet gleichrangige Beziehungen der Freundschaft u. asymmetrische der *Fürsorge* u. *Wohltätigkeit.* Einige Theoretiker der griechischen u. →*christlichen* E vertreten die Ansicht, daß sittl. Handeln u. L. ein u. dasselbe sei. Allerdings verstehen sie unter L. (ἔρως, amor) eine Bewegung der Seele, die letzten Endes auf das Gute abzielt (*Plato Augustin*). Sie kennen freilich auch die →Leidenschaften, die die Erreichung dieses Zieles gefährden. Die Gefahr, daß leidenschaftliche L. in den Gegensatz zum →Guten treten kann, veranlaßt manche E, das sittl. Handeln unabhängig von der L. in der Pflicht zu begründen, nach der →jüdischen E in der Pflicht gegenüber den theonomen Gesetzesvorschriften, nach *Kant* gegenüber dem Sittengesetz im Innern des Menschen. In diesem Gegensatz von leidenschaftlicher L. u. →Sittlichkeit nimmt *Nietzsche* umgekehrt Partei für die uneingeschränkte Realisierung der L. ohne Rücksicht auf sittl. Prinzipien. Volle L. könne sich nur „jenseits von Gut und Böse" verwirklichen.

Von der →Bedürfnisseite her gründet die L. in der →Leiblichkeit des Menschen, die →sexuell bestimmt ist. Der Geschlechtstrieb bedarf der Befriedigung. Dieses biologische Erfordernis findet seinen psychischen Ausdruck in den mannigfachen sexuell bestimmten Erlebnisformen u. Phantasien, die auf Erfüllung drängen. Da die menschliche Wirklichkeit nur unter ganz spezifischen Voraussetzungen sexuelle Befriedigung erlaubt,

bildet sich eine von der direkten Befriedigung abgelenkte Erlebnisschicht der zärtlichen Gefühle von Sympathie u. Zusammengehörigkeit, die *Freud* „zielgehemmte" Erotik nennt. Da auch diese →Bedürfnisse in der Wirklichkeit auf Versagung stoßen, bedarf es der menschlichen Vernunft, um andere, der sexuell-erotischen Bedeutung entkleidete sublime, d. h. geistige Interessen am anderen zu entwickeln. Der Begriff der L. umfaßt alle diese drei Bedeutungsschichten von der sexuellen Bedürfnisstruktur über die Erotik bis zum geistigen Interesse. Daraus ergibt sich für den Menschen die schwierige Aufgabe, seine ganze psychophysische Einheit vom Recht der Sinnlichkeit über das der Gefühle bis zu vernünftigen Ausdrucksformen zu realisieren.

Die Bedürfnisseite der L. muß in soziale Interaktionsformen eingebracht werden. Dies bedeutet, den schwierigen Ausgleich zu finden zwischen einer angemessenen SelbstL. u. der L. zum anderen. Sowohl die Aufopferung seiner selbst in einem extremen Altruismus (→Wohlwollen, →Ausbeutung) wie die des anderen im Egoismus (→Selbstinteresse) zerstören auf längere Sicht die L. Die durch die Endlichkeit des Menschen begrenzte L.fähigkeit erlaubt ihm überdies nur, persönliche Beziehungen in einem privaten Umkreis, dagegen sachbezogenere im öffentlichen Bereich zu finden. *Aristoteles* unterscheidet zwischen →Freundschaft (philia), die ein gegenseitiges Wohlwollen einschließt, u. →Gerechtigkeit, die das Gesetzmäßige vertritt. Die im privaten Bereich dominierende freundschaftliche L. geht stufenweise in die den öffentlichen Bereich bestimmende Gerechtigkeit über. Ein Minimum an L. enthalten aber alle sittl. Handlungen, auch die von der Gerechtigkeit bestimmten werden nie zur bloßen Pflicht. Erst die →christl. E fordert die allgemeine *NächstenL.*, die sich auch auf die Feinde erstrecken soll. Die gewaltsam-feindliche Aktion eines einzelnen, einer Gruppe, Klasse oder eines Staates bedeutet in der Regel jedoch eine Verunmöglichung der L. Vielmehr wird sie sich der eigenen unterdrückten Seite zuwenden u. in Solidarität ausdrücken (*Marx*). Den Feinden gegenüber scheint lediglich eine Anerkennung u. Achtung ihrer Menschlichkeit als Inbegriff einer allgemeinen MenschenL. erreichbar zu sein. Die Interaktionsform der L. wird in der Regel durch symmetrisch-gleichrangige u. asymmetrisch ergänzende Strukturen zwischen den Partnern in einem ausgewogenen Maße geprägt sein. Eine besondere e Problematik werfen die strukturell asymmetrischen Beziehungsformen der *Fürsorge* und *Wohltätigkeit* auf. Hier scheint nahezu unvermeidbar, daß die menschliche Zuwendung zum ungleichen Partner Formen der Abhängigkeit erzeugt, wie dies am Beispiel der →Entwicklungshilfe deutlich wird. *Heidegger* hat diese Problematik in der Unterscheidung der „einspringend-beherrschenden" und der „vorausspringend-befreienden" Fürsorge angezeigt. Die praktische Verwirklichung der L. ist durch die in der primären u. sekundären →Sozialisation erfolgte Formierung der →sexuellen u. aggressiven Triebe vordeterminiert (z. B. heterosexuelle oder homosexuelle Orientie-rung, Partnerwahl nach dem Anlehnungstypus oder dem narzistischen Typus). Bei einem entwickelten relativ autonomen Selbst kann sie eigenverantwortlich übernommen u. in freier Zuwendung zum Partner verwirklicht werden. Da die menschliche Sozialisation unter den gegebenen Bedingungen freilich nie ohne Versagung erfolgt, wird sich in jede L. auch *Antipathie* u. *Haß* mischen. Diese Ambivalenz übersehen die meisten L.gebote u. fördern so ungewollt die Unterdrückung der Aggression.

Lit.: Platon, Das Gastmahl; Aristoteles, Nikomach. E, Buch VIII–IX; Augustinus, Confessiones, Buch I u. X; I. Eibl-Eibesfeldt, Liebe u. Haß, München 1970; B. Welte, Dialektik der Liebe, Frankfurt 1973; E. Fromm, Die Kunst des Liebens, Frankfurt 1975; H. Kuhn, Liebe. Geschichte eines Begriffs, München 1975.   *A. S.*

Linguistische E →MetaE, Methoden der E.

Lob →Belohnen u. Bestrafen.

Logizismus →MetaE.

Lohnmoral →Vergeltungsmoral.

Lüge →Doppelte Moral, Wahrheit.

Lust →Freude, Leidenschaft.

Lustprinzip →Freude.

M

Macht →Herrschaft.

Manipulation meint im menschlichen Bereich die Steuerung fremden Bewußtseins u. fremden Verhaltens ohne Wissen u. Willen der betreffenden Personen, u. zwar meist zu Zwecken, die im Interesse der Manipulierenden liegen. M. kann durch Techniken symbolischer Information erfolgen, die nicht-kognitive Lernprozesse (Erwartungsänderungen, Motivationsänderungen, Bedürfnisänderungen etc.) steuern, oder durch unmittelbare Eingriffe in den physischen Organismus, die biologische Wachstumsvorgänge u. psychische Werdeprozesse gezielt auslösen u. regeln. Zwar hat bereits die antike Rhetorik in rudimentärer Kenntnis psychischer Gesetzmäßigkeiten manipulative Techniken zum Zwecke der Überredung entwickelt, doch die Freisetzung einer nahezu unbegrenzten Verfügungsmöglichkeit über menschliches Verhalten verdankt sich der neuzeitlichen Naturwissenschaft u. der Verschränkung ihrer Erkenntnisse mit reproduzierbaren Verfahren des Machens u. Herstellens, denen die Phänomene der unbelebten, belebten u. beseelten Natur in gleicher Weise subsumiert wurden. Manipulative Techniken im großen Stil u. mit methodischer Präzision werden heute in der Ökonomie zur Weckung von Konsumbedürfnissen verwendet *(Werbung)*, in der Politik zur Steuerung politischen Verhaltens *(Propaganda)*, in der Publizistik zur Regulierung des Informationsstandes (Entlarvung, Verschleierung), in Biologie, Medizin u. Psychologie vor allem auf dem Gebiet der angewandten Genetik zum Zweck gezielter Züchtung *(Genmanipulation)* u. der Verhaltenstherapie zum Zweck des Abbaus neurotischer Symptome (Konditionierung: →Belohnen – Bestrafen). Die moralische Fragwürdigkeit der M. menschlichen Verhaltens kommt zum Ausdruck in der meist abwertenden Verwendung des Wortes: im manipulativen Umgang mit Menschen werden diese zu steuerbaren, verwendbaren, machbaren Objekten degradiert. Die Rechtfertigung von M. zu therapeutischen Zwecken findet dort ihre Grenze, wo Heilung durch Methoden möglich erscheint, die der Selbstklärung u. Selbstbestimmung (→Freiheit) der Person einen Spielraum lassen bzw. eröffnen.

Lit.: A. D. Bidermann, H. Zimmer (Hrsg.), The M. of Human Behavior, New York 1961; H. W. Franke, Der manipulierte Mensch, Wiesbaden 1964; L. Krasner, L. P. Ullman (Hrsg.), Research in Behavior Modification, New York 1965; H.-J. Eysenck, S. Rachman, Neurosen – Ursachen u. Heilmethoden, Berlin 1967; A. Portmann, M. des Menschen als Schicksal u. Bedrohung, Zürich 1969. F. Wagner (Hrsg.), Menschenzüchtung, München 1970; A. Etzioni, Die zweite Erschaffung des Menschen. Manipulationen der Erbtechnologie, Opladen 1977.   *M. F.*

Marxistische Ethik. Die m. E ist Ergebnis der materialistischen Analyse des ökonomisch geprägten gesellschaftlichen Bewußtseins als Bedingung menschlichen Handelns. Sie betrachtet sich als Produkt von Produktionsverhältnissen (Überbauphänomen) u. sieht in diesen nicht nur die Rechtfertigung der Geltung, sondern auch das unmittelbare Wirkungsfeld ihrer Thesen. Die m. E will gleichermaßen →Theorie u. Praxis sein.

(1) Die orthodoxe m. E, die von den meisten kommunistischen Parteien insbesondere der östlichen Länder vertreten wird, ist eine →KlassenE:

eine Handlungslehre, die in kapitalistischen Gesellschaften (→WirtschaftsE) die →Interessen der Arbeiterklasse gegen die sie unterdrückende u. ausbeutende Klasse der Eigentümer an Produktionsmitteln durchsetzen soll. In kommunistischen Gesellschaften dient diese E als theoretische Grundlage der moralischen →Erziehung der →Individuen nach den Gesetzmäßigkeiten der materialistischen geschichtlichen Entwicklung (→Materialismus). Ziel dieser „bewußten Formung von Gesinnung u. Verhalten" ist der *Kommunismus*: eine Gesellschaft, in der mit der Abschaffung alles privaten →Eigentums die →Entfremdung des Menschen, die Teilung der →Arbeit u. alle Formen der →Herrschaft u. damit die sozialen Klassenunterschiede aufgehoben sein sollen. Der →Staat soll dabei „absterben"; an die „Stelle der Regierung über Personen tritt die Verwaltung von Sachen u. die Leitung von Produktionsprozessen" *(F. Engels)*. In der Entwicklung zum Kommunismus spielt die m. E die entscheidende Erziehungsfunktion: sie soll einen Menschen formen, der sich der Gesellschaft freiwillig unterordnet u. der Organisation der Produktionsprozesse eine unerzwungene u. unbestrittene Achtung entgegenbringt. Die sozialistische Moral wird aber nicht als Ergebnis theoretischen Lernens vorgestellt, sondern als gesellschaftliches Bewußtsein, das sich im *Klassenkampf,* in den Phasen der revolutionären, gewaltsamen Befreiung des Proletariats bildet. Der Klassenkampf gilt als unausweichliche Konsequenz des ständig wachsenden Antagonismus (Widerstreit) zwischen den Gesellschaftsformationen, deren gegensätzliche ökonomische Bedingungen nicht nur unversöhnliche Interessen, sondern auch unvereinbare sittl. →Normen schaffen. Sein Ziel ist die Auflösung aller Klassenwidersprüche, nicht nur innerhalb von →Gesellschaften, sondern auch zwischen ihnen. Dieses letzte Ziel aller geschichtlichen Entwicklung soll die *Weltrevolution,* die Herstellung einer einzigen Weltgesellschaft, leisten.

Der m. E fällt im Kampf auf dem Weg zur Diktatur des Proletariats als erster Stufe der Entwicklung zum Kommunismus die Aufgabe zu, das Fortschrittsbewußtsein als Idee zu begründen. In dieser Phase auf dem Weg zur Machtübernahme bildet sich das Klassenbewußtsein des *Proletariats* (lat. proletarius: Bürger der untersten Klasse) als Bewußtsein seiner Interessen *(K. Marx).* Dieses Bewußtsein ist nicht etwa durch Einkommensunterschiede oder Herkunft, sondern durch die Stellung im Produktionsprozeß begründet. Die m. E formt den Prozeß der Bewußtseinsbildung einerseits als „Theorie der Moralentstehung", andererseits als Praxis der →Determination revolutionären Handelns. „Erste e Norm" ist dabei, die „materiellen Bedingungen einer freien schöpferischen Persönlichkeit zu entwickeln" *(H. J. Sandkühler).* Dabei sollen →Werte wie →Humanität, →Gewissen, →Pflicht, →Gemeinwohl, Solidarität u. →Glück eine regulative Funktion haben. In der Entwicklung zur klassenlosen Gesellschaft als letzter Stufe des revolutionären Prozesses gilt die besondere Aufmerksamkeit aber der Steigerung der materiellen Bedingungen. Ihre

Bedeutung u. damit die der individuellen Produktivität betont die *sowjetische E:* die Erziehung zur kommunistischen Moral wird auf die Basis einer umfassenden technischen Ausbildung der Jugend gestellt *(W. I. Lenin).* Die Produktionskräfte sollen stärker als in den kapitalistischen Ländern gesteigert werden, so daß die Menschen einen ständig wachsenden Zeitanteil ihrer geistigen Entwicklung widmen können. Jeder Mensch soll wenigstens in Grundzügen alle Berufe kennen *(N. I. Bucharin).* Die sittl. Entwicklung der →Individuen wird somit abhängig von ihrer materiellen Leistungsfähigkeit. Da der Wandel der Eigentumsformen durch die russische Revolution nicht zu einem entsprechenden Bewußtseinswandel geführt hat, konzentrieren sich die Hoffnungen auf einen qualitativen Durchbruch zu einem neuen Bewußtsein, dem die Devise „Jedem nach seinen Bedürfnissen" (XXII. Parteitag der KPdSU, 1962) adäquat ist, auf die „Führungstätigkeit" der Partei u. die lückenlose Organisation von Gesellschaft u. Produktion. Das Proletariat tritt seine Rolle als Träger des fortschrittlichen sittl. Bewußtseins an die Wissenschaftler ab, deren Wissen vom Menschen „tendenziell Totalitätsbewußtsein" ist. Sittl. Verpflichtungen seien daher nur als Verallgemeinerung wissenschaftlichen Wissens zur Weltanschauung gerechtfertigt *(H. J. Sandkühler);* m. E soll eine reine Naturwissenschaft werden.

(2) Obwohl es keine klare Trennung im Begriffsgebrauch zwischen m. E u. *sozialistischer E* gibt, lassen sich unter der letzteren alle die e Theorien verstehen, die in anthropologischer Kritik der m. E den Menschen nicht nur als Produkt u. Abbild materieller Prozesse (→Determination), sondern auch als geschichtlich u. schöpferisch Handelnden verstehen. Die gesellschaftlichen Ziele seien nicht schon an sich, unabhängig vom →Gewissen, dem Verantwortungsbewußtsein u. den Triebkräften individuellen Handelns sittl. *(G. Lukács).* Sittl. Normen würden nicht von der Natur, sondern von der →Kultur geschaffen *(R. Garaudy);* sie entstünden nicht aus sozialen Beziehungen, ihre axiologischen Wurzeln reichten tiefer als gegenständliche Aneignungsprozesse *(C. Luporini).* Diese Ansätze, die vom orthodoxen Marxismus als e Revisionismus, als reformistisches Abweichen von der marxistischen Grundlehre, bekämpft werden, greifen auf die E *Kants* u. *Fichtes (E. Bernstein, M. Adler, K. Vorländer),* aber auch auf Elemente der →kritischen Theorie *(K. Kosik),* der →existentialistischen E u. der →Lebensphilosophie zurück *(J. P. Sartre,* sog. Praxis-Gruppe: *G. Petrović* u. a.). Ihr Ziel ist ein demokratischer Sozialismus, der auf der Basis eines parlamentarischen Systems (→Demokratie) ein Höchstmaß an individueller →Freiheit u. Selbstentfaltung gewähren soll. Klassenkampf u. Revolution werden als Mittel zur Durchsetzung sozialer Interessen verworfen.

(3) Die anthropologische Kritik am Determinismus der m. E muß durch eine Kritik an deren e Grundbegriffen ergänzt werden. (3.1) Soziale Konflikte werden nicht allein zwischen, sondern auch innerhalb ökonomisch bestimmter Klassen ausgetragen. Die Aufhebung des Klassenwiderspruchs

bewirkt noch keine konfliktlose Gesellschaft. Im übrigen haben →Konflikte auch positive, z. B. integrative Wirkungen. Darüber hinaus verhindern die demokratischen Systeme der wirtschaftlichen Stabilisierung, daß Konflikte notwendig zum Klassenkampf führen. Klasseninteressen werden nicht in einer Art Naturprozeß sichtbar; sie müssen vielmehr formuliert u. gerechtfertigt werden. Ist letzteres nicht mit vernünftigen Mitteln möglich, verbirgt sich hinter der Berufung auf das Klasseninteresse die „Inthronisierung einer Ideologie" *(A. Rappoport).* (3.2) Sittl. Normen können nicht gleichzeitig der Lösung sozialer Widersprüche dienen u. Produkt u. Abbild dieser Widersprüche sein. Ebensowenig kann das Klassenbewußtsein gleichzeitig schon vorhandene Ursache u. noch zu erreichendes Ziel sittl. →Normen sein, soll es eine neue Qualität von →Sittlichkeit begründen. Wird es aber als Ziel vorweggenommen, müssen seine Normen notwendig, wenn auch negativ, an bestehenden sittl. Normen orientiert sein. Auch der Hinweis auf die legitimierende Kraft revolutionärer Gewalt löst diesen Zirkel nicht auf; denn die Gewalt ist lediglich das Gegenteil vernünftiger Rechtfertigung, nicht aber deren Alternative. (3.3) Der wechselseitige Bedingungszusammenhang zwischen sozialer Praxis u. Verhaltensformen gestaltet zwar das konkrete individuelle Handeln u. bedingt auch ein soziales Empfinden für →Gut u. →Böse, konstituiert aber nicht die normative Geltung der Kriterien sittl. guten Handelns. Sie gelten unabhängig von ökonomischen u. sozialen Bedingungen, weil ihr oberster Zweck gerade die Ermöglichung der →Freiheit des menschlichen Handelns unabhängig von diesen Bedingungen ist. (3.4) Mit dem Vorrang politischer vor sittl. Zwecken u. Prinzipien kehrt die m. E nicht nur das Verhältnis von politischen Mitteln u. sittl. Zwecken um, sie erfüllt auch das Grundkriterium e Theorien nicht, den Menschen als sittl. Wesen in seiner Würde (→Humanität) unabhängig von seiner autonomen Wahl zwischen sittl. gutem oder schlechtem Handeln anzuerkennen.

Lit.: K. Marx, Manifest der Kommunistischen Partei, MEW, Bd. 4, bes. S. 462–474; F. Engels, Anti-Dühring, MEW, Bd. 20, Abschn. 3; ders., Der Ursprung der Familie, des Privateigentums u. des Staats, MEW, Bd. 21, bes. Kap. IX; W. I. Lenin, Staat u. Revolution, in: Lenin Werke, Bd. 25, Berlin 1960, bes. S. 400ff.; ders., Die Aufgaben der Jugendverbände, in: Lenin Werke, Bd. 31, Berlin 1959, bes. S. 280ff.; N. I. Bucharin, Theorie des historischen Materialismus, Hamburg 1922, S. 363ff.; H. J. Sandkühler u. a. (Hrsg.), Marxismus u. E, Frankfurt 1974, bes. S. Iff., 157ff., 193ff., 262ff.; Moral u. Gesellschaft, Beiträge v. K. Kosik, J. P. Sartre, R. Garaudy, A. Schaff u. a., Frankfurt 1968; A. Schaff, Marxismus u. das menschliche Individuum, Wien u. a. 1965; K. Kosik, Die Dialektik des Konkreten, Frankfurt 1967, S. 19ff.; K. A. Schwarzmann, E ohne Moral, Berlin-Ost 1967, Kap. I; G. Lukács, Schriften zur Ideologie u. Politik, Darmstadt/Neuwied ²1973, S. 1–40, 75–81; G. Petrović, Philosophie u. Revolution, Reinbek 1971, S. 272ff.; W. Eichhorn, Wie ist E als Wissenschaft möglich? Berlin-Ost 1965, Abschn. I, 5–7; H. Boeck, Ethische Probleme der sozialistischen Führungstätigkeit, Berlin-Ost 1968, Teil

1; B. Bittighäfer, G. Hoppe u. a., Lebensweise u. Moral im Sozialismus, Berlin-Ost 1972, Kap. II, V.   *W. V.*

Masochismus →Sadistisch – masochistisch.

Maß →Besonnenheit.

Masturbation →Sexualität.

Materiale E →Formale E.

Materialismus (lat. materia: Stoff) versteht als Theorie alles Wirkliche stofflich-quantitativ u. von stofflichen Prozessen wirkursächlich ableitbar u. schließt andere Erklärungsprinzipien aus (Monismus). →Weltanschaulich lehnt der M. die Existenz →Gottes ebenso wie die einer unsterblichen Seele u. nicht-materielle geistige Prinzipien einer autonomen →Vernunft u. →Freiheit des Menschen als →Ideologie ab. Der wissenschaftliche u. weltanschauliche M. des Marxismus (→marxistische E), der Elemente des französischen M. *(La Mettrie, Holbach)* übernimmt, erklärt die Abhängigkeit der Geschichte u. Entwicklung des →Menschen von den materiellen Bedingungen der →Arbeit: Die quantitative Steigerung der Klassenkonflikte (→Klassen-E) im Produktionsprozeß führt zu qualitativen sozialen, politischen u. ökonomischen Veränderungen (→Revolution, historischer M.). →Wissenschaft, →Kultur, →E u. →Religion werden als Produkte u. ideologische Phänomene (Überbauphänomene) dieses Prozesses verstanden. Gegenüber einem naiven M., der den Aufbau der →Welt mechanistisch auf physikalische Gesetze zurückführen will *(E. Haeckel),* versteht sich der

marxistische als historischer u. dialektischer M.: Die Zielbestimmungen des historischen M. (kommunistische Gesellschaft) sollen mit den objektiven, sich wechselseitig bedingenden (dialektischen) Prozessen in →Natur u. →Gesellschaft übereinstimmen, deren Gesetze die Erkenntnis abbildet (Abbildtheorie). Ungelöste Probleme jedes wissenschaftlichen M. sind einmal, wie der Begriff Materie physikalisch zu erklären ist, zum andern, wie nicht-materielle Bewußtseinsphänomene (z. B. Denken) auf materielle Prozesse, (z. B. des Gehirns) zurückführbar sind. – Das Prinzip der Selbsterhaltung (→Sozialdarwinismus), das egoistische Streben nach eigenem Nutzen, materiellen Gütern u. ihrem Genuß gelten als Kriterien einer materialistischen Lebensanschauung. Aus marxistischer Perspektive ist dieser M. eine Form der →Entfremdung u. Produkt der →Ideologie des Liberalismus u. Kapitalismus (→Wirtschafts-E). Der sittl. begründete Vorwurf des M. trifft aber erst dann, wenn ein als unbegrenzt steigerbar geltender privater *Konsum* (lat. consumere: verbrauchen) primärer Maßstab des sozialen Status wird u. Vorrang vor sozialen Prinzipien gewinnt. Dieses einseitige Konsumverhalten verändert das soziale Wertgefüge, indem es Güter u. Leistungen in Anspruch nimmt, ohne bereit zu sein, deren soziale Kosten an Arbeit u. Interaktion mitzutragen. Sittl. gerechtfertigt ist der Konsum innerhalb der Grenzen der materiellen Lebenssicherung u. der →Lebensqualität.

Lit.: H. Reichelt (Hrsg.), Texte zur materialistischen Geschichtsauffassung von

L. Feuerbach, K. Marx, F. Engels, Frankfurt/Berlin/Wien 1975, S. 8 ff., 141 ff., 511 ff.; E. Haeckel, Die Welträtsel (1899), Leipzig 1933, Abschn. III; E. Bloch, Das M. problem, seine Geschichte u. Substanz, Frankfurt 1972; A. Baruzzi, Mensch u. Maschine, München 1973, Abschn. II–IV; H. J. Sandkühler (Hrsg.), Marxistische Wissenschaftstheorie, Frankfurt 1975, Abschn. 1; A. Schmidt, Drei Studien über M., Schopenhauer, Horkheimer, Glücksproblem, München 1977. *W. V.*

Maxime →Norm.

Meditation →Buddhistische E, Spiritualität.

Medizinische Ethik. Die Ärzte u. das m. Pflegepersonal gehören heute mit den Richtern, Geistlichen, vielleicht auch Lehrern zu den wenigen Berufen, die noch eine eigene →BerufsE haben. Die E des Arztes (ärztliche E), allgemeiner: die m. E (die darüberhinaus die sittl. Grundsätze des gesamten Pflegepersonals, die der mitwirkenden Biologen u. Genetiker sowie des Gesundheitswesens umfaßt) hat sich inzwischen zu einem eigenen u. sehr differenzierten Diskussionsbereich u. Forschungszweig entwickelt. Die m. E erklärt das somatische (leibliche) u. geistige Wohlergehen des →Menschen zur obersten Richtschnur u. fordert, daß der Arzt zusammen mit dem Pflegepersonal sich ohne Ansehen der Person ganz in den Dienst gesunden u. möglichst schmerzfreien →Lebens als Grundlage →freien u. →sinnerfüllten Handelns stellt. Dieser „Eid des *Hippokrates*", zeitgemäß reformuliert von der World Medical Association im „Genfer Ärztegelöbnis" (1948),

wendet die allgemeine →sittl. →Pflicht, anderen in Not zu helfen, auf die besondere Berufssituation des Arztes an. Die m. E ist den Grundprinzipien der →(Nächsten-)Liebe u. der Menschenwürde (→Humanität) verpflichtet. Die Medizin soll auf Grund u. im Rahmen ihrer mit Hilfe der →Wissenschaft →methodisch gewonnenen Mittel dem Patienten zu elementaren Bedingungen eines lebenswerten Lebens verhelfen. Dabei kann aus Einsicht in die Bedeutung psycho-sozialer Konflikte für die Entstehung u. den Verlauf vieler →Krankheiten die Integration der Verhaltenswissenschaften (m. Psychologie, m. Soziologie, →Psychotherapie, Psychosomatik) als gleichberechtigter Partner in der Ausbildung der Ärzte u. in der Krankenversorgung geboten sein. Zur Aufgabe des Arztes gehört es nicht nur, sich heilend (Therapie, kurative Behandlung), vorbeugend (Prävention, Prophylaxe) oder wiederherstellend (Rehabilitation) um die Gesundheit des Patienten zu kümmern, sondern ebenso, ihn gemäß dem Prinzip der Menschenwürde nicht bloß als Objekt von Diagnose u. Therapie zu betrachten, sondern ihn dabei auch als menschliches Subjekt ernst zu nehmen. Dagegen ist es kaum sinnvoll, mit der Weltgesundheitsorganisation das Ziel der Medizin, die in erster Linie somatisch zu bestimmende Gesundheit, als Zustand völligen körperlichen, seelischen u. sozialen Wohlbefindens zu definieren. Dieses Ziel ist nicht bloß →utopisch, sondern auch latent totalitär, da sie einem gesellschaftlichen Teilsystem das →Recht u. die Kompetenz zuspricht, über das menschliche Leben als ganzes zu verfügen.

Einige besondere Probleme der m. E liegen, neben der Frage des Schwangerschaftsabbruchs (→Abtreibung), im folgenden: (1) Die Organisationsstruktur von Kliniken darf nicht bloß von der m. Erkenntnis u. Technologie sowie einer rationalen Bürokratie bestimmt sein, da diese zu einer Spezialisierung des m. Personals u. einer entpersönlichenden Technisierung der Arzt-Patient-Beziehung neigt. Durch Großkrankenhäuser werden zwar immer kompliziertere Krankheiten heilbar, zugleich aber die humanen Ansprüche (→Humanität) des Patienten auf kontinuierliche Betreuung, auf →Kommunikation u. Geborgenheit häufig vernachlässigt, was zugleich das körperliche u. seelische Wohlbefinden beeinträchtigt.

(2) Für die Informationspflicht des Arztes am Krankenbett lassen sich kaum allgemein verbindliche Regeln formulieren, da die je verschiedene →Situation (die besonderen Belange, die Belastbarkeit des Patienten usw.) zu berücksichtigen ist (→Klugheit). Indessen kann man als Leitprinzip den Dialog zwischen Arzt u. Patient aufstellen, durch den der Kranke nicht bloß als Objekt behandelt wird, sondern als Partner in einem Prozeß des Gesundwerdens, der – aus Achtung vor seiner Würde als →Person – eine angemessene Aufklärung verdient. Gerade bei riskanten u. einschneidenden Maßnahmen ist der Patient am Prozeß der →Entscheidung über die Behandlung zu beteiligen, allerdings weniger in bezug auf die rein fachliche Seite als auf ihr Verhältnis zum Leben des Patienten.

(3) Die e Beurteilung der *Euthanasie* (griech., schöner: leichter, weil leidloser Tod) fordert Unterscheidungen: (a) Die Tötung Kranker oder Schwachsinniger ohne Verlangen, die Vernichtung lebensunwerten Lebens, ist als Widerspruch gegen die Grundaufgabe des Arztes u. als tiefer Eingriff in das →Grundrecht jedes Menschen auf Leben strikt unsittl. (b) Gegen die Tötung auf Verlangen von seiten schwer Leidender spricht nicht bloß die Grundpflicht des Arztes, sondern auch eine →pragmatische Überlegung: Da es keine effektiven Mittel gibt, Nötigung oder sublimen Druck ganz auszuschließen sowie einen bloß vorübergehenden Wunsch vom überlegten u. festen Entschluß zu unterscheiden, würde mit der Freigabe der Tötung auf Verlangen der Weg zur →Manipulation eröffnet. Allerdings kann man sich Maßnahmen vorstellen, die dieses Risiko erheblich vermindern. Daß der Arzt nicht töten darf, bedeutet jedenfalls nicht, daß er dem Kranken immer mit allen m. Mitteln gegen seinen erklärten Willen den Zugang zum Sterben verriegeln soll. (c) Gegen eine Tötung menschlicher Organismen, die zwar noch biologisch meßbare Lebensvorgänge zeigen, denen aber wegen irreparabler organischer Defekte jede spezifisch menschliche Form von Bewußtsein, Erleben u. Kommunikation fehlt, läßt sich einwenden, zum Begriff der Menschenrechte gehöre es, daß sie dem Menschen als Menschen zukommen, d. h. jedem Wesen, das von Menschen abstammt. Dagegen spricht das Argument, daß man hier nicht mehr sinnvoll von *menschlichem* Leben sprechen könne, dem es nicht

bloß um die Aufrechterhaltung rein biologischer Lebensprozesse, sondern um das in irgendeiner Form lebenswerte Leben geht. (d) Als *Sterbehilfe* diskutiert man die Frage, ob Ärzte zur Linderung eines qualvollen u. erniedrigenden, zudem unheilbaren Leidens Mittel verabreichen dürfen, die als Nebenwirkung die Lebenszeit des Patienten verkürzen, oder ob sie auch zur Abkürzung des Leidens die Therapie einstellen dürfen. Das erstere erscheint deshalb als sittl. erlaubt, weil der primäre Zweck der Maßnahme, die Schmerzlinderung, zur ärztlichen Grundaufgabe gehört, dem Wohlergehen des Kranken zu dienen. In bezug auf das andere ist es sinnvoll, zwar vorhandene Eigenaktivitäten menschlicher Organismen zu stützen oder wieder in Gang zu bringen, jedoch nicht einen „natürlichen" Sterbeprozeß um jeden Preis hinauszuzögern oder ein bewußtloses, von sich her lebensunfähiges, nur noch passives, aus sich heraus weder Luft noch Nahrung aufnehmendes Wesen durch raffinierte Apparaturen künstlich am Leben zu halten. (e) Indessen besteht Sterbehilfe vor allem darin, Patienten, die im Sterben liegen, eine Hilfe anzubieten, die sich nicht auf die Verabreichung schmerzstillender Mittel beschränkt, sondern den Patienten in seiner →Angst u. seinem →Leid nicht allein läßt, wobei diese gegenwärtig häufig vernachlässigte Aufgabe nicht nur, vielleicht nicht einmal primär, aber auch vom m. Personal auszuüben ist.

Bei Versuchen an Kranken (*Humanexperimenten*) ist grundsätzlich zu unterscheiden zwischen solchen, die eine direkte Bedeutung für Diagnose, Therapie u. Prophylaxe der Untersuchungsperson haben (therapeutische Versuche), u. solchen, die nur der allgemeinen m. Forschung dienen (nichttherapeutische Versuche). Dem Arzt sollten neue Behandlungswege freistehen, sofern sie versprechen, das Leben des Patienten zu retten, seine Gesundheit wiederherzustellen oder seine Leiden zu lindern. Sofern dies nicht ohne Versuche möglich ist, dürfen diese nur von hinreichend qualifizierten Personen u. mit geeigneter m. Ausrüstung durchgeführt werden. Sie müssen sich auf Labor- oder Tierversuche oder andere wissenschaftlich bewährte Methoden u. Erkenntnisse stützen. Sie dürfen nur dann durchgeführt werden, wenn die Wichtigkeit des Zweckes in einem ärztlich vertretbaren Verhältnis zu den sorgfältig abgeschätzten Risiken steht. Dabei ist der Arzt dem Interesse seines tatsächlichen Patienten u. nicht dem unbestimmten allgemeinen Interesse möglicher künftiger Patienten verpflichtet. Die Versuche sollten sog. E-Kommissionen (Beratungsgremien, die die m. u. e Aspekte eines Forschungsvorhabens überprüfen) vorgelegt und keinesfalls ohne freie Zustimmung der zu untersuchenden Person bzw. ihres gesetzlichen Vertreters nach gründlicher Aufklärung durchgeführt werden. Versuche auf der Grundlage von unvollständiger Information, Täuschung oder gar Gewalt sind in keinem Fall sittl. zulässig. Auch eine sittl. Pflicht des Patienten, sich zum eigenen Wohl u. dem der Mitmenschen an notwendigen Forschungsuntersuchungen zu beteiligen, enthebt nicht von der Pflicht, auf der

Basis eines entsprechenden Appells die freie Zustimmung einzuholen. – In Nürnberg (1947), Helsinki (1964) u. Tokio (1975) wurden internationale Empfehlungen über Versuche an Menschen verabschiedet.

Lit.: K. Deichgräber, Der hippokratische Eid, Stuttgart 1955; A. Jores, Um eine Medizin von morgen, Bern/Stuttgart 1969; B. Häring, Heilender Dienst, Mainz 1972; P. Krauß, Medizinischer Fortschritt u ärztliche E, München 1974; I. Illich, Die Enteignung der Gesundheit, Reinbek 1975; H. Saner, H. Holzhey (Hrsg.), Euthanasie, Basel 1976; J. Zander (Hrsg.), Arzt u. Patient, Düsseldorf 1976; J. Schwartländer (Hrsg.), Der Mensch u. sein Tod, Göttingen 1976; J. A. Humber, R. F. Almeder (Hrsg.), Biomedical Ethics and the Law, New York/London 1976; U. Eibach, Medizin u. Menschenwürde, Wuppertal 1976; R. M. Veatch, R. Branson (Hrsg.), Ethics and Health Policy, Cambridge, Mass. 1976; H. v. Nußbaum (Hrsg.), Die verordnete Krankheit, Frankfurt 1977; J. Wunderli, K Weißhaupt (Hrsg.), Medizin im Widerspruch, Olten/Freiburg 1977 (Anhang: ärztl.-e Codes); S. F. Spicker, H. T. Engelhardt (Hrsg.), Philosophical Medical Ethics: Its Nature and Significance, Dordrecht/Boston 1977; V. Eid, R Frey (Hrsg.), Sterbehilfe, Mainz 1978; Medizinische E, Heft 4,3: Zeitschr. M., Mensch, Gesellschaft; P. Sporken, C. Genewein, Menschsein/Menschbleiben im Krankenhaus, Düsseldorf 1979.   *O. H.*

Mensch. Der M. ist im Unterschied zum Tier, aber auch zu →Gott eine leiblich-seelisch-geistige Einheit, die als →Person in sozialen Beziehungen mit anderen M.en lebt. Da das menschliche →Leben sich seiner Erscheinung nach als Einheit darstellt,

liegt es nahe, entweder hinter den unterschiedlichen Wesenszügen ein einheitliches Formprinzip des M. anzunehmen oder anstelle eines einheitlichen Wesensbegriffs die unterschiedlichen Wesenszüge in ihrem wechselseitigen Verhältnis zu bestimmen. (1) Ein einheitlicher Wesensbegriff läuft Gefahr, den M. abstrakt als „gewissermaßen alles" *(Thomas v. Aquin)* zu bestimmen, ohne daß seine spezifischen Eigenschaften u. Möglichkeiten als Denkender, Wollender u. Handelnder hinreichend verstanden wären. *Anthropologie* (griech., Wissenschaft vom M.) wird dann zu einer philosophischen Grundwissenschaft, die die Ordnung der →Seele *(Platon),* des Denkens *(Thomas v. Aquin)* oder der →Natur *(Spinoza)* für alle Wissensformen verbindlich macht. (2) Als Alternative bleibt, den M. vom Spannungsverhältnis seiner Wesenszüge her als offenes, der →Welt u. seinen Mitmenschen zugewandtes Wesen zu verstehen. Damit können die unterschiedlichen Lebensformen u. -ziele des M. u. die Bedingungen ihrer Möglichkeit bestimmt werden. Ihnen entsprechen perspektivisch u. methodisch unterschiedliche Wissensformen: dem vernünftigen u. sprachlichen Wesen die Theorien des Denkens (Philosophie), dem politischen u. sozialen Wesen des M. die Theorien des Handelns (→praktische Philosophie, →E, Soziologie etc.), dem physischen u. psychischen Wesen Biologie u. Psychologie. Die Anthropologie setzt sich in diesem Fall aus Elementen dieser Wissensformen zusammen u. bildet keine Theorie mit einheitlichem methodischem Fundament. Der M. kann so als Wesen der

→Theorie u. Praxis verstanden werden: Er ist sowohl der Erkenntnis der Wahrheit wie des guten Handelns fähig *(Aristoteles)*. – Mit der Frage, was der M. „als freihandelndes Wesen aus sich selbst macht oder machen kann u. soll" *(I. Kant)*, wird er als Wesen der →Freiheit bestimmt, das sich gegen seine begierdehafte Natur zu dem entfaltet, was es als Schöpfer u. Gestalter seiner geschichtlichen seinen vernünftigen Möglichkeiten nach sein kann. (3) Als geschichtlich Handelnder ist der M. von seinen Vollendungsbedingungen sowohl als politisch-soziales wie als vernünftig-sprachliches Wesen abhängig. Das geglückte M.sein ist Resultat einerseits sittl. guten Lebens in einer Gemeinschaft u. der Fähigkeit, →Wahrheit zu erkennen, andererseits aber der Bedingungen der Realisierung seiner selbstgewählten Ziele in bestimmten geschichtlichen u. sozialen Verhältnissen. Grundproblem des M. ist es, wie er sich mit Hilfe seiner theoretischen, praktisch-sittl. u. technischen Vermögen seine Praxis vermitteln kann. (4) Der Vergleich organischer Fähigkeiten des M. mit denen hochentwickelter Tiere verdeutlicht seine biologische Mängelhaftigkeit u. die Notwendigkeit ihres Ausgleichs (Kompensation) durch kulturelle Fähigkeiten. Der M. sieht sich zur Entwicklung seiner geistigen Anlagen u. zur Schaffung einer →Kultur als zweiter Natur genötigt *(A. Gehlen)*. Damit können zwar Entstehungsformen menschlicher →Institutionen erklärt, nicht aber die →Freiheit des Handelns u. die Prinzipien praktischer u. theoretischer Erkenntnis begründet werden. Diese sind weder Ergebnis einer Anpassung

an eine gefährdende natürliche oder soziale Umwelt noch einer „Verstärkung" genetischer Anlagen durch ein von Lohn u. →Strafe bedingtes Lernen eines angepaßten Verhaltens (Konditionierung, *B. F. Skinner*). Freiheit, Würde (→Humanität) u. Wahrheitsfähigkeit des M. können nicht mit der gattungsgeschichtlichen Entwicklung, der Evolution (→evolutionistische E) oder mit den Verhaltensdispositionen des M. erklärt werden. Biologistisch (→Biologismus) oder behavioristisch (engl. behaviour: Verhalten) erfüllt der M. lediglich die Funktionen seiner Selbsterhaltung. Sein Handeln ist nicht frei, d. h. nicht mit Hilfe vernünftiger Einsicht in die →Normen des Handelns wählbar, sondern determiniert (→Determinismus) u. damit unzureichend bestimmt. (5) Es genügt auch nicht, im entgegengesetzten Sinne einer Geist-Anthropologie die „Stellung des M. im Kosmos" seinem „apriorischen Wertgefühl" u. einer allgemeinen geistigen u. vitalen Tätigkeitsenergie („Gefühlsdrang") zuzuschreiben *(M. Scheler)*. Sein geistiges, erkennendes Wesen befähigt den M. zwar, daß er „Nein" sagen kann u. nicht von Trieben u. Instinkten manipuliert u. an eine Umwelt gebunden ist. Unklar ist, wie der „Geist" sich gegen die vitale Triebstruktur durchsetzen kann. Seine Bestimmung ist zu unspezifisch, um den →Sinn der unterschiedlichen Dimensionen menschlichen Lebens (→Arbeit, →Liebe, →Verantwortung) zu konstituieren. (6) Der M. muß sich seine →Welt immer erst schaffen; er ist zugleich Natur u. Geschichte *(H. Plessner)*. Sein Erkennen u. Handeln unterliegt daher keinem starren, unveränderlichen Ordnungsprinzip. Es gibt zwar biologische u. psychische Grundbedingungen, die Bedürfnisstruktur menschlichen Daseins. Die Möglichkeiten u. Bedingungen ihrer Befriedigung sind aber nicht vorgegeben, sondern von den bewußt geschaffenen Formen menschlicher →Gesellschaft abhängig. Der M. schafft insofern seine →Bedürfnisse selbst, als er den Anspruch auf ihre Befriedigung nicht natural, sondern sozial legitimiert. Damit konstituiert sich die individuelle Bedürfnisstruktur intersubjektiv. (7) Auch das Bewußtsein seiner eigenen Subjektivität, sein Verhältnis zu sich selbst, bildet der M. in seiner Beziehung zu den Mitmenschen. Die M.en haben füreinander motivierende Kraft: die Erfahrung des Anderen macht erst die Selbsterfahrung möglich, in der der M. die Intentionen seines Umgangs mit den Mitmenschen gewinnt. Nur intersubjektiv gewinnt der M. die Fähigkeit zu spezifisch menschlichen Akten wie →Liebe, Reue, Verzweiflung u. zur Beurteilung ihres Werts. – Die Gefahr der →Entfremdung u. Selbstverfehlung begleitet diesen intersubjektiven Prozeß der Bewußtseinsbildung, da einmal die Kriterien des guten oder schlechten Handelns nicht unmittelbar evident sind u. zum andern auch die Intentionen einer scheinbar sittl. guten Handlung von egoistischen Zwecken bestimmt sein können. Es ist Aufgabe der →Erziehung, dem M. die kognitiven u. emotiven Fähigkeiten zum sittl. guten Handeln (sittl. Kompetenz) zu vermitteln. Die in diesem Handeln anstrebbaren →Werte werden in der menschlichen

Entwicklung (→Sozialisation) verinnerlicht. Ihre Kriterien bedürfen aber einer vernünftigen Begründung in zwischenmenschlicher Verständigung (→Kommunikation). Sie sind nicht Ergebnis der „unbewußten Bedingungen des sozialen Lebens" (*C. Lévi-Strauss,* →Strukturalismus). Der M. ist als geschichtlich Handelnder in seiner individuellen Entwicklung von den inhaltlichen Bedingungen seiner Sozial- u. Gattungsgeschichte abhängig. Gleichwohl ist er in der →Entscheidung über die Alternativen seines Handelns, in der vernünftigen Reflexion u. in der Willensbildung über seine Ziele u. Zwecke, d. h. in der Gestaltung seiner eigenen Geschichte frei. Sein soziales u. durch →Sprache ermöglichtes Verhältnis zu seinen Mitmenschen sind die Grundbedingungen dieser Freiheit. Sie konkretisiert sich in der Praxis des M. Aufgabe der Anthropologie ist es daher, den Begriff menschlicher Praxis zu bestimmen u. mit den Wissensformen vom M. die Bedingungen seiner Geschichte aufzuklären.

Lit.: Platon, Timaios, 69 b–92 c; Aristoteles, Über die Seele, Buch III; ders., Politik, Buch I,2; Thomas v. Aquin, De veritate I,1; B. Spinoza, Die E, Teil III; I. Kant, Anthropologie in pragmatischer Hinsicht, Vorrede, § 56; M. Scheler, Die Stellung des M. im Kosmos, S. 36ff., 49ff.; T. Litt, M. u. Welt, Heidelberg [2]1961, Kap. 1, 6, 13; M. Theunissen, Der Andere, Berlin 1965, S. 19ff., 118ff.; A. Gehlen, Der M., Frankfurt/Bonn [8]1966, Einführung u. Teil II; C. Lévi-Strauss, Das wilde Denken, Frankfurt 1968, Abschn. VII u. IX.; H. Plessner, Philosophische Anthropologie, Frankfurt 1970, S. 31ff., 187ff.; O. Marquard, Schwierigkeiten mit der Geschichtsphilosophie, Frankfurt 1973, Teil 2; B. F. Skinner, Jenseits von Freiheit u. Würde, Reinbek 1973, Teile 1–4 u. 9; M. Müller, Philosophische Anthropologie, hrsg. v. Vf., Freiburg/München 1974, S. 207 ff. u. 303 ff.; H. G. Gadamer u. a., Neue Anthropologie, Bd. 7, Teil 2; O. Höffe, Grundaussagen über den M. bei Aristoteles, in: Zeitschrift für philosophische Forschung, Bd. 30, 1976. *W. V.*

Menschenrechte →Grundrechte.

Menschenwürde →Grundrechte, Humanität.

Metaethik nennt sich eine seit Beginn dieses Jh. im anglo-amerikanischen Sprachraum entwickelte Forschungsrichtung, die keine inhaltlichen Aussagen (*Neutralitätsthese*) über das sittl. Gute einzelner Handlungen, ihrer Regeln oder des Kriteriums der Regeln machen (moralischer Diskurs: →normative E), sondern solche Aussagen auf ihre sprachliche Form hin untersuchen will (Meta-Diskurs). Der M. geht es (a) um die sprachliche *Bedeutung* sittl. Prädikate wie ‚gut‘, ‚richtig‘ (→Moral, →Sittlichkeit), ‚Sollen‘, →,Pflicht‘, auch →,Handlung‘, →,Gewissen‘, ‚Absicht‘ (daher auch: [sprach-]analytische E, linguistische E), (b) um die Unterscheidung ihrer sittl. von der nichtsittl. Verwendung u. (c) um die Frage, ob u. wie man sittl. Urteile rechtfertigen kann. Es gibt drei Grundrichtungen, die sich teilweise überschneiden: (1) Nach dem *Nonkognitivismus* (schon *Hume*) ist der Bereich des Sittl. keiner wissenschaftlichen (wahren u. objektiv gültigen) Erkenntnis fähig. Denn sittl. Überzeugungen entziehen sich den beiden Wahrheitskriterien des logischen Positivismus, dem logisch-

mathematischen Beweis und der Überprüfung durch Beobachtung oder Experiment. (1.1) Im *Emotivismus* haben sittl. Urteile lediglich die Bedeutung, unsere eigenen rein subjektiven Gefühle (der frühe *Ayer*) oder Einstellungen (*Stevenson,* der späte *Ayer*) zu bekräftigen u. appellativ die anderer zu beeinflussen. Dagegen läßt sich einwenden, zur Bedeutung sittl. Urteile bzw. ihrer Grundsätze gehöre es, Allgemeingültigkeit u. Objektivität zu beanspruchen. (1.2) In der weniger extremen Form *Hares* handelt es sich um Empfehlungen (*Präskriptivismus*), bei denen man bereit ist, allgemeine Gründe (z. B. gemäß der →Goldenen Regel oder dem Prinzip der Verallgemeinerung →kategorischer Imperativ) anzugeben. – (2) Der *Kognitivismus* hält an der prinzipiellen Erkennbarkeit des Sittl. fest. (2.1) Nach dem *Naturalismus (Lewis, Perry)* erweisen sich sittl. Prädikate bei näherer Analyse als gleichbedeutend mit gewissen empirischen Prädikaten, etwa ‚gut‘ mit ‚nützlich‘ (→Utilitarismus) oder ‚lustvoll‘ (Hedonismus: →Freude). Sittl. Urteile lassen sich dann aus wahren Sätzen über den Menschen u. die Welt ableiten; die Suche nach der richtigen Moral wird zur Angelegenheit der empirischen Wissenschaften. Überzeugender ist es jedoch, ein konkretes *sittl. Urteil* (Du sollst den dort Ertrinkenden retten) als Synthesis eines empirischen (Jemand ist am Ertrinken) u. eines normativen Elementes (Ertrinkende soll man retten) aufzufassen, wobei das normative Element auch als allgemeines sittl. Urteil für sich ausgesagt werden kann (Notleidenden soll man helfen).

Das Standardargument gegen die verschiedenen Formen des Naturalismus ist seit *Moore* der Nachweis eines *naturalistischen Fehlschlusses* (= n. F.), die Definition von ‚sittl. (an sich) gut‘ durch empirische oder metaphysische Begriffe (z. B. ‚an sich gut‘ = ‚lebensdienlich‘), was schon *Hume* als *Sein-Sollen-Fehlschluß*, eines zwar nicht bemerkten, aber unzulässigen Übergangs von deskriptiven (empirischen oder metaphysischen Seins-) zu normativen (Sollens-) Aussagen (z. B. von ‚x ist nützlich‘ zu ‚Du sollst x tun‘), kritisierte. Allerdings ist nicht jeder behauptete n. F. tatsächlich einer. (2.2) Als Alternative zum Naturalismus versteht sich der *Intuitionismus* (schon *Reid*, neuerdings *Moore, Ross, Prichard, Ewing*). Er hält die grundlegenden sittl. Urteile für in sich evident, d. h. einer bloß intuitiven Erkenntnis zugänglich, was die schwierige Aufgabe stellt, Entscheidungskriterien für die Richtigkeit von Intuitionen (→Gefühl, →Wert) zu benennen. – (3) Während die (non-)kognitivistischen Positionen die Erkennbarkeit des Sittl. diskutieren, analysiert der *e Logizismus* die für den moral. Diskurs spezifische Argumentationsmethode. Dessen Regeln gewinnt er aus der sozialen Funktion der Moral (*Toulmin, Baier*) oder aus der Bedeutungsanalyse sittl. Prädikate (*Hare*). – Die →*deontische Logik*, die Logik der normativen Modalitäten ‚geboten‘, ‚verboten‘, ‚freigestellt‘, bildet inzwischen eine eigene Forschungsrichtung (*v. Wright* u. a.).

Der traditionellen E ist die M. nicht ganz fremd, denn die Analyse der Prinzipien des Sittl. wird als Begriffsanalyse durchgeführt, geleitet von der Frage nach der Konstitution u. Legitimation des Sittl.: *Aristoteles* geht vom formalen Begriff des Guten als Ziel jedes menschlichen →Strebens aus u. bestimmt das schlechthin höchste Gut (Ziel) als →Glück (im Sinne von Autarkie). *Kant* fragt nach dem, was ohne Einschränkung gut ist u. identifiziert es mit dem guten Willen, dessen Prinzip er in der →Freiheit (im Sinne von Autonomie) sieht. Aus der Begriffs- u. Prinzipienanalyse ergibt sich auch das Kriterium für die sittl. Beurteilung von Lebensformen (*Aristoteles*) oder Maximen (*Kant*), das Glück bzw. der kategorische Imperativ, so daß die Trennung von M. u. normativer E sowie die Neutralitätsthese der zeitgenössischen M. nur bedingt gültig sind. – Zum Meta-Diskurs ist auch die Untersuchung der →Methoden u. des Sinnes einer philosophischen E zu rechnen.

Lit.: Aristoteles, Nikom. E, Kap. I 1–6; D. Hume, Untersuchung über die Prinzipien der Moral, Buch III, Abschn. I 1; I. Kant, Grundleg. z. Metaphysik der Sitten, 1. u. 2. Abschn.; G. E. Moore, Principia Ethica; A. J. Ayer, Sprache, Wahrheit u. Logik, Stuttgart 1970, Kap. 6; C. L. Stevenson, Ethics and Language, New Haven 1944; K. Baier, Der Standpunkt der Moral, Düsseldorf 1974; R. M. Hare, Die Sprache der Moral, Frankfurt 1972; ders., Freiheit u. Vernunft, Düsseldorf 1973; W. D. Hudson (Hrsg.), The Is-Ought-Question, London 1969; O. Höffe, Praktische Philosophie – Das Modell des Aristoteles, München 1971, Kap. I 2, 5, II 5; ders., Naturrecht ohne naturalist. Fehlschluß, Wien 1980; A. Pieper, Analyt. E, Philos. Jahrbuch Bd. 78, 1971; dies., Sprachanalyt. E u. praktische Freiheit, Stuttgart 1973; I. Craemer-Ruegenberg, Moralsprache u. Moralität, Freiburg/

München 1975; Seminar: Sprache u. E, Frankfurt 1974; Texte z. E, München 1976, Kap. 3.   *O. H.*

Metaphysikfreie E →Methoden der E.

Methoden der Ethik (M.n d.E). M.n sind Verfahrensweisen, nach denen komplexe in sich strukturierte Prozesse des Denkens, auch des Handelns folgerichtig u. zielstrebig ausgeführt werden. Als Musterbeispiel methodischer Exaktheit gilt die logische Ableitung. M.n sind in der Regel keine starren Verfahren, sondern lassen es mehr oder weniger offen, wie man sie in wechselnden Situationen erfolgreich anwendet. Sie sind weniger präzise Direktiven als Orientierungshilfen, die man durch wiederholte Verwendung (Einübung) lernt. Die Bestimmung der rechten M. hängt vom Gegenstand u. dem Erkenntnisinteresse ab. Die philosophische E ist als Philosophie durch Argumentation, Reflexion u. Voraussetzungslosigkeit sowie als E durch die Idee eines sinnvollen (sittl. guten u. gerechten) menschlichen Lebens bestimmt. Mit dem Ziel, Irrtum zu destruieren u. →wahres Wissen zu begründen, richtet die philosophische E primär keine Appelle an den Menschen, sondern bringt Definitionsvorschläge, Behauptungen, Widerlegungs- u. Begründungsversuche; sie prüft vorgegebene Fragestellungen u. Grundbegriffe u. bildet neue, was insgesamt die Qualität der Reflexion hat: Die E distanziert sich von einem unmittelbaren Wissen des Sittl., um in neuer Hinwendung zu ihm es in seine Elemente aufzugliedern, es aus Prinzipien u. schließlich aus einem

ersten Prinzip, dem →Moralprinzip, widerspruchsfrei zu rechtfertigen oder auch zu kritisieren (→Moralkritik) sowie die Prinzipien in sich u. im Verhältnis zueinander zu bestimmen. Zugleich beansprucht sie in dem Sinn voraussetzungslos zu sein, daß sie nichts als gegeben anerkennt, das prinzipiell ihrer Diskussion entzogen sein sollte. Auch das noch so Selbstverständliche muß sich in Frage stellen lassen. Die Selbstkritik gehört zu den konstitutiven Momenten jeder Philosophie. – Eine umfassende argumentative Reflexion des Sittl. läßt sich nur durch eine Vielfalt von einander ergänzenden M.n bewältigen, wofür die E des *Aristoteles* beispielhaft ist. Eine einzige M. zu totalisieren, wird der komplexen Sache nicht gerecht.

Damit die Argumentation nicht gehaltlos (leer) bleibt, muß sie sich einer empirischen Basis vergewissern. Der Sachgehalt der Begriffe u. Theorien bzw. Hypothesen ist an das menschliche Leben zurückgebunden, sofern es sich unter den Anspruch des Sittl. stellt. Wie man eine Ausgangsbasis gewinnt, die allen vertraut u. zugleich verbindlich ist, u. wie man von ihr ausgehen soll, ist kontrovers. Die *hermeneutische* (griech.: Auslegung, →Verstehen betreffende) E (= herm. E: *J. Ritter,* auch *H. G. Gadamer* u. deren Schüler) behauptet den Vorrang der geschichtlichen Erfahrung vor der abstrakten Deduktion. Die E sei keine Mathematik, die – von Prinzipien (Axiomen) ausgehend – ein zwar widerspruchsfreies, gegenüber der Wirklichkeit der Menschen aber beziehungsloses System konstruieren, vielmehr die sittl.-politische

Wirklichkeit in ihrer Geschichtlichkeit begreifen solle. Gegen *Kants* u. stärker noch gegen *Fichtes* Versuch skeptisch, ein allgemeines u. daher auch ungeschichtliches Moralprinzip aufzustellen u. daraus alle Verbindlichkeiten abzuleiten, will die herm. E – ausgehend von der Lebensweise u. den Vorstellungen erfahrener u. vernünftiger Menschen – das Sittl. als das Allgemeine in der geschichtlichen Wirklichkeit selbst aufsuchen. Als Vorbild dafür gilt die →praktische Philosophie von *Aristoteles* u. *Hegel,* deren aktualisierende Interpretation einen Beitrag zum systematischen Verständnis der Gegenwart leisten soll. Obwohl die herm. E zu Recht die abstrakte Gegenüberstellung von Geschichte u. Systematik aufheben will, hat sie sich doch mehr mit der Klassiker-Interpretation als mit der Auslegung der Gegenwart beschäftigt. Da sie eine vorhandene →Moral u. Sitte (→Institutionen, Verhaltensweisen usf.) auf die in ihr enthaltene Idee allgemeiner Verbindlichkeit hin auslegen will, neigt sie dazu, das Bestehende zu rechtfertigen, ohne es auch dort, wo es nötig wäre, im Namen der →Sittlichkeit zu kritisieren. Zudem kann sie sich – aufgrund der Skepsis gegenüber transzendentaler E – der leitenden Idee des Sittl. nicht methodisch vergewissern; ihre Rechtfertigung mag daher plausibel sein, strikt begründet ist sie nicht.

Die *phänomenologische* E (= phän. E) wurde von *E. Husserl* grundgelegt, von *M. Scheler* u. *N. Hartmann* systematisch ausgebaut u. von *D. v. Hildebrand, A. Pfänder, H. Reiner* u. anderen fortentwickelt. Ihr geht es um ein befundgetreues, unvoreingenommenes

Aufzeigen u. Beschreiben der Phänomene, wie sie sich in einer Anschauung eigener Art *(Intuition)* zur Kenntnis bringen sollen. Die phän. E analysiert den Bereich der idealen materialen →Werte u. ihr subjektives Korrelat, das sittl. Bewußtsein, in dem sich die Werte als Sollensforderungen unterschiedlichen Ranges finden. Als materiale WertE geht sie von ontologischen Unterscheidungen aus, die – wie Sach- u. Personenwerte, sinnl. u. geistige Werte – als selbstevident u. a priori gültig unterstellt werden, eine intersubjektive Prüfung deshalb überflüssig machen sollen. Methodisch schwieriger gestaltet sich die Erhellung der „Sinngesetze des emotionalen Lebens", die *M. Scheler* durch die Analyse von →Liebe, Sympathie (→Wohlwollen), Haß, Scham, Demut aufsucht, sowie die Analyse des sittl. Bewußtseins. Letztere muß vom eigenen Bewußtsein ausgehen, das aber nicht das sittl. Bewußtsein schlechthin, sondern eine geschichtliche Gestalt (ein christl., Ethos odgl.), zudem in individueller Ausprägung ist. Um trotzdem zu allgemeinen Grundstrukturen zu kommen, könnte man die Resultate der Analysen als vorläufige Thesen aufstellen, die von anderen auf der Grundlage ihrer Analysen geprüft: bestätigt oder verworfen werden. Allerdings fragt es sich, wie man im Fall der Nichtbestätigung verfährt u. welche Verbindlichkeit überhaupt das Bewußtsein eines konkreten →Individuums für die E hat.

In einem allgemeinen Sinn ist jede wissenschaftliche E *analytisch.* Denn sie zerlegt ihren Gegenstand, das sittl. →Handeln, in seine verschiedenen

Elemente u. Aspekte u. sucht diese m. zu bestimmen. Im engeren Sinn heißt heute die E analytisch, die – vom Wissenschaftsideal des logischen Positivismus beeinflußt – einen intersubjektiv verbindlichen Ausgangspunkt sucht u. analysiert. (a) Von *Moore* u. dem späteren *Wittgenstein* beeinflußt, geht die *sprachanalytische (linguistische) E* von der Umgangssprache aus. Sie reflektiert: beschreibt, erklärt u. kommentiert die Art u. Weise, wie wir moralische Ausdrücke (gut, richtig, auch Absicht, →Gewissen, →Freude, Handlung, Handlungsgrund usw.) verwenden u. wie wir moralisch argumentieren (→MetaE: *Ayer, Ryle, Stevenson, Nowell-Smith, Hare*). (b) Die *normativ-analytische E* geht von den sittl. Urteilen lebenserfahrener u. vernünftiger Menschen aus u. sucht die Urteile in ein widerspruchsfreies System zu bringen, das – von obersten sittl. Grundsätzen ausgehend – unsere Überzeugungen erklären, gelegentlich auch korrigieren soll (→Utilitarismus; *Rawls*). Sie gerät in Schwierigkeiten, falls es zu den sittl. Vorstellungen unterschiedliche Grundsätze u. Moralsysteme gibt, weil sie deren Konkurrenz nicht mehr m. entscheiden kann.

Ob die E den Ausgang bei der sittl.-politischen Wirklichkeit, bei idealen Werten oder dem sittl. Bewußtsein, bei der Umgangssprache oder den Überzeugungen erfahrener Menschen nimmt, – die entsprechenden Analysen bleiben von den im Ausgang (Vorwissen) enthaltenen Grunddeutungen von →Mensch u. Welt abhängig. Durchschaut man die Abhängigkeiten, so werden sie als „metaphysische" Prämissen qualifi-

ziert, kritisiert u. eliminiert. Die moderne philosophische E versucht, ohne solche Prämissen auszukommen; sie will nicht mehr, wie häufig in der Tradition (z. B. *Platon, Spinoza*) das sittl. Handeln aus einer Gesamtkonzeption des Seienden heraus verstehen. Das Stichwort *E ohne Metaphysik* (→MetaE, *Patzig, W. Schulz*) bezeichnet deshalb eine die moderne E mitkonstituierende kritische Idee, ohne daß eine bestimmte E für sich beanspruchen könnte, völlig „metaphysikfrei" zu sein. Denn ihre Prämissen liegen nicht offen zutage, sondern werden erst durch ein eigenes kritisches Verfahren u. meist erst dann offenbar, wenn das zugrundeliegende Verständnis von Welt u. Mensch seine Tragfähigkeit, die allgemeine Zustimmung verliert. Die durch *Kant* begründete, von *Fichte* u. dem frühen *Schelling* fortgesetzte, in der Gegenwart zu neuem Ansehen gelangte Transzendentalphilosophie untersucht deshalb die Bedingungen a priori der Möglichkeit von Erfahrung, als *transzendentale E* die von sittl. Erfahrung. Auch sie geht von gewöhnlichen sittl. Urteilen aus, ist also keinesfalls wirklichkeitsfremd, abstrahiert aber von allen besonderen, meist doch kontroversen Inhalten sowohl der abgeleiteten →Normen als auch der sittl. Grundsätze u. sucht deren identische Form auf: das, was das Sittl. als Sittl. konstituiert. Sie führt geschichtlich konkretes Sollen auf das Moment des Unbedingten zurück u. leistet somit in einem emphatischen Sinn Begründung. Unabhängig von ihren wechselnden Inhalten zeichnen sich sittl. →Normen durch den Anspruch aus, allgemein gültig oder objektiv u. notwendig zu sein. Ihr oberster Maßstab ist deshalb der →kategorische Imperativ. Dem entspricht auf der Seite des Subjekts das Bewußtsein, zu Handlungen schlechthin ohne Rücksicht auf entgegenstehende Antriebe der →Bedürfnisse u. →Leidenschaften oder auf die Chancen der Verwirklichung in der realen Welt verpflichtet zu sein. Als Bedingung a priori der Möglichkeit allgemein verbindlicher Normen gilt deshalb der transzendentale Begriff von →Freiheit: die von allem Empirischen unabhängige Autonomie des →Willens. – In einer Radikalisierung der transzendentalen M. unternimmt es *Fichte,* das Prinzip der Sittlichkeit selbst noch einmal, nämlich aus dem Prinzip der Wissenschaftslehre zu →begründen. – Durch den Aufweis der Autonomie als sittl. Prinzip enthält jede transzendentale E ein eminent kritisches Moment: die Weigerung, ein Gegebenes bloß als Gegebenes für die Instanz des Richtigen zu halten, verbunden mit dem indirekten Appell zur Befreiung von jeglicher Heteronomie. – Weiter als das transzendentale Programm reicht *Kants* Intention einer *praktischen Vernunftkritik.* Sie intendiert, im Gegensatz zur Vorstellung, Sittlichkeit sei eine bloße Illusion, die Wirklichkeit reiner praktischer Vernunft aufzuweisen. Dazu bildet sie den Begriff eines von empirischen Bestimmungsgründen ganz unabhängigen Begehrens, zeigt seine Wirklichkeit in der Tatsache unserer sittl. Urteile auf (Faktum der Vernunft), formuliert ihr Grundgesetz, für bedürftige Vernunftwesen als →kategorischen Imperativ, und sucht dessen transzendentales Prinzip auf.

(3) *Dialektik* heißt seit *Platon* die – neben der transzendentalen M. – der Philosophie eigentümliche GrundM., einen plausiblen Satz (Position oder These) mit seinem ebenso plausiblen Gegen-Satz (Negation, Antithese) zu konfrontieren, um dadurch das dogmatische Beharren auf dem einen oder dem anderen Satz aufzuheben. Flatonische Dialektik bezeichnet den kunstgerechten Umgang mit Sätzen, der zu einer Einsicht führt, die selbst nicht mehr in Sätze einzugehen braucht: zu einer Selbsterfahrung der Diskussionspartner, etwa zur Erfahrung ihres Nichtwissens. – Der markanteste Vertreter neuzeitlicher Dialektik ist *Hegel,* der gegenüber *Kant* u. *Fichte* den institutionellen Begriff der Sittlichkeit als die Aufhebung u. Synthese der einander abstrakt gegenüberstehenden Begriffe von Legalität u. Moralität einführt u. im Bereich der Sittlichkeit den →Staat als Synthese der zueinander antithetischen Begriffe von →Familie u. bürgerlicher →Gesellschaft behauptet.

Lit.: Platon, Der Staat, Buch VI–VII; Aristoteles, Nikomach. E, Kap. I 1, 2, 7 u. II 2; I. Kant, Kritik der prakt. Vernunft, bes. 1. Buch; J. G. Fichte, Das System der Sittenlehre (1798), bes. 1. Hst.; G. W. Hegel, Grundlinien der Philosophie des Rechts; M. Scheler, Der Formalismus in der E ..., Bern/München ⁵1966; N. Hartmann, E, Berlin ⁴1962; D. v. Hildebrand, Die Idee der sittl. Handlung ..., Darmstadt 1969; H. G. Gadamer, Platos dialekt. E, Hamburg ²1968; J. Rawls, Ein Entscheidungsverfahren für die normative E, in: Texte zur E, München 1976; A. Roth, E. Husserls e Untersuchungen, Den Haag 1960; J. Ritter, Metaphysik u. Politik, Frankfurt 1969, bes. S. 57 ff., S. 231 ff.;

O. Marquard, Hegel u. das Sollen, Philosoph. Jahrb. Bd. 72, 1964; G. Patzig, E ohne Metaphysik, Göttingen 1971, bes. Kap. II–III; W. Schulz, Philosophie in der veränderten Welt, Pfullingen ³1976, Teil V; A. Pieper, Sprachanalyt. E u. prakt. Freiheit, Stuttgart u. a. 1973; H. Reiner, Die Grundlagen der Sittlichkeit, Meisenheim a. G. 1974; Seminar: Sprache u. E., Frankfurt 1974; W. Oelmüller (Hrsg.), Transzendentalphilosophische Normenbegründungen, Paderborn 1978; O. Höffe, E u. Politik, Frankfurt 1979, Kap. 2, 5, 7; ders., Transzendentale E oder praktische Vernunftkritik (Kant), Dialectica Bd. 34, 1980; H. Krings, System u. Freiheit, Freiburg/München 1980. *O. H.*

Minderheiten →Diskriminierung.

Minderwertigkeit →Diskriminierung.

Minderwertigkeitsgefühl →Sadistisch-masochistisch.

Mitbestimmung →Demokratie.

Mitleid →Wohlwollen.

Mitmenschlichkeit →Wohlwollen.

Mittel →Ziel.

Modernismus ist eine vielschichtige Geistesströmung, die, unter dem philosophischen Einfluß von *M. Blondel* u. *H. Bergson,* gegen Ende des 19. Jh. die katholische Theologie aus ihrem Gegensatz zur Philosophie, Geschichtswissenschaft u. protestantischen Theologie der Zeit herausführen u. die kirchliche →Rechtsordnung u. →Politik an demokratische u. soziale Strömungen angleichen wollte (*L. Laberthonnière, E. le Roy, A. Loisy* in Frankreich, *G. Tyrell* in England). Ihr demokratisches Kirchenverständ-

nis, die Anwendung profanwissenschaftlicher, historisch-kritischer Methoden in der Schriftinterpretation u. die Deutung der Dogmen nach Kriterien eines subjektiven, erlebnismäßigen Moralismus wurden von Papst Pius X im Dekret Lamentabili (1907) u. in der Enzyklika Pascendi (1907) verurteilt.

Lit.: R. Marlé (Hrsg.), Au coeur de la crise moderniste, Paris 1960; E. Poulat, Histoire, dogme et critique dans la crise moderniste, Paris 1962; L. Bedeschi, Lineamenti dell'antimodernismo, Parma 1970. *M. F.*

Monogamie →Ehe.

Moral (lat. mores: Sitten, Charakter) **u. Sitte** stellen den für die Daseinsweise der Menschen konstitutiven (keinesfalls auf Fragen der →Sexualität beschränkten) normativen Grundrahmen für das Verhalten vor allem zu den Mitmenschen, aber auch zur Natur u. zu sich selbst dar. M. u. S. (geltende oder positive M.) bilden im weiteren Sinn einen der Willkür der einzelnen entzogenen Komplex von Handlungsregeln, Wertmaßstäben, auch Sinnvorstellungen. M. u. S. werden nicht allein in persönlichen Überzeugungen u. Verhaltensweisen, sondern auch in der Verfaßtheit öffentlicher →Institutionen (→Eigentum, →Familie usf.), letztlich in der gelebten (nicht bloß postulierten) wirtschaftlichen, sozialen, politischen u. kulturellen (besonders auch religiösen) →Ordnung sichtbar. Sie bilden ein von inneren Spannungen nicht freies Ganzes, das in seiner jeweiligen Gestalt für Klein- oder Großgruppen, auch für ganze Kulturkreise charakteristisch ist u. die Unterscheidung von „fremd" u. „dazugehörig" mitbegründet. Sie werden durch Aufwachsen in der entsprechenden Gruppe, durch Vor- u. Nachmachen, Leitbilder, verbale oder nichtverbale Billigung u. Mißbilligung angeeignet u. zur persönlichen Haltung, Sinnesart befestigt (→Erziehung), mit der Gefahr, daß die eigene M. u. S. absolut gesetzt u. Fremde mit anderer M. u. S. →diskriminiert werden.

Als *Ethos* (griech. ēthos, Gewöhnung u. ethos, gewohnter Lebensort, Charakter) waren M. u. S. ursprünglich die ungeschiedene Einheit vom Guten, Geziemenden u. →Gerechten: objektiv als Lebensgewohnheit u. subjektiv als Charakter. Zu ihr gehörten „die ganze Erziehung u. Pflege der Gesundheit, die Ehe, die Heilkunst, der Feldbau, der Krieg, das Reden u. Schweigen, der Verkehr untereinander u. mit den Göttern" (*Nietzsche*). Aufgrund eines längeren kulturgeschichtlichen Differenzierungsprozesses beziehen sich M. u. S. heute nur noch auf einen Teil des größeren Zusammenhanges: Anders als Etikette (Tischsitten, Anredeformen usf.), deren habituelle Befolgung *Anstand* heißt, wollen M. u. S. als grundsätzlichere Aspekte des menschlichen (Zusammen-)Lebens nicht bloß durch stillschweigende Übereinkunft (*Konvention*) gelten, sondern auch richtig, *gültig* sein. Im Unterschied zum →Recht bestimmen M. u. S. eine geschichtlich gewachsene Lebensform, die weder aus formellen Akten staatlicher Gewalt stammt, noch sich mit →Strafen verbindet, die unmittelbar das Leben oder Eigentum betreffen;

die Sanktionen von M. u. S. bestehen in Tadel, Vermeiden sozialer Beziehung usf. M. u. S. unterscheiden sich auch vom *Brauch* (Vätersitte: mores maiorum), der als bloßes Herkommen (*Gewohnheit*) die reine Antithese zur →Begründung darstellt. Dessen oft übergenaue, ängstlich beachtete Verhaltensmuster sind in den offeneren, gegenüber der bloßen Überlieferung kritischen industriellen Großgesellschaften zum Feiertagsschmuck abgesunken (Brauchtum, Folklore). Obwohl M. u. S. auch ein jeweils Vorgegebenes sind, verbindet sich mit ihnen ein höheres Maß an Bewußtheit u. Verantwortung auf seiten der Betroffenen. In der heute noch sinnvollen Form beruhen M. u. S. auf einer allgemeinen Grundübereinstimmung (Achtung vor der Menschenwürde, Negation von Zwang, Minderung von Leiden usf.: →Humanität, →Pflichten) u. sind wegen der dazu gehörenden →Toleranz offen für partikulare Gruppen mit konkurrierenden M.en u. S.n. – Kulturanthropologisch betrachtet sind M. u. S. die Direktiven u. Stabilisationskerne, die das durch seine Organe und →Instinkte kaum geschützte Leben des Menschen auf der Basis gegenseitigen Vertrauens sichern u. den einzelnen durch vorgefundene Lebensmuster vom Zwang zur Formschöpfung u. Entscheidung entlasten (*Gehlen*). In soziologischer Perspektive dienen M. u. S. der Integration u. Stabilität sozialer Systeme (*T. Parsons*), wodurch ein (in Grenzen) vorhersagbares Zusammenleben mit Verläßlichkeit u. →Verstehen möglich ist. Über diese genetisch gesehen frühen Aufgaben im Rahmen der kollektiven

Selbsterhaltung (Ersatzfunktionen angesichts menschlichen Instinktmangels) hinaus bilden M. u. S. jenes gruppen- u. kulturspezifische Richtmaß eines sinnvollen Lebens, das – aus kollektiven Erfahrungen u. schöpferischen Sinnentwürfen gebildet – der humanen Selbstdarstellung u. -verwirklichung dienen will.

In M. u. S. gehen empirische u. normative Momente eine lebensmäßig untrennbare Einheit ein. Sie bilden eine geschichtlich konkrete Lebensform, in der sich der Anspruch menschlichen Handelns auf Unbedingtheit (→Sittlichkeit) mit den jeweiligen Randbedingungen: den klimatischen, geographischen, wirtschaftlichen u. a. Lebensbedingungen, den traditionellen Glaubensüberzeugungen sowie dem Stand empirischer Kenntnisse verbindet. Da das Unbedingte nur in geschichtlich wechselnden Verhaltensweisen u. Institutionen zur Darstellung kommt, wird Sittlichkeit ohne die Konkretion in M. u. S. nicht wirklich. Allerdings ist die Konkretion in der jeweils herrschenden M. u. S. immer auch eine begrenzte, geschichtlich mehr oder weniger angemessene Gestalt der Sittlichkeit. Sowohl aufgrund neuer Lebensbedingungen als auch wegen des Anspruchs auf ein humanes Dasein sollten M. u. S. stets zur Veränderung (*Wandel der Moral*) u. Kritik (→Moralkritik) hin offen sein, was keinesfalls einen e →Relativismus begründet. Dabei könnte die überkommene Ordnung von M. u. S., die *Tradition*, für sich beanspruchen, durch ihren bisherigen Stand sich im großen und ganzen bewährt zu haben. Solange sie nicht als schädlich oder unzweckmä-

ßig erkannt ist, wäre es vernünftig, ihr zu folgen, also dem Kritiker die Beweislast der Revisionsbedürftigkeit aufzubürden (→provisorische M.). – Die Adjektive „moralisch" u. „sittl." beziehen sich weniger auf M. u. S. als auf Moralität und Sittlichkeit.

Lit.: F. Nietzsche, Morgenröte, Abschn. 9, 19, 34; H. Bergson, Die beiden Quellen der M. u. der Religion; E. Durkheim, Bestimmung der moral. Tatsache, in: ders. Soziologie u. Philosophie, Frankfurt 1967; A. Macbeath, Experiments in Living, London 1952; G. Gurvitch, Morale théorique et science des mœurs, Paris 1963; L. Reinisch (Hrsg.), Vom Sinn der Tradition, München 1970; P. F. Strawson, Gesellschaftl. M. u. persönl. Ideal, in: Seminar: Sprache u. E, Frankfurt 1974; G. Funke, Gewohnheit, S., Sittlichkeit, Archiv f. Rechts- u. Sozialphilos. Bd. 47, 1961; A. Gehlen, Anthropol. Forschung, Reinbek 1968, Abschn. 3; ders., M. u. HyperM., Frankfurt 1973; W. Kluxen, E des Ethos, Freiburg-München 1974; R. Spaemann, Zur Kritik der polit. Utopie, Stuttgart 1977, S. 1 ff.: Die zwei Grundbegriffe der M.; N. Luhmann, S. H. Pfürtner (Hrsg.), Theorietechnik u. M., Frankfurt 1978. *O. H.*

Moralische Erziehung →Erziehung.

Moralisches Gefühl →Gefühl.

Moralisches Gesetz →Moralprinzip.

Moralischer Sinn →Gefühl.

Moralismus ist ein vieldeutiger Ausdruck. *Fichte* bezeichnet mit M. eine E, die im Gegensatz zum Eudämonismus (→Glück) nicht beim sinnlichen Sein stehenbleibt u. mit dem transzendentalen Standpunkt (→Methoden) verbunden ist (Wissenschaftslehre, 1801, § 26). – Um M. handelt es sich auch, wenn man mit *Kant* die Vernunft letztlich nur auf das Moralische gerichtet sieht (Kritik der reinen Vernunft, B 825 ff.) oder mit *Fichte* nicht bloß das Handeln, sondern auch das Erkennen als Selbstrealisierung von →Freiheit begreift. – In polemischer Absicht bezeichnet M. entweder ein Denken, das aufgrund abstrakt-formaler Gesetze die Lebendigkeit des wirklichen Menschen erstickt u. die Weite des sittl. Guten verbirgt, oder eines, das die Dimension des Sittl. gegenüber anderen relativ eigenständigen Kulturbereichen wie →Recht u. →Religion überbewertet.

O. H.

Moralität →Sittlichkeit.

Moralkritik hinterfragt die in einer Gesellschaft herrschende →Moral auf ihren verborgenen Zweck und erschüttert so die Unmittelbarkeit ihrer Geltung. Die Gebote u. Verbote verlieren ihren Tabucharakter. M. entsteht dort, wo eine Gesellschaftsordnung u. ihre leitenden Wertvorstellungen zu zerfallen beginnen. Sie verschärft den Zerfall oder sucht ihn aufzuhalten: M. ist entweder entlarvend, indem sie einen kompromittierenden Grund, oder rechtfertigend, indem sie einen *legitimierenden* Grund aufzeigt.

(1) Die entlarvende M. weist auf einen Zweck, der den Zwecken widerspricht, die die jeweilige Moral selbst vorschreibt: auf Neid der Götter *(Sophisteu)*, Egoismus der Herrschenden *(Thrasymachus* in Platons ‚Staat‘, 338 f. →marxistische E), Ressentiment der Schwachen (*Kallikles* in Platons ‚Gorgias‘, 491 f.; *Nietzsche*).

Zu ihr gehört es auch, die anscheinend selbstlosesten Regungen wie Mitleid und Nächsten- →Liebe als bloße Rationalisierungen des →Selbstinteresses *(Hobbes, La Rochefoucauld)*, das →Gewissen als eine nach Innen verlegte fremde Stimme *(Freud, Adorno)*, eine Lebensordnung als →entfremdend *(Marx)* oder angeblich →freie Entscheidungen als biologisch, psychologisch, geschichtlich u. ökonomisch-gesellschaftlich →determiniert *(Darwin, Nietzsche, Freud, Marx)* zu demaskieren. Ziel der entlarvenden M. ist die Desillusionierung überlieferter Illusionen, der Nachweis eines falschen Bewußtseins. M. intendiert *Aufklärung*, die den Menschen aus seiner selbstverschuldeten, von den politischen u. religiösen Mächten bewußt oder unbewußt beförderten Unmündigkeit befreien will. Ein falsches Bewußtsein bemißt sich an der Idee eines richtigen Bewußtseins. Mit der Ablehnung bestehender Verbindlichkeiten verbindet sich deshalb zumindest implizit eine Bejahung der Idee unbedingter Verbindlichkeit. Die Aufhebung einer Moral geschieht im Namen von →Moralität; M. ist selbst ein moralisches Ereignis. – Auch die entlarvende M. ist in der Regel nicht bloß destruktiv. *Nietzsche* z. B. kritisiert einerseits die angeblich seit *Platon* herrschende Einstellung, nach der man den Sinn des Daseins bloß in lebensjenseitigen objektiven →Werten sucht, sowie ihr planes Gegenteil, den europäischen →Nihilismus des 19. Jh., der alle dem Dasein Verbindlichkeit gebenden Werte, Normen u. Wahrheiten historisch relativiert. Andererseits deckt er ein →Moralprinzip auf, das einen neuen Lebenshorizont eröffnen soll: die Selbstbejahung u. Steigerung des →Lebens als →„Wille zur Macht". Dieses Prinzip ist weniger ein neuer Wert als ein neuer Ort der Wertsetzung, der nicht einfach alte Werte durch neue ersetzt, sondern sie – sofern sie der M. standhalten – aus anderen Gründen rechtfertigt.

(2) Die rechtfertigende M. kann auf völlige Rechtfertigung oder darauf hinauslaufen, daß die geltenden Gebote (etwa die einer konfessionell bestimmten →christlichen E) dem leitenden Zweck (der Gottes- u. Nächstenliebe) nicht oder nur mangelhaft genügen. Der Mangel kann zwei Gründe haben: Entweder ist die Moral verfallen, sie hat sich von ihrem Leitprinzip entfernt (etwa die Moral der sozialistischen Staaten vom humanen Anspruch der →marxistischen E), oder die Lebensbedingungen haben sich so verändert (von der Agrar- zur Industriegesellschaft, von der Knappheit vieler Güter zu deren Überfluß oder umgekehrt), daß der Zweck, der der überlieferten Moral zugrundelag, eine Veränderung ihrer Normen erforderlich macht, wenn der Zweck noch weiter erreicht werden soll.

Während die entlarvende u. die rechtfertigende M. eine Moral auf ihre inhaltliche Richtigkeit prüfen (M. erster Ordnung), prüft eine M. zweiter Ordnung die Begriffe, Kriterien, Prinzipien und →Methoden der Moral u. ihrer Kritik. Sie unterscheidet zwischen der Moral in ihrer geschichtlich wandelbaren u. oft unzulänglichen Wirklichkeit u. ihrem übergeschichtlichen →Moralprinzip, sie fragt nach der formalen Qualität eines Moralprinzips u. nach dem Grund von Moral überhaupt, gleich woraus sie jeweils inhaltlich bestehen.

Lit.: Hobbes, Leviathan, Kap. 6; La Rochefoucauld, Maximen u. Reflexionen; I. Kant, Beantwortung der Frage: Was ist Aufklärung?; F. Nietzsche, Menschliches, Allzumenschliches; ders., Morgenröte; ders., Jenseits von Gut u. Böse; ders., Zur Genealogie der Moral; ders., Aus dem Nachlaß der Achtzigerjahre; J. P. Sartre, Das Sein u. das Nichts, Hamburg 1952; Th. W. Adorno, Minima Moralia, Frankfurt [3]1970; R. P. Wolff u. a., Kritik der reinen Toleranz, Frankfurt [8]1973.   *O. H.*

Moralphilosophie →Ethik.

Moralprinzip. In ontologischer u. erkenntnismetaphysischer Redeweise versteht man unter einem Prinzip (lat. principium, gr. archē) jeweils „ein Erstes . . ., aus dem eine Sache entweder besteht oder entsteht oder erkannt wird" (*Aristoteles* Metaph. 1013 a), einen letzten Grund des Seins, des Werdens u. Erkennens. In transzendentalphilosophischer Sprache (→Methoden der E) sind Prinzipien die letzten einheitsstiftenden „Grundsätze und Regeln" theoretischer u. praktischer Vernunft (vgl. *Kant,* Kritik d. r. Vernunft B 355 ff.). Unter M. wird entsprechend im heutigen moralphilosophischen Sprachgebrauch der letzte bzw. ein letzter praktischer Grundsatz verstanden, der nicht aus einer allgemeineren →Norm ableitbar ist u. als Kanon der Deduktion, →Begründung, Rechtfertigung u. Kritik untergeordneter Normen fungiert. Das M. dient so gesehen als oberstes *Kriterium,* als letzter Maßstab praktischen Argumentierens, das implizit oder explizit in jeder Begründung singulärer oder genereller moralischer Urteile in Anspruch genommen wird. Beispiele für solche M.ien sind: jedermann handle jederzeit nach der vernünftigen ‚Natur‘ der Dinge (→stoische E), nach dem Willen Gottes (→theologische E), im Blick auf das größtmögliche eigene (≥ Egoismus: →Selbstinteresse) oder allgemeine →Glück (→Utilitarismus), nach verallgemeinerungsfähigen Maximen bzw. in Anerkennung des Selbstwerts aller →Personen *(Kant),* nach in einem herrschaftsfreien, vernünftigen Dialog konsensfähigen Interessen (kommunikative E). Die Ermittlung u. Entfaltung des M. (vielfach auch *Prinzip der → Sittlichkeit* genannt) ist zentrale Aufgabe einer →normativen E; als systemstiftendes Begründungsprinzip eines praktischen Normengefüges wird es häufig in verkürzender Ausdrucksweise mit dem *moralischen Gesetz* bzw. dem *Sittengesetz* überhaupt identifiziert.

Kontrovers in der aktuellen philosophischen Diskussion ist die Beantwortung der Frage nach der Möglichkeit rationaler Rechtfertigung des Geltungsanspruchs eines Prinzips, das die rationale Begründung von Zwecksetzungen, Handlungen u. Handlungsnormen erst ermöglichen soll. In der von *Platon* u. *Aristoteles* grundgelegten antiken u. mittelalterlichen Ontologie, der auch die E eingegliedert war, wurde das M. (bzw. das, was mit diesem Modewort gemeint ist) u. die von ihm fundierten Handlungsnormen (soweit überhaupt in Gestalt genereller Verpflichtungsurteile expliziert) implizit oder explizit in einer Theorie objektiv-werthafter, hierarchisch gestufter Seinsordnung (→das Gute) festgemacht. Die Transzendentalphilosophie *Kants* sieht im formalen Gesetz des →kategorischen Imperativs das oberste *Kriterium* der moralischen Beurteilung menschlicher Willensbestimmungen. Sein unbedingter Sollensanspruch u. die in ihm gebotene Prüfung der Verallgemeinerungsfähigkeit von Handlungsmaximen wird rekonstruiert als die Struktur spezifisch endlicher Vernunftautonomie, als nötigendes Verhältnis des „eigenen notwendigen Wollens“ eines „Gliedes einer intelligibelen Welt“ zu sich selbst als einem nicht von Natur aus vernünftigen „Gliedes der Sinnenwelt“. Die nichtkognitivistische Behandlung praktischer Urteile, die im Gefolge des spätmittelalterlichen Nominalismus wie des neuzeitlichen →Empirismus auftrat, führt die in M.ien zum Ausdruck kommenden Geltungsansprüche auf irrationale Glaubensakte, Entscheidungen oder naturwüchsige Gefühle zurück u. schneidet die Frage nach ihrer möglichen argumentativen Rechtfertigung oder Kritik ab. Demgegenüber betonen →kritische Theorie wie →konstruktive E wieder die mögliche Abkunft praktischer Normen aus praktischer Vernunft. Sie rekurrieren allerdings in ihrer ‚Letztbegründung‘ nicht mehr auf eine transzendentale Metaphysik vernünftiger Subjektivität überhaupt (u. auf Autonomie als Bestimmungsgrund ihres Handelns) wie *Kant* u. *Fichte,* sondern maieutisch rekonstruierend auf transzendentale Bedingungen zwischenmenschlicher Kommunikation: die moralische Grundnorm läßt sich als unhintergehbares Implikat vernunftorientierter Verständigung aufweisen; ihre Anerkennung habe selbst jener bereits vollzogen, der diese Anerkennung noch von der Vernunft vorgebrachter Argumente abhängig machen will *(Apel).*

Lit.: D. Hume, Eine Untersuchung über die Prinzipien der Moral; I. Kant, Grundlegung zur Metaphysik der Sitten; J. G. Fichte, Das System der Sittenlehre; J. Bentham, Eine Einführung in die Prinzipien der Moral u. der Gesetzgebung; G. E. Moore, Principia Ethica; K. O. Apel, Das Apriori der Kommunikationsgemeinschaft ... in: Transformation der Philosophie II, Frankfurt/M. 1973; P. Lorenzen, O. Schwemmer, Konstruktive Logik, E u. Wissenschaftstheorie, Kap. II, Mannheim ²1975; M. G. Singer, Verallgemeinerung in der E., Frankfurt/M. 1975.   *M. F.*

Moralpsychologie heißt die wissenschaftliche Betrachtungsweise, die die subjektiven Bedingungen →sittl. →Handelns, seine Motivation (→Gesinnung) untersucht. Dabei spielen physiologische Bedingungen des Organismus (physiologische Psychologie) ebenso eine Rolle wie erlernte Verhaltensanomalien (Verhaltenspsychologie). Sie hat darüber hinaus die motivierende Bedeutung des aktuellen Bewußtseinslebens der →Person (Gestaltpsychologie) ebenso zu berücksichtigen wie die Bedeutung der jenseits der Bewußtseinsschwelle liegenden unbewußten Anteile des Erlebens (Psychoanalyse: →Psychotherapie).   *A. S.*

Moralstatistik →Empirismus.

Moraltheologie ist die von der katholischen Theologie entwickelte Theorie vom guten christlichen Leben. Als E der Erlösten entfaltet sie die Lehre von den religiös-sittl. Verpflichtungen u. den →Tugenden des durch die Taufe zum übernatürlichen Sein erhobenen →Menschen. Entsprechend der im christlichen Dogma begründeten Unterscheidung von →Natur u. Übernatur, von Schöpfungsordnung u. Heilsgeschichte, vom Reich der Natur u. dem der Gnade sowie entsprechend der katholischen Auffassung von der Beziehung beider (die Gnade setzt die Natur voraus u. vollendet sie), leistet M. die Synthese ,natürlicher' →E mit den ,Offenbarungswahrheiten' der Heilsgeschichte. Die erste Stufe der M. bildet so eine rationale E, die sich in ihrer faktischen Gestalt großenteils (schöpfungstheologisch umgeprägt) stoisch-neuplatonischem Naturrechtsdenken (→Naturrecht, stoische E) u. aristotelischer Tugendethik verdankt. Die radikalen Forderungen eschatologisch bestimmter JesusE (→christliche E), die die aristotelische Zentraltugend der →Gerechtigkeit überbieten u. den Rahmen von für jedermann geltenden →Pflichten sprengen, werden teils in Aszetik u. Mystik verinnerlicht, teils in einen nicht allgemein gebotenen, kirchenjuridisch eingebundenen ,Weg der Vollkommenheit' (durch die Ordensgelübde der Armut, Keuschheit u. des Gehorsams) aufgehoben. Die zweite Stufe →christlicher E entwickelt die M. im allgemeinen aus der Lehre von den Sakramenten, die das übernatürliche Erlösungswerk Christi u. die durch ihn freigesetzten Gnaden in die konkrete geschichtliche Welt institutionell vermitteln. Im Glauben an ihre

Heilswirksamkeit u. in der Befolgung der sie konstituierenden rituellen Praxis sieht M den Weg, die natürliche →Sittlichkeit zu überhöhen, die gnadenhafte Rechtfertigung durch Christus u. das übernatürliche →Leben zu gewinnen, zu bewahren u. zu vermehren.

Lit.: J. Mausbach/G. Ermecke, Katholische M., Münster Bd. I–II ⁹1959, Bd. III ¹⁰1961; B. Häring, Das Gesetz Christi, Freiburg ⁶1961; J. Fuchs, Moral u. M. nach dem Konzil, 1967; A. Auer, Autonome Moral u. Christlicher Glaube, Düsseldorf 1971, W. Korff, Theologische E, Freiburg i. Br. 1975; J. Ratzinger, Prinzipien christlicher Moral, Einsiedeln 1975.   *M. F.*

Motivation →Gesinnung, Handlung, Verstehen.

Mündigkeit →Emanzipation.

Mut →Tapferkeit.

Mystik →Spiritualität.

N

Nächstenliebe →Liebe.

Narzißmus →Person.

Nationalismus →Patriotismus-Kosmopolitismus.

Natur wird einmal als die Gesamtheit aller beobachtbaren, nicht von Menschen hergestellten, sondern gewachsenen, anorganischen u. organischen, pflanzlichen u. tierischen Gegebenheiten betrachtet (materialer N.begriff). Zum anderen gilt der Inbegriff der gesetzmäßig erfaßbaren Bestimmungen eines Dinges wie auch des Menschen als dessen N. (formaler N.begriff). N. wurde im materialen Sinne als Gegenbegriff zum →Menschen u. seinem Handeln *(Aristoteles)*, zu Geist *(Hegel)*, zu →Freiheit *(Kant)*, zu Geschichte *(Droysen)*, zu →Kultur u. Gesellschaft *(Hobbes, Locke)* als nicht-vernünftiges, kausal determiniertes Material menschlichen Gestaltens verstanden. N. galt auch dort, wo ihr eigene Bewegungsprinzipien *(Aristoteles)* oder eine innere rationale Gesetzlichkeit *(I. Kant)* zugebilligt wurde, als Mittel im Dienst menschlicher Verfügungsgewalt. – Der *Naturalismus* lehnt zwar die Ausbeutung (→Entfremdung) der N. ab, definiert aber Begriffe wie Kultur u. Geist auch dort, wo er die Versöhnung von Mensch u. N. fordert *(K. Marx)*, einseitig materialistisch (→Materialismus). Er verkennt damit ebenso wie der bloße Verfügungsanspruch über die N., daß die N. als Lebensraum des Menschen nicht anders als die N. des Menschen selbst der Kultur bedarf: der Pflege u. Erhaltung ihres Bestandes. – Die Zerstörbarkeit der N., die Probleme der Umweltverschmutzung (→Umweltschutz), der Knappheit von Rohstoffen u. des geringer werdenden natürlichen Lebensraums der Menschen erinnern eindringlich an die →Verantwortung des Menschen gegenüber der N. Ökologische Probleme sind eine Form sozialer Probleme, da sie die Existenz der menschlichen Gesellschaft gefährden. Da ökologische Probleme in hochzivilisierten Gesellschaften nicht gänzlich vermeidbar sind, die einmal zerstörte N. sich andererseits nicht aus eigener Kraft erneuern kann, stehen politische u. ökonomische Entscheidungen nicht nur unter dem An- spruch, die sozialen Kosten der Zer- störung von natürlicher Umwelt ge- ringer zu halten als die Gewinne zur Verbesserung menschlicher Lebens- bedingungen (→Lebensqualität); sie stehen auch unter der sittl. Verpflich- tung, zu verhindern, daß die →Frei- heit, die Lebens- u. Entfaltungsmög- lichkeiten künftiger Generationen eingeschränkt werden.

Lit.: Aristoteles, Physik, Buch IV, 290 a 30 ff.; I. Kant, Idee zu einer allgemeinen Geschichte in weltbürgerlicher Absicht; K. Marx, Ökonomisch-philosophische Manuskripte, Mskr. III; J. G. Droysen, Historik, Darmstadt ⁶1971, S. 406 ff.; W. Heisenberg, Das N.bild der heutigen Physik, Hamburg 1965, Kap. I; R. Spaemann, N., in: Handbuch philoso- phischer Grundbegriffe, Bd. 2; J. Pass- more, Man's Responsibility for Nature, London 1974, Teil 2 u. 3. *W. V.*

Naturalismus →MetaE, Natur.

Naturalistischer Fehlschluß →MetaE.

Naturrecht. Die Theorie des N. ver- sucht, faktisch bestehendes Recht in Richtung auf eine →Ordnung zu transzendieren, die menschlicher Set- zung bzw. Vereinbarung vorausliegt u. diese normiert. Damit wendet sich die Theorie des N. gegen den An- spruch des *Rechtspositivismus,* gelten- des →Recht allein schon durch seine Gesetztheit als ‚rechtens' oder gültig zu erweisen. (a) Grundproblem jeder N.theorie sind Begriff u. →Begrün- dung jener vorausliegenden Ord- nung, die seit den *Sophisten* u. *Aristote- les* als →‚Natur' angesprochen wird. Natur wird dabei verstanden als sinn- volles u. verpflichtendes Ordnungs- gefüge, das auch die Weise menschli- chen Handelns u. Zusammenlebens normierend präformiert u. alles Ge- setz, das sich naturwüchsiger →Sitte, expliziter Vereinbarung oder willkür- lichem Erlaß verdankt, als sinnvolle Entsprechung u. Fortsetzung recht- fertigt oder als Störung u. Abwei- chung diskreditiert. Bei *Platon* u. *Ari- stoteles,* in Stoa (→stoische E.), Neu- platonismus u. christlicher Scholastik gilt (trotz gewichtiger Unterschiede) Natur als Inbegriff einer hierarchisch gestuften, von →Zwecken bewegten Ordnung (Kosmos, bzw. Schöp- fung), in der jedem Seienden gemäß seinem Wesen der ihm eigene Platz zugewiesen ist. Menschliche Exi- stenz, durch Bewußtsein u. →Freiheit vermittelt, kann u. soll im vernünfti- gen Blick auf die zwecktätige Anord- nung der Natur ihre aus vorgegebe- nen Anlagen ersichtliche (unter- schiedliche) Aufgabe übernehmen u. ihr Wesen selbsttätig vollenden. (b) Die Fragwürdigkeit dieses Konzepts begleitet die N.theorie seit ihren Anfängen. Die sophistische Kritik brachte die Schwierigkeit zum Be- wußtsein, in der erfahrbaren Natur ein nicht von partikulären Interessen bestimmtes Kriterium zu finden, das die Unterscheidung normativer As- pekte von bloß faktischen der Natur erlaubt. Als ebenso schwierig erwies sich die Aufgabe, in der vorgegebenen gesellschaftlichen Welt die natürli- chen Momente von jenen künstlichen zu trennen, die die im Gewand expli- ziter Rechtsetzung oder anonymer gesellschaftlicher Prozesse auftreten- de menschliche Willkür je schon ge- prägt hat. Vollends problematisch wird teleologisch begriffenes N.

durch die Dominanz des neuzeitlichen →Wissenschaftsbegriffs, der Natur als wertfreien, mathematisch beschreibbaren Kausalzusammenhang bewegter Materie deutet, zu dem der Begriff des Rechts bzw. der →Pflicht in keine sinnvolle Beziehung mehr gesetzt werden kann. Konsequenterweise formt der *Rationalismus* der Moderne das N. zu einem Vernunftrecht um. Sein analytisch-synthetisches Verfahren begreift Recht nicht mehr aus einer naturhaft-zweckvoll vorgegebenen Gemeinschaftsordnung, sondern durch eine rationale Konstruktion; diese erschließt aus vorgegebenen Prämissen (der Mensch als gesellig-ungeselliges Bedürfnis- u. Triebwesen, die vorhandenen Mittel der Befriedigung, die vernünftigen Rechte aller einzelnen) die Bedingungen der Ordnung gegenseitig vereinbarer Ansprüche. Aus der Verbindlichkeit der Natur wird eine Verbindlichkeit der →Vernunft, die dort eine Preisgabe bzw. Kontrolle der Natur verlangt, wo deren Mechanik gerade nicht Ordnung garantiert, sondern ins Chaos zu führen droht (*Naturzustand* als Status nicht durch transsubjektive Vernunft kontrollierter Rechtsansprüche). In der Bestimmung der vernunftrechtlich zu sichernden Ansprüche aller einzelnen bleibt das rationalistische N. indessen einem schillernden Naturalismus verhaftet *(Hobbes, Grotius, Pufendorf, z. T. Rousseau)*. Erst *Kant* hat den Begriff eines „a priori durch jedes Menschen Vernunft erkennbaren Rechts" (Metaph. d. Sitten § 36) geklärt. Es ist der Inbegriff aller Rechte u. →Pflichten, die sich aus dem Begriff eines freien Vernunftwesens ergeben, das zu anderen freien Subjekten in ein Verhältnis der Interaktion, der Abhängigkeit u. möglicher Beeinträchtigung tritt. Menschliche Vernunft bedarf zur Erreichung ihrer sittlichen Zwecke des äußeren Freiheitsspielraums; als Vernunft will sie auch die Vernunft der Anderen: damit ist die Teilung der äußeren Freiheitssphäre nach einem alle in gleicher Weise verpflichtenden Gesetz anerkannt. Da menschliche Willkür nicht von selbst diesem Gesetz gehorcht, verlangt das Vernunftrecht von sich aus zu seiner Verwirklichung die Etablierung einer positiven →Gewalt, die die Willkür des einen zur Kompatibilität mit der Willkür des anderen zu zwingen vermag (→Staat). Das positive Gesetz dient der Sicherung u. Durchsetzung des natürlichen Rechts, der ,Probierstein der Rechtmäßigkeit eines jeden öffentlichen Gesetzes' ist die mögliche Zustimmung aller Betroffenen, insofern sie vernünftig sind. Die teleologische *lex naturalis* war ein Gesetz natürlich vorgegebener Zwecke, das N. der Neuzeit macht die vernünftige Freiheit aller u. ihr empirisches Korrelat kompatibler Willkürfreiheit zum Prinzip u. Maßstab allen positiven Rechts.

Lit.: Aristoteles, Nikomach. E, Buch V 10; Cicero, De re publica; ders. De legibus; Thomas v. Aquin, Summa theol. I. II, a 90–97; F. Suárez, De legibus ac Deo Legislatore; S. Pufendorf, De jure naturae et gentium; J. Locke, Essays on the Law of Nature; I. Kant, Metaphysik der Sitten, 1. Teil: Methaph. Anfangsgründe der Rechtslehre; J. G. Fichte, System des N.; G. W. F. Hegel, Rechtsphilosophie; H. Kelsen, N.lehre u. Rechtspositivismus, Berlin 1928; H. L. A. Hart, Der Begriff des Rechts, Frankfurt 1973; L.

Strauß, N. u. Geschichte, Stuttgart 1956; E. Bloch, N. u. menschliche Würde, Frankfurt 1961; H. Welzel, N. u. materiale Gerechtigkeit, Göttingen [4]1962; E. Wolff, Das Problem der N.lehre, Karlsruhe [4]1964; W. Maihofer (Hrsg.), N. oder Rechtspositivismus?, Darmstadt [2]1966 J. Ritter, N. bei Aristoteles, in: ders., Metaphysik u. Politik, Frankfurt 1969; W. Röd, Geometrischer Geist u. N., München 1970; F. Heinimann, Nomos u. Physis, Darmstadt [2]1972; F. Böckle, E. W. Böckenförde (Hrsg.), N. in der Kritik, Mainz 1973; O. Höffe, N. ohne naturalist. Fehlschluß, Wien 1980.   *M. F.*

Nebenwirkung →Erfolg.

Neid nennt man eine Haltung des Menschen, in der er seinen Mitmenschen körperliche und geistige Vorzüge, Vermögen und Ansehen offen oder versteckt mißgönnt, weil er sie selbst besitzen möchte. Auf Grund dieser egoistischen (→Selbstinteresse) Prämisse ist der N. der sittl. Haltung des →Wohlwollens im zwischenmenschlichen Verhältnis entgegengesetzt. Die mittelalterliche →Tugendlehre in der *aristotelischen* Tradition (*Thomas v. Aquin*) rechnete den N. (lat. invidia) zu den Lastern. Diese stellen eine seelische Disposition dar, die unser →Handeln in der Form begleitet, daß wir nicht im Besitze unserer selbst, d. h. nicht in vernünftiger Weise bei uns sind. Diese rein e Betrachtungsweise unterstellt, daß es ausschließlich in der freien Verfügung (→Verantwortung) des einzelnen steht, er sich für die Haltung des Wohlwollens oder des N. entscheidet. Dem gegenüber hat *Hobbes* gezeigt, daß N. und Mißgunst nicht ohne ihre gesellschaftlichen Hintergründe verstanden werden können. In der modernen Gesellschaft, in der der Privategoismus des einzelnen nur durch vertragliche Bindungen in Schranken gewiesen werden kann, wird die bedingungslose Rivalität durch den reglementierten *Konkurrenz*kampf ersetzt. Auf seinem Boden gedeihen N. und Eifersucht, weil jeder am meisten besitzen möchte. Die gesellschaftliche Betrachtungsweise allein erklärt jedoch nicht, warum bestimmte Individuen an N. und Eifersucht erkranken, andere dagegen nur gelegentlich davon berührt werden. *Nietzsche* hat versucht der tieferen psychologischen Genese dieser Phänomene nachzugehen. Demnach scheint dem N. ein *Ressentiment* zugrundezuliegen, das aus dem Schmerz über eine frühere Verletzung, den daraus resultierenden Rachegefühlen und ihrer Betäubung entspringt. Damit wird der N. zum Ausdruck einer unbewußten Vorgeschichte, die die unbewältigte Kränkung und die Position des Schwächeren zur Voraussetzung hat. Die psychoanalytische Deutung sieht die Wurzel des N. in einer nicht bewältigten oralen Gier, die Wurzel der *Eifersucht* dagegen in einer aus früher Traumatisierung entspringenden Verlustangst, die durch den völligen „Besitz" des anderen verdeckt werden soll.

Lit.: Thomas v. Aquin, Summa theologiae I, II q. 84 u. II, II q. 36; Th. Hobbes, Leviathan, Kap. I, 10 u. 13; F. Nietzsche, Zur Genealogie der Moral, Erste Abhandlung; M. Scheler, Das Ressentiment im Aufbau der Moralen, in: Vom Umsturz der Werte; H. Schroeck, Der N. Eine Theorie der Gesellschaft, Freiburg [2]1968; M. Klein, Das Seelenleben des

Kleinkindes, Reinbek 1972; A. Altmann, Ressentiment u. Moral bei Nietzsche, Bonn 1977.   *A. S.*

Neigung →Leidenschaft.

Neurose →Krankheit.

Neutralitätsthese →MetaE.

Nihilismus (lat. nihil: nichts) ist (1) als geschichtliche Erfahrung das Resultat der Entwertung aller obersten, dem →Leben u. Sterben bislang →Sinn gebenden sittl.-politischen Grundsätze. Dort, wo die bisherigen →Normen u. →Werte ihre Geltung verlieren, weil das sie tragende Prinzip, etwa der Glaube an →Gott (vgl. *Nietzsche:* Gott ist tot) oder an die unverletzliche Würde (→Humanität) jedes →Individuums fragwürdig geworden ist, erscheint das Leben insgesamt als sinnlos u. der N. wird zur bedrückenden Erfahrung einzelner oder ganzer Gruppen u. →Gesellschaften. Das Gefühl der Leere u. Sinnlosigkeit des Lebens kann unbeschränktem Egoismus (→Selbstinteresse), Verbrechen, Selbstmord (→Leib) oder apathischer Gleichgültigkeit (→Indifferenz) gegenüber dem eigenen Leben u. dem anderer Raum geben (vgl. *F. Dostojewski,* Die Brüder Karamasow; *R. Musil,* Der Mann ohne Eigenschaften; *F. Kafka,* Der Prozeß u. a.). Die Möglichkeit der Erfahrung der Sinnlosigkeit zeigt, daß dem Menschen der Sinn seines Lebens nicht naturhaft vorgegeben ist, sondern von ihm gesucht u. gestiftet werden muß. Der N. läßt sich deshalb weder durch Kritik an der Diagnose eines Zerfalls herrschender →Moral u. Sitte noch durch die Beschwörung

brüchig gewordener Grundsätze prinzipiell überwinden, sondern nur durch den Aufweis eines neuen, tatsächlich verbindlichen u. deshalb auch allgemein überzeugungsfähigen Lebens- u. →Moralprinzips. So hat *Nietzsche* den im 19. Jahrhundert zu beobachtenden Verfall des Glaubens an die sogenannten platonisch-christlichen, am Jenseits orientierten Sinnsetzungen u. die Hinwendung zum Diesseits als europäischen (heute wohl schon weltweiten) N. diagnostiziert. Gegenüber einem „schwachen N.", dem im Erleiden des allgemeinen Sinnzerfalls das Leben zusammenbricht, setzte er einen „starken N.", der aus dem Willen zur Macht als dem neuen lebensbejahenden Prinzip der Wertsetzung (→Lebensphilosophie) heraus lebt (vgl. *G. Benn,* N. ist ein →Glücksgefühl). Allerdings hat es den Anschein, daß *Nietzsche* bloß ein Gegenprinzip zur brüchig gewordenen Moral der Schwachen u. Schlechtweggekommenen u. eine damit verbundene Umwertung aller Werte, nicht auch das schlechthin allgemeine Moralprinzip formuliert hat.

Der (2) theoretische N. bestreitet jede Möglichkeit zur →wahren Erkenntnis (Agnostizismus), der (3) e N. jede Möglichkeit, allgemein verbindliche Grundsätze des persönlichen u. politischen Lebens zu →begründen. Die Unterscheidung zwischen →guten (→Sittlichkeit) u. →bösen Handlungen wird ebenso prinzipiell geleugnet wie die zwischen →gerechten u. ungerechten politisch-sozialen Ordnungen, (*Amoralismus*) was zu einer Lebenshaltung führen kann, die jede Moral u. Sitte verachtet

(*Zynismus,* benannt nach den Kynikern, einer vom Sokrates-Schüler Antisthenes gestifteten Philosophenschule, die ihr Ideal der Bedürfnislosigkeit bis zur Verachtung von Anstand u. Sitte verwirklichte; vgl. *Diderot,* Rameaus Neffe). (3.1) Ein „naiver e N." beruft sich darauf, daß ständig gegebenen Verbindlichkeiten zuwider gehandelt wird. Ihm liegt das Mißverständnis zugrunde, ein Sollensanspruch bestehe nur dann zu Recht, wenn er auch erfüllt werde. (3.2) Der „e N. des Weltmannes" weist auf die soziokulturelle Verschiedenheit geltender Moral u. Sitte hin (→Relativismus). Die Verschiedenheit betrifft aber zunächst nur die abgeleiteten Normen, nicht die Prinzipien selbst. Unter wechselnden soziokulturellen Randbedingungen lassen dieselben Prinzipien nicht bloß andere abgeleitete Normen zu, sondern machen dies sogar erforderlich. (3.3) Der „e N. des Aufklärers" sucht jede Moral durch Aufdecken kompromittierender Gründe zu entlarven. So berechtigt aber seine →Moralkritik im Einzelfall sein mag – sie kann nur eine bestimmte Moral, nicht jede Moral verwerfen. Vielmehr beruft sich die Kritik, mindestens implizit, selbst auf allgemein verbindliche Prinzipien, ohne die die Kritik nicht sittl. überzeugend wäre. In seiner Kritik leistet dieser Begründungsversuch des e N. die Verwerfung einer bestehenden Moral u. zugleich die Anerkennung von moralischer Verbindlichkeit.

Mit N. kennzeichnete als erster *F. H. Jacobi* im „Sendschreiben an *Fichte*" (1799) dessen Idealismus, der alles auf ein Nichts, das leere Ich,

gründe. Seit *F. v. Baader* bezeichnet N. jede Leugnung Gottes u. der Offenbarung, seit dem russischen Anarchismus (→Herrschaft; vgl. *Turgenjew,* Väter u. Söhne) die Leugnung der Gültigkeit jeder politischen Ordnung. *Sartres* Betonung der absoluten →Freiheit u. →Verantwortung des Menschen, nach dem der Mensch keine feste →Natur hat, sondern nichts anderes als das ist, wozu er sich selbst macht, hat seiner →existentialistischen E den Vorwurf des N. eingetragen.

Lit.: D. Diderot, Rameaus Neffe, Stuttgart 1977; F. Nietzsche, Aus dem Nachlaß der Achtziger Jahre (Wille zur Macht); G. Benn, Nach dem N., Stuttgart 1932; F. Sayre, Greek Cynics, Baltimore 1948; J. P. Sartre, Das Sein u. das Nichts, Hamburg 1952; ders., Ist der Existentialismus ein Humanismus?, in: Drei Essays, Frankfurt u. a. (o. J.); E. Jünger, Über die Linie, Frankfurt 1950; W. Bröcker, Im Strudel des N., Kiel 1951; A. Camus, Der Mensch in der Revolte, Hamburg ²1958; E. Mayer, Kritik des N., München 1958; M. Polanyi, Jenseits des N., Dordrecht/Stuttgart 1961; D. Arendt (Hrsg.), N., Die Anfänge von Jacobi bis Nietzsche, Köln 1970; W. Weier, Die definitor. Ursprünge des N., Basel 1974; M. Heidegger, Zur Seinsfrage, Frankfurt 1977.
O. H.

Nirwana →Buddhistische E.

Nonkognitivismus →MetaE.

Norm. Die Rede von N.en ist umgangs- u. wissenschaftssprachlich ebenso vielfältig verbreitet wie vieldeutig. Im Ausgang vom lateinischen Wortsinn (norma: Regel, Muster, Maßstab, Vorschrift, leitender Grundsatz) läßt sich die Bedeutungsvielfalt des Wortes N. wie folgt klassifizieren: (a) N. als empirisch ermittelter Durchschnittswert der gemeinsamen Beschaffenheit einer Klasse von Gegenständen, im Blick auf den der einzelne Gegenstand als normal bzw. anomal bezeichnet wird *(Anomalie, Normalität).* b) N. als Idee, als ideativer Begriff, als Grenzbegriff einer Eigenschaft im Status unüberschreitbarer Vollkommenheit, im Blick auf den empirische Gegenstände bzw. Handlungen als mehr oder weniger gelungene Annäherungen realisiert u. beurteilt werden (bevorzugte Beispiele sind Gegenstände der Geometrie u. rationalen Mechanik, aber auch der Kunst etc.). (c) N. im technisch-pragmatischen Sinn. Im Gegensatz zur N. als Grenzbegriff eine nach Gesichtspunkten der Zweckmäßigkeit u. Realisierbarkeit fixierte konventionale Maßeinheit bzw. *Regel,* die die Klassifizierung von Gegenständen u./oder die Schematisierung von Handlungen u. Handlungsfolgen ermöglicht (Beispiel: DIN-Norm, Spielregeln). (d) N. im rechtlichen oder moralischen Sinn als genereller Imperativ, der rechtliches u. →sittl. Handeln von Einzelnen u. Gruppen orientiert. Sie kann sich auf Handlungsziele (ZielN.) u. Formen des Handelns, auf Handlungen in Abhängigkeit von bestimmten →Situationen (bedingte N.) oder in Unabhängigkeit von bestimmten Situationen (unbedingte N.) beziehen.

Die philosophische Rede von N.en ist keineswegs auf das Gebiet der →praktischen Philosophie beschränkt; N.en haben eine grundlegende Funktion auch dort, wo es um die Gewinnung theoretischer Er-

kenntnis geht. Wo immer menschliches Tun sich selbst u. seine Gegenstände gesetzlich ordnet, findet Normierung statt. N. ist so gesehen jede Handlungsregel, die die Form des Denkens wie den Aufbau von Sprache u. gegenständlicher Erkenntnis (also Redehandlungen), den Umgang mit Dingen wie kommunikative Praxis einem Ordnungsschema unterstellt, das die Beliebigkeit subjektiven Meinens, Begehrens u. Tuns transzendiert. Die logischen N.en etwa sind jene Regeln, die die folgerichtige u. widerspruchsfreie Form möglichen Redens überhaupt bestimmen, wissenschaftliche N.en konstituieren in ihren terminologischen u. methodischen Festsetzungen den Rahmen für ein mögliches System kognitiv-wahrer Aussagen über einen bestimmten Gegenstandsbereich, technische N.en enthalten →pragmatisch fundierte Anweisungen methodischer Naturbeherrschung, praktische N.en sind (rechtliche u. moralische) Grundsätze, die mehrere oder alle Subjekte einer Gruppe oder Gesellschaft situationsabhängig oder situationsunabhängig zu Zwecksetzungen oder Handlungen auffordern u. die Form von Gemeinschaft vorgeben (subjektiv-praktische Grundsätze nennt man *Maximen* oder persönliche *Lebensgrundsätze*).

Ein besonderes Problem philosophischer Reflexion ist die N.enbegründung. Die →deontische Logik untersucht im Unterschied zur Logik der Aussage die Logik der Imperative (der e Modalitäten ‚geboten‘, ‚verboten‘, ‚freigestellt‘) u. vermag als formales Instrumentarium ein gegebenes N.ensystem auf seine innere Konsistenz hin wohl zu überprüfen, dieses selbst aber nicht wiederum zu begründen. Der →Empirismus sieht in den BasisN.en unseres theoretischen u. praktischen Argumentierens ‚willkürliche Konventionen‘, der Apriorismus rekurriert auf in sich evidente Vernunftgesetze des Denkens u. Handelns bzw. auf eine vorgegebene Ordnung des Seins u. der Werte oder aber er versucht, sie als vernünftige Festsetzungen eines rationalen Diskurses über Probleme der Lebenspraxis zu rekonstruieren u. zu rechtfertigen.

Lit.: O. W. Haseloff, H. Stachowiak (Hrsg.), Kultur u. N. Schriften zur wissenschaftlichen Weltorientierung, Berlin 1957; G. H. von Wright, Handlung, N. u. Intention, Berlin 1976; P. Lorenzen, Normative Logic and Ethics, Mannheim 1964; A. Pieper, Artikel N. in: Handb. philos. Grundbegriffe, Bd. 4; R. Bubner, Handlung, Sprache u. Vernunft, Frankfurt 1976, Kap. III–IV; O. Höffe, E u. Politik, Frankfurt 1979, Kap. 3 (I). *M. F.*

Normalität →Norm.

Normative Ethik. Die n. E sucht die sittl. Gebote u. Verbote sowie die sittl. Werturteile in einen systematischen Zusammenhang zu bringen, der durch ein höchstes Gebot (→Moralprinzip), evtl. auch mehrere solcher Gebote konstituiert wird. Je nach dem, was als höchstes Gebot gilt, lassen sich vier Positionen unterscheiden (wobei die konkreten Gebote sich häufig decken können): (1) Die →*theologische* E stellt als Höchstes die Forderung auf, dem Willen →Gottes zu gehorchen (→christliche, →islamische E usf.). Das Grunddilemma dieser n. E. hat schon *Platon* im ‚Euty-

phron‘ formuliert: Ist etwas sittl. richtig (fromm), weil es Gott geboten hat (eine Autorität als Rechtfertigungsgrund), oder hat es Gott geboten, weil es sittl. richtig ist (Gott als Inbegriff des Sittl.)? – Während (2) der →*Utilitarismus* das Wohlergehen aller Betroffenen für die höchste sittl. Forderung hält, sieht es (3) die *egoistische* E nur im eigenen langfristigen Wohl (→Selbstinteresse), sei es der einzelnen (*Hobbes, La Rochefoucauld*), sei es einer Gruppe (→KlassenE). Beide Formen der n. E. betrachten die Folgen einer Handlung u. bewerten sie nach dem höchsten Ziel, dem empirisch-pragmatisch verstandenen →Glück. Eine n. E., die sich auf ein höchstes Ziel bezieht, heißt →teleologische E (griech. télos: Ziel, Zweck). Dazu gehört auch *Aristoteles'* →StrebensE, die das Glück nicht empirisch-pragmatisch versteht, oder *Nietzsches* E, deren höchstes Ziel die Steigerung des Lebens ist (→Lebensphilosophie). (4) In der *deontologischen* E (griech. to déon: das Erforderliche, die Pflicht) sind teleologische, vor allem empirisch-pragmatische Überlegungen zur Begründung sittl. Gebote ausgeschlossen. Eine Handlung gilt als sittl. richtig, wenn sie Maximen folgt, die in sich gut sind, z. B. sind Versprechen als solche zu halten (*Kant, Ross*). Allerdings ist die deontologische E der teleologischen E, etwa dem Utilitarismus, nicht diametral entgegengesetzt. Denn sie vertritt auch die Maxime, das Wohlergehen anderer zu befördern, erfordert also bei ihrer Anwendung (nicht Begründung) empirisch-pragmatische Überlegungen. Überdies wird die Maxime nicht bloß behauptet, sondern selbst noch aus dem →kategorischen Imperativ begründet, der auch weitere Maximen wie das Prinzip der Achtung vor der menschlichen Würde (→Humanität) oder ein →Gerechtigkeitsprinzip legitimiert, so daß diese Position sowohl dem →Begründungsanspruch der Philosophie als auch gewöhnlichen Moralvorstellungen mehr entspricht als ein reiner Utilitarismus. Zur n. E. zählt auch die →Moralkritik, die die jeweils herrschende →Moral zu entlarven oder zu rechtfertigen sucht.

Aus methodischen Gründen u. wegen der Konkurrenz unterschiedlicher n. E.en geht es einer philosophischen E nicht bloß um einen Zusammenhang unserer Moralvorstellungen, sondern auch darum, durch eine Analyse des Begriffs der →Sittlichkeit u. durch Anwendung angemessener →Methoden eine Begründung zu leisten.

Lit.: Aristoteles, Nikomach. E; I. Kant, Grundlegung zur Metaphysik der Sitten; O. Höffe (Hrsg.), Einführung in die utilitaristische E, München 1975; W. D. Ross, The Right and the Good; R. B. Brandt, Ethical Theory. The Problems of Normative and Critical Ethics, Englewood Cliffs./N. J. 1959; W. K. Frankena, Analyt. E., München 1972, Kap. 2–5   *O. H.*

Normative Kraft des Faktischen →Empirismus.

Normenbegründung →Begründung.

Normenkonflikt →Pflichtenkollision.

Normenlogik →Deontische Logik.

Normenwandel →Relativismus.

Notlüge →Notsituation.

Notsituation. Von N. spricht man in der E, wenn eine Person unter verschiedenen moralisch verpflichtenden Handlungsnormen steht, deren Anwendung sich in einer konkreten Entscheidungssituation gegenseitig ausschließt (→Pflichtenkollision). In der Regel sind solche Konfliktsituationen lösbar nach dem Prinzip der Güter- u. Pflichtenabwägung, demzufolge die Erfüllung einer höheren Pflicht zu Lasten einer geringeren, die Rettung eines höheren Gutes zu Lasten eines geringeren moralisch geboten ist. Von N. im strengen Sinn könnte nur die Rede sein, wenn in einer derartigen *Ausnahmesituation* verschiedene sich ausschließende Pflichten gegeben sind, die auf gleich starken Verpflichtungsgründen ruhen. Die scholastische wie die kantische E bestreiten die objektive Möglichkeit einer derartigen Pflichtenkollision; im Bereich subjektiven Meinens ist sie ein bekanntes Phänomen (→Gewissenskonflikt).

In der →Rechtssprache werden N.en unter dem Terminus *Notstand* verhandelt. Von Notstand wird dann gesprochen, wenn entscheidende Rechtsgüter eines Individuums oder einer Gemeinschaft gefährdet sind u. die Gefahr nur durch Verletzung eines fremden Rechtsgutes abgewendet werden kann. Die Situation des Notstandes (aktuelle Gefahr für Leib u. Leben) konstituiert ein Notrecht. Juridisch unproblematisch u. in nahezu allen Rechtsordnungen anerkannt ist das Recht der *Notwehr* (im Falle eines unrechtmäßigen Angriffs auf mein Leben) u. der Nothilfe (im Fall eines unrechten Angriffs auf das Leben anderer), das als letzte Verteidigungsmöglichkeit auch die Tötung des Angreifers erlaubt. Als problematisch gilt die Berufung auf ein Notrecht dann, wenn die Gefahr von keinem unrechtmäßigen Angriff ausgeht u. die Abwehrhandlungen gegen Rechte von Personen verstoßen, die bezüglich der Gefahr juridisch unschuldig sind. (Betrachtet man ungeborenes menschliches Leben bereits als Person, so sind hiermit etwa auch Fälle medizinisch indizierter →Abtreibung charakterisiert.) In diesem Fall spricht man nicht von rechtfertigendem, sondern von entschuldigendem Notstand, d. h. die Nothandlung wird als objektiv rechtswidrig behauptet, jedoch nicht unter →Strafe gestellt, weil vom Täter aufgrund seiner N. ein rechtmäßiges Verhalten nicht gefordert werden kann (Paradebeispiele: ein Schiffbrüchiger stößt den anderen vom Brett, um sich selbst zu retten: *Karneades*; jemand begeht ein Verbrechen unter lebensbedrohendem Druck: Befehlsnotstand). Selbst wenn in solchen Fällen das Strafgesetz keine Sanktionen verhängt, weil die durchs Gesetz angedrohte Strafe nicht größer sein könnte als die N., so gilt doch, daß „es keine Not geben kann, welche, was unrecht ist, gesetzmäßig machte" *(Kant)*. Dies gilt übrigens für unrechtmäßige Notstandshandlungen jeglicher Art, auch für bloße Redehandlungen *(Notlüge)*, die die Rechtsgüter anderer mittelbar oder unmittelbar verletzen.

Während also der im Falle einer nicht durch ungerechten Angriff herbeigeführten N. bemühte ‚Rechtsgrundsatz' „Not kennt kein Gebot"

nur die rechtliche Straflosigkeit, nicht aber die objektive Rechtmäßigkeit einer Handlung zu begründen vermag, scheint das im Fall der Notwehr herangezogene Prinzip „vim vi repellere licet" *(Cicero, Thomas v. Aquin, S. Pufendorf* u. a.) sowohl die juridische Straflosigkeit wie die moralische Erlaubtheit (u. U. sogar Gebotenheit) einer gewaltsamen Verteidigungshandlung zu rechtfertigen. Die Befürworter dieses Grundsatzes verweisen in der Regel darauf, daß die etwaige Tötung eines Angreifers nicht Mittel zur Abwehr, sondern deren unbeabsichtigte, wenn auch vorausgesehene u. in Kauf genommene Folge ist (→Erfolg).

Lit.: Cicero, Pro Milone; Thomas v. Aquin, Summa theol. II/II qu. 64; I. Kant, Metaph. d. Sitten, Einleitung in die Rechtslehre II; ders., Von einem vermeintlichen Recht, aus Menschenliebe zu lügen; A. Baumgarten, Notstand u. Notwehr, Tübingen 1911; R. Maurach, Kritik der Notstandslehre, Berlin 1935; W. Gallas, Pflichtenkollision als Schuldausschließungsgrund, in: Festschr. Mezger, München / Berlin 1954; D. Kratzsch, Grenzen der Strafbarkeit im Notwehrrecht, Berlin 1968; H. Suppert, Studien zur Notwehr ..., Bonn 1973. *M. F.*

Notwehr →Notsituation.

Notwendigkeit →Kategorischer Imperativ, Schicksal.

Nützlichkeitsmoral →Utilitarismus.

O

Objektiver Geist →Institution.

Offenbarung →Religion.

Offene Gesellschaft →Gesellschaft, Kritischer Rationalismus.

Öffentliche Gewalt →Gewalt.

Öffentliches Interesse →Gemeinwohl.

Ökologie →Umweltschutz.

Ökonomie →WirtschaftsE.

Onanie →Sexualität.

Opportunismus →Konformität.

Opposition →Demokratie.

Optimismus →Lebensphilosophie.

Ordnung ist eine nach Gesetzen u. Regeln gegliederte Ganzheit von einander wechselseitig zugeordneten Elementen, die entweder vorgefunden u. entdeckt (O. der →Natur) oder durch menschliches Handeln u. Denken bewirkt u. nach menschlichen Bedürfnissen geschaffen wird (O. des Denkens, der Logik, der Methodik, O. der →Kultur u. →Technik, des →Rechts). Der kosmologische (griech. kosmos, Welt) Begriff der O. schließt von der vorfindlichen O. der →Welt analog auf einen Schöpfer oder ein vernünftiges Prinzip (*Platon*). Erkenntnistheoretisch ist der Begriff der O. begründet, der von der O. des Erkennens u. der Erfahrung die O. der Natur u. die übersinnliche O. der →Freiheit ableitet (*Kant*). Die sittl. u. rechtliche O. löst die O. der Natur ab, indem sie die Prinzipien der →Gerechtigkeit u. der auf →freier u. vernünftiger Beratung beruhenden →Entscheidung zur Grundlage der sozialen u. kulturellen O. (→Institution) einer →Gesellschaft macht. Sie befreit den →Menschen vom Zwang

seiner eigenen (Triebstruktur) u. der äußeren Natur, indem sie die Befriedigung seiner Bedürfnisse gesellschaftlich sichert. Die sittl. O. hat teleologischen (griech. telos: Ziel) Charakter: sie ermöglicht sowohl individuelle Selbstbestimmung u. das Streben nach →Glück wie soziales →Leben durch →Normen des Handelns. Sie wird daher als Lösung des →Konflikts zwischen der egoistischen, von Selbsterhaltung bestimmten Natur des Menschen (→Selbstinteresse) u. der Notwendigkeit einer sozialen Organisation (*Hobbes'* Problem der O.) im Sinne einer bloßen Versöhnung u. Integration abweichender u. gegensätzlicher Interessen (*T. Parsons*), unzureichend verstanden. Diesem Mißverständnis entspricht eine O. um der O. willen, die O. als Selbstzweck begreift u. jedes Abweichen von ihr durch Individuen oder Gruppen unabhängig von einem dabei entstandenen Schaden mit Sanktionen (→Strafe) bedroht. – Analog kann O. im individuellen Bereich zum Selbstzweck werden, wenn die O.liebe die Entscheidungs- u. Bewegungsfreiheit bei der Erfüllung eigener u. fremder Wünsche u. Bedürfnisse u. bei der Wahrnehmung von →Pflichten behindert.

Lit.: Platon, Gorgias, 503e–509c; T. Hobbes, Leviathan, Kap. 13–15; I. Kant, Prolegomena ..., § 38; M. Scheler, Der Formalismus in der E u. die materiale Wert-E, Bern [4]1954, Teil 1, Abschn. II. B; T. Parsons, Structure and Process in Modern Societies, Glencoe 1960, Teil IV, Kap. 8; H. Krings, Ordo, Halle 1941; H. Barth, Die Idee der O., Stuttgart 1958; H. Kuhn, F. Wiedemann (Hrsg.), Das Problem der O., Meisenheim 1962, S. 77–141; W. Schulz, Philosophie in der veränderten Welt, Pfullingen 1972, 727 ff.   *W. V.*

P

Parlamentarismus →Demokratie.

Partizipation →Demokratie.

Patriotismus – Kosmopolitismus.

P. meint Liebe zur Heimat, zum Volk, zur eigenen politischen Gemeinschaft. Sittl. Bedeutung gewinnt P. insofern, als die Bestimmung des Menschen u. des rechten Lebens in einen wesentlichen Zusammenhang zum konkreten ‚Ort des Wohnens‘ (= griech. ethos), zu der durch je eigene →Sitten, Gesetze u. →Institutionen verfaßten politischen Gemeinschaft gesetzt wird. Die Affirmation des Vaterlandes, des eigenen Volkes u. seiner politischen Ordnung u. die Übernahme der zu seiner Erhaltung u. Pflege nötigen Verpflichtungen ist so gesehen eng verbunden mit der Bejahung der eigenen sittl. Identität, die sich mehr noch als den Eltern der Polis verdankt (vgl. *Platon,* Kriton 50 e–52 a). P. unterscheidet sich von der Verfallsform des *Nationalismus* durch die Achtung der Eigenart fremder politischer Gemeinschaften (→Toleranz) sowie durch die Anerkennung jedes Menschen als eines Zwecks an sich selbst (→Humanität), der weder als Fremder noch als Mitbürger zum bloßen Mittel des eigenen politischen Ganzen herabgestuft werden darf *(Kant).* Der einzelne ist Teil des →Staates als des ihn umfassenden u. tragenden Ganzen u. ist doch als Mensch mehr als er. Das Moment der Überlegenheit des einzelnen gewinnt eminente Bedeutung, sobald der Staat physisch u. sittl. verfällt bzw. eine nicht an freier politischer Gemeinschaft orientierte Funktion übernimmt. Der K. der Spätantike (→stoische Ethik) u. der Neuzeit (v. a. seit der Aufklärung) trägt in seiner Idee des *Weltbürgertums,* das alle Menschen als gleichberechtigte Mitbürger u. die ganze Erde als seine Heimat, als die große Weltstadt *(Diderot)* anerkennt, dem geschichtlichen Umstand Rechnung, daß ein einzelner Staat dem Menschen nicht mehr den sittl. Lebensinhalt zu vermitteln vermag. P. als sittl. Kategorie ist sinnvoll nur auf der Basis wirklicher u. möglicher politischer Gemeinschaft, die sich durch spezifische Formen identitätsstiftender Tradition, Sprache, Arbeit u. kommunikativer Interaktion konstituiert *(Rousseau).* Der neuzeitliche liberale Staat, der sich primär instrumental als vom Kalkül der Bürger geschaffene Sicherungsinstanz privater →Rechte versteht, die tiefgreifende ökonomische u. politische Verschränkung der Nationen u. ein gesellschaftliches Leben, das zunehmend durch universal standardisierte Formen der →Arbeit, des Wettbewerbs u. der →Kommunikation geprägt ist, lassen den P. als geschichtlich überholt, als sittl. indifferent, unter U. gar als bedenklich erscheinen.

Lit.: Platon, Kriton; J.-J. Rousseau, Discours sur l'économie politique; ders., Considérations sur le gouvernement de Pologne; I. Kant, Über den Gemeinspruch: das mag in der Theorie richtig sein ... (v. a. Abschnitt II u. III); J. G. Fichte, Reden an die deutsche Nation (v. a. 8. Rede); E. Kedourie, Nationalism, London/New York [2]1961.   *M. F.*

Pazifismus →Friede.

PersönlichkeitsE →Person.

Person heißt die psychophysische
Einheit des →Menschen, die sich in
seinem Erleben u. →Handeln als
identischer Bezugspunkt (*Ich*) durch-
hält. Auf Grund der ihr eigentümlichen →Bedürfnisse greift sie in die
gesellschaftlichen Beziehungen ein u.
beansprucht, in ihrer Besonderheit
von den anderen anerkannt zu sein.
Die P. ist die letzte Instanz aller
→wertenden Stellungnahmen u.
→sittl. →Entscheidungen, für die sie
→Verantwortung trägt. Von der
→Naturseite her gründet die P. in den
biologischen Voraussetzungen des
organischen Bedarfs, den es zu decken
gilt. Triebreize wie Hunger, Durst u.
→sexuelles Verlangen unterscheiden
sie nicht von den übrigen Lebewesen.
Gleichzeitig ist das einzelne →Indivi-
duum jedoch nicht in der Lage, die
volle Befriedigung der eigenen Bedürfnisse allen zu sichern. Zur Er-
leichterung des Überlebens u. zur Ge-
währleistung des guten Lebens ist es
auf die Beziehung zu anderen Menschen angewiesen, um die benötigten
Güter in gemeinschaftlicher Anstrengung zu erarbeiten. Natur u. →Ge-
sellschaft greifen ineinander. Erst in
der Beziehung u. Vermittlung der eigenen Ansprüche durch die der anderen gewinnen sie ihren besonderen
Charakter als spezifische Bedürfnisse
dieses individuellen Menschen u. prägen das Profil der P.

Die für die Genese der P. entscheidenden psychischen Entwicklungs-
vorgänge (→Sozialisation) sind die
Aneignung des eigenen Körpers als
→Leib u. die Eingliederung der früh-

kindlichen (narzistischen) Phantasiewelt in ein differenziertes Selbst- u.
Objekterleben. Die Aneignung des
eigenen Körpers geschieht schrittweise je nach Stand der biologischen Reifung vermittels Spiegelungs- u.
Nachahmungserlebnissen mit der
Umwelt (*Lacan*). Dabei ergeben sich
Schwierigkeiten bei der Abgrenzung
dessen, was der Umwelt oder dem
eigenen *Selbst* zuzurechnen ist, da der
andere sowohl als Vorbild des eigenen
Selbst erlebt wird (Identifikation
durch Introjektion) wie das Selbst im
anderen gesehen wird (Identifikation
durch Projektion). Aber nicht nur die
Grenze zwischen Eigenem u. Fremdem ist in dieser Entwicklungsphase
unscharf, unsicher ist auch die Einschätzung der Bedeutung u. Größe
sowohl des eigenen Selbst wie der anderen. Die Idealisierung der Bezugspersonen (allmächtige Objekte) wie
die Überschätzung der eigenen Größe
(Größenselbst) bedürfen der Korrektur durch reale Erfahrungen des Selbst
wie der anderen. Die vielfältigen Ver-
kennungsmöglichkeiten, die in diesen Entwicklungsbereichen ansetzen,
werden in der Psychoanalyse mit *Narzismus* bezeichnet (vgl. lat. *persona*:
Maske). Der entscheidende Schritt,
der die Regulierung von Selbst- u.
Fremderleben, von →Ideal u. Wirklichkeit ermöglicht, ist die Einführung in die Sprache (→Kommunika-
tion). Das Kind lernt die in ihr enthaltenen lebenspraktischen Regeln der
Gesellschaft kennen u. kann mittels
ihrer allgemeinen Symbolik die eigenen Intentionen von denen der anderen unterscheiden. Im Wechselspiel
von Selbst- u. Objekterleben, persönlicher *Identität* (*Selbstidentität*) u. Rol-

lenidentität (*Goffman*) bildet sich die einmalige u. unverwechselbare Bedeutung der P. in ihrer Stellung zur Gesellschaft. Ist die Rollenidentität übermäßig ausgebildet (vgl. lat. persona: Bühnenrolle), so werden →konformistische Züge die Persönlichkeit prägen, ist die Selbstidentität besonders stark, so werden nonkonformistische hervortreten. Ein ausgewogenes Verhältnis eröffnet einen Spielraum →freiwilliger Stellungnahmen zur Gegenstandswelt u. den Mitmenschen. Zum anderen ermöglichen Sprache u. Denken eine Vermittlung zwischen Idealvorstellung u. Wirklichkeit im Hinblick auf das Eigenerleben wie auf das Fremderleben. Durch Teilnahme an der Sprache lernt das Kind nicht nur die in den Geboten u. Verboten der primären Bezugspersonen enthaltenen →Normen auf die Wirklichkeit anzuwenden, sondern auch durch Wahrnehmung seiner selbst u. eigener Idealvorstellungen zu prüfen, ob sie dem eigenen Wollen angemessen sind oder nicht. Im →Gewissen vermittelt es die allgemeinen Normen mit der bestehenden Wirklichkeit gemäß dem eigenen Wissen u. Wollen (→Gesinnung). In dieser selbständigen Stellungnahme, die sich dem unbedingten Anspruch des →Guten ausgesetzt weiß, konstituiert sich die P. als sittl. Wesen. Eine Theorie, die sich auf die sittl. Bedeutung der P. stützt, nennen wir *personalistisch*. Behauptet sie ausschließlich die sittl. Bedeutung der P. gegenüber dem Ethos der →Gesellschaft, nennen wir sie *PersönlichkeitsE.*

Erst seit der christl. Spätantike (*Boethius*) bezeichnet P. das geistbe-

gabte sittl. →Individuum, genauer die Einheit seines Seins, Wissens u. Wollens (esse, nosse, velle; *Augustinus*), die den unbedingten Anspruch des Guten in der Bedingtheit der unwiederholbaren Geschichte zu realisieren hat. *Kant* hat die menschliche P. aus der Verwendbarkeit als Mittel ausgenommen u. in ihrer Selbstzwecklichkeit die Achtung vor der Würde der P. begründet (→Humanität). Rechtsphilosophisch gesehen, bedeutet die Stellung der P. als letzter Träger aller Entscheidungen, daß sie Rechtssubjekt ist, d.h. daß sie in →Rechte u. →Pflichten eintritt u. zur →Verantwortung gezogen werden kann. Die P. realisiert sich in ihrem Werk im Felde von →Wirtschaft, →Politik, →Kunst u. →Wissenschaft, soweit es die historisch-gesellschaftlichen Bedingungen erlauben, die durch ihre Praxis mitgestaltet werden.

Die P. kann in eine *Lebenskrise* geraten, wenn sich in einem konkreten Fall lebensleitende Normen widerstreiten oder die Berechtigung der obersten Norm fraglich wird, an der sich bisher die Lebensführung orientiert hat. Persönlichkeitseigene Kräfte u. intersubjektive Beratung können dazu beitragen, die Krise zu lösen. Schwieriger ist jedoch das Problem dann, wenn Konflikte u. Widersprüche gesellschaftlich vorgegeben u. in der →Erziehung frühkindlich eingeübt wurden, so daß sich jener Spielraum der Eigenständigkeit der P. nur in unzureichendem Maße ausgebildet hat. Traumatische Erlebnisse können dann eine →Krankheit auslösen, die nicht nur den Zerfall der psychophysischen Einheit der P. im Symptom ausdrückt, sondern auch die soziale u.

moralische Identität bedroht. Die zur Heilung notwendige Umstrukturierung des Ichs kann dann nur mit ärztlicher Hilfe erreicht werden. Die gesellschaftlichen Konflikte dagegen lassen sich nur durch praktisch-politische Mitwirkung lösen.

Lit.: Augustinus, Über den dreieinigen Gott, München 1951; Thomas v. Aquin, Summa Theologiae II, I qu. I–XVIII; G. W. F. Hegel, Enzyklopädie C, Teil 1: Der subjektive Geist; R. Guardini, Welt u. P., Würzburg 1940; A. Gehlen, Das Ende der Persönlichkeit?, in: Merkur Bd. 10, 1956; E. H. Erikson, Identität u. Lebenszyklus, Frankfurt 1966; J. Schwartländer, Der Mensch ist P., Stuttgart 1968; Ph. Lersch, Der Aufbau der P., [11]Frankfurt 1970; E. Goffman, Das Individuum im öffentlichen Austausch, Frankfurt 1974; J. Lacan, Schriften I, Frankfurt 1975.   *A. S.*

Personalismus →Person.

Perversion →Krankheit.

Pessimismus →Lebensphilosophie.

Pflicht ist ein Grundbegriff e Reflexion, der erstmals von der →stoischen E (to kathákon = das Gebührende, Geziemende) ausgebildet, über *Cicero* (officium = Pflicht) Eingang in die →christliche E fand, in der deutschen Aufklärung zentrale Bedeutung gewann (bei *Wolff, Crusius* u.a. unter dem Terminus obligatio = *Verbindlichkeit*) u. bei *Kant* u. *Fichte* dann mit dem Wesen der →Sittlichkeit in engste Beziehung gesetzt wurde. Heute spricht man von P.en im Sinne verbindlicher Aufgaben, die mit der spezifischen Funktion einer Person in einer Gruppe oder Gesellschaft verbunden sind. Die philosophische Rede von P. meint die Gebotenheit einer Handlung im Blick auf ein unbedingtes moralisches Gesetz (→kategorischer Imperativ, →Moralprinzip). Handlungen nach juridisch fixierten und/oder brauchtumsmäßig (→Moral u. Sitte) eingespielten →Normen können nur P. sein, insofern diese Normen selbst durch ein moralisches Gesetz begründet sind. Im Begriff der P. kommt zum Ausdruck, daß ein freier Wille einem unbedingten *Sollen,* einem schlechterdings gebietenden Anspruch unterstellt ist, dem er nicht immer schon von selbst folgt. Der Begriff der P. impliziert je schon den Gedanken unbedingter Nötigung, die den faktischen Trieben u. Wünschen (d. h. Neigungen) des Subjekts entgegengesetzt sein kann u. nicht in diesen ihre Begründung findet. Wenn *Kant* in der P. als „praktisch unbedingter Notwendigkeit der Handlung", als „unbedingt nötigender Verbindlichkeit eines nicht schlechterdings guten Willens" das Wesen sittl. Forderung zu treffen glaubt u. Moralität als „Handeln aus reiner Achtung für dieses Gesetz" definiert, so liegen diesen Bestimmungen gängige Erfahrungen zugrunde, die der „natürliche gesunde Verstand" unter dem Titel P. subsumiert. Jedermann kann unterscheiden zwischen den Handlungen, die er tut, weil er dieses oder jenes wünscht u. begehrt, u. jenen Handlungen, die er ausführt, weil er sich zu ihnen verpflichtet fühlt. Der Charakter verpflichtender Nötigung ist anderer Art als der eines rationalen Begehrens, das um langfristiger u. übergeordneter Ziele willen die Verfolgung damit nicht kompatibler Wünsche beschränkt. Die Eigenart moralischer Verpflichtung kommt ferner zum Vorschein im Gefühl der *Achtung,* das wir dem moralischen Gesetz u. dem Handeln nach diesem Gesetz entgegenbringen. →Bedürfnisse u. ihre Befriedigung sind nicht Gegenstand der Achtung ebensowenig wie ein Handeln nach Klugheitsmaximen im Dienst eines vernünftigen Lebensgenusses. Achtung empfinden wir vorzüglich einer Person gegenüber, die um der P. willen im Konfliktfall auch gegen ihre Neigungen zu handeln vermag.

Der Begriff der P. impliziert den Gedanken einer gesetzgebenden Instanz. Für die stoische E figurierte ‚Natur‘ bzw. ‚Weltvernunft‘ als verpflichtender Grund, für die →christliche E der persönliche →Gott, der die geschaffenen Subjekte in seinen Geboten in Anspruch nimmt. Das P.gemäße ist so das Naturgemäße bzw. das Gottgefällige. Erst die Neuzeit (speziell *Kant*) entwickelte den der sittl. Freiheit adäquaten Gedanken der Autonomie, der P. als unbedingte Selbstaufforderung u. Selbstbindung vernünftiger →Freiheit eines Wesens interpretiert, das zur Vernunft fähig u. nicht immer schon vernünftig ist. Grund der Verpflichtung ist somit die „Persönlichkeit" als vernünftig freies Wesen.

Nach der Art der Verpflichtung u. der Beziehung u. Erzwingbarkeit der Handlungen, zu denen man verpflichtet ist, unterscheidet man in der Regel zwischen vollkommenen u. unvollkommenen P.en, zwischen P.en gegen sich selbst, gegen andere u. gegen Gott (insofern Gott als nichterfahrbare Idee eines Vernunftwesens neben anderen erfahrbaren Vernunftwesen figuriert, nur noch zwischen P.en gegen sich selbst u. andere), zwischen RechtsP. u. TugendP. Die vollkommenen (engen) P.en umreißen das Feld des unbedingt Notwendigen der P.befolgung, das jeden in gleicher Weise betrifft u. die gebotenen bzw. verbotenen Handlungen eindeutig bestimmt (primär in Gestalt von Verboten, etwa der Tötung, der Lüge, des Geizes etc.), die unvollkommenen (weiten) P.en sind solche, die zwar ein striktes Gesetz für die Maxime der Handlungen enthalten, im Blick auf Art u. Grad der Handlungen jedoch nichts apriori bestimmen, sondern der freien Willkür bzw. der →Klugheit einen Spielraum lassen (z. B. die P. zur Vervollkommnung der eigenen Naturanlagen). RechtsP.en sind solche, für die eine äußere Gesetzgebung möglich ist, TugendP.en jene, die nicht erzwingbar sind, weil sie zu Zwecksetzungen verpflichten, die als innere Gemütsakte von keiner äußeren Gesetzgebung bewirkt u. von keiner Rechtssprechung beurteilt werden können. Erzwingbar sind stets nur p.gemäße (legale) Handlungen, nicht aber Handlungen aus P. (moralische), d. h. solche, in denen das Gesetz auch das Motiv zur Handlung bildet.

Lit.: Cicero, De officiis; I. Kant, Grundlegung zur Metaph. d. Sitten; Kritik d. praktischen Vernunft, 1. Teil, I. Buch, 3. Hauptstück; Metaph. d. Sitten, 2. Teil, I. Ethische Elementarlehre; J. G. Fichte, Das System der Sittenlehre, 2. u. 3. Abschnitt; W. D. Ross, The Right and the Good, Oxford 1930; Foundations of Ethics, Oxford 1939; W. A. Pickard-Cambridge, Two Problems about Duty,

Mind Bd. 41, 1932; G. E. Hughes, Motive and Duty, Mind Bd. 53, 1944; M. Moritz, Studien zum P.begriff in Kants kritischer E, The Hague 1951; C. H. Whiteley, On Duties, Proceedings of Aristotelian Society Bd. 53, 1952/3; H. Reiner, Die Grundlagen der Sittlichkeit, Meisenheim ²1974; M. Forschner, Gesetz u. Freiheit. Zum Problem der Autonomie bei I. Kant, München/Salzburg 1974, Teil VI; G. E. Moore, Grundprobleme der E, München 1975, Kap. IV.

M.F.

Pflichtenkollision. Unter P. versteht man den gleichzeitigen Bestand solcher Verbindlichkeiten ein u. derselben Person, die sich grundsätzlich oder doch für den Moment der Handlung gegenseitig ausschließen, gleichwohl aber als in zwingender Weise verpflichtend anerkannt werden. Dem Problem einer möglichen P. sehen sich all jene E-Theorien konfrontiert, die eine Pluralität irreduzibler Moral-→Normen bzw. nicht hierarchisierbarer →Werte vertreten, die in der Anwendungssituation konfligieren können (*Normenkonflikt;* z. B. kann das Gebot der Hilfeleistung mit dem Verbot der Lüge konfligieren; doch auch im Rahmen ein u. derselben Norm sind Konflikte denkbar, z. B. wenn mehrere hilfsbedürftig sind, ich aber nur einem oder wenigen helfen kann). In der im Anschluß an *Platon* u. *Aristoteles* ausgebildeten scholastischen E führte die Idee der Einheit des sittl. →Guten zum Gedanken eines einheitlichen Systems der sittl. Welt mit hierarchisch gestufter Güter- u. Pflichtenordnung. Der scheinbare Konflikt sich ausschließender Verpflichtungen (etwa gegenüber sich selbst, der →Familie, der

→Gesellschaft, dem →Staat, →Gott) ist objektiv lösbar zugunsten des stärkeren Verpflichtungsgrundes, der in der hierarchischen Seinsordnung vorgegeben ist u. die in concreto allein verpflichtende Aufgabe begründet (vgl. etwa Abrahams Opfer seines Sohnes Isaak als klassisches Beispiel des AT). Dem Gedanken einer möglichen P. steht auch die E *Kants* ablehnend gegenüber. →Pflicht ist nach ihm die objektiv praktische Notwendigkeit einer Handlung nach dem Gesetz der Vernunft, u. da zwei einander entgegengesetzte Regeln nicht zugleich notwendig sein können (Vernunft ist charakterisiert durch ihre systematische Einheit), „ist eine Kollision der Pflichten u. Verbindlichkeiten gar nicht denkbar". Diese abstrakte Lösung der Frage, deren Stringenz unbestreitbar ist, scheint gleichwohl der Problematik konkreter →Notsituationen nicht gerecht zu werden. So kann etwa die Pflicht, einem Freund zu helfen, mit der Pflicht, für die Familie zu sorgen, in der Einmaligkeit der Entscheidungssituation derart konfligieren, daß beide Handlungsalternativen als sittl. u. unsittl. zugleich erscheinen, falls Zusatzkriterien wie Nähe u. Ferne der Person etc. keine eindeutige Entscheidung nahelegen. Für *W. D. Ross,* der einen möglichen objektiven Konflikt allgemeiner Verpflichtungsregeln (prima facie-duties, z. B. Du sollst nicht lügen, Du sollst Notleidenden helfen) anerkennt, ist in einer Konfliktsituation die konkrete Pflicht (actual duty), die objektiv je nur eine sein kann, nicht aus einem allgemeinen Regelsystem allein deduzierbar, sondern immer nur als wahrscheinlich begründbar im

Blick auf die konkreten Umstände der Entscheidungssituation (→Klugheit). Der Reduzierung möglicher P.en dient die institutionelle Gliederung des gesellschaftlichen Lebens (→Institution).

Lit.: I. Kant, Metaphysik der Sitten, Rechtslehre, Einleitung; W. D. Ross, The Right and the Good; ders., Moral Obligation; W. Gallas, P. als Schuldausschließungsgrund, in: Festschr. Mezger, München/Berlin 1954; H. J. McCloskey, Ross and the Concept of Prima Facie Duty, in: Australasian Journal of Philosophy, Bd. 41, 1964. *M. F.*

Phänomenologische E →Methoden der E.

Pietismus →Christliche E.

Pluralismus →Gesellschaft, Relativismus, Wert.

Politik meint in einem vorläufigen Sinne den ‚Kampf um Macht' in →Gesellschaft u. →Staat. Macht wird dabei als Chance begriffen, „innerhalb einer sozialen Beziehung den eigenen Willen auch gegen Widerstreben durchzusetzen" (*M. Weber*). Als formalisierte Form dieses Kampfes ist P. die „Kunst, gesellschaftliche Tendenzen in rechtliche Formen umzusetzen" (*H. Heller*). P. ist dann die Tätigkeit des Staates, in der er sich gegen andere gesellschaftliche und politische Einheiten zu einem Ganzen bildet (Integration) u. sein Wesen bestimmt (*R. Smend*). In ihrer weitesten Auslegung ist P. jede Tätigkeit u. Lebensform in einem Staat (*C. Schmitt*). – Während die letzte Auffassung keinen u. die übrigen nur einen sekundären Bezug zwischen E u. P. herstellen, ist dieses Verhältnis für *Aristoteles* zen-

tral. Für ihn ist die →Gerechtigkeit normative Bedingung u. wie das →Glück jedes einzelnen Ziel der P. als Lebensform der freien Bürger einer Polis. P. als praktische Wissenschaft (→praktische Philosophie) schließt E u. Ökonomik ein, P. als Gegenstand der Wissenschaft umfaßt alle Angelegenheiten der Bürger einer →Gesellschaft. Ziel der P. als e Wissenschaft u. →Praxis ist das gute →Handeln u. →Leben u. die beste →Verfassung. Sie soll durch Belehrung, Gewöhnung u. Einübung in die sittl. →Tugenden in einem sich selbst genügenden (autarken), sittl. guten Leben verwirklicht werden. Grundlegende Elemente der P., die praktisches Wissen, Können u. den sittl. Willen vereinigt, sind Erfahrung, praktische →Klugheit u. die sittl. Tugenden. Die neuzeitliche Auffassung von P. ist einerseits geprägt durch die Trennung der P. von einer spezifischen →christlichen E (*N. Machiavelli*) u. andererseits durch die Forderung, das erwünschte Leben mit wissenschaftlicher Genauigkeit herzustellen, mithin P. zu einem Gegenstand theoretischer Wissenschaft zu machen (*T. Hobbes*). An die Stelle der E tritt bei *Machiavelli* ein „bürgerlicher Humanismus" (*J. G. A. Pocock*), der unter Glück (fortuna) u. Tugend (virtù) als Elemente der P. jeweils das versteht, was zur Erneuerung des Staatswesens im Augenblick gewaltsamer Befreiung von Unterdrückung u. Niedergang notwendig erscheint, sei es Mord oder das Brechen von Eiden u. Verträgen. *Hobbes'* rationalistisches Modell, Erkenntnis von Erscheinungen u. Wirkungen aus deren Ursachen abzuleiten (reasoning), trennt in seiner Anwendung auf Handeln u. P. das berechenbare Wirken des →Rechts-Systems des →Staats von den subjektiven Zielen der Politiker. Damit wird eine Unterscheidung zwischen der subjektivwillkürlichen P. u. der rechtlich gesicherten Weise des Regierens möglich, wie sie *J. Bod'n* u. der Rechtspositivismus (*Rehm, Kelsen*) treffen. →Recht wird damit, wie zuvor E, von P. getrennt. P. reduziert sich auf den subjektiven Kampf um Macht u. eine Technik der →Gewalt u. ist nicht mehr grundsätzlich an eine Staatsform gebunden.

Die Bindung der P. an Recht u. →Verfassung u. der Verzicht auf Gewalt sind die grundlegenden Forderungen demokratischer P., die im normativen Sinne das antike Ideal erneuert. Die sittl. Normen der →Grundrechte, des →Gemeinwohls u. der Daseinsvorsorge verpflichten diese P. in ihren legislativen, exekutiven u. judikativen Funktionen u. bei der Willensbildung. P. ist den Verfassungszielen verantwortlich u. sittl. verpflichtet, sich unter den staatlichen u. sozialen Normen öffentlich u. vernünftig zu rechtfertigen. P. hat nicht den Charakter einer e Handlungslehre, ist aber bei der Ausübung wie bei der Gewinnung von Macht an die genannten sittl. Normen gebunden. Die Möglichkeiten der P. sind in komplexen, hochindustrialisierten →Gesellschaften einerseits abhängig von Planung u. →Wissenschaft. Diese können die Legitimität von P. sowohl steigern wie vermindern, jedoch nicht ersetzen. Andererseits sind die Möglichkeiten der P. abhängig von Willensbildung u. öffentlichem Interesse. Unter beiden Bedingungen ist P. abhängig von ihrer sittl. Kompetenz, die zwar nicht über die Herstellbarkeit politischer Ziele, jedoch über deren humanen Wert u. damit über deren Bedeutung für Willensbildung u. öffentliches Interesse kritisch urteilen kann.

Lit.: Aristoteles, Nikom. E, Buch I, VII, X; ders. P., Buch I–III; N. Machiavelli, Discorsi, Gedanken über P. und Staatsführung, Stuttgart 1966, Buch I, Kap. 4–7, Buch III, Kap. 3–8 u. 49; T. Hobbes, Leviathan, Kap. 5, 9, 11, 14, 18, 21; H. Kelsen, Reine Rechtslehre, Leipzig/Wien 1934; H. Rehm, Geschichte der Staatsrechtswissenschaft, Freiburg u. a. 1896; M. Weber, P. als Beruf; J. Habermas, Theorie u. Praxis, Neuwied/Berlin ²1967, S. 13–51; W. Hennis, P. u. praktische Philosophie, Neuwied/Berlin 1963; H. Maier, Die Lehre der P. ..., in: Wissenschaftliche P., hrsg. v. Oberndörfer, Freiburg 1962; J. G. A. Pocock, The Machiavellian Moment, Princeton 1975; G. Gorschenek (Hrsg.), Grundwerte in Staat u. Gesellschaft, München 1977; O. Höffe, Strategien der Humanität, Kap. 10–12; ders., E u. P., Frankfurt 1979, Kap. 6, 15; ders., Politische Gerechtigkeit – Grundzüge einer naturrechtlichen Theorie, in: Studia Philosophica Bd. 38, 1979.   *W. V.*

Politische Beteiligung →Demokratie.

Politische Moral →StandesE.

Politische Ökonomie →WirtschaftsE.

Polygamie →Ehe.

Positives Recht →Recht.

Positivismus →Empirismus.

Prädestination →Vorsehung.

Präskriptivismus →MetaE.

Pragmatik (griech. prágma: Handlung) im e, nicht im semiotischen oder im erkenntnistheoretischen (→Pragmatismus) Sinn hat mehrere Bedeutungen: (a) Die (Individual-)P. untersucht, wie man am besten sein persönliches Wohlergehen verfolgt. So nennt *Kant* die Ratschläge der →Klugheit, die die angemessenen Mittel für das eigene →Glück gebieten (rationales →Selbstinteresse), pragmatische Imperative im Unterschied zu den technischen u. den →kategorischen (moralischen) Imperativen. Eine solche P. steht im Gegensatz zur E als Theorie der →Sittlichkeit. (b) Sofern die P. den Spielraum oder das Können von Praxis bestimmt, die E aber die Richtung oder das allgemeine Sollen, ist sie sittl. indifferent. (c) Die P. steht dort in einem Komplementärverhältnis zur E, wo sie die kultur- und situationsinvariant gültigen Prinzipien der E gemäß dem jeweiligen historischen, sozioökonomischen u. persönlichen Handlungskontext zu konkretisieren sucht. Die so verstandene P. übernimmt die für die Realisierung sittl.-politischer →Verantwortung unabdingbare Aufgabe, den Anspruch der Sittlichkeit bereichs- u. situationsgerecht aufzuarbeiten u. sie so mit den konkreten geschichtlichen Verhältnissen zu vermitteln. Der Versuch, die Vermittlung mittels rein rationaler Verfahren durchzuführen (wie im →Utilitarismus mittels des hedonistischen Kalküls oder wie in der →konstruktiven E mittels eines bestimmten Beratungsmodells), erweist sich als eine sachunangemessene szientistische Verkürzung. – (d) Die Untersuchung von Handlungsregeln, die dem Wohlergehen einer Gruppe, Gemeinschaft oder dem aller Menschen (→Utilitarismus) dienen, zählt zur *SozialP.*

Lit.: I. Kant, Grundlegung zur Metaphysik der Sitten, Akad. Ausg. Bd. I, S. 416ff.; B. Waldenfels, e u. pragmat. Dimension der Praxis, in: M. Riedel (Hrsg.), Rehabilitierung der prakt. Philos., Freiburg 1972, Bd. I; O. Höffe, Strategien der Humanität, Freiburg/München 1975, Abschn. 4.3, 9.2 u. 12.2; A. Pieper, Pragmatik u. e Normenbegründung, Freiburg/München 1979, Kap. 3. *O. H.*

Pragmatismus (griech. prágma: Handlung) bezeichnet eine in den USA von *Peirce, James* u. *Dewey* entwickelte, in Europa von *F. C. S. Schiller, Papini, Bergson, Simmel* u. *Vaihinger* (→Lebensphilosophie) vertretene philosophische Richtung, die in der →Wissenschaft nur jene Begriffe und Sätze für sinnvoll hält, die sich auf die Praxis beziehen. Dabei bezeichnet Praxis nicht bloß Situations- oder Lebenspraxis, sondern auch die experimentierende Forschungspraxis der Wissenschaftler. Der amerikanische P. reicht von einer Methode zur Begriffserklärung über eine Konsensustheorie der →Wahrheit bis zu einer pädagogisch-politischen Theorie. Der Begründer *Peirce* betrachtet die Wissenschaft im Gegensatz zur traditionellen Erkenntnis- u. Wissenschaftstheorie, nach der sie entweder auf ersten Prinzipien (→Rationalismus) oder letzten Tatsachen (→Empirismus) beruhe, als je neuen Übergang von Zweifeln (verstanden als Irritierung einer Verhaltensgewohnheit) zu gemeinsamen Überzeugungen, die die Verhaltenssicherheit wiederherstellen. Zwar wird hier nicht die Wahrheit auf beliebige Nützlichkeit reduziert. Erst *James* leugnet den Allgemeinheitscharakter von Wirklichkeit u. bezeichnet Hypothesen, die für ein →Individuum zufriedenstellend wirken, als wahr, wodurch Wahrheit zur Funktion der Handelnden u. ihrer Anpassung an die Umwelt wird. Aber die Wissenschaft wird – u. das entspricht ihrer modernen Grundeinstellung (→kritischer Rationalismus) – als prinzipiell fallibel (irrtumsfähig) verstanden: Die Gemeinschaft der Forscher sucht nach Wahrheit, ohne sich ihrer je endgültig gewiß zu sein. In seiner E wendet sich *Peirce* gegen einen VulgärP. der auf die Befriedigung sinnlicher Bedürfnisse zielt (→Freude). Letzter Zweck des Handelns sei vielmehr etwas, das sich aus Vernunftgründen empfiehlt: ein an sich bewundernswertes →Ideal, d. i. etwas, das sich von einer unbegrenzten Gemeinschaft in einem unbegrenzten Handlungsverlauf (in the long run) konsistent verfolgen läßt. *Dewey* hat gesellschaftlich-politische u. e-pädagogische Konsequenzen des P. gezogen. Er versteht die →Demokratie als analog zur Forschergemeinschaft analoge Lebensordnung: als die Experimentiergemeinschaft mündiger Menschen, in der jeder dem anderen die Aufstellung plausibler Hypothesen, keiner aber dem anderen den Besitz absoluter Wahrheit zutraut. – Der amerikanische P. hat großen Einfluß auf die Wissenschafts- u. Gegenstandstheorie von *Quine* u. die transzendentale (Sprach-) P. von *Apel*, auch *Habermas*, die zur Begründung von →E u. →kritischer (Gesellschafts-) Theorie transzenden-

tales u. sprachanalytisches Denken (→Methoden) zu begründen suchen. – Kritisieren läßt sich am P. der undialektische Vorrang der Praxis vor der Theorie (die Wahrheit als regulatives Erkenntnisideal wird der Lebensfunktion der Erkenntnis geopfert) u. – mit *Scheler* – die Unterbewertung von Bildungswissen (Entfaltung der Person) u. Erlösungswissen (Teilhabe am Höchsten).

Lit.: K. O. Apel (Hrsg.), C. S. Peirce, Schriften, Frankfurt 1976; ders., Der Denkweg von C. S. Peirce, Frankfurt 1975; Texte der Philosophie des P. (C. S. Peirce, W. James, F. C. S. Schiller, J. Dewey), Stuttgart 1975; W. James, Der P., Hamburg 1977; B. Russell, Der P. (1909), in: Philosoph. u. polit. Aufsätze, Stuttgart 1971; M. Scheler, Erkenntnis u. Arbeit, Frankfurt 1977; J. Dewey, Demokratie u. Erziehung, Braunschweig 1930; P. A. Schilpp (Hrsg.), The Philosophy of J. Dewey, New York 1939; J. v. Kempski, C. S. Peirce u. der P., Stuttgart/Köln 1952; A. J. Ayer, The Origins of P., San Francisco 1968; W. V. Quine, Ontolog. Relativität ..., Stuttgart 1969; K. O. Apel u. H. Krings in: H. M. Baumgartner (Hrsg.), Prinzip Freiheit, Freiburg/München 1979. *O. H.*

Praktisches Gesetz →Moralprinzip.

Praktische Philosophie untersucht im Unterschied zur theoretischen P. nicht Erkennen u. Sein, sondern menschliche Praxis. Sie umfaßt sowohl die →E als auch philosophische Ökonomie u. Politik (Sozial-, Rechts- u. StaatsP.). In einem weiteren Sinn kann man auch Anthropologie, Religions-, Geschichts- u. KulturP. zu ihr rechnen. Die Zusammenfassung dieser Disziplinen zur p. P. gründet auf

der Einsicht in ihren sachlichen Zusammenhang: Das Normative ist
auch für die Politik konstitutiv u. die
politische Dimension für das Moralische. Dieser Zusammenhang gilt
nicht bloß für die Begründung der p.
P. bei *Aristoteles* u. die an ihn anknüp-
fende Lehrtradition bis *Chr. Wolffs*
'Philosophia practica universalis'
(1738). Auch durch die Trennung von
Moralität u. Legalität (→Sittlichkeit)
bei *Kant* wird er nicht ganz aufgehoben; denn Kants 'Metaphysik der Sitten' (1797) enthält eine →Rechts- u.
eine →Tugendlehre. *Hegel* erneuert in
seiner Rechtsphilosophie die aristotelische Tradition, u. der klassische
→Utilitarismus betrifft das persönliche wie das politische Handeln. Bei
Nietzsche, in der →existentialistischen
u. der →WertE dagegen verschwindet die politische, bei *Marx* die moralische Dimension fast vollständig.

Mit der thematischen Abgrenzung
der p. P. von der theoretischen P. ist
jedoch erst eine vorläufige Bedeutung
der p. P. erfaßt. Im eigentlichen Sinn
gehört zu ihr auch eine praktische Intention. Ohne auf methodisches Vorgehen zu verzichten (→Methoden der
E), will p. P. der sittl. Verbesserung
der Praxis dienen. Sie beschränkt sich
deshalb weder auf →Metaethik noch
auf die Erörterung des →Moral-
prinzips oder des →höchsten Gutes.
Weit lebensnäher prüft sie auch die
Herausforderung der E durch e
→Determinismus, →Nihilismus u.
→Relativismus, untersucht sie das
Sittl. in seinen unterschiedlichen
Aspekten u. gemäß den verschiede-
nen Lebensbereichen (→Arbeit,
→Grundrechte, →Leib, →medizin.
E, →Recht, →Tugend usw.). Die p.

P. kann Sittlichkeit jedoch nicht ursprünglich hervorbringen, sondern
nur eine schon vorhandene persönliche u. politische Sittlichkeit erhellen
u. reflexiv verbessern. – *Kant* u. noch
deutlicher *Fichte* erkennen der p. P.
den Primat gegenüber der theoretischen P. zu, da nicht bloß das sittl.
Handeln, sondern auch das Erkennen
als Selbstrealisierung von →Freiheit
gilt.

Lit.: J. Ritter, Metaphysik u. Politik,
Frankfurt 1977, bes. 'Politik' u. 'E' . . .;
W. Hennis, Politik u. p. P., Stuttgart
1977; A. Baruzzi, Was ist p. P.?, München 1976; O. Höffe, E u. Politik,
Grundmodelle u. -probleme der p. P.,
Frankfurt 1979; M. Riedel (Hrsg.), Rehabilitierung der p. P., 2 Bde., Frei-
burg/München 1972, 1974. *O. H.*

Praktischer Syllogismus →Deonti-
sche Logik.

Praktische Vernunft →Freiheit,
Sittlichkeit.

Praktische Vernunftkritik →Me-
thoden der E.

Praxis →Handlung, Theorie-Praxis-
Verhältnis.

Prinzip der Nützlichkeit →Utilita-
rismus.

Prinzip der Sittlichkeit →Moral-
prinzip.

Prinzip der Verallgemeinerung
→Kategorischer Imperativ.

Probabilismus nennt man folgende,
v. a. von Jesuitentheologen der nachtridentinischen Zeit systematisch aus-
gebaute Moralmaxime: In →Gewis-
sens→Konflikten bezüglich der Ge-

botenheit, Verbotenheit bzw. Erlaubtheit von →Handlungen, die nicht eindeutig im Blick auf Sittengesetz u. kirchliche Lehrautorität entscheidbar sind, darf man einer hinlänglich begründbaren u. von namhaften Autoritäten vertretenen Meinung folgen selbst wenn die entgegengesetzte Ansicht mehr Wahrscheinlichkeit u. mehr Autoritäten auf ihrer Seite hat (lex dubia non obligat). Nach dem ,Probabiliorismus' darf von zwei sittl. Meinungen nur die probablere (wahrscheinlichere) befolgt werden, nach dem ,Äquiprobabilismus' muß sie mindestens so probabel sein wie die entgegenstehende. Der Hinneigung zu einer gering u. schwach begründeten Wahrscheinlichkeit der katholischen →Kasuistik stellte sich der rigorose ,Tutiorismus' (→Rigorismus) Pascals u. der Jansenisten entgegen. Er wurde von der katholischen Kirche verurteilt.

Lit.: B. Pascal, Lettres à un Provincial; J. Mausbach, Die katholische Moral u. ihre Gegner, Köln ⁵1921; J. Ternus, Zur Vorgeschichte der Moralsysteme von Vitoria bis Medina, Paderborn 1930.   *M. F.*

Proletariat →Marxistische E.

Propaganda →Manipulation.

Provisorische Moral ist der Inbegriff von sittl. verantwortbaren Verhaltensregeln für jene Zwischenzeit, in der man eine streng wissenschaftliche →E erarbeitet, sie aber noch nicht vollendet hat. Der Begriff stammt von *Descartes,* der im Rahmen seiner neuen Universalwissenschaft auch eine über jeden Zweifel erhabene →Moral, ein neues Verhältnis der →Menschen zur →Natur u. zu seines-

gleichen anvisierte. Weil man aber das →Handeln nicht bis zur Vollendung der Universalwissenschaft suspendieren kann, stellt er eine aus drei Maximen bestehende p. M. auf: (1) Um nicht naiv seinen persönlichen Vorurteilen zu folgen, solle man sich nach den Landesgesetzen, der ererbten →Religion u. den besonnensten Menschen des eigenen Lebenskreises richten. (2) Ein einmal eingeschlagener Weg ist bis zum Beweis der Richtigkeit des Gegenteils entschlossen weiterzugehen. (3) Man soll lieber die eigenen Wünsche als die Weltordnung ändern wollen. – Da man heute die →Wissenschaft für einen unabschließbaren Prozeß hält, überdies die Humanwissenschaften nicht die Verläßlichkeit der Naturwissenschaften haben, bezeichnet die Idee einer p. M. ein wichtiges Moment der →praktischen Philosophie unter den Bedingungen moderner Wissenschaft: die Aufgabe, moralische Gewißheit (d. h. ein Handeln frei von Selbstvorwürfen) zu suchen, obwohl es keine unbezweifelbare Richtigkeit gibt; ferner die Aufgabe, in pluralistischen Gesellschaften Regeln des Zusammenlebens zu bestimmen, obwohl die Fragen nach den letzten Verbindlichkeiten kontrovers sind. – *Descartes'* Maximen haben einen anti-→utopischen Charakter, wofür sich gute Gründe anführen lassen, denn (1) gibt es ohne eine Anerkennung von Bestehendem keine →Institutionen; (2) heißt Wollen, Kontinuität stiften; (3) ist die natürliche u. soziale Welt nicht beliebig veränderbar *(Spaemann).* Allerdings gehört es zur zeitangemessenen p. M., weder das Bestehende jeder →Moralkritik zu entziehen, noch Moral u. →Politik ohne jede Wissenschaft zu →begründen.

Lit.: Descartes, Abhandlung über die Methode, Kap. 3; R. Cumming, Descartes' provisional morality, The Review of Metaphysics Bd. 9, 1955/56; R. Spaemann, Prakt. Gewißheit. Descartes' p. M. in: ders., Zur Kritik der polit. Utopie, Stuttgart 1977; A. Klemt, Descartes u. die Moral, Meisenheim 1971.   *O. H.*

Psychoanalyse →Psychotherapie.

Psychose →Krankheit.

Psychosomatik →Krankheit.

Psychotherapie. Therapie ist der Versuch der Wiederherstellung der durch →Krankheit zerstörten psychophysischen Einheit u. Interaktionsfähigkeit des Menschen durch ein kunstvolles methodisches Verfahren. Im engeren Sinne unterscheiden wir die medizinische Therapie, die bei den Störungen der biologisch-physiologischen Seite des Menschen ansetzt, von der P., die die Störungen seiner Erlebnis- u. Interaktionsfähigkeit im Blick hat (psychisch-soziale Seite). Da Krankheit die Freiwilligkeit des Handelns als Voraussetzung sittl. Handelns teilweise oder nahezu ganz zerstören kann, stellt Therapie eine notwendige Bedingung zur Wiederherstellung voller →Verantwortung dar. Eine wesentliche Vorbedingung der Therapie ist die Krankheitseinsicht. Diese ist dadurch erschwert, daß es Verhaltensweisen des Menschen gibt, die der Betreffende in der vollen Überzeugung seiner Gesundheit oder sogar sittl. →Gesinnung vollbringt, obwohl sie bereits die Grenze zur Krankheit überschrit-

ten haben. Krankheitseinsicht im psychologischen Sinn bedeutet, die Lösung der Lebensprobleme nicht allein mittels eigener sittl. Kräfte, sondern in einer P. zu suchen. Umgekehrt gibt es *Lebenskrisen* (z. B. bei Berufs- und Partnerschaftsentscheidungen, bei Todeserfahrungen etc.), die durchaus mit den eigenen Kräften der →Person u. mit intersubjektiver Beratung zu bewältigen sind, ohne daß eine P. angezeigt erscheint. In der Regel sind hier die Übergänge fließend. P. u. sittl. Handeln stehen in einem Ergänzungsverhältnis der Art, daß die Leistung der geglückten P., die psychosoziale Gesundheit des Menschen, eine notwendige Vorbedingung, wenn auch keine Garantie darstellt, daß das →Gute getan u. das →Böse unterlassen wird.

Eine Bestimmung des Therapiebegriffs muß die Einheit des biologisch-psychologisch-soziologischen Wissens vom →Menschen im Blick haben. Dies wird bereits bei der Verhältnisbestimmung der medizinischen Therapie u. der P. deutlich. Die Entwicklung der →Medizin zeigt, daß selbst im Falle organischer Schädigung die psychologischen Veränderungen des Patienten (Psychosomatik) u. die Einbettung in die Umweltbeziehungen (Medizinsoziologie) nicht unberücksichtigt bleiben können. Ebenso verlangt die P. teils eine medizinische Abklärung körperlicher Schäden, teils eine begleitende medizinische Unterstützung der P. Die psychologischen Verfahren der Therapie im engeren Sinne unterscheiden sich je nach ihrem Blickwinkel auf die menschliche Psyche als Verhaltenstherapie, Gestalttherapie u. psychoanalytische Therapie. Die *Verhaltens-psychologie,* die die Krankheit wesentlich als abweichendes Verhalten des Organismus zur Umwelt auffaßt, versteht P. als Modifikation des Verhaltens durch →Belohnung u. Bestrafung, d. h. als Verhaltenssteuerung u. Kontrolle. Sie erweist sich nicht nur bei begrenzten Symptomen (z. B. Stottern) als erfolgreich, sondern besonders bei organischen (z. B. hirnorganischer) Schädigungen, bei denen nicht mehr an Einsicht appelliert werden kann.

Die *Gestalttherapie* sieht in der Krankheit wesentlich Prozesse der Unfähigkeit zu emotionalem Ausdruck u. der Bewußtseinsverengung. Ihre Therapie versucht an das bewußt-aktuelle Erleben anzuknüpfen u. durch Rollenspiel u. Aussprechen der Gefühle in Einzelbeziehungen u. Gruppenkonstellationen die Krankheitsbarrieren zu überwinden. Auch die *psychoanalytische* Therapie ist gemäß einer frühen (*Breuer-Freud*schen) Bezeichnung eine Gesprächstherapie (talking cure). Ihre Absicht geht jedoch darauf die als Krankheitsursachen begriffenen frühkindlichen Beziehungskonflikte durch Wiederbelebung der Erinnerung (mit Hilfe der Traumanalyse) emotional auszutragen, um dadurch eine Neuorientierung des gegenwärtigen Erlebens zu erreichen. Entsprechend ihrem differenzierten Instrumentarium unterscheidet sie mehrere Therapieformen. P. im analytischen Sinne meint ein Verfahren, das nur abgegrenzte Konflikte anvisiert u. durch Stützung der persönlichkeitseigenen Kräfte eine Lösung herbeizuführen sucht. Davon ist die *Psychoanalyse* zu unterscheiden,

die in einem langwierigen Verfahren die emotionale Vorgeschichte der →Person unter dem Blickwinkel von Stagnation u. Wiederholungen aufzuarbeiten sucht. Ebenso sind die Verfahrensweisen der Individual- u. *Gruppentherapie* zu unterscheiden, die sich durch das jeweilige „Setting" (klassische Zweierbeziehung Analytiker – Analysand, oder Analytiker – Gruppe) unterscheiden.

Ist Gesundheit als Ziel der P. so verstanden, daß sie abweichendes (nonkonformes) Verhalten des Einzelnen dem öffentlichen Verhalten anpaßt (→konform macht)? Während die Verhaltenstherapie eher am durchschnittlichen Verhalten der Umwelt orientiert ist, fassen Gestalttherapie u. psychoanalytische Therapie das Ziel negativ als Leidbeseitigung. Allerdings ist keine Therapieform in der Lage, die das individuelle →Leid mitverursachenden öffentlichen Konflikte zu lösen. Aber sie kann die subjektive Fähigkeit wiederherstellen, die Konflikte zu erleben u. gegebenenfalls an ihrer Beseitigung mitzuarbeiten.

Lit.: E. H. Erikson, Einsicht u. Verantwortung. Die Rolle des Ethischen in der Psychoanalyse, Stuttgart 1966; H. E. Richter, Die Gruppe, Reinbek–Hamburg 1972; F. Perls, Gestalt-Therapie in Aktion, Stuttgart 1974; St. Rachmann, Angst. Formen, Ursachen u. Therapie, München 1975; Ch. Kraiker (Hrsg.) Handbuch der Verhaltenstherapie, München ²1975; R. R. Greenson, Technik u. Praxis der Psychoanalyse, Bd. I, Stuttgart 1975; M. Krüll, Schizophrenie u. Gesellschaft, München 1977.   *A. S.*

Puritanismus →Christliche E.

Q

Quietismus →Stoische E.

R

Rache →Ehre.

Radikalismus →Gewalt.

Rassismus →Minderheiten.

Rationalismus →Naturrecht.

Rationalität heißt ganz allgemein die Fähigkeit u. der Maßstab zu einem vernunftgemäßen Vorgehen im Erkennen (→Methoden) u. Handeln. Der nähere Begriff hängt davon ab, ob man R., wie in der →Entscheidungstheorie, bloß als Mittel- u. Zwischenzielrichtigkeit zu vorgegebenen Leitzielen versteht oder, wie in der E, um die Dimension der leitenden Ziel- u. Zweckrichtigkeit erweitert (→Sittlichkeit, →kategorischer Imperativ) u. auf das Handeln als ganzes bezieht. *O. H.*

Rationalitätskriterium →Entscheidungstheorie.

Raub →Eigentum.

Recht im „objektiven" Sinn ist der Inbegriff von normativen Verbindlichkeiten (Normen, aber auch Strukturen u. Verfahren sowie dem ihnen gemäßen Verhalten), die – zu einer bestimmten Zeit u. für eine konkrete politische Gemeinschaft gültig – das Zusammenleben formell regeln. Die R.normen finden ihren Ausdruck vor allem in R.sätzen, den geschriebenen

oder ungeschriebenen (GewohnheitsR.) *Gesetzen* u. ihrer richterlichen Auslegung (RichterR.). R. im „subjektiven" Sinn heißen die Ansprüche, etwas zu tun, zu fordern oder zu besitzen, die jemandem durch das R. im objektiven Sinn ausdrücklich zuerkannt sind. – Trotz einer ursprünglichen Einheit u. immer noch bestehender mannigfaltiger Beziehungen (das VertragsR. z. B. enthält moral. Begriffe wie: Treu u. Glauben, Arglist, gute Sitten) ist das R. heute begrifflich von →Moral u. Sitte zu unterscheiden. Anfangs beruhte das R. nur auf der ständigen, gleichförmigen R.sübung u. auf der einheitlichen R.süberzeugung der Beteiligten (GewohnheitsR.). Heute stammt das R. zum größten Teil aus formellen Akten staatlicher Gewalt (Verfassungs- u. Gesetzgebung, auch R.sprechung); es wird durch die Exekutivorgane des →Staates (Regierung, Verwaltung, Polizei) durchgesetzt, seine Befolgung durch andere staatliche Organe, die Gerichte, formell überprüft; u. dort, wo die Übertretung des R. →Strafen nach sich zieht, werden sie öffentlich verhängt u. betreffen sie unmittelbar die →Freiheit (Gefängnisstrafe) oder das →Eigentum (Geldstrafe). Anders als die persönliche →Sittlichkeit (Moralität) regelt das R. nur äußeres Verhalten u. schreibt keine →Gesinnungen, etwa die →Gerechtigkeit als →Tugend vor. – Das R. bildet einen komplexen hierarchischen Zusammenhang. Es besteht aus Regeln erster Ordnung mit Geboten (z. B. Steuern zu zahlen), Verboten (z. B. von Diebstahl oder Mord) u. Verfahrensregeln (z. B. über Ehe- oder Vertragsschließ_ng) sowie aus Regeln zweiter Ordnung für die Entscheidung von Streitfällen u. die Schaffung neuer R.verhältnisse (mit Verfahrensvorschriften u. normativen Leitprinzipien über die Einführung, Veränderung oder Abschaffung von R.regeln erster Ordnung). Die traditionelle Zweiteilung der R.gebiete in PrivatR. (Bürgerliches R., HandelsR.), das die Interessen der einzelnen, der Gruppen u. Verbände im Verhältnis zueinander regelt, u. öffentliches R. (StaatsR., VerwaltungsR., StrafR., ProzeßR.), das öffentlichen Interessen dient u. hoheitliche Maßnahmen festlegt, ist nicht mehr unbestritten, da die strenge Trennung von privater u. öffentlicher Sphäre nicht immer durchzuhalten ist, z. B. ArbeitsR., WirtschaftsR. u. SozialR. sich diesem Schema weitgehend entziehen.

Das R. wurzelt in fundamentalen Bedingungen des Menschseins, ohne aus ihnen notwendig zu folgen: Da Menschen zur gleichen Zeit den gleichen Lebensraum teilen, geraten sie in wechselseitigen Einfluß. Aufgrund unterschiedlicher →Bedürfnisse, Interessen u. →Sinnvorstellungen sowie der Knappheit vieler Güter ist das Zusammenleben ständig von →Konflikten bedroht, die aufgrund mangelnder →Instinkte nicht schon biologisch geregelt sind. Überdies sind die Menschen in vielfacher Hinsicht aufeinander angewiesen (vgl. Hilfsbedürftigkeit der Kinder, →Sexualität, Arbeitsteilung, Sprach- u. →Kommunikationsbegabung). Das R. stellt jene Form dar, die wechselseitige Angewiesenheit u. die Konflikte zu bewältigen (sie zu lösen oder schon ihr

Entstehen zu verhindern), die sich nicht nach den jeweiligen Machtverhältnissen richtet, sondern an deren Stelle allgemeine Regeln, die Gesetze, treten läßt. Im R.zustand wird eine über die Ausnahmesituation der →Notwehr hinausgehende Gewalt als Mittel individueller Konfliktbewältigung abgelehnt; jede nicht vom Gesetz legitimierte Gewaltanwendung ist R.bruch (Friedensfunktion des R.). Durch das R. wird die Willkür der einzelnen wechselseitig eingeschränkt. Zugleich werden subjektive R.e gewährt (Schutz von Leben u. Eigentum, Nichteinmischung von Polizei u. Verwaltung in Privatangelegenheiten: →GrundR.e), die jedem Individuum gegenüber anderen Individuen sowie gegenüber der Bevormundung durch Gruppen, selbst durch den Staat einen Raum der freien Entfaltung u. eigenverantwortlichen Selbstverwirklichung (→Freiheit) bestimmen u. auch garantieren (Schutzfunktion des R.). Um den in den modernen Verfassungen gebotenen Schutz der Menschenwürde (→Humanität) konkret zu verwirklichen, hat sich der Staat als Antwort auf die wirtschaftlichen u. sozialen Probleme fortgeschrittener Industriegesellschaften vom liberalen zum sozialen R.staat entwickelt, indem er im R. neben der Friedens- u. Freiheitssicherung zunehmend existenzsichernde u. darüber hinaus wirtschafts- u. sozialgestaltende Aufgaben übernimmt. Durch Gesetze zur Sozialversicherung, -hilfe, -versorgung u. -förderung, durch SteuerR., WettbewerbsR., Mitbestimmungsgesetze usf. setzt das R. Rahmenbedingungen für soziale Sicherheit u. soziale Gerechtigkeit. – Der R.zustand entsteht nicht von allein, sondern muß geschaffen werden. Da die Konfliktbewältigung nach Maßgabe der jeweiligen Machtverhältnisse einen zumindest latenten Kriegszustand bedeutet, der nicht bloß für die Schwächeren, sondern auch für die Stärkeren von Nachteil ist, liegt die Einrichtung des R.zustandes – jenseits aller konkurrierenden individuellen Interessen – im gemeinsamen Interesse aller. Deshalb setzt sie keine ausdrückliche sittl. Motivation voraus, sondern läßt sich schon aus dem aufgeklärten →Selbstinteresse, als Ergebnis eines Vertrages von rationalen Egoisten, rekonstruieren (*Hobbes, Rawls*).

Die Idee einer wechselseitigen Willkürbeschränkung, Friedens-, Existenz- u. Freiheitssicherung konkretisiert sich in der für die Idee des R. grundlegenden Forderung nach →Gleichheit vor dem Gesetz (R.-gleichheit). Damit das R. konkretes Verhalten bestimmen kann, müssen die einzelnen R.normen nach Tatbestand u. R.folge hinreichend genau angegeben sein (Orientierungssicherheit des R.), weshalb im Gefolge der Aufklärung das R. vor allem in Kontinentaleuropa vornehmlich in kodifizierter Form: in R.büchern (Bürgerliches Gesetzbuch, Strafgesetzbuch usf.) niedergelegt ist. Damit die R.bestimmungen auch eingehalten werden, gehören zu einer R.ordnung unabhängige Gerichte, die das Verhalten von Individuen, Organisationen, von Verwaltung, Polizei, selbst vom Gesetzgeber nach Maßgabe der R.regeln erster u. zweiter Ordnung beurteilen u. das R. notfalls auch gegen den Wi-

derstand von Individuen u. Gruppen wirksam durchsetzen (Realisierungssicherheit des R.). – Mit Ausnahme weniger Sonderfälle (KirchenR., VölkerR.) u. einiger gewohnheitsrechtlich geregelter Gebiete ist es der Staat, der durch die Legislative R. setzt, so wie er es durch die Exekutive u. das Gerichtswesen durchsetzt. Der Staat hat das R.monopol: Jede Setzung der entsprechenden Staatsorgane schafft tatsächlich geltendes R.: das *positive R.* im Unterschied zur Idee des richtigen Rechts, zur politisch-sozialen →Gerechtigkeit u. zum Vernunft- oder →Naturrecht. Die Setzung des R. aus der Macht des Gesetzgebers bedeutet allerdings nicht, daß jedes positive R. aus einer willkürlichen Dezision (→Entscheidung) stammt. In Anknüpfung an das Herkommen, aber auch in deren Kritik, mit Bezug auf die sich wandelnden wirtschaftlichen, gesellschaftlichen u. kulturellen Verhältnisse u. in der Orientierung an der Idee der Gerechtigkeit werden die R.normen in einem formal festgelegten Prozeß politischer Entscheidung gewonnen u. durch die Rechtsprechung präzisiert u. fortgebildet (RichterR.). In einem komplizierten Wechselverhältnis ist das R. sowohl die Bedingung für Staat u. →Gesellschaft als auch deren Resultat.

Wie es die totalitären Staaten dieses Jh. zur Genüge zeigen, ist das positive R. nicht immer auch formal u. inhaltlich richtiges R. Um die staatliche Willkür einzuschränken, gibt es die verfassungsrechtlichen Geltungsnormen über die Entstehungsvoraussetzungen von Gesetzen, ferner Gerichte, die die Gesetze auf ihre Verfassungsgemäßheit hin prüfen. Darüber hinaus ist eine Kritik des positiven R. nach Maßgabe der Lebenswirklichkeit, vor allem aber im Namen der Gerechtigkeitsidee u. der Menschen-R.e (der persönlichen FreiheitsR.e, der polit. MitwirkungsR.e: →Demokratie u. der SozialR.e) möglich u. oft genug dringend. Die R.kritik entbindet allerdings nicht von der Pflicht zum R.gehorsam; diese Pflicht ist aber nicht unaufhebbar (R.widerstand: →Gewissen); staatliche Normen wie die Rassengesetze im Dritten Reich verdienen keinen Gehorsam.

Lit.: Th. Hobbes, Leviathan, Kap. 13 ff.; I. Kant, Die Metaphysik der Sitten, 1. Teil: Metaphys. Anfangsgründe der R.lehre; J. Bentham, Of Laws in General; G. W. F. Hegel, Grundlinien der Philosophie des R.; H. Kelsen, Reine R.lehre, Wien ²1960; H. L. A. Hart, R. u. Moral, Göttingen 1971, S. 14 ff.; ders., Der Begriff des R., Frankfurt 1974; M. Kriele, Theorie der R.Gewinnung, Berlin 1967; M. Barkun, Law without Sanctions. Order in Primitive Society and the World Community, New Haven-London 1968; L. Lautmann, W. Maihofer, H. Schelsky (Hrsg.), Die Funktion des R. in der modernen Gesellschaft, Bielefeld 1970; A. Görlitz (Hrsg.), Handlexikon zur R.wissenschaft, München 1972; J. Freund, Le droit aujourd'hui, Paris 1972; W. Maihofer (Hrsg.), Begriff u. Wesen des R., Darmstadt 1973; A. Kaufmann, W. Hassemer (Hrsg.), Einführung in R.philosophie u. R.theorie der Gegenwart, Heidelberg/Karlsruhe 1977; O. Höffe, E u. Politik, Frankfurt 1979, Kap. 6, 3, 14; Neue Hefte für Philosophie, H. 17: R. u. Moral, Göttingen 1979; U. Nembach, K. v. Bonin (Hrsg.), Begründungen des R., 2 Bde., Göttingen 1979.　　　　　　　*O. H.*

Rechtfertigung　　→Begründung, Herrschaft.

Rechtspositivismus　→Gerechtigkeit, Naturrecht.

Rechtsstaat →Staat.

Regel →Norm.

Regelutilitarismus →Utilitarismus.

Reiz u. Reaktion →Belohnen u. Bestrafen.

Relativismus. Der e R., der mehr von Sozialwissenschaftlern als Moralphilosophen vertreten wird, bestreitet die Allgemeingültigkeit einiger (schwächere Form) oder aller (stärkere u. im folgenden untersuchte Form) sittl. Maßstäbe. Er wird immer dann aktuell, wenn einzelne oder Gruppen durch Reisen, Reiseberichte oder kulturgeschichtliche Studien ihren Erfahrungsbereich erweitern u. dabei in den verschiedenen Gesellschaften auf sehr unterschiedliche Gebote u. Verbote stoßen, bei differenzierten Gesellschaften sogar innerhalb von ihnen. Wer alle →Normen seiner Gruppe oder Gesellschaft für *sittl.* richtig u. deshalb allgemein gültig hält, wird durch diese Erfahrung in seinem sittl. Bewußtsein erschüttert. Setzt er die Erfahrung absolut, muß er an der Möglichkeit allgemeingültiger Maßstäbe verzweifeln u. in einen e R. verfallen, der sich aus der richtigen Beobachtung kultureller Vielfalt noch keineswegs ableiten läßt.

Zwei Grundformen von e R. sind zu unterscheiden: (1) Der *empirische* R. hebt die Unterschiede zwischen den herrschenden →Moralen hervor, ohne zur Berechtigung der Unterschiede Stellung zu nehmen. (1.1) Als *kultureller* oder *deskriptiver* R. betont er die Verschiedenheit der Normen (des Sexualverhaltens, der Beziehungen zwischen Eltern u. Kindern usw.), fordert auch zu Recht Achtung vor den unterschiedlichen →Kulturen u. ihren Traditionen (→Toleranz), unterschlägt aber die ebenso festzustellenden Gemeinsamkeiten (wie: Inzestverbot, Ablehnung von Lüge, Anerkennung von Hilfsbereitschaft u. →Tapferkeit, positive Bewertung →ehelicher →Sexualbeziehung im Unterschied etwa zu Prostitution). Zudem übersieht er meist, daß die beobachteten Unterschiede in der Regel nur die relativ konkreten Alltagsnormen betreffen. Diese stellen aber erst die Anwendung allgemeinerer Grundsätze unter gewissen Randbedingungen dar: unter den für die jeweilige Gesellschaft charakteristischen geographischen, klimatischen, ökonomischen u. a. Situationsfaktoren, unter traditionellen Glaubensüberzeugungen sowie empirischen Kenntnissen über die wahrscheinlichen Folgen der Handlungsweisen. Erst wenn man aufgrund von keineswegs immer einfachen Interpretationsprozessen bei den konkreten Normen von den spezifischen Randbedingungen einer Gesellschaft abstrahiert, findet man die sittl. entscheidenden Fundamentalnormen: (1.2) Der deskriptive R. als solcher beweist noch keinen *prinzipiellen R.,* nach dem die sittl. Grundsätze selbst nur kulturrelativ sind. Ebensowenig bedeutet jeder *Normenwandel* schon einen *moralischen Wandel* der betreffenden Gesellschaft. Oft haben sich nicht die Grundsätze, sondern bloß die Zeiten, nämlich die Randbedingungen geändert. Und umgekehrt: Wenn man trotz veränderter Randbedingungen an denselben konkreten Normen festhält, verrät man die einstmals bestimmenden sittl. Grundsätze.

Sobald man die beobachteten Normen als spezifische Anwendungen allgemeiner Grundsätze erkennt, ist es nicht mehr erstaunlich, sondern geradezu notwendig, daß sie nicht immer u. überall gleich sind: Die erste Interpretation der kulturellen Vielfalt erweist sich als perspektivische Täuschung (vgl. die →goldene Regel als kulturübergreifendes Moralkriterium). Allerdings gibt es auch Unterschiede in den Grundsätzen. So gehört angesichts von Beleidigungen auch gleichermaßen sittl. gerechtfertigt sind. Man begeht vielmehr einen naturalistischen Fehlschluß (→MetaE), wenn man aus dem empirisch-prinzipiellen R. einen (2) *normativen R.* ableitet, nach dem die verschiedenen Prinzipien gleicherweise sittl. richtig sind. Der normative R. setzt zusätzlich jene nonkognitivistische Richtung der MetaE voraus, nach der eine rationale Beurteilung verschiedener Prinzipien u. ihre →Begründung nicht möglich seien. Die sittl. Grundsätze sollen je nach Individuum, Gruppe, Klasse, Rasse oder Kultur unterschiedlich sein. Dagegen läßt sich einwenden, damit verfehle man den Sinn sittl. Grundsätze, die als sittl. die Allgemeingültigkeit u. Objektivität beanspruchen (→kategorischer Imperativ). Überall dort, wo sich diese Ansprüche nicht aufrechterhalten lassen, gewinnt man keine Argumente für den normativen R., wohl solche gegen die angebliche →Sittlichkeit der entsprechenden Grundsätze (oder auch Grundwerte u. -normen).

(3) Der *meta-e* R. stellt die metho-

dologische Behauptung auf, daß es keine kulturübergreifende →Methode gibt, die Gültigkeit des Moralsystems einer Kultur gegenüber anderen wissenschaftlich nachzuweisen. – Als e *Pluralismus* bezeichnet *Gehlen* „die Tatsache, daß es mehrere voneinander funktionell wie genetisch unabhängige u. letzte sozialregulative Instanzen im Menschen gibt". Von *Nietzsche, Bergson* u. *M. Weber* beeinflußt, wird das Ethos der Gegenseitigkeit von dem des Wohlbefindens (Eudämonismus: →Glück) unterschieden, das →Familienethos mit seiner Erweiterung zum Humanitarismus (→Humanität) vom Ethos der →Institutionen, besonders des →Staats. Während sie gewöhnlich nebeneinander bestehen, wenden sie sich in Krisenzeiten gegeneinander.

Lit.: F. Nietzsche, Zur Genealogie der Moral; Texte zur E, München 1976, Kap. 2 (Enge.s, Herskovits, Brandt); A. Macbeath, Experiments in Living, London 1952; H. Kron, Ethos u. E. Der Pluralismus der Kulturen u. das Problem des e Relativismus, Frankfurt/ Bonn 1960; R. B. Brandt, Hopi Ethics, Chicago ^{2}1974 W. Rudolph, Der kulturelle R., Berlin 1968; G. Patzig, E ohne Metaphysik, Göttingen 1971, III.; O. Höffe, Praktische Philosophie – Das Modell des Aristoteles, München/Salzburg 1971, Teil II; A. Gehlen, Moral u. Hypermoral. Eine pluralist. E, Frankfurt 1973; J. Ladd (Hrsg.), Ethical Relativism, Belmont/Cal. 1973; M. J. Herskovits, Cultural Relativism, New York 1973; G. Harman, Moral Relativism Defended, The Philosophical Review Bd. 84, 1975; R. Ginters, R. in der E, Düsseldorf 1978. *O. H.*

Religion (lat. religio: →Pflicht, Gewissenhaftigkeit, Ehrfurcht) ist ein Wort, dessen etymologische Herleitung ebenso umstritten ist wie die durch es bezeichnete Sache. Während sich die Philologie auf die Abkunft des Wortes aus dem lat. Verb relegere (sich immer wieder hinwenden, so *Cicero,* statt religare = zurückbinden, so *Augustinus, Laktanz*) zu einigen scheint, ist den versuchten Wesensbestimmungen nur gemeinsam, daß mit dem Terminus R. ein Verhältnis des Menschen zum Göttlichen angesprochen wird. Wie allerdings die beiden Momente u. ihre Beziehung beschaffen sein müssen, um sie als R. benennen zu können, ist kontrovers. So charakterisiert man im Blick auf kulturelle Phänomene, die gemeinhin als R. bezeichnet werden, das Verhältnis teils als primär kognitiven Zustand, als das Fürwahrhalten (= *Glaube*) eines Systems von Aussagen über das Bestehen von Sachverhalten, die die Existenz des Göttlichen, sein Wesen u. seine Beziehung zur Welt beschreiben, teils als eine Weise rituellen Verhaltens, das jene übermenschlichen Mächte gnädig zu stimmen versucht, von denen man glaubt, daß sie den Lauf der Natur u. des menschlichen Lebens entscheidend beeinflussen (R. = *Kult*), teils als eine moralische Grundhaltung, teils als eine emotionale Grunderfahrung (R. = das Gefühl schlechthinniger Abhängigkeit des Menschen vom unverfügbar Göttlichen: *Schleiermacher*). Gegenüber derartig einseitigen Wesensbestimmungen lassen sich besser eine Reihe von Grundzügen nennen, die mehr oder weniger vollständig gegeben sein müssen, um ein kulturelles Phänomen als R. bezeichnen zu können. (a) Ein Glaube an übernatürliche

Wesen (→Gott) u. Kräfte, (b) die Unterscheidung heiliger u. profaner Gegenstände, (c) rituelle Akte, die sich um heilige Gegenstände zentrieren, (d) die Annahme eines vom Göttlichen angeordneten u. sanktionierten Moralkodex, (e) spezifische Gefühle, die in Gegenwart heiliger Gegenstände u. ritueller Praxis entstehen u. in Verbindung gesetzt werden zum Göttlichen, (f) Gebete u. andere Formen der Kommunikation mit dem Göttlichen, (g) eine aus Erzählungen, Bildern u. Begriffen zusammengesetzte Vorstellung von Natur u. Geschichte im ganzen, die den Platz des Individuums in der Welt u. die Möglichkeit seines (irdischen oder jenseitigen) *Heils* oder Unheils, seiner *Erlösung* oder Verdammung vorzeichnet, (h) eine Art der Gemeinschaft, die durch Anerkennung u. Praxis des eben Genannten konstituiert wird (*Kirche,* Religionsgemeinschaft).

Die verschiedenen geschichtlichen R.en sind durch die Betonung eines oder mehrerer der genannten Grundzüge charakterisiert. Entsprechend dem Kriterium, wo das Göttliche primär gesucht u. lokalisiert u. welche Art des Verhaltens als adäquate menschliche Antwort angesehen wird, lassen sich typologisch sakramentale, prophetische u. mystische R. unterscheiden. (a) Die *sakramentale* R. sucht das Göttliche bzw. dessen Inkorporation oder Manifestation primär in heiligen Dingen; die *prophetische* R. in Ereignissen der Geschichte u. in von Gott inspirierten Äußerungen großer begnadeter Persönlichkeiten (das Schlüsselwort ist hier nicht Sakrament, sondern *Offenbarung*); das Zentrum der *mystischen* R. bildet nicht

ein gegenständlich Göttliches, auch nicht ein personales göttliches Du, das sich in Wort u. Geschichte bekundet, sondern ein innerer Zustand, eine Erfahrung, die die Verschmelzung des Individuums mit dem Göttlichen zum Inhalt hat. – Bezüglich der Antwort auf das Göttliche konzentriert die sakramentale R. ihr Interesse auf rituelle Akte, die die heiligen Gegenstände zum Bezugspunkt haben. Primitive R.en, die durchwegs sakramentalen Charakter tragen, legen mehr Gewicht auf rituelle Untadeligkeit als auf moralische Integrität. Die prophetische R. hingegen rückt die theoretische u. praktische Annahme der göttlichen Offenbarung in den Mittelpunkt, der Glaube gilt als höchste →Tugend, die adäquate menschliche Antwort bildet eine →sittl. Grundhaltung auf der Basis des Glaubens. Für die mystische R. haben Askese (→Verzicht) u. Kontemplation entscheidende Bedeutung auf dem Weg des Menschen zur Verschmelzung mit dem Göttlichen. Der Gebrauch von Zeremonien, die Annahme göttlicher Botschaften, die Orientierung an moralischen Normen mögen hilfreich sein als Momente einer asketischen u. kontemplativen Praxis, bei Erreichung des Ziels verlieren sie jedoch ihre Bedeutung. Wie der Sakramentalismus, so tendiert auch Mystik (→Spiritualität) zur Trennung von R. u. Moral. Unter den klassischen R.en können Buddhismus u. philosophischer Hinduismus als vorzüglich mystisch, Judentum, Islam u. Konfuzianismus als primär prophetisch, populärer Hinduismus wie alle polytheistischen u. primitiven R.en als vorwiegend sakramental bezeichnet werden, wenngleich Hochreligionen wie Buddhismus, Hinduismus, Judentum u. Islam durch eine wechselvolle Geschichte der Vermischung u. Konflikte der drei verschiedenen Grundzüge geprägt sind. Dies zeigt sich besonders deutlich im Christentum, wo der Konflikt des sakramentalen mit dem prophetischen Element zu tiefgreifenden Spaltungen führte u. das mystische Element ein wenn auch jederzeit beargwöhntes u. in rituelle, moralische u. dogmatische Schranken gewiesenes Bürgerrecht erhielt.

R.geschichtliche Untersuchungen haben mit einiger Plausibilität in fast allen bekannten R.en Entwicklungstendenzen aufgewiesen, die sich als progressive *Säkularisierung,* Spiritualisierung u. Moralisierung beschreiben lassen; als Säkularisierung: mit zunehmender Kenntnis weltlicher Gesetzmäßigkeiten wird das Göttliche in einen der Erfahrungswelt jenseitigen Bereich verlagert u. die Welt entgöttlicht, oder die Theologumena werden weltlich umgedeutet (etwa Heils- zur →Fortschrittsgeschichte); als Spiritualisierung: die Säkularisierung geht einher mit einer Vergeistigung des Göttlichen, seine Prädikate verlieren ihren Bezug zu dinglich Anschaubarem, rituelle Praxis u. religiöse Lehre werden zunehmend als bloß symbolische Aktion bzw. als bloß mythische oder bildhafte Darstellungsform aufgefaßt; als Moralisierung: verlieren Natur- u. geschichtliche Ereignisse für den Menschen den Charakter des Geheimnisvollen, Schrecklichen, Unverfügbaren, Schicksalhaften, so verliert auch das Göttliche den Charakter einer dunklen, geheimnisvollen Macht u.

nimmt zunehmend Züge an, die sich als Ideale moralischen Verhaltens bestimmen lassen (→Gerechtigkeit, →Liebe, Fürsorge, Erbarmen). Während in keiner der frühen Kulturen die Götter mit hohen moralischen Attributen bedacht werden, noch als Gesetzgeber u. Richter moralischen Verhaltens, sondern als Hüter der Erfüllung religiöser Praktiken fungieren, werden in HochrR.en die Gottesvorstellungen zunehmend der Entwicklung moralischer Normen angepaßt (vgl. etwa die moralische Reinigung des Götterglaubens in Griechenland durch *Sokrates* u. *Platon,* im Judentum durch die Propheten; auch im Christentum verschwindet z. B. in der Gegenwart der ehedem feste Glaube, daß ein Ungetaufter, wie tugendhaft auch immer er lebt, nicht gerettet werden könne. Am Ende derartiger Entwicklung steht eine völlige Moralisierung des Göttlichen (Gott ist Inbegriff des Guten, das →höchste Gut, R. ist Anerkennung moralischer Gesetze als göttlicher Gebote: *Kant, Fichte*).

Die historisch-faktische Beziehung zwischen R. u. Moral (→Sittlichkeit) ist also keineswegs so zu sehen, als hätten moralische Überzeugungen ihren Ursprung in religiösen Vorstellungen. Dieser Befund berührt indessen noch nicht die begriffliche Ebene. Hier wurde u. wird vielfach die Geltung moralischer Gesetze als nur auf die Souveränität eines gesetzgebenden göttlichen Willens rückführbar angenommen (→theologische E), der Glaube an Gott entsprechend als für Moralität konstitutiv erachtet (noch in der Aufklärung, etwa bei *Locke* u. *Rousseau,* galt deshalb Atheismus als gleichbedeutend mit Amoralität). Die Konsequenz dieses Gedankens wäre, daß keine Handlung, keine Handlungsmaxime, kein Handlungsziel als in sich gut oder schlecht, sondern so nur im Rekurs auf einen souverän gebietenden göttlichen Willen qualifizierbar wäre. Dies widerspricht offenkundig dem Begriff eines moralischen Sollens, das nicht dadurch begründbar wird, daß man auf den Befehl eines (wenn auch noch so potenten) arbiträren Willens verweist. Im Begriff eines allmächtigen u. allwissenden Gottes liegt nichts, das die Begründung moralischer Gehorsamsverpflichtung enthielte. Dies ist der Grund dafür, daß theologische Reflexionen in moralischen Begründungsfragen häufig auf →Klugheitserwägungen rekurrieren. Viele R. enthalten den Gedanken der *Unsterblichkeit der Seele* bzw. einer endzeitlichen Wiederauferstehung u. eines jenseitigen Gerichts: das vernünftige →Selbstinteresse läßt es sinnvoll erscheinen, den Geboten Gottes als des endzeitlichen Richters zu folgen. Moralische Verpflichtung ist indessen als moralische nur aus einem in sich gültigen moralischen Prinzip begründbar. Die Anerkennung göttlicher Gebote als moralisch verpflichtend ist nur dadurch zu begründen, daß man die Gebote selbst u. ihren Urheber als moralisch erweist. Wir brauchen bereits moralische Urteilsfähigkeit, ehe wir religiöse Obligationen als moralisch verpflichtend zu rechtfertigen vermögen (so bereits *Platon*, Euthyphron, später vor allem *Kant*). Lediglich empirisch beantwortbar ist die vor allem in der Aufklärung diskutierte Frage, ob allein der religiöse Glaube an eine unsterbliche Seele, an einen allwissenden u. richtenden Gott den Menschen auf die Dauer die hinreichende Motivation zu sittl. Handeln zu geben vermag.

Lit.: Platon, Euthyphron; Cicero, De natura deorum; Augustinus, De vera religione; Thomas v. Aquin, Summa theol. II/II qu. 81–101; F. Suarez, De virtute et statu religionis; I. Kant, Die R. innerhalb der Grenzen der bloßen Vernunft; J. G. Fichte, Versuch einer Kritik aller Offenbarung; G. W. F. Hegel, Vorlesungen über die Philosophie der R.; J. St. Mill, Three Essays on R.; M. Scheler, Vom Ewigen im Menschen; H. Bergson, Les Deux Sources de la morale et de la r.; W. G. de Burgh, From Morality to R., London 1938; W. G. Maclagan, Theological Frontiers of Ethics, London 1961; R. Otto, Das Heilige, München 35 1963; W. P. Alston, Artikel R. in Encyclopedia of Philosophy, Bd. 7; M. Horkheimer, Die Sehnsucht nach dem ganz Anderen, Hamburg 1970; B. Mitchell (Hrsg.), The Philosophy of R., Oxford 1971; W. W. Bartley, Morality and R., London 1971; A. Auer, Autonome Moral u. christlicher Glaube, Düsseldorf 1971; H. R. Schlette, Skeptische R.philosophie, Freiburg 1972; N. Luhmann, Funktion der R., Frankfurt 1977; H. Bürkle, Einführung in die Theologie der R.en, Darmstadt 1977.　　*M. F.*

Religionskritik ist ein bestimmter Typus der Religionsphilosophie. Diese entstand als relativ eigenständige philosophische Disziplin mit dem Versuch der Aufklärung, →Religion möglichst unabhängig von den Aussagen vorgegebener Religionen u. deren Anspruch auf übernatürliche Offenbarung rein rational zu begründen *(Descartes, Locke, Leibniz, Kant, Fichte, Hegel).* Ihre zentralen Fragestellungen (1. nach der objektiven

Geltung religiöser Aussagen, 2. nach der moralischen u. sozialen Funktion religiöser Vorstellungen, 3. nach der anthropologischen Basis der Entstehung von Religion) wurden in der im 19. Jh. systematisch auftretenden R. kritisch gegen Religion überhaupt gewendet, u. zwar in szientifischer *(A. Comte)*, anthropologisch-moralischer *(L. Feuerbach F. Nietzsche)*, soziologisch-politischer *(K. Marx, F. Engels)* u. psychologischer *(S. Freud)* Argumentationsweise. Ihre Ansätze sind auch in der gegenwärtigen R. leitend. Das szientifische Argument sieht in religiösen Aussagen vorwissenschaftliche Erklärungsversuche undurchschauter Naturtatsachen. Religion als Resultat menschlicher Unwissenheit schwinde proportional zum Fortschritt menschlichen Wissens. Das anthropologische Argument interpretiert Religion als Projektion anthropologischer Tatbestände, den Gottesglauben als in wirkliche Wesen verwandelte Wünsche des Menschen. Das moralische Argument kennzeichnet Religion als Ideologie der Schwachen, die den Starken an seiner geglückten Selbstrealisation hindern soll u. das Diesseits zugunsten eines imaginären Jenseits depotenziert. *Marx* u. *Engels* übernehmen den Gedanken der Projektion u. rekonstruieren die sozialen Bedingungen der Entstehung dieser Wünsche, die in Gestalt religiöser Projektion den politisch u. sozial Unterdrückten eine entlastende Illusion, den Herrschenden ein willkommenes Instrument zur Verschleierung ungerechter Verhältnisse bescheren. Für die Psychoanalyse *Freuds* ist Religion „ein Versuch, die Sinneswelt, in die wir gestellt sind, mittels der

Wunschwelt zu bewältigen". Insofern diese Illusion, deren Struktur u. Funktion sich nach dem Modell frühkindlicher seelischer Mechanismen entschlüsseln lasse, durch ihr Denkverbot der wissenschaftlichen Wahrheitssuche Schranken setze, ist sie gefährlich u. der vernünftigen Lebensbewältigung hinderlich. Gemeinsam ist all diesen religionskritischen Ansätzen die These, daß Religion der Selbstaufklärung u. geglückten Selbstverwirklichung menschlichen Lebens im Wege steht.

Lit.: L. Feuerbach, Das Wesen des Christentums; K. Marx, F. Engels, Über Religion; A. Comte, Catéchisme positiviste; F. Nietzsche, Zur Genealogie der Moral; ders., Der Antichrist.; S. Freud, Die Zukunft einer Illusion; ders., Totem u. Tabu; ders., Moses u. der Monotheismus; E. Fromm, Psychoanalyse u. Religion, Zürich 1966; B. Russel, Religion and Science, Oxford 1960; R. Garaudy, Gott ist tot, Berlin 1965; E. Bloch, Atheismus im Christentum, Frankfurt/M. 1968; H. R. Schlette, Skeptische Religionsphilosophie, Freiburg 1972; W. Bender, J. Deninger (Hrsg.), R., München 1973.   *M.F.*

Resignation →Indifferenz.

Resozialisierung →Strafe.

Ressentiment →Neid.

Reue →Schuld.

Revolution (lat. revolvere: zurück-, umwälzen) ist politisch-historisch eine Form von →Gewalt. Ihr Ziel ist die radikale oder graduelle Veränderung der rechtlichen, politischen, sozialen, ökonomischen oder religiösen →Ordnung, von →Verfassung u. →Staat. Die soziale R. soll von Ausbeutung (→Entfremdung) durch die

→Herrschaft u. die →Institutionen sozialer Gruppen u. Klassen befreien. Die nationale R. hat das Ziel nationaler Selbstbestimmung u. die Befreiung von militärischer, politischer oder ökonomischer Unterdrückung durch nationale Minderheiten (→Diskriminierung) oder andere Staaten. R.en entstehen als Aufruhr u. Auflehnung gegen Ungleichheit (*Aristoteles*) u. Rechtlosigkeit. Ihre Ursachen sind vom jeweiligen Verlangen nach →Gleichheit, von der bisherigen Ordnung u. den Gründen ihrer Instabilität abhängig. R.en setzen ein System sozialen Handelns voraus, dessen →Normen u. →Werte als integrative Kräfte gleichermaßen der Aufrechterhaltung der Ordnung wie deren Auflösung u. Zerstörung dienen können. Die Gewalt der R. ist daher die Kehrseite der bisherigen Ordnung (*T. Parsons*), da sie sich mit den selben Normen, die der Integration dienen, rechtfertigen kann. R. kann demnach nie eine totale Negation des bisherigen Systems der →Gesellschaft u. ein absoluter Neubeginn sein. – Den Verlust der Integrationskraft der ,alten' Ordnung begründen die Theorien der sozialistischen R. mit den extremen Machtungleichheiten des Kapitalismus (→Wirtschafts-E) u. der damit verbundenen sozialen Krise. Sie wird den Beherrschten als Widerspruch bewußt u. veranlaßt sie zum Umsturz (*Marx, Lenin*). Der R. muß einerseits eine Selbstanalyse der Gesellschaft in Form einer R.-Theorie vorausgehen. Andererseits bildet sich das ,neue Bewußtsein' erst in der R. selbst. – Das Problem der *R.ethik* ist die Rechtfertigung revolutionärer Gewalt. Sie soll als Mittel zur Herstellung von →Freiheit, →Glück u. →Frieden u. zur Befreiung von Angst u. Elend legitim sein. Freiheit wird dabei als Befreiung u. Gewalt als Gegengewalt definiert. Ihre sittl. Rechtfertigung beruht auf einem ,,historischen Kalkül'' (*H. Marcuse*), der die absolute Gültigkeit sittl. Normen bestreitet u. die R. selbst zum Kriterium neuer Normen u. Werte macht. – Falls die neuen Normen aber rational zu rechtfertigen sein sollen, muß ihre Legitimation auch vor der R. möglich sein. Die Differenz zwischen historischer u. absoluter →Sittlichkeit wird damit fragwürdig. Das Verhältnis von revolutionärem Mittel (Gewalt) u. Zweck (Freiheit) ist nur dann sittl. legitimierbar, wenn einmal die sittl. Kriterien der R. bereits gerechtfertigt sind u. die sozialen Kosten, die Verluste an →Leben u. Sachgütern, rechtfertigbar erscheinen. R. ist dann nur als verfassungsmäßig garantiertes Widerstandsrecht (Art. 20, 4 GG) legitim.

Lit.: Aristoteles, Politik, Buch V; K. Marx, Zur Kritik der Hegelschen Rechtsphilosophie, MEW, Bd. 1, bes. S. 390 f.; ders., Manifest der Kommunistischen Partei; W. I. Lenin, Staat u. R., in: Lenin Werke, Bd. 25, Berlin [1]1960, bes. Kap. 1; H. Arendt, Über die R., München 1963, Kap. 2–5; T. R. Gurr, Rebellion, Düsseldorf/Wien 1972, Abschn. 1, 4–7, 10; K. v. Beyme, Empirische R.forschung, Opladen 1973, Abschn. 2, 3, 6; H. Marcuse, KonterR. u. Revolte, Frankfurt 1973, Abschn. 2–4; J. Ellul, Von der R. zur Revolte, Hamburg 1974, Teil I, II, IV. *W. V.*

RevolutionsE →Revolution.

Rigorismus (lat. rigor: Starrheit, Härte, Strenge) bezeichnet umgangssprachlich die Position oder sittl. Haltung, nach der man sittl. Grundsätze (wie: nicht zu lügen, Versprechen zu halten) unter allen Umständen zu befolgen hat. Während der R. sich zu Recht gegen die Neigung der Menschen wendet, leichtfertig Ausnahmen von sittl. Geboten zu suchen (moralische Laxheit), übersieht oder bestreitet er, daß es Situationen gibt, in denen mehrere, gleicherweise sittl. Grundsätze in Konflikt miteinander geraten (→Pflichtenkollision). – Philosophisch bezeichnet R. Kants These, daß es zur →Sittlichkeit gehört, nicht bloß pflichtgemäß, sondern auch aus →Pflicht, d. h. unter Ausschluß aller (sinnlichen) Neigungen als letztem Bestimmungsgrund des →Willens zu handeln. Im Gegensatz dazu fordert *Schiller* eine in der ‚schönen Seele' (belle âme) Wirklichkeit werdende Harmonie von Vernunft u. Sinnlichkeit, Pflicht u. Neigung. *Kant* sieht sich jedoch mit *Schiller* einig, daß weniger eine ,,kartäuserartige Gemütsstimmung'' als ein ,,fröhliches Herz'', ein heiteres u. freies Tun, die Echtheit tugendhafter Gesinnung verbürgt.

Lit.: F. Schiller, Über Anmut u. Würde; I. Kant, Die Religion innerhalb der Grenzen der bloßen Vernunft, 1. St., Anmerk. (Akad. Ausg. Bd. VI, S. 22–25).   *O. H.*

S

Sadistisch – masochistisch. S. heißt ein Verhalten gegenüber anderen, in dem die Ausübung von →Gewalt mit Lust (→Freude) verbunden ist, m. dagegen eines, in dem sich die Lustempfindung mit dem Erleiden von Gewalt durch andere verknüpft. Die Ausbildung s. oder m. Umgangsformen zwischen Menschen wird durch gesellschaftliche Umstände befördert, in denen Gewalt zur grundlegenden Struktur gehört. Da die menschliche Erfahrung bisher keine gewaltfreien Räume kennt, ist jede →Sozialisationsform mit der Ausbildung aggressiver Tendenzen u. Triebe verknüpft. Alle gesellschaftlichen u. erzieherischen Versuche, die Aggressivität zu unterdrücken, haben die umgekehrte Wirkung eines Aggressionsstaus mit der Gefahr eines abrupten Ausbruchs gehabt. Wenn es in der →Erziehung nicht gelingt, die angestaute Aggression (→Gewalt) in einer realitätsgerechten, kontrollierten Form zuzulassen, können sich die aggressiven mit den libidinösen Tendenzen des Menschen verbünden u. hinter seinem Rücken durchsetzen. Die Psychoanalyse *Freuds* hat in den Entwicklungen der Analphase (1.–3. Lebensjahr) die Ansatzpunkte für die Ausbildung von s. u. m. Tendenzen ausfindig gemacht. Danach befördern verfrühte Reinlichkeitsforderungen Gefühle der Hilflosigkeit u. *Minderwertigkeit,* die das Luststreben an Gefügigkeit u. Unterwerfung binden (Aggression gegen sich selbst). Umgekehrt erlauben die trotzigen Selbstbehauptungsversuche der anal-s. Phase, an der Machtausübung u. *Grausamkeit* gegenüber anderen Gefallen zu finden. Da s. Gefühle im zwischenmenschlichen Verhältnis stets auch Momente der Identifikation mit dem leidenden Partner einschließen, ist zwischen s. u. m. Verhalten eine innere Dialektik des Sich-Sehensim-Anderen festzustellen, die sich auch im Wechsel der Gefühle in ein u. derselben Person (Sadomasochismus) ausdrücken kann. Nicht nur die Lust an der Grausamkeit bedroht das sittl. Verhalten. Gemäß Freuds Unterscheidung dreier Formen des Masochismus (erotischer, femininer u. moralischer) bedeutet auch das Sich-Genießen als Leidender u. Opfernder eine Verfehlung des Sittl.

Lit.: Marquis de Sade, Justine, in: Ausgewählte Werke, 6. Bd., Frankfurt a. M. 1972–73; S. Freud, Das ökonomische Problem des Masochismus, Werke, Bd. XIII; J. P. Sartre, Das Sein u. das Nichts, III. Teil, 3. Kap., Hamburg 1952. *A. S.*

Säkularisation →Religion.

Sanktion →Belohnen u. Bestrafen, Strafe.

Scham →Sexualität.

Scheidung →Ehe.

Scheitern →Existentialistische E.

Schicksal nennen wir die Gesamtheit der Bedingungen in uns u. außer uns, die wir nicht durch eigene Tätigkeit hervorgebracht haben. Menschliches Tun u. Herstellen ist von →Situations-Gegebenheiten abhängig, die es vorfindet u. an die es in seiner schöpferischen Gestaltung anknüpfen muß. In diesem Sinn spricht *Heidegger* von der Geworfenheit des menschlichen Daseins als Bedingung des Entwurfs. Schicksalhaft vorgefunden sind zunächst die Bedingungen der →Natur außer u. in uns. Die äußere Natur (geologische, klimatische, ökologische Bedingungen etc.) stellt dabei

zugleich eine Chance wie eine Bedrohung für menschliches →Leben dar. Die Natur in uns versieht uns schicksalhaft mit einer Körperkonstitution (→Leib) vom Zeitpunkt u. den Umständen unserer Geburt, dem Geschlecht, der Reifung u. ihren Krisen (→Krankheit) bis zu unserer Hinfälligkeit u. dem Tod (→Leben). In zweiter Linie werden auch die menschlichen Einrichtungen (soziale, kulturelle, ökonomische u. politische Institutionen) als schicksalhaft erfahren. Obgleich vom Menschen geschaffen, sind sie dem neugeborenen Leben gegenüber vorgegeben (→Sozialisation), ehe dieses durch eigene Praxis in sie eingreifen kann. *Freud* spricht mit Blick auf die psychologische Entwicklung von TriebS. Ebenso muß man vom sozialen (Klassen- u. Schichtenzugehörigkeit) u. politischen S. (Krieg, Unterdrückung, Emigration u. Vertreibung) sprechen. Die entscheidende Frage im Hinblick auf die schicksalhaften Gegebenheiten besteht darin, wie sich menschliches Tun u. Machen zu ihnen verhält. Die philosophischen Antworten reichen von der Behauptung der →Determination durch die Lebensumstände u. der Aufforderung zu widerstandslosem Sichfügen in das S. (Manichäismus, →Islamische E) bis zur Behauptung, daß der Mensch selbst seine Lebensumstände produziert u. hervorbringt (Selbstproduktion des Geistes bzw. der Gattung bei *Hegel* u. *Marx*; Konstitutionsgedanke der modernen Natur- →Wissenschaft u. →Technik) u. der Aufforderung zur totalen, weltverändernden Praxis (→Handlung). Die →Entscheidung innerhalb dieses Spektrums von

Möglichkeiten ist mitbedingt durch die metaphysische Sinndeutung des S. als blinder Notwendigkeit (→Lebensphilosophie), als Schickung eines höheren Wesens (*Geschick*, →christl. E, →islam. E, →jüdische E) oder als Produkt des Zufalls (materialistische Theorien). Zwischen *fatalistischer* Hinnahme des S. u. der Annahme grenzenloser Machbarkeit muß eine differenzierte Beurteilung der menschlichen Situation zwischen Machbarem, möglicherweise Machbarem u. möglicherweise nie Machbarem unterscheiden. Da die vorgegebene Natur nie völlig in menschliche Produktion einholbar ist, kommt es neben der Eindämmung ihrer schädlicher Wirkungen in Naturkatastrophen u. Krankheiten (→Leid) darauf an, ihre Eigenständigkeit zu respektieren u. ihr gegenüber eine neue Rezeptivität zu entwickeln, statt sie in sinnloser Weise auszubeuten (→Umweltschutz). Dagegen ist das S. durch die menschlichen Institutionen, da vom Menschen hervorgebracht, in seinem Sinn veränderbar. Die Grundsätze der →Humanität verbieten hier jedoch eine die freie Willensbildung mißachtende →gewaltsame Veränderung oder zwangsweise Erhaltung.

Lit.: Altes Testament, Buch Hiob; Neues Testament, Die Apokalypse des Johannes; A. Schopenhauer, Die Welt als Wille u. Vorstellung; K. Marx, Ökonomisch-philosophische Manuskripte, III. Manuskript; S. Freud, Triebe u. TriebS., Werke Bd. X; M. Heidegger, Sein u. Zeit. Tübingen ⁵1960, §§ 31 u. 32; ders., Die Frage nach der Technik, in: Vorträge u. Aufsätze, Pfullingen 1954; R. Guardini, Freiheit, Gnade, S., München 1949.
                          A. S.

Schuld hat zweifache Bedeutung, eine moralische u. eine rechtliche. Moralisch schuldig wird jemand, der mit seinen Handlungen oder Unterlassungen oder durch bloßen Vorsatz bewußt u. nach freier →Entscheidung gegen sein →Gewissen u. sittl. →Normen verstößt. Da das Kriterium rechtlicher S. nicht bewußtes Handeln oder Unterlassen u. böser →Wille, sondern der faktische Verstoß gegen Gesetze (→Recht) ist, ist es notwendig, zwischen ihr u. moralischer S. zu unterscheiden. In der Regel macht sich jemand, der ein Verbrechen (→Strafe) begeht, auch moralisch schuldig. Jemand kann aber auch moralisch schuldig u. rechtlich unschuldig sein, wenn er z. B. aus Eigeninteresse Gebote der →Pflicht mißachtet, deren Erfüllung rechtlich nicht verbindlich ist. Umgekehrt ist nicht jeder Verstoß gegen Gesetze, unter Umständen auch ein bewußt begangenes Verbrechen (z. B. unter einer illegitimen →Herrschaft) unmoralisch. Moralische S. trifft auch den nicht, der eine Tat unter →Gewalt oder Drohung, aus Furcht, in Notwehr u. unter Gefahr zur Rettung von →Leben beging. Rechtliche S. kann bestehen bleiben, wenn die mit ihr eingegangene moralische S. getilgt ist, u. umgekehrt. – Moralische S. setzt als Kriterium die →Freiheit des →Menschen voraus: er muß zwischen seiner sittl. →Pflicht u. einem sittl. nicht zu rechtfertigenden Interesse wählen. S. ist zwar im rechtlichen wie im moralischen Sinne vom subjektiven Verhältnis des Handelnden zu seiner Tat abhängig. Die Schwere der moralischen S. beruht aber nicht auf äußeren Kennzeichen einer →Situation, sondern auf der Schwere des Verzichts auf bestimmte Interessen zugunsten einer Pflicht. Für die moralische S. ist im Unterschied zum rechtlich zumeßbaren Maß einer S. die →Strafe u. die Strafwürdigkeit sekundär, da der moralisch Schuldige primär sich selbst verfehlt. Er verstößt gegen die →Verantwortung, die er als sittl. Wesen seiner Würde als →Person gegenüber hat. Deshalb kann der Schaden, den er aus moralischer S. anderen u. sich selbst zufügt, nur dann bestraft werden, wenn die S. gleichzeitig rechtlicher Natur ist: wenn eine Tat etwa die allgemeine Sorgfaltspflicht verletzt oder vorsätzlich u. fahrlässig begangen wurde. Rechtliche u. moralische S. trifft aber nur den, der s.fähig, d. h. sowohl hinsichtlich seines geistigen Zustands zurechnungsfähig ist, als auch das Maß seiner S. u. Verantwortung seinem geistigen Vermögen nach rechtlich u. moralisch beurteilen kann. Diese Bedingungen sind Voraussetzungen der Rechtmäßigkeit von →Strafe. Sie soll nicht nur der Abschreckung u. Vergeltung u. als Sanktion dem gerechten Interessenausgleich der beteiligten Individuen, sondern der künftigen Möglichkeit, sittl. gut zu handeln, dienen. Die Strafe als *Sühne* für eine rechtliche S. soll die Einsicht in die mit ihr eingegangene moralische S. ermöglichen. Der Sühnegedanke des Rechts impliziert eine moralische Qualität der rechtlichen S. Nur die Erkenntnis einer rechtlichen als moralischen S. ermöglicht *Reue:* nicht aufgrund äußeren Zwangs, sondern aus freiem Willen seine Tat als S. anzunehmen u. sich zur *Umkehr*, zur Orientierung seines Handelns an den sittl. Pflichten u. der Verantwortung sich selbst u. seinen Mitmenschen gegenüber zu entscheiden. – Das zur Reue notwendige, auf sittl. Kriterien beruhende S.bewußtsein ist von einem sittl. unbegründeten S.gefühl zu unterscheiden. Letzteres kann im Verhältnis zur tatsächlichen S. übermäßig groß, gar nicht vorhanden oder durch äußere Sanktionen erzwungen sein. Wenn das S.gefühl unbewußt genossen u. aufrecht erhalten wird, ist es Ausdruck einer Neurose (→Krankheit). Als Ausdruck des Gerechtigkeitssinns ist das S.gefühl jedoch Bewußtsein der Verletzung auf Gegenseitigkeit beruhender Beziehungen des Vertrauens, der →Freundschaft u. →Liebe, u. insofern Zeichen einer freien u. zurechnungsfähigen →Person *(J. Rawls).* – Der S.begriff der →christlichen E faßt S. nicht nur als Verfehlung des sittl. Wesens des Menschen, sondern auch als Verfehlung gegen →Gott auf. Diese S. kann zwar durch Reue u. Umkehr gesühnt werden. Die eigentliche Aufhebung der S. ist aber nicht vom sittl. Willen des einzelnen, sondern allein von seinem Glauben (sola fide: *M. Luther*) an die rechtfertigende Gnade Gottes abhängig. Eine Selbstvergewisserung von S. oder s.losigkeit, wie sie moralisch u. rechtlich möglich ist, bleibt dem einzelnen hinsichtlich seiner religiösen S. versagt.

Lit.: I. Kant, Metaphysik der Sitten, Einleitung zur Tugendlehre; G. W. F. Hegel, Rechtsphilosophie, §§ 105–118; C. A. Campbell, P. H. Nowell-Smith, E. Fromm, Free Will, Responsibility and Guilt, in: M. K. Munitz (Hrsg.), A Modern Introduction to Ethics, New York 1958, S. 356–416; A. Kaufmann, Das

S.prinzip, Heidelberg 1961; P. Manns, Fides absoluta ..., zur Rechtfertigungslehre Luthers ..., in: Festschrift für H. Jedin, Münster 1965, S. 265 ff.; F. Schlederer, S., Reue u. Krankheit, München 1970; P. Ricœur, Die Fehlbarkeit des Menschen, Freiburg/München 1971, S. 173 ff.; J. Rawls, Der Gerechtigkeitssinn, in: ders., Gerechtigkeit als Fairneß, Freiburg/München 1977.

W. V.

Seele →Leib, Religion, Verstehen.

Seelenwanderung →Hinduistische E.

Sein-Sollen-Fehlschluß →MetaE.

Selbst →Person.

Selbstbeherrschung →Besonnenheit.

Selbstbestimmung →Freiheit.

Selbsterhaltung →Leben.

Selbstidentität →Person.

Selbstinteresse heißt der Beweggrund eines Menschen, dem es in allem Tun u. Lassen letztlich nur um sich selbst geht. Die e Beurteilung des S. hängt vom Begriff des Selbst ab: (1) Gewöhnlich versteht man es psychologisch-subjektiv als Inbegriff von Trieben, →Bedürfnissen u. Wünschen. Das S. richtet sich dann auf deren Befriedigung u. sucht die Selbsterhaltung, das Freisein von Not u. Entbehrungen, letzlich den Inbegriff der Erfüllung aller Interessen, das eigene →Glück – allerdings ohne sich des Erfolgs sicher sein zu können. Das S. ist das natürliche Motiv des Menschen. Da die nächstliegende Befriedigung der jeweils vorhandenen flüchtigen Begierden oder festver-

wurzelten Leidenschaften langfristig gesehen das eigene Glück eher verhindert als sicherstellt u. da das ängstliche Verfolgen des eigenen Glücks unnötige Sorgen schafft, fordert ein aufgeklärtes S. einerseits eine Kontrolle der Begierden u. Leidenschaften, ferner eine rationale Überlegung der Folgen von Handlungen u. ihre Bewertung nach Maßgabe des Glücks (→Entscheidungstheorie) sowie die Willenskraft, stets den Überlegungen gemäß zu handeln, u. andererseits ist es im S., nicht übermäßig an sich selbst, zudem nicht bloß an sinnliche Lust u. materiellen Gewinn, an Erfolg u. Macht zu denken. Das S. für sich gebietet schon ein rationales, wenn auch noch nicht sittl. Handeln. Da der Mensch jedoch selbst Verantwortung für Leib, Leben u. Wohlbefinden trägt, ist die Vernachlässigung dieser Aufgaben nichtsittl., das S., sofern es die Aufgaben übernimmt, sittl. Nur eine (schon durch *Butler* u. vom Standpunkt der Psychoanalyse durch *E. Fromm* kritisierte) falsche Gegenüberstellung von S. u. Nächsten-→Liebe oder →Wohlwollen hält das S. für schlechthin unsittl. Unsittl. ist es allerdings, das S. zum letzten Maßstab allen Handelns zu machen u. es ohne Rücksicht auf die Interessen u. Rechte der Mitmenschen zu verfolgen (*Egoismus*). *Stirner* behauptet, das einzig Reale sei das Ich u. alles habe nur insoweit Wert, wie es dem Ich dient. Wenn alle ausschließlich ihrem S. folgen, kommt es sogar in der (prinzipiell nicht vermeidbaren) Situation, daß verschiedene Individuen dieselben Mittel der Befriedigung ihrer Wünsche beanspruchen, zu einem durch keine verbindlichen Regeln begrenzten Streit, zu „einem Krieg aller gegen alle" (*Hobbes*): Das zum allgemeinen Gesetz gewordene S. gefährdet seinen eigenen Zweck, das persönliche Glück. Die Gefährdung wird aufgehoben durch die Errichtung eines →Rechtszustandes, der das S. aller nach Maßgabe allgemeiner Gesetze einschränkt u. so eine vernünftige →Konfliktregelung schafft. – Weil man auf seine Mitmenschen in vielfältiger Form angewiesen ist u. man sich durch Rücksicht, Ehrlichkeit usw. ihr Vertrauen u. ihre Hilfsbereitschaft erwirbt, kann ein aufgeklärtes S. aus sich heraus viele der sittl. →Pflichten anerkennen. Insofern sie aber nicht als solche, sondern nur als Mittel zum eigenen Wohl beachtet werden, handelt es sich dann nach *Kant* gleichwohl nur um Pflichtgemäßheit, nicht um →Sittlichkeit.

(2) Wird das Selbst nicht psychologisch-subjektiv, sondern „objektiv" als das wahre Wesen des Menschen (→Humanität) verstanden, dann besteht das S. in der Entfaltung der dem Menschen eigentümlichen (künstlerischen,) sozialen, politischen u. intellektuellen Möglichkeiten, vor allem in der Verwirklichung der menschlichen Vernunftfähigkeit. S. u. Sittlichkeit fallen hier zusammen (*Aristoteles, Spinoza*). Das S. schließt von vornherein ein bloß naturwüchsiges Leben aus, das allein durch sinnliche Lust, durch Macht- u. Erwerbsstreben bestimmt ist. Unter Voraussetzung einer vernünftigen Kontrolle der Begierden u. →Leidenschaften sieht *Aristoteles* den Menschen zu sich selbst finden in einem durch →Gerechtigkeit, →Freundschaft u. die anderen →Tugenden geleiteten Zusammenle-

ben von Freien (bios politikos) oder im Leben der Theorie (bios theoretikos).

Lit.: Aristoteles, Nikomach. E, bes. Buch I u. X 6–9; Th. Hobbes, Leviathan, bes. Kap. 6 u. 13; J. Butler u. B. Russel, in: Texte zur E, München 1976; D. Hume, Untersuchung über die Prinzipien der Moral, Anhang II; B. de Mandeville, Die Bienenfabel oder Private Laster, öffentl. Vorteile; M. Stirner, Der Einzige u. sein Eigentum; H. Sidgwick, Die Methoden der E, Buch II; E. Fromm, Psychoanalyse u. E., Stuttgart u. a. ²1954, S. 134–155; D. P. Gauthier (Hrsg.), Morality and Rational Self-Interest, Englewood Cliffs/N. J. 1970.
O. H.

Selbstmord →Leib.

Selbstverstümmelung →Leib.

Selbstverwirklichung →Sinn.

SexualE →Sexualität.

Sexualität. Mit S. bezeichnen wir die durch die Geschlechtsorgane männlich oder weiblich geprägte →Leiblichkeit, die geschlechtsspezifische psychologische Erlebnisweisen u. soziale Interaktionsformen ermöglicht. Das sittl. Problem der S. läßt sich dementsprechend biologisch-physiologisch im Hinblick auf die eigene Leiblichkeit, psychologisch in Anbetracht der eigenen sexuellen Wünsche u. Phantasien, soziologisch im Hinblick auf die Interaktionsweise mit anderen Menschen erfassen. Keine Dimension kann in ihrer sittl. Relevanz isoliert betrachtet werden. Der Gesichtspunkt der Biologie u. Physiologie allein erlaubt lediglich ein Recht der →„Natur" in dem engen Sinn abzuleiten, daß die sittl. →Verantwortung vorrangig dem Fortpflanzungszweck u. somit einer heterosexuellen Partnerwahl gilt, denn der biologische Sinn der Leiblichkeit besteht in der Fortpflanzung zur Arterhaltung. Durch Einbeziehung der psychischen u. sozialen Gesichtspunkte verschiebt sich allerdings die sittl. Problematik. Wenn der psychische Sinn der S. im Ausdruck personaler →Liebe besteht, stellt sich die Frage, ob dieser allein mit andersgeschlechtlichen Partnern erreichbar ist. Desgleichen kann eine ungewünschte Schwangerschaft die personale Liebe gefährden. Berücksichtigt man als soziales Sinnkriterium das →freie u. →friedliche Zusammenleben der Menschen, dann kann sich gegenüber der Forderung uneingeschränkter Fortpflanzungsfreiheit die Notwendigkeit einer →Geburtenregelung ergeben, um Menschheitskatastrophen durch Überbevölkerung zu vermeiden. Familienplanung ist auf den Wegen der Empfängnisverhütung, der →Abtreibung oder Sterilisation möglich. Bei der sittl. Überlegung wird man in der Regel dem geringfügigeren Eingriff in die Lebensvorgänge den Vorzug geben. Eine Problem besonderen Gewichts wirft die →Abtreibung auf, da hier der biologisch vorstrukturierte Sinn werdenden Lebens mit dem psychischen der Liebe oder dem sozialen des freien Zusammenlebens in Konflikt gerät. Auch die Sterilisation erfordert eine schwierige Abwägung zwischen biologisch-psychischen →Bedürfnissen und sozialer Notwendigkeit. Auf Grund ihrer Unwiderruflichkeit muß hier im besonderen Maße das menschliche →Recht auf Selbstbestimmung u. Selbstrealisierung auch im Hinblick auf Fortpflanzung berücksichtigt werden.

Die Psychologie der S. ist im hohen Maße durch die Psychoanalyse *S. Freuds* entwickelt worden. Er zeigte, daß sich auch im frühkindlichen Alter an den Organen der Nahrungsaufnahme u. der Ausscheidung eine über den bloßen Organzweck hinausreichende Lusterfahrung (Organlust) festmacht, die physiologisch durch Reizung der erogenen Zonen entsteht. Der engere Begriff der S. wurde damit in den weiteren der Libido (libido sexualis) einbezogen. Für die menschliche →Sozialisation bedeutet dies, daß die Libido eine Entwicklung von der Realisierung der Teiltriebe (Partialtriebe) an durchmachen muß, bis sie günstigenfalls in die ,,vollsinnlich genitale" Liebe zum andersgeschlechtlichen Partner mündet. Die Stufen dieser Entwicklung beginnen mit der am Modell der Nahrungsaufnahme erlernten (oralen) Liebe. Gelingt nur diese Interaktionsform, so werden spätere sexuelle Beziehungen nach Art dieser frühen Symbiose erlebt. Dies bedeutet einen Vorrang des passiven Genusses verbunden mit Abtrennungsängsten u. Neigung zur Gefühlsverschmelzung (z. B. auch orgiastisch in Promiskuität u. Gruppen-S.). Die an den Ausscheidungsfunktionen festgemachten (analen) Libidoformen werden von passiver Gefügigkeit (Ansatzpunkt einer masochistischen Entwicklung) bis zur aktiven trotzigen Gewaltsamkeit (Ansatzpunkt für →sadistische Entwicklungen) reichen. Die Entdeckung der Geschlechtsorgane (phallische Phase) beim Kleinkind schließt ein, daß es sie autoerotisch reizen u. sich selbst Befriedigung verschaffen kann (*Onanie, Masturbation*). Aber es wird auch Versuche machen, seine Liebe zu den Beziehungspersonen in geschlechtsspezifischer (ödipaler) Weise zu erproben. Je nach dem positiven Rollenangebot im Verhältnis zur Versagung wird im Ausgang die hetero- oder *homo*sexuelle Orientierung vorherrschen.

Die in der primären Sozialisation festgelegte sexuelle Ausrichtung ist weitgehend von der Erziehungspraxis der Bezugspersonen abhängig. Schon aus diesem Grund kann sie dem erwachsenen Menschen nicht voll angelastet werden. Zudem zeigt sich, daß jeder Mensch die Entwicklung der sexuellen Partialtriebe durchlaufen muß, die der sogenannte Perverse ausschließlich verwirklicht. Während der Neurotiker seine libidinösen Wünsche verdrängt hat, die ihn in Form von krankhaften Symptomen wieder bedrängen, ist der Perverse auf eine frühe Entwicklungsstufe fixiert, deren Möglichkeiten er aber voll realisiert, wohingegen der „Normale" seine Entwicklung zu andersgeschlechtlicher genitaler Liebe vollendet hat. Eine Verurteilung der *Homosexualität* verbietet sich, da sie als Ausdrucksmöglichkeit personaler Liebe ernstgenommen werden muß, wenngleich die heterosexuelle Liebe den biologisch vorstrukturierten Möglichkeiten mehr Sinn abgewinnen kann. Auch *Onanie* u. *Masturbation* müssen als Ausdrucksformen des Luststrebens akzeptiert werden. Da in ihnen die Autoerotik vorherrscht, besteht die sittl. Verantwortung darin, sie nicht zum Ersatz partnerschaftlicher Zuwendung werden zu lassen.

Da das libidinöse Verlangen als Grundkraft des Menschen angesehen werden muß, stellt sich die Frage, ob ein →Verzicht auf sie überhaupt möglich ist u. welchen Sinn die *Keuschheit* haben könnte. Nach psychoanalytischer Erkenntnis ist ein absoluter Triebverzicht nicht möglich. Als Lebensform kann sie nur gelingen, wenn das Schicksal der Verdrängung vermieden u. eine freie Wahl erfolgt, sowie wenn statt des sexuellen Partners geistige (sublime) Möglichkeiten der Befriedigung erschlossen werden.

Das sexuelle Bedürfnis des Menschen allein führt noch zu keiner Entwicklung fester sozialer Beziehungen. Im Unterschied zum Tier ist es nicht in den Zyklus eines Paarungs-, Brut- u. Pflegeinstinktes (→Instinkt) gebunden. Mit der Befriedigung erlischt das sexuelle Interesse bis zum erneuten Anwachsen. Partner u. →Situationen der Befriedigung können dabei prinzipiell wechseln. Erst die durch →Hemmung der direkten sexuellen Befriedigung bestimmte Erotik erlaubt es, ein individuelles Interesse am anderen zu nehmen u. beständigere Beziehungsformen einzuleiten. Allerdings ist der partnerschaftlichen Bindungskraft der Erotik durch die sexuelle Gewöhnung eine Grenze gesetzt, wenn nicht gemeinsame Lebensinteressen u. geistige Beziehungen eine Sublimierung zur personalen →Liebe ermöglichen. Zur E partnerschaftlicher Beziehungen ist freilich festzuhalten, daß weder ein sexuelles Einverständnis die personale Liebe garantiert noch umgekehrt die personale Liebe auch die sexuelle Befriedigung (vgl. das Problem von Frigidität u. Impotenz). Beide Probleme lassen sich nur auf der mittleren Ebene eines emotionalen, auf die Gefühlswahrnehmung eingestimmten Verständnisses lösen. Die soziale Partnerschaftsform der →Ehe ist daher nur als Entwicklung aus einem wachsenden, emotional begründeten, ganzheitlichen Einverständnis zu sehen. Sexuelle Gesichtspunkte lassen sich daher aus dem vorehelichen Prozeß nicht ausschließen, wenngleich die *Scham* wechselseitige Rücksichtnahme erfordert.

Das Problem der S. hat auch politische Bedeutung. Der Nachweis der psychodynamischen Beziehungen zwischen S. u. Aggression durch die Psychoanalyse hat zu der Einsicht geführt, daß sexuelle Unterdrückung die Verführbarkeit der Massen u. die Bereitschaft zu kriegerischen Auseinandersetzungen steigert. Auch aus diesem Grunde kann sich ein freies u. friedliches öffentliches Zusammenleben nur auf der Basis sexuell nicht unterdrückter privater Beziehungen entwickeln.

Lit.: S. Freud Drei Abhandlungen zur Sexualtheorie; M. Mead, Jugend u. Sexualität in primitiven Gesellschaften, München 1970; W. Trillhaas, Sexualethik, Göttingen 1970; W. Reich, Die sexuelle Revolution, Frankfurt 1971; M. Merleau-Ponty, Phänomenologie der Wahrnehmung, Teil I, Kap. V, Berlin ²1974; E. Fromm, Die Kunst des Liebens, Frankfurt 1975; E. K. Scheuch, Die überschätzte S., in: Merkur 2, Jhg. 30, Stuttgart 1976; Kirchliche Sexualmoral u. menschliche S., hrsg. v. F. Böckle u. a. Düsseldorf 1977. *A. S.*

Sexualmoral →Sexualität.

Sinn ist in seiner Grundbedeutung eine sprachliche Funktion, die Ausdrücken u. Begriffen in deren jeweiligem Verwendungszusammenhang eine bestimmte Bedeutung zuordnet. Dabei ist der S. sprachlicher Zeichen (Worte, Sätze) ebenso wie der nichtsprachlicher (Gesten etc.) einmal abhängig von der Absicht dessen, der sie äußert, und zum andern vom Erkennen dieser Absicht durch den Hörer (intentionaler S.). (1) Der S. von →Handlungen u. Interessen ist allgemein von Zwecken u. →Zielen bestimmt, zu deren Verfolgung Menschen entweder bestimmbare u. rechtfertigbare Gründe oder nicht vollständig beschreibbare Motive oder beides gleichzeitig haben. Abhängig von der Realisierbarkeit von Zwecken u. Zielen ist der funktionale S. von Handlungen, der jedoch den S. der Zwecke selbst nicht näher qualifiziert. Unabhängig von der Realisierbarkeit ist der S. sittl. Zwecke: Sie haben als Kriterien menschenwürdiger Lebensführung normativen S. u. sind entsprechend dem Wesen des →Menschen Zwecke in sich selbst u. Ausdruck des Selbst-S. menschlichen →Lebens (teleologischer S.). Sittl. zu rechtfertigen ist der Lebens-S. dann, wenn der einzelne die Geltung sittl. →Normen, das von ihnen bestimmte Verhältnis zu seinen Mitmenschen, d. h. seine soziale Rolle u. ihre →Pflichten, an deren Erfüllung die Mitmenschen ihre Erwartungen knüpfen, frei anerkennt. Voraussetzung der Anerkennung ist die Einsicht, daß jene Normen zur Rechtfertigung von Handlungen notwendig sind. Die Normen stehen hinsichtlich der Rechtfertigung der Lebensziele in einem Wechselverhältnis mit dem guten oder schlechten →Willen, der die an ihn gerichteten Sollensansprüche bejaht oder verneint. (2) Der lebenspraktische S. ist weder funktional definierbar noch allein von sittl. Prinzipien ableitbar. Er ist einerseits abhängig von sittl. Zwecken, andererseits von der menschlichen Erfahrung, die diese Zwecke mit den individuellen Zielen u. Wünschen vermittelt. Voraussetzung der Identifikation mit Zielen wie →Freiheit, →Glück, →Liebe ist die Erfahrung geglückter Vermittlungen (z. B. die Erfahrung der Elternliebe durch das Kind). Diese Erfahrung prägt den S. individueller Lebensziele. Das Scheitern jener Vermittlungen in →Krankheit, →Leid, Verzweiflung u. Tod kann zur Erfahrung der S.losigkeit u. S.gefährdung menschlichen Lebens (→existentialistische E, →Nihilismus) führen. Wird diese Erfahrung nicht als bloßes →Schicksal hingenommen oder als →Entfremdung verworfen, macht sie eine S.dimension zugänglich, in der der S. z. B. von Liebe u. Glück über ihren Charakter als sittl. Ziele hinaus als notwendige Basis zwischenmenschlicher Beziehungen angesichts drohender S.gefährdung erfahrbar werden. (3) Diese Erfahrung von S. impliziert einerseits die Anerkennung der Freiheit des anderen u. der sittl. Normen sozialen Lebens, andererseits die Einsicht, daß S.verwirklichung nicht durch egoistisches →Selbstinteresse, sondern nur durch menschliche Solidarität u. Gemeinschaft möglich ist (→Humanität). Das Wechselverhältnis von S.erfahrung u. der Anerkennung von Normen bestimmt daher den Grad der *Selbstverwirklichung* des Menschen. Ihr Ziel ist es, bei der Wahrnehmung von Mög-

lichkeiten u. der Entfaltung individueller Anlagen eine Übereinkunft mit sich selbst u. seiner →Welt zu erreichen. Diese Übereinkunft ist keine Anpassung an bestimmte äußere Verhältnisse; sie ist vielmehr abhängig von der in jeder zwischenmenschlichen Beziehung neu zu leistenden S.stiftung u. der gemeinschaftlichen Suche nach Möglichkeiten der S.identifikation als Basis gesellschaftlicher Integration. (4) Für den Prozeß der S.stiftung u. sozialen Integration hat das →Verstehen des geschichtlichen S. der →Kultur, der →Religion, des →Staats u. seiner →Institutionen Bedeutung. Die Kriterien dieser Lebensformen haben einmal für den einzelnen einen teleologischen S. analog den sittl. Normen u. bestimmen zum andern die Regeln sozialen Verhaltens.

Lit.: R. Lauth, Die Frage nach dem S. des Daseins, München 1953; M. Heidegger, Identität u. Differenz, Pfullingen 1957; K. Baier, The Meaning of Life, Canberra 1957; H. Krings, S. u. Ordnung, in: Philos. Jahrb., Bd. 69, 1961/62; R. Wisser (Hrsg.), S. u. Sein, Tübingen 1960; H. Reiner, Der S. unseres Daseins, Tübingen ²1964; G. Frege, Über S. u. Bedeutung, in: G. Patzig (Hrsg.), Funktion, Begriff, Bedeutung, Göttingen ³1969; N. Luhmann, S. als Grundbegriff der Soziologie, in: Habermas/Luhmann, Theorie der Gesellschaft oder Sozialtechnologie …, Frankfurt 1971; A. Schütz, Der s.hafte Aufbau der sozialen Welt, …, Frankfurt 1974, Abschn. 2 u. 3; M. Müller, S.deutungen der Geschichte, Zürich 1976, Abschn. 1 u. 2.
                                                        W. V.

Sinnlichkeit →Leidenschaft.

Sitte →Moral u. Sitte.

Sittengesetz →Moralprinzip.

Sittliche Gewißheit. (a) Häufig hat
G. die psychologische Bedeutung
eines unerschütterlichen, von jedem
Zweifel freien subjektiven Über-
zeugtseins von der →Wahrheit eines
Sachverhalts bzw. der Geltung eines
→Wertes oder eines sittl. Gebotes. G.
rückt so in die Nähe eines subjektiven
→Gefühls oder besser, sie benennt lediglich die Weise des Fürwahrhaltens,
die sich durch seine Festigkeit von anderen Weisen wie Glauben, Meinen,
Vermuten, Unterstellen unterscheidet (G. der Zustimmung). – Daneben
wird von G. immer schon im Kontext
der Rede von objektivem Wissen gesprochen: G. als festes, unverlierba-
res, gesichertes u. anerkanntes Wissen, das im Zusammenstimmen von
Einsicht des Subjekts (subjektive *Evidenz*), Klarheit u. Deutlichkeit der Sache (objektive Evidenz) u. willentli-
cher Zustimmung besteht. Die mannigfaltigen Differenzierungen (un-
mittelbare-reflektierte, sinnliche-in-
tuitive-rationale, theoretische-prakti-
sche, sittliche-religiöse-ästhetische,
assertorische-apodiktische etc.) beziehen sich auf die Weise des Zustande-
kommens, auf subjektive Erkenntnis-
quellen u. objektives Bezugsfeld sowie auf die Art der Geltung des als
gewiß Behaupteten. Was gewiß ist,
wird sprachüblich als Wissen bezeichnet, u. Wissen impliziert den Anspruch auf Evidenz. All unser Behaupten u. Negieren, Argumentieren,
Ableiten, Widerlegen, Überprüfen ist
ein ununterbrochener Rekurs auf Evidenz. – (b) Von s. G. spricht man im
Unterschied zu der in theoretischen
Urteilen beanspruchten G., wenn

sittl. Phänomene (Werte oder Gebote)
eine objektive Interpretation erfahren. Objektivität besagt hier: Wenn
jemand ein sittl. Urteil fällt („dies ist
gut, geboten" etc.), so spricht er einer
Handlung, einer Handlungsmaxime,
einem Handlungsziel moralische Eigenschaften zu, die diesen zukommen, unabhängig davon, ob sie von
jemandem wahrgenommen werden
oder nicht, unabhängig davon auch,
welcher Art die emotionalen Reaktionen auf diese Eigenschaften bei ihm
oder anderen Personen sind. Wer immer in diesem Sinn moralisch urteilt,
beansprucht s. G. Das mit s. G. erkannte →Gute unterscheidet sich von
dem theoretisch Erkannten durch die
Art seines Anspruchs, der nicht nur
theoretische Zustimmung, sondern
praktische Billigung fordert. – Außerhalb jedes Anspruchs auf Evidenz
des Sittl. bleiben meta-e Theorien, die
sich nicht mit der Wahrheit sittl. Urteile u. ihrer Begründungsprinzipien
befassen, sondern allein ihre formallo-
gische Struktur untersuchen (→Meta-
E). Auf eine spezifisch s. G. können
auch „naturalistische" Theorien verzichten, die sittl. Phänomene als natu-
rale Phänomene interpretieren, die
alle Aussagen über Sittl. umformen in
Aussagen über Naturvorgänge, in
denen keine sittl. Prädikate mehr vor-
kommen u. die von anderen theoretischen Aussagen (naturwissenschaftli-
cher oder metaphysischer Art) nicht
unterscheidbar sind. Jede →normati-
ve E hingegen muß die Möglichkeit
einer spezifisch s. G. annehmen, die
die objektive Geltung moralischer
Prinzipien verbürgt. – Ein für die Praxis spezifisches Problem ergibt sich
bei fehlender s. G. Während in der

Theorie bis zur endgültigen Sicherung des Wissens jederzeit Urteilsenthaltung bzw. bloß hypothetische Zustimmung möglich u. geboten ist, ist hypothetisches Handeln nicht möglich und dulden Handlungen häufig keinen Aufschub. In diesem Zusammenhang steht *Descartes'* Konzept einer →provisorischen Moral, deren Regeln u. a. die zwischenzeitliche Orientierung an den Normen der Tradition empfehlen.

Lit.: Descartes, Meditationes de prima philosophia; Discours de la méthode, Kap. III; J. H. Newman, An Essay in Aid of a Grammar of Assent; G. E. Moore, Certainty, in: Philos. Papers, London 1959; K. Löwith, Wissen, Glaube u. Skepsis, Göttingen ²1958; D. Henrich, Der Begriff der sittl. Einsicht u. Kants Lehre vom Faktum der Vernunft, in: Die Gegenwart der Griechen im neueren Denken (Festschr. Gadamer), Tübingen 1960; F. Wiedmann, Das Problem der Gewißheit, München 1966; W. Stegmüller, Metaphysik, Skepsis, Wissenschaft, Berlin/Heidelberg/New York ²1969; R. Spaemann, Praktische Gewißheit, in: ders. Zur Kritik der polit. Utopie, Stuttgart 1977.   *M. F.*

Sittliche Urteilskraft →Klugheit.

Sittlichkeit bezeichnet die uneingeschränkte Verbindlichkeit, unter der der →Mensch in seinem Verhalten zu den Mitmenschen, aber auch zur Natur u. zu sich selbst steht. S. ist ein Anspruch, der im Unterschied zum →Recht nicht einklagbar ist u. anders als die jeweils herrschende →Moral u. Sitte nicht aufgrund von sozialen Sanktionen, sondern um seiner selbst willen zu befolgen ist: S. wendet sich an den Menschen als freies Vernunftwesen (→Freiheit). Sofern der

Mensch sich ihrem Anspruch stellt, tut er →das Gute, sofern er ihm zuwiderhandelt, →das Böse. Zwar steht der Mensch unter mannigfachen biologischen, psychologischen u. soziokulturellen Bedingungen (→Determination). Durch sie ist er aber nicht vollständig festgelegt. Indem er sich zu ihnen in ein Verhältnis setzt u. sie benennt, beurteilt, anerkennt oder verwirft u. auf ihre Veränderung hinarbeitet, realisiert er sich als sittl. Wesen u. zeigt, daß er über Vernunft nicht bloß im Bereich des Erkennens (theoretische Vernunft), sondern auch im Bereich des Handelns (*praktische Vernunft*) verfügt. Im Unterschied zum Tier trägt der Mensch für seine Existenz selbst →Verantwortung.

S. ist keine Illusion, denn sie ist nicht erst dann wirklich, wenn man in einer Gesellschaft mit der schlechthin richtigen Moral lebt u. diese auch stets befolgt. S. beweist ihre Realität schon u. am augenfälligsten dort, wo man über Praxis (Einzelhandlungen, Institutionen) urteilt, sie sollte schlechthin nicht so sein, wie sie tatsächlich ist. Damit weigert man sich, ein Gegebenes als bloß Gegebenes anzuerkennen. Die Praxis wird der Verantwortung der Menschen zugerechnet u. unter den mit unterschiedlicher Radikalität auftretenden Anspruch gestellt, richtig zu sein: Technische oder instrumentelle Verbindlichkeiten richten sich gegen sachliche Fehler, durch die ein bestimmtes →Ziel verfehlt wird; (sozial-)→pragmatische Verbindlichkeiten verwerfen Ziele, die zum eigenen Schaden gereichen (von einzelnen oder ganzen Gruppen u. Gesellschaften). Während es in solchen Fällen um begrenzte u. bedingte

Verbindlichkeiten geht, bezeichnet S. die Dimension des Unbedingten, durch die menschliche Praxis als ganze verantwortbar wird. Da es willkürlich wäre, Fragen der Richtigkeit auf die Dimensionen des Technischen u. Pragmatischen zu beschränken, bezeichnet S. einen unabweisbaren Anspruch: Menschliche Praxis erschöpft sich nicht darin, Funktion für anderes zu sein, sondern sucht letztlich einen →Sinn in sich selbst.

S. ist nicht auf bestimmte Bereiche u. Aspekte des Lebens beschränkt, weder auf →Sexualität noch auf außergewöhnliche →Grenzsituationen; sittl. sein heißt, sein Leben in allen Bereichen verantwortbar führen. Die konkrete sittl. Praxis ist von vielen soziokulturellen Faktoren abhängig. Weil sich diese Bedingungen verändern, nimmt die S. im Verlauf der Geschichte verschiedene Konkretionen an. S. dokumentiert sich nicht in einer zeitlos u. unfehlbar gültigen Tafel angeblich absoluter Werte u. Normen u. wird daher auch nicht durch den welt- u. geschichtsweit zu beobachtenden Wandel (e →Relativismus) kompromittiert, vielmehr kann ohne ihn S. nicht zu ihrer geschichtlich angemessenen konkreten Darstellung kommen. S. ist nicht mit einer bestimmten Moral identisch, vielmehr bezeichnet sie den unbedingten normativen Anspruch, von dem her die Moral ihre Rechtfertigung oder auch Disqualifizierung erfährt. S. schließt deshalb →Moralkritik nicht aus, kann diese vielmehr herausfordern, wie es die Kritik an der →Vergeltungsmoral im Namen einer Moral der (Nächsten- u. Feindes-) →Liebe gezeigt hat.

Der nähere Begriff der S. hängt mit der Grundvorstellung vom Menschen u. seiner Praxis zusammen. Aus den Versuchen, S. zu bestimmen, ragen zwei heraus: (1) Betrachtet man mit der für die griechische Lebensauffassung exemplarischen Nikomachischen E des *Aristoteles* das menschliche Tun als spontane Bewegung auf ein Ziel hin (→Streben), so kann man es nur dann als *in sich* sinnvoll denken, wenn man es nicht technisch-pragmatisch versteht. Denn andernfalls käme es nicht auf das Tun selbst, sondern auf sein Resultat an, bei dem zu fragen wäre, worumwillen es hervorgebracht werden soll, usf. Es ließe sich kein prinzipiell höchstes Ziel denken, von dem her das Tun als ganzes seinen Sinn erfährt. Anders ist es, wenn man das Handeln sittl.-praktisch versteht u. wenn es (nach der Figur einer Rückwendung auf sich selbst) die immanente Vollkommenheit sucht. Letztlich kommt es nicht darauf an, Werke zu vollbringen oder Bedürfnisse zu befriedigen, sondern darauf, normativ gebildete Handlungsintentionen zu realisieren, z. B. im Umgang mit Besitz u. Geld nicht primär Reichtum zu vermehren, sondern →gerecht zu sein. Bei aller Notwendigkeit von Techniken u. Künsten für die menschliche Existenz – diese ist erst dann in sich sinnvoll, wenn sie sittl.-praktisch geführt wird. S. zeigt sich im guten u. gerechten Miteinanderhandeln, das durch →Erziehung u. Übung zu einer die →Leidenschaften beherrschenden Haltung der →Tugend wird u. sich im Ethos der Gemeinschaft darstellt. S. realisiert sich hier als Einheit von „Subjektivem", der Tugend des einzelnen, u. „Objektivem", dem geschichtlichen Ethos.

Ihr Prinzip ist – als grundsätzlich nicht mehr überbietbares Ziel – das →Glück (eudaimonia), sofern es nicht ein quantitatives Maximum an persönlichem u. gesellschaftlichem Wohlergehen meint (→Utilitarismus), sondern die Qualität des Sich-selbst-Genugseins (autarkeia) eines klugen u. gerechten Zusammenlebens.

(2) Das aristotelische Modell ist nur soweit angemessen, wie menschliches Handeln tatsächlich ein Verfolgen vorgegebener Ziele, ein Streben, ist. Mit dem Ethos setzt es einen allgemeinen sozialen Konsens über ein ökonomisch-politisches Normgefüge voraus, z. B. darüber, welche Regeln in Bezug auf die Verteilung von Gütern u. Lasten in einer Gesellschaft gerecht sind. Durch Moralkritik im Namen von S. wird aber ein gegebenes Ethos in Frage gestellt. Menschliches Handeln ist demnach komplizierter als nur sittl. „Streben". In Verschärfung des Problems nimmt *Kant* Grundelemente vom griechischen Denken abweichenden biblisch- →christlichen E auf. Nach *Kant* besteht S. nicht bloß in der Herrschaft über sinnliche Antriebe, sondern in der Unabhängigkeit von ihnen. In einer Radikalisierung der im Begriff der S. angesprochenen Auflösung von Verhaltensweisen als bloßen Gegebenheiten kommt es vor jedem Verfolgen von Zielen darauf an, aus einer Distanz zu Zielen diese allererst zu setzen. Das menschliche Handeln entspricht einem Begehren, das in einem freien Verhältnis zu sich selbst steht, dem autonomen →Willen. Prinzip der S. ist nicht der Inbegriff des *Erreichens* aller Ziele, das Glück,

sondern der Grund des *Selbst-Setzens* von Zielen, die Freiheit im Sinne von Autonomie. *Kant* denkt die S. im Gegensatz zur latenten Willkür im handelnden Subjekt, zur Gefährdung vernünftigen Handelns durch die Macht der →Bedürfnisse, Leidenschaften u. Triebe. S. dokumentiert sich deshalb in der Tatsache des Bewußtseins, zu bestimmten Handlungen verpflichtet zu sein ohne Rücksicht auf entgegenstehende Antriebe u. Chancen der Verwirklichung (*Faktum der Vernunft*). Ihr Anspruch richtet sich an ein Wesen, das seine sinnlichen Beweggründe nicht abstreifen kann, sondern ein Bedürfniswesen bleibt. S. drückt sich deshalb in bezug auf den Menschen in einem Sollen, im →kategorischen Imperativ aus. Dieser stellt an das Sinneswesen Mensch den Anspruch, je neu seine Bedürfnisnatur so radikal zu überschreiten, daß er im Überschreiten sein eigentliches Selbst, seine Vernunftnatur, findet.

S. wird bei *Kant* als Qualifikation des Subjekts, als *Moralität* gedacht, nach der die Übereinstimmung mit dem Sittengesetz (→Moralprinzip) selbst unmittelbar den Bestimmungsgrund des Handelns ausmacht („aus Pflicht handeln"). Moralität dokumentiert sich im →Gewissen, in der →Gesinnung u. in der Stärke des Vorsatzes, der →Tugend. S. als Moralität ist indessen keine folgenlose Innerlichkeit. Mehr als „frommer Wunsch", fordert sie die Aufbietung aller Mittel, soweit sie in der Gewalt des Handelnden stehen. Allerdings ist dort, wo die Kräfte nicht ausreichen u. der Mangel nicht selbstverschuldet ist, die Defizienz keine moralische. –

Moralität ist von der *Legalität* unterschieden, die einerseits, in bezug auf einzelne, die Übereinstimmung einer Handlung mit dem Sittengesetz ohne Berücksichtigung der zugrundeliegenden Maxime meint (,,pflichtgemäß handeln") und die andererseits, in bezug auf die Gemeinschaft, die Sphäre des Rechts bezeichnet, die das Dasein der äußeren Freiheit regelt. Aus der Legalität einer Handlung kann man nicht auf ihre Moralität schließen, da die entsprechende Handlung auch aus nichtsittl. Motiven entspringen kann, so der Angst vor sozialer Ächtung, gerichtlicher Verfolgung oder der Strafe im Jenseits. – Während bei *Kant* S. das gleiche wie Moralität bedeutet, führt *Hegel* aus Kritik am imperativischen Charakter von *Kants* Moralität u. unter Rückgriff auf *Aristoteles* und das griechische Ethos S. wieder als politischen Begriff ein, den er von der auf die subjektive Seite beschränkten Moralität abhebt. S. wird zum Inbegriff jener bei *Kant* zur Legalität gehörenden →Institutionen →Familie, bürgerliche →Gesellschaft u. →Staat. In ihnen sieht *Hegel* das Prinzip der Moralität, die Freiheit, zu geschichtlich-politischer Wirklichkeit kommen. Allerdings soll damit nicht jede Form dieser Institutionen gerechtfertigt werden. Deren Interpretation als Wirklichkeit der Freiheit setzt vielmehr einen normativen Begriff dieser Institutionen voraus.

Lit.: Aristoteles, Nikomach. E; D. Hume, Untersuchung über die Prinzipien der Moral; I. Kant, Grundlegung zur Metaphysik der Sitten; ders., Kritik des praktischen Vernunft, bes. 1. Buch; ders., Die Metaphysik der Sitten; J. G.

Fichte, System der Sittenlehre; G. W. F. Hegel, Grundlinien der Philosophie des Rechts; J. Ritter, Moralität u. S., in: ders., Metaphysik u. Politik, Frankfurt 1969; R. M. Hare, Freiheit u. Vernunft, Düsseldorf 1973; K. Baier, Der Standpunkt der Moral, Düsseldorf 1974; H. Reiner, Grundlagen der S., Meisenheim 1974; A. Schöpf, Die Motivation zu sittl. Handeln, in: Zeitschr. f. philosoph. Forschung, Bd. 32, 1978; O. Höffe, E u. Politik, Frankfurt 1979, Kap. 10; ders., S. als Horizont menschlichen Handelns, Philosoph. Jahrb. Bd. 87, 1980.   *O. H.*

Situation nennen wir die Gegebenheiten u. Möglichkeiten unserer natürlichen u. mitmenschlichen (ökonomischen, sozialen, politischen u. kulturellen) Umwelt, mit denen wir uns erkennend, →wollend u. →handelnd auseinandersetzen müssen. Die Berücksichtigung der S. ist deshalb von sittl. Bedeutung, weil je nach ihrer Beschaffenheit die konkrete Bestimmung dessen, was hier u. jetzt gut ist, verschieden ausfällt. Die antike Philosophie war der Auffassung, daß sich das menschliche Handeln über das Werden u. Vergehen der Dinge hinaus an einem Wesensbestand orientieren könne, der unabhängig von unserer Auffassungsweise die sittl. →Ordnung der Welt repräsentiert (Kosmosgedanke), wenngleich sich die Handlung in der rechten S. (Kairos) realisieren müsse. Demgegenüber betonen moderne *phänomenologische* Ansätze, daß man die Aussagen über die Beschaffenheit der Dinge nicht von der menschlichen Zugangsweise (→Verstehen) abtrennen könne, sondern daß sie s.spezifisch seien. Zwar ist die menschliche Intention von der UmweltS. bestimmt u. motiviert, zugleich aber erhalten die Dinge durch die Intention erst ihren umweltlichen Sinn. S. u. menschliche Intention bestimmen sich daher wechselseitig: Jede menschliche Stellungnahme stellt eine Wertung (→Wert) dar, die in die S. eingreift u. sie verändert. Durch solche Weiterbestimmungen treffen wir stets neue S.en an, die jeder sittl. →Entscheidung den Charakter des Einmaligen u. Besonderen geben. Eine E, die die Bestimmung des →Guten ausschließlich von der jeweiligen S. abhängig macht u. allgemeine →Werte u. →Normen leugnet, nennen wir *Situationsethik*. Indes bildet jeder Mensch Gewohnheiten u. Regeln (Maximen) aus, die für typische S.en gleichermaßen gelten. Darüber hinaus trifft er auf S.en, die bereits durch Handlungsgewohnheiten u. Regeln der Mitmenschen (gesellschaftliche →Normen) strukturiert sind u. einen Zusammenhang (*Kontext*) bilden, in den er sich einfügen soll. Aber weder die wechselnden S.en noch die persönlichen oder gesellschaftlichen Regeln allein sind zur Bestimmung des Guten hinreichend. Vielmehr bedarf es der Orientierung an einem schlechthin gültigen unbedingten Maßstab (→kategorischer Imperativ, →Moralprinzip), der jedoch nur in wechselnden geschichtlichen Stellungnahmen zu verschiedenen S.en eingelöst werden kann.

Lit.: J. P. Sartre, Das Sein u. das Nichts, IV. Teil, Hamburg 1952; M. Merleau-Ponty, Phänomenologie der Wahrnehmung, Berlin ²1974; P. Ricoeur, Le volontaire et l'involontaire, Paris 1948; J. Fuchs, S. u. Entscheidung, Frankfurt a. M. 1952; D. v. Hildebrand, Wahre

Sittlichkeit u. S.E, Düsseldorf 1957; O. Höffe, Praktische Philosophie. Das Modell des Aristoteles, Teil II, München 1971.   *A. S.*

SituationsE →Situation.

Skeptizismus →Begründung.

Sklavenmoral →Herrenmoral–Sklavenmoral, Lebensphilosophie.

Skrupellosigkeit →Hemmung.

Solidarität →Wohlwollen.

Solidaritätsprinzip →Christliche E.

Solipsismus →Kommunikation.

Sollen →Pflicht.

Sowjetische E →Marxistische E.

Sozial →Sozialisation.

Sozialdarwinismus nennt sich eine pseudowissenschaftliche, sog. rassenhygienische Bewegung, die besonders Ende des 19. Jahrhunderts in Europa verbreitet war, aber erst in den Anschauungen des Nationalsozialismus ihren Höhepunkt fand. Der S. lehnt sich äußerlich an den *Darwinismus* an: Da mehr Einzelwesen jeder Art geboren werden, als tatsächlich leben können, sei der *Kampf ums Dasein* notwendig (→evolutionistische E). Er werde schließlich von den Wesen mit den vorteilhafteren Anlagen, die sich durch natürliche Züchtung vervollkommnen, gewonnen. Diese Grundthesen werden vom S. als soziale Entwicklungsgesetze zur Erhaltung einer als hochwertig geltenden menschlichen Rasse verstanden. Das Prinzip des ,Rassenwohls' (*A. Ploetz*) ersetzt das des →Gemeinwohls u. dient zur Legitimation der Eugenik:

Kranke u. Leistungsschwache sollen der ‚Zuchtwahl' u. der harten sozialen Auslese zum Opfer fallen. Der extreme S. (*J. B. Haycraft, A. Tille*) fordert die „Opferung" des einzelnen für Rasse u. Volk u. lehnt soziale Maßnahmen im Gegensatz zum gemäßigten S. ab. Beide Strömungen stehen im Gegensatz zum →Sozialismus. – Die Anschauungen des S. reichen von einer freiwillig an rassischen Prinzipien orientierten Wahl des Gatten bis zur wissenschaftlichen Keimauslese u. künstlichen Züchtung des Menschen, für die jedoch keine Wertmaßstäbe entwickelt, sondern die vagen Kennzeichen der sog. ‚arischen' Rasse gefordert wurden. Der S. förderte Rassismus u. Antisemitismus (→Diskriminierung); er diente zur Rechtfertigung der Euthanasie (→Medizin u. E). – Der humane Wert des →Lebens wird nicht etwa auf biologisch haltbare Grundbedingungen, sondern auf rassistische Gesichtspunkte reduziert, die gegen die menschlichen →Grundrechte u. die Selbstentfaltung der →Person gerichtet sind. Der →Mensch gilt lediglich als Züchter oder Zuchtmaterial. Für eine Beurteilung von minder- oder hochwertigem Leben gibt es weder sittl. noch wissenschaftliche Kriterien. Auch die biologische Konstitution des Menschen läßt sich nur unter Berücksichtigung seiner sozialen u. personalen Bestimmung verstehen (*A. Portmann*).

Lit.: C. Darwin, Über die Entstehung der Arten in Tier- u. Pflanzenreich durch natürliche Züchtung, Stuttgart 1974; J. B. Haycraft, Natürliche Auslese u. Rassenverbesserung, Leipzig 1895; A. Ploetz, Rassentüchtigkeit u. Sozialis-

mus, Neue deutsche Rundschau, 1894; Kritisch: H. Conrad-Martius, Utopien der Menschenzüchtung, der S. u. seine Folgen, München 1955; A. Portmann, Biologische Fragmente zu einer Lehre vom Menschen, ³1969; H. M. Peters, Historische, soziologische u. erkenntniskritische Aspekte der Lehre Darwins, in: Neue Anthropologie, hrsg. v. H.-G. Gadamer u. a., Bd. 1, Stuttgart 1972; H. W. Koch, Der S., seine Genese u. sein Einfluß auf das imperialistische Denken, München 1973.   *W. V.*

Sozialer Friede →Friede.

Soziale Integration →Sozialisation.

Sozialethik. Die S. in einem weiteren Sinn untersucht die sittl. →Normen u. Prinzipien menschlichen Zusammenlebens im institutionalisierten u. nichtinstitutionalisierten Bereich. Die S. im engeren Sinn klammert die →Pflichten aus, die der Mensch als →Individuum gegenüber anderen hat, u. konzentriert sich auf die normativen Fragen der Grundinstitutionen: auf den →Sinn u. die sittl. angemessene →Ordnung von →Ehe u. →Familie, Eigentum u. →Wirtschaft, →Recht, →Strafe, →Staat usw. Die S. stellt die notwendige Ergänzung zur IndividualE dar, die die →Verantwortung des Individuums gegenüber dem Mitmenschen u. sich selbst untersucht. Auch wenn manche Sozial- →Pragmatiken (z. B. →Utilitarismus, auch →konstruktive E u. →kritische Theorie) dazu neigen, nur die zwischenmenschlichen Aspekte des →Handelns für e relevant zu halten, ist dies für die S. nicht spezifisch, u. noch weniger ist es, nur den institutionalisierten Bereich für e bedeutungsvoll zu erachten. – Die S. geht davon aus, daß der →Mensch keine beziehungslose Monade, sondern „von Natur aus" ein soziales u. politisches Wesen ist: Aufgrund anthropologischer Bedingungen wie der →Sexualität, des Mangels an →Instinkten u. der Sprachbegabung ist der Mensch teils zum nackten Überleben als Individuum u. als Art, teils zum angenehmen Leben, teils zur Persönlichkeitsbildung, Selbstachtung u. Selbstverwirklichung auf die Hilfe u. Anerkennung von anderen u. die Auseinandersetzung mit ihnen angewiesen. Auf der anderen Seite ist das Miteinanderleben nicht durch angeborene Verhaltensmuster gesichert, sondern durch unterschiedliche →Bedürfnisse u. Interessen, durch die Knappheit vieler Güter sowie durch →Leidenschaften wie →Neid, Eifersucht u. Haß bedroht. Ohne entsprechende Erziehung, Selbstkontrolle u. institutionelle Vorkehrung gelingt weder das Überleben noch das →glückliche Leben.

Die S. stellt menschliche Kommunikation u. Interaktion unter die Grundkriterien von politischer →Freiheit u. →Gerechtigkeit (hier verstanden als Prinzip des Rechts, nicht der →Tugend). Durch sie wird ein in sich sinnvolles Zusammenleben möglich, das auf der wechselseitigen Anerkennung der Menschen als →Personen gleicher Würde basiert u. in dem →Konflikte nicht nach den jeweiligen Machtverhältnissen, sondern aufgrund allgemeiner Gesetze geregelt werden, die einer gleichen u. wechselseitigen Einschränkung u. Sicherung des individuellen u. gruppenmäßigen Lebensraumes dienen. Zu den Prinzipien einer S. gehören auch Solidarität (→Wohlwollen) als Mitgefühl u. Hilfe für Notleidende u. Unterdrückte sowie →Toleranz als Achtung andersartiger Anschauungen u. Handlungsweisen. – Als Prinzip der Unantastbarkeit der Würde des Menschen, als →Grundrechte u. als normative Leitprinzipien wie das Gebot, den demokratischen u. sozialen Rechtsstaat zu verwirklichen, sind die Grundforderungen der S. in die Verfassungen moderner Staaten eingegangen u. stellen die Grundkriterien dar, nach denen die soziale u. politische Ordnung in ihren verschiedenen Bereichen u. Aspekten des näheren auszugestalten ist. Bei deren konkreter Bestimmung durch die Gesetzgebung ist auf die Bedürfnisse, Interessen u. Sinnvorstellungen der Betroffenen in ihrer besonderen sozioökonomischen u. geschichtlich-kulturellen →Situation Rücksicht zu nehmen, wofür die Erkenntnisse der Wirtschafts- u. Humanwissenschaften dienlich sind.

Lit.: Aristoteles, Politik, Buch I; Th. Hobbes, Vom Bürger, bes. Kap. 1 u. 2; I. Kant, Metaphysik der Sitten; G. W. F. Hegel, Grundlinien der Philosophie des Rechts; J. S. Mill, Über die Freiheit, bes. Kap. 3 u. 4; Th. Litt, Individuum u. Gemeinschaft, Leipzig ³1926; A. F. Utz, Bibliographie der S., Freiburg 1956ff.; T. Rendtorff, A. Rich (Hrsg.), Humane Gesellschaft, Zürich 1970; J. Rawls, Eine Theorie der Gerechtigkeit, Frankfurt 1975; ders., Gerechtigkeit als Fairneß, Freiburg/München 1977; O. Höffe, Freiheit in sozialen u. politischen Institutionen, Internat. kathol. Zeitschr. Bd. 8, 1979.   *O. H.*

Sozialisation nennen wir ein Interaktionsgeschehen, in dem der heran-

wachsende Mensch ebensosehr in die
Regeln gesellschaftlichen Lebens eingeführt wird u. seine Rollen erlernt
wie er sich in Verinnerlichung u. Auseinandersetzung mit ihnen zum →In-
dividuum ausbildet. *Soziale Integration* (→Gesellschaft) u. Individuie-
rung bilden die beiden sich gegenseitig bedingenden Momente dieses Ent-
wicklungsgeschehens. Wir nennen
diejenige Phase „primäre Sozialisation", in der ein beginnendes menschliches Wesen die Grundqualifikatio-
nen des Handelns der Person erwirbt,
u. „sekundär" diejenige, in der es zur
ausgebildeten Handlungsfähigkeit
neue Qualifikationen hinzuerwirbt.
Dabei werden auch die Qualifikationen des →gut oder →böse Handelns
erlernt, mithin die moralische Urteilsfähigkeit im Kind ausgebildet. –
Philosophischer Ausgangspunkt einer S.theorie ist das Verständnis des
→Menschen als eines →Bedürfnis-
wesens, das in seiner Umwelt Befriedigung zu erreichen sucht. Unter diesem Gesichtspunkt können sowohl
die biologischen Voraussetzungen der
Reifung wie die psychologischen der
Entwicklung u. die soziologischen
der Interaktion integriert werden.
Der primäre Teil der S. gliedert sich
in drei Organisationsstufen. In der
coenästhetischen oder autistischen
Phase (1.–3. Lebensmonat) steht die
Bedürfnisbefriedigung nach Art des
intrautrinären Lebens im Vordergrund. Körperempfindungen (Sensa-
tionen) zeigen die steigende Span-
nung (Anwachsen der Unlustgefühle)
u. Entspannung (Lust: →Freude) im
Säugling an, während die Wahrneh-
mungsorgane noch durch hohe Reiz-
schwellen geschützt sind. Die Bedürf-

nisbefriedigung erfolgt nach Art des
Reiz-Reaktionsmusters mit dem Vorrang des affektiven Lebens. Versagungen nötigen zum Übergang in die
zweite Phase, die durch Ausbildung
des wahrnehmend-intentionalen Bewußtseins bestimmt ist (diakritische
oder symbiotische Phase: 3.–15. Lebensmonat). Ihre ungeschiedene
Mutter-Kind-Einheit (Wahrnehmung
von Teilobjekten) wird allmählich
von der Realitätserfahrung (Indivi-
duation) abgelöst. Zunächst stehen
Tast- u. Gesichtswahrnehmung im
Vordergrund. Das blickerwidernde
Lächeln des Säuglings kann als erstes
Indiz einer intentionalen Erlebnis-
form angesehen werden, die Ausson-
derung der Mutter als Individuum in
der sog. Acht-Monateangst als erste
explizite Sozialbeziehung. Die Unge-
sicherheit der Bedürfnisbefriedigung
außerhalb des Blickkontakts mit der
Mutter nötigt zur Entwicklung der
dritten S.stufe (ab dem 15. Lebensmonat), in der sich die S. des Menschen endgültig vom Tier trennt: die
Sprache. Diese wird im Kontext mit
Handlungen erlernt. Im Unterschied
zu den tierischen Signalen, die an
identische Situationen (z. B. Gefahr)
gebunden sind, ist die Sprache symbolisch: Ihre Handlungsanweisungen
können auf analoge Situationen angewandt u. daher in ein Netz von Bedeutungen eingebettet werden. – Das
Erlernen der Sprache in Einheit mit
bestimmten Interaktionsformen ist
gleichzeitig auch mit einer affektiven
Wertung als lieb oder freundlich, als
gut oder böse verknüpft. In den Geboten u. Verboten der Eltern, speziell
in der Geste des „Nein" werden sie
explizit gemacht. Daran knüpft sich

für das Kind die Unterscheidung des →Ideals von der Wirklichkeit, des Sollens vom Sein u. damit die Genese des moralischen Urteils. Dieses entwickelt sich in den drei Stufen: a) Orientierung an äußeren Sanktionen u. deren Folgen, b) Sich-bestimmen-lassen von der etablierten →Autorität (*Verhaltensformung*), c) Verinnerlichen der Prinzipien u. deren flexible Anwendung auf die konkrete →Situation. Die Verbote gehen dabei ins Überich, die Gebote ins Ichideal ein. Bei Strenge oder Nachgiebigkeit der Autoritäten (*Verhaltenssteuerung*) wird das Überich übermäßiges Schuldbewußtsein bzw. Strafbedürfnisse (übersozialisiertes Verhalten) oder im Falle labilen Verhaltens ein mangelndes Normenbewußtsein (*asoziales Verhalten*) ausbilden, was zu starke →Hemmung oder aber Hemmungslosigkeit zur Folge hat. In dem Maße, wie sich die elterliche Erziehungspraxis an Realerfordernissen orientiert, werden die verinnerlichten Verbote dem Selbst einen →Entscheidungsspielraum freilassen u. damit ein relativ autonomes →Gewissen u. *soziales* Handeln ermöglichen.

Lit.: R. Spitz, Vom Säugling zum Kleinkind, Stuttgart ⁴1974; J. Piaget, Das moralische Urteil beim Kinde, Frankfurt a. M. 1973; A. Lorenzer, Zur Begründung einer materialistischen S.theorie, Frankfurt a. M. 1972; J. Habermas, Stichworte zu einer Theorie der S., in: ders., Kultur u. Kritik, Frankfurt a. M. 1973.   *A. S.*

Sozialismus →WirtschaftsE.

Sozialistische E →Marxistische E.

Sozialpragmatik →Pragmatik.

Sozialstaat →Staat.

Spiel meint eine Tätigkeit des →Menschen, in der er über die zur Erhaltung seines →Lebens notwendige Bearbeitung der →Natur hinaus (→Arbeit) in freier Weise seine formgebenden Fähigkeiten in Auseinandersetzung mit dem Stoff erprobt. Die Möglichkeit des S. ist daher von der Beschaffenheit der Arbeitswelt abhängig, weil die Arbeit die Bedingungen für den Freiraum der Muße schaffen muß (Lösung des Problems der Selbsterhaltung) u. weil sie, solange sie die Kräfte des Menschen in einseitiger Weise bindet, die Notwendigkeit eines Ausgleichs u. einer Ergänzung des Menschseins in der *Freizeit* hervorruft. Die Arbeit muß daher im Unterschied zu *Huizinga* als die grundlegende Bedingung der →Kultur angesehen werden. Innerhalb der durch sie festgelegten Grenzen überschreitet jedoch das S. den Bereich der Notwendigkeit zugunsten einer freieren u. umfassenderen Realisierung des Menschlichen (→Humanität), das im S. auf seine vollen Möglichkeiten vorgreift. Dies wird bereits deutlich in den von der Funktionslust bestimmten S.en der Kinder u. dem Wettstreit der Heranwachsenden, ebenso wie im künstlerischen u. kultischen S. der Erwachsenen, das sich im Fest ereignet. Voraussetzung dafür sind freilich neben dem Freisein vom Selbsterhaltungsdruck eine differenzierte Umweltbeziehung u. ein Gemeinschaftsbewußtsein (*Portmann*).

Die Arbeitsaskese der bürgerlichen →Gesellschaft u. die modernen Technologien haben dagegen dem Menschen einerseits das Bewußtsein der Selbstbestimmung u. →Freiheit (Autonomie) u. damit der nahezu unbegrenzten Fähigkeit des Herstellens u. Machens vermittelt, ihn aber anderseits seiner natürlichen Umwelt →entfremdet. Dadurch ist er in das Dilemma geraten, daß die Freiheit des Formierens gleichzeitig eine Ausbeutung der Natur als Material bedeutet, ebenso wie in ihm die Verwirklichung der →Vernunft eine Unterdrückung der Sinnlichkeit (→Leidenschaft), die Erfüllung der →Pflicht den →Verzicht auf die Neigungen einschließt (*Kant*). Diese Entzweiung der Praxis sucht *Schiller* dadurch zu überwinden daß er Vernunft u. Sinnlichkeit im Ästhetisch-werden des Menschen vereinigen will. Die *Kunst* soll das Auseinanderfallen von Form- u. Stofftrieb durch Verwirklichung des S.-triebs überwinden, da der Mensch nur da ganz Mensch sei, wo er spielt. Eine E, die die Realisierung des →Guten an das Hervorbringen der schönen Gestalt (Anmut) bindet, heißt *ästhetische Moral*. Für *Schiller* wird sie zum Modell für menschliche Praxis überhaupt. Damit wird das Problem aufgeworfen, ob die Kunst zum Modell der Arbeitswelt werden kann oder nur deren Abbild darstellt. Idealismus u. Realismus sind in der Kunst die Antwort darauf. Während der Idealismus dem S. freien Lauf läßt, scheitert er am fehlenden Realitätsgehalt. Hingegen bedeutet die strikte Bindung der Kunst an die getreue Wiedergabe der Wirklichkeit den Verlust von Spontaneität u. Phantasie. Künstlerische Phantasie u. Wirklichkeitsbezug müssen ebenso in einem differenzierten Wechselverhältnis gesehen werden, wie S. u. Arbeit aufeinander einwirken müssen, ohne daß sie aufeinander reduziert werden könnten.

Lit.: F. Schiller, Über die ästhetische Erziehung des Menschen, bes. 15. u. 23. Brief; F. J. J. Buytendijk, Wesen u. Sinn des S., Berlin 1934; J. Huizinga, Homo Ludens. Vom Ursprung der Kultur im S., Hamburg 1956; H. Rahner, Der spielende Mensch, Einsiedeln 1952; E. Fink, S. als Weltsymbol, Stuttgart 1960; I. Heidemann, Der Begriff des S., Berlin 1968; G. Lukács, Geschichte u. Klassenbewußtsein, Neuwied-Berlin 1970, S. 245–267; A. Portmann u. D. Kamper, Das S. in biologischer u. philosophischer Sicht, Merkur Bd. 9, 1975. *A. S.*

Spieltheorie →Entscheidungstheorie.

Spiritualität ist kein philosophischer Begriff, sondern ein Wort der christlich-religiösen Bildungssprache, die sich mit religiöser Erbauung, asketischer Praxis u. gläubiger Frömmigkeitsübung befaßt. Im allgemeinen meint es jenen religiös-sittl. Grundhabitus, der ein „Leben nach dem Geist" (*geistliches Leben*) im Gegensatz zu einem „Leben nach dem Fleische" (dem Leben des unerlösten, selbstbezogenen, auf natürliche Interessen beschränkten Menschen) bestimmt. S. bedeutet so das Ergriffensein vom Hl. Geist, das lebendige Erfaßtsein von der Heilswirklichkeit →Gottes. S. ist also keine theoretische, sondern eine praktische Kategorie u. bezeichnet zumeist die Grund- →Tugend eines christlichen Lebens überhaupt. Auf dem Hintergrund einer mehr oder weniger ausgeprägten dualistischen Daseins- u. Weltinterpretation, die sich in den Antithesen von Gott–Welt, Geist–Leib, Irdisches–Jenseitiges, Licht–Finsternis dokumentiert, beinhaltet S. die gedankliche, emotionelle, willentliche u. lebenspraktische Loslösung von diesseitsorientierten Interessen, derart, daß man den Gütern „dieser Welt" gegenüber eine Indifferenz entwickelt, die einen jederzeit gelassenen Verzicht auf sie „um des Himmelreiches willen" ermöglicht. (Die Befreiung von der Verfangenheit in die „Welt" hat nicht notwendig deren Verachtung zur Folge; sie wird nur von einem Standpunkt jenseits der „Welt" aus erlebt u. gedeutet.) Aus diesem Grundzug christlicher S. resultiert die Bestimmung der einzelnen Momente, die ein geistliches Leben konstituieren. Als vorzügliches Mittel irdischer Abtötung u. läuternden Aufstiegs galt u. gilt die Askese (→Verzicht): d. h. negativ die (dauernde bzw. zeitweilige) Enthaltung bzw. Beschränkung von Schlaf, Essen, Kleidung, Gemeinschaft mit anderen, Sprache, Besitz, Geschlechtsgenuß etc., positiv die körperliche Peinigung durch sich selbst oder andere (die wird in der Moderne meist abgelehnt). Das Leben nach dem Fleische wird abgetötet, um ein geistliches Leben freizusetzen. Zugleich wird der Mensch in symbolischer Weise mit dem getöteten Gott geeint, um sich mit dem Auferstandenen einigen zu können. Diese asketische Praxis wird teils begleitet, teils abgelöst durch eine spezifische Form der Frömmigkeit: die Meditation. Sie setzt bereits ein gewisses Maß an Freiheit von der Verfallenheit an irdische Interessen voraus u. beinhaltet eine emotional besetzte, affirmativ sich versenkende Betrachtung der Heilstaten Gottes in Geschichte u. endzeitlicher Zukunft, die zugleich die persönliche Beziehung (nach Nähe u. Ferne) zu diesem von Gott angebotenen u. eröffneten übernatürlichen Leben bewußtmacht. Ist Askese der Stufe der Läuterung zugeordnet, so korrespondiert Meditation der Stufe der Erleuchtung. Einigen wenigen gelingt auf dem Weg kontemplativer Versenkung die Stufe der Einigung, des *mystischen* Erlebnisses, das durch die Minderung des Abstandsgefühls, durch beglückende Partizipation am bzw. Verschmelzung mit dem göttlichen Leben gekennzeichnet ist. (Obwohl der Begriff der S. im christlichen Sprachraum beheimatet ist, hat die ihm korrespondierende Praxis der Askese, der Meditation u. der Mystik ihre Parallelen in anderen Religionen, so vor allem im Buddhismus: →buddhistische E, u. Hinduismus: →hinduistische E.) Zwar bieten die geschichtlichen Erscheinungsformen christlicher S. ein breites, variantenreiches Spektrum, doch von Anfang an ist der gegen die „Finsternis dieser Welt" gerichtete Grundzug dominant. Martyrer, Asketen, Jungfrauen u. Mönche waren stets die großen Leitbilder christlicher Frömmigkeit. In der Antike *(Klemens v. Alexandreia)*, in Mittelalter *(Thomas v. Aquin)*, →Humanismus *(Erasmus v. Rotterdam, Franz v. Sales)*, Reformation *(Luther, Calvin)* finden sich Ansätze, eine dem „Weltauftrag" zugeordnete S. des „Laien" zu entwickeln (beispielhaft hierfür ist die reformatorische Interpretation des weltlichen Berufes als Berufung durch Gott: →BerufsE), die katholische Bemühung um eine christliche →SozialE im 19. u. 20. Jh. *(J. M. Sailer, Leo XIII, Pius XI, Pius XII)* u. um eine politische Theologie *(J. Moltmann, J. B.*

Metz); doch bleiben diese Versuche häufig (vor allem im Katholizismus) hinter den monastischen Idealen zurück oder haben nur deren Anpassung an veränderte soziale u. kulturelle Gegebenheiten zum Inhalt (wie etwa bei *Ch. Foucauld* u. *R. Schutz*).

Lit.: Klemens v. Alexandreia, Paidagogos; Augustinus, Confessiones; Bonaventura, Itinerarium mentis in Deum; Meister Eckhart, Reden der Unterscheidung; Thomas v. Kempen, Nachfolge Christi; Ignatius v. Loyola, Exerzitien; Franz v. Sales, Les vrays entretiens spirituels; Bossuet, Oraisons funèbres; Fénélon, Traité de l éducation des filles; ders., Maximes de Saints; P. Pourrat, Spiritualité chrétienne I–IV, Paris [1]1921–1928; A. Farges, Voies ordinaires de la vie spirituelle, Paris 1925; R. Garrigou-Lagrange, Les trois âges de la vie intérieure, I–II, Paris 1938; E. d'Ascoli, Spiritualità precristiana, Brescia 1952; J. Gautier, Spiritualité catholique, Paris 1953; van der Leeuw, W. Gruehn, Die Frömmigkeit der Gegenwart, Münster 1956; R. Guardini, Der Herr [10]1957; Ch. Foucauld, Oeuvres spirituelles, Paris 1958; R. Spaemann, Reflexion u. Spontaneität. Studien über Fénélon, Stuttgart 1963; H. Dumoulin, Östliche Meditation u. christliche Mystik, Freiburg 1966; Glaubenserfahrung u. Meditation. Wege einer neuen S., Freiburg/Basel/Wien 1975.   *M.F.*

Sprachanalytische E →MetaE, Methoden der E.

Sprache →Kommunikation.

Staat. Der S. hat als politische u. organisatorische Einheit u. →Ordnung einer →Gesellschaft sittl.-anthropologische, rechtliche (→Recht), ökonomische, sozio-kulturelle u. geographisch-ethnische Bedingungen. Die unterschiedlichen S.theorien geben jeweils einigen dieser Bedingungen höhere Bedeutung als den anderen. – Die Theorien des idealen S. geben den sittl.-anthropologischen Bedingungen den Vorrang; sie konstruieren den besten S. entweder als Einheit analog zum Menschen, in der das →Glück aller unter der →Herrschaft des →Guten, der →Gerechtigkeit u. →Wahrheit durch →Erziehung erreicht werden soll *(Platon)* oder als Vielheit u. Gemeinschaft, die von der besten →Verfassung mit dem Ziel des Glücks jedes einzelnen zu einem Ganzen geformt wird, in dem quantitative Verhältnisse (Armut – Reichtum) u. qualitative Kriterien (Herrschaft der Besten) ein Gleichgewicht bilden *(Aristoteles).* Das vernünftige u. politische Wesen des Menschen ermöglicht die Geltung der Gerechtigkeit u. der angeborenen u. anerzogenen →Tugenden als Prinzipien des S.

Die instrumentalistischen S.theorien stellen die rechtlichen u. ökonomisch-sozialen Bedingungen des S. in den Vordergrund. Danach ist der S. Ergebnis eines *Gesellschaftsvertrags,* der einerseits dem Überleben der im Naturzustand sich wechselseitig bedrohenden →Individuen mit der Zustimmung aller (Konsens) u. der Sicherung ihrer individuellen Interessen *(Hobbes),* andererseits der Erhaltung der naturgesetzlich verankerten Prinzipien der →Gleichheit, des →Lebens u. der →Freiheit der Menschen u. ihres durch →Arbeit geschaffenen →Eigentums dienen soll *(Locke).* Der S. ist zwar Monopol der Macht, soll aber durch das System des →Rechts den einzelnen vor der widerrechtlichen →Gewalt anderer Individuen u. Gruppen u. selbst des S. schützen. Die

Trennung von s.lichen u. individuell-sozialen Interessen dieses auf seine Rechts- u. äußeren Machtfunktionen beschränkten S.begriffs (MinimalS.) wird aufgehoben, wenn der allgemeine Wille als Wille der Mehrheit mit dem S. identifiziert wird *(Rousseau)*. Das Recht ist dann nicht mehr nur Funktion s.licher Macht, sondern formal mit ihr identisch. Die politische Gemeinschaft wird als handelndes Subjekt u. als moralische Person analog der natürlichen Person des Monarchen gedacht (Souveränität), deren Handlungen der Gesellschaftsvertrag Verbindlichkeit verleiht. Der Zweck des „Spiels der Staatsmaschine" *(Rousseau)* ist es, den einzelnen auch gegen seinen Willen zu zwingen, frei zu sein.

Die idealistischen S.theorien greifen die rechtlichen Elemente der instrumentalistischen auf u. leiten sie von den anthropologischen Prinzipien des Menschen als eines Vernunftwesens ab. Der Gesamtwille als Handlungssubjekt entstammt nun „a priori aus der Vernunft" *(Kant)*. Er wird vom aufgeklärten Herrscher, dem „personifizierten Recht", wahrgenommen u. verwirklicht. Ihm gegenüber haben die Bürger absolute Gehorsamspflicht, die ein Recht auf Widerstand, wie es zuvor bereits konzipiert war *(Locke)*, unmöglich macht. Dabei sind jedoch Freiheit, Gleichheit u. Selbständigkeit unabdingbare Attribute des S.bürgers. Ziel der republikanischen Verfassung ist nicht das Wohl u. Glück des Bürgers, sondern das „Heil des S.", die „größte Übereinstimmung der Verfassung mit Rechtsprinzipien" *(Kant)*. Die Gerechtigkeit wird aufgrund des Prinzips apriorischer Rechtfertigung von Rechtsansprüchen als „öffentlich kundbar" gedacht (Prinzip der Publizität), u. jedes Unrecht soll nach diesem Kriterium „durch ein Experiment der reinen Vernunft" unmittelbar erkennbar sein. In dieser S.theorie soll das pflichtgemäße Handeln (Legalität), nicht aber die Gesinnung des einzelnen (Moralität) durch Erziehung ‚von oben' gesteigert werden. – Diese Trennung zwischen der sittl. Natur des Rechts u. dem sittl. Wesen des Menschen ist dann überwunden, wenn der S. nicht nur rechtlich, sondern auch sittl. zum System wird, in dem das Einzelinteresse u. die moralischen Prinzipien „aufgehoben" u. vereinigt sind. Der S. als „Wirklichkeit der sittlichen Idee" u. als „göttliche Idee, wie sie auf Erden vorhanden ist" *(Hegel)*, verbindet das Selbstbewußtsein des einzelnen u. die Freiheit aller zu einer Einheit.

Die Theorie des *Rechts-S.* vereinigt Elemente der idealistischen S.theorien u. legt sie institutionell aus. Die Garantien von →Eigentum, Vertrags- u. Gewerbefreiheit, wie auch die Gesetzmäßigkeit der Verwaltung sind rechtsstaatliche Kriterien, die zwar von der Erklärung der →Menschenrechte beeinflußt sind, aber zunächst primär unter den Bedürfnissen der liberalen Konkurrenzgesellschaft (→Wirtschafts-E) ausgelegt werden. Auch hier gilt der S. noch als handelndes Subjekt *(G. Jellinek)*; er ist aber, wie auch neuerdings wieder von neoliberalen S.theorien *(R. Nozick)* vorgeschlagen wird, von ökonomischen u. sozialen Aufgaben befreit (Minimal-S.). Dieser Vorrang des formalen

Rechts wird im sozialen Rechts-S. (Art. 28, 1 GG) überwunden, indem über die Gewaltenteilung u. die Unabhängigkeit der Rechtsprechung als formale Kriterien des Rechts-S. hinaus die materialen Aufgaben der Sicherung der Konsumbedürfnisse u. des →Gemeinwohls institutionell gesichert werden. Die Identifikation von S. u. Rechtsordnung wird im *Sozialstaat* (Art. 20 u. 28 GG) aufgehoben, der verpflichtet ist, soziale Gegensätze auszugleichen, eine gerechte Sozialordnung u. sozialen →Frieden zu garantieren. Der S. ist kein autonom handelndes Subjekt mehr, sondern einem System der Kontrollen zwischen der einzelnen Gewalten unterworfen. Zur Sicherung des Gleichgewichts zwischen formalen u. sozialen rechtsstaatlichen Prinzipien (→Freiheit, →Gleichheit, →Grundrechte) u. zur politischen Willensbildung ist ein Ausbau sowohl von Rationalitätskontrollen, zu denen u. a. die wissenschaftliche Politikberatung zählt, wie der Kooperation zwischen repräsentativen Organen (Parlamenten), staatlichen Bürokratien u. Organen (Verbänden), die gesellschaftliche Gruppen repräsentieren, notwendig. Eine bloße Steigerung des Systems der sozialen Vorsorge u. öffentlichen Fürsorge, wie sie der *Wohlfahrts-S.* anstrebt, erhöht nicht per se die Partizipation der Bürger u. gewährleistet weder die individuellen noch die sozialen u. ökonomischen Entfaltungsmöglichkeiten. Eine gerechte Verteilung ist nicht unabhängig von der Steigerung des Sozialprodukts möglich.

Eine Hypostasierung des S. im Sinne der instrumentalistischen u. idealistischen Theorien birgt sowohl die Gefahr des totalen S. wie die der Auflösung staatlicher Ordnung in Anarchie u. →Revolution. Beide begründen die Notwendigkeit des Absterbens des S. damit, daß der hypostasierte S. nicht legitimierbar ist. Zur Abwendung dieser Gefahr macht die →Verfassung unserer →Demokratie die Würde (→Humanität) u. Freiheit des Menschen zum absoluten Maßstab der Rechtfertigung staatlichen Handelns. Der S. kann nicht, etwa im Sinne eines quasitheologischen Verständnisses von Souveränität, Legitimationsprinzip seiner selbst sein. Im repräsentativen System des demokratischen S. bleibt das Element des ‚Konsens' der Vertragstheorien nicht formal, sondern wird durch Wahlen u. politische Willensbildung konkret. Eine e Legitimation des S. ist nur möglich, wenn an die Stelle des Prinzips der Souveränität u. des formalen Vertragsprinzips das der →Freiheit tritt. Diese Forderung gerät aber dann mit sich selbst in Widerspruch, wenn Freiheit über ihre grundrechtlichen Bestimmungen hinaus als unbegrenzt oder als unbedingtes Prinzip nur formal gedacht wird. Mit der Unbegrenztheit der Freiheit verliert auch die Macht des S. ihre Grenzen u. wird unkontrollierbar *(J. S. Mill).* Freiheit muß, um Kriterium für die Kontrolle staatl. Gewalt zu sein, über ihren theoretischen Charakter als kritisches Prinzip hinaus einen sozialen u. individuellen Glückswert haben. Sie muß daher einerseits eine konkrete Gestalt haben, um als kritisches Prinzip ein gesetzlicher Maßstab der Beurteilung freiheitlichen Verhaltens in S. u. Gesellschaft zu sein; sie muß andererseits konkret sein, um sich selbst in ihrer

jeweils unzureichenden Gestalt kritisieren u. damit neue Maßstäbe ihrer
Verwirklichung setzen zu können.

Lit.: Platon, Der S., Buch V–VII; Aristoteles, Politik, Buch I–III; T. Hobbes, Le-
viathan, Kap. 17–24; J. Locke, Über die
Regierung, Kap. 7–14; J. J. Rousseau,
Der Gesellschaftsvertrag, Buch I,
Kap. 5–8; I. Kant. Über den Gemein-
spruch..., Abschn. II; ders., Zum ewi-
gen Frieden, Abschn. II; G. W. F. Hegel,
Rechtsphilosophie, §§ 257–360; K.
Marx, Kritik der Hegelschen Rechtsphi-
losophie; J. S. Mill, Über die Freiheit,
Abschn. I–V; ders., Representative Go-
vernment, Abschn. I–III u. XVIII; G.
Jellinek, Allgemeine S.-lehre, Berlin
³1929; S. I. Benn, R. S. Peters, Social
Principles and the Democratic State,
London ⁴1965, Abschn. 1–9 u. 15;
M. J. C. Vile, Constitutionalism and the
Separation of Powers, Oxford 1967,
Kap. 1–4, 11 u. 12; R. Smend, S.recht-
liche Abhandlungen u. andere Aufsätze,
Berlin 1968; H. Kuhn, Der S., München
1967; C.-E. Bärsch, Der S.begriff in der
neueren deutschen S.lehre..., Berlin
1974, Teil II–IV; M. Kriele, Einführung
in die S.lehre, Reinbek 1975, §§ 2–14,
25–41, 79–83; W.-D. Narr, C. Offe
(Hrsg.), WohlfahrtsS. u. Massenloyali-
tät, Köln 1975; M. Oakeshott, On Human Conduct, Oxford 1975, Abschn. III; R. Nozick, Anarchie, S., Utopia, München 1976, Teile 1 u. 2; E. W.
Böckenförde, S., Gesellschaft, Freiheit,
Frankfurt 1976; H. Krings, S. u. Freiheit,
in: Zeitschrift für philos. Forschung, Bd.
31, 1977; O. Höffe, Widersprüche im
Leviathan, in: Merkur, Nr. 379, 1979.
W. V.

Standesethik. Die S. bestimmt die
sittl. →Pflichten der Menschen unter
Berücksichtigung ihrer sozialen Stellung (z. B. als Vater, Arzt, Beamter
etc.), ihrer Funktionen u. Leistungen
in →Familie, Beruf (→Berufs-E) u.

→Gesellschaft. Die Stände entsprechen dem jeweiligen sozialen Status,
bestimmten Fähigkeiten u. Bildungs-
niveaus. Die ihnen entsprechenden
→Tugenden (z. B. die Unbestech-
lichkeit des Beamten, die Fairneß des
Sportlers etc.) sind keine Bedingungen, sondern Folgen der Standeszuge-
hörigkeit; sie stellen die →Ehrbegriffe
der Stände dar u. beinhalten bestimmte sittl. →Pflichten u. soziale Erwartungen ihnen gegenüber: deren *politische Moral,* die positionsgebundenen
sittl. Pflichten, die im Unterschied zu
den allgemeinen sittl. →Normen
(→Grundrechte) der →Politik ge-
wohnheitsrechtlicher Natur sind. –
Im Unterschied zu sozialen Klassen
(→KlassenE) bilden die modern begriffenen Stände keine streng definierbare soziale Kategorie u. bezeichnen weder Summen von Menschen in
gleicher ökonomischer Lage noch organisierte ökonomische Machtfakto-
ren, sondern Gruppen, die durch gleiches Ansehen, Prestige u. gemeinsame Attribute verbunden sind. Demgegenüber bestimmte der historisch-
politische Standesbegriff seit dem
Mittelalter seine Mitgliedschaft als
Grundlage der staatlichen →Ordnung
streng erblich (Adel, Geistlichkeit,
Bürger etc.) u. über die Pflichten hinaus durch rechtliche, von einer Obrig-
keit sanktionierte Privilegien. – Die
theologischen Stände bezeichnen einmal die besondere Stellung in der
Glaubensgemeinschaft u. die ihr entsprechenden Pflichten als Laie, Kleri-
ker, Ordensangehöriger, zum andern
die Phasen der menschheitlichen u.
individuellen Heilsgeschichte (Stand
der Erbsünde oder Erlösung bzw.
Stand der Gnade oder Sünde).

Lit.: Aristoteles, Politik, Buch III; ders., Secreta Secretorum (London 1528), Amsterdam/New York 1970, Abschn. i ff.; W. Schöllgen, Der Begriff der Standespflicht in seiner Bedeutung für die heutige Pastoral- u. Moralpädagogik, in: Konkrete E, Düsseldorf 1961, S. 107 ff.; J. H. Kaiser, Ständestaat, in: Staatslexikon der Görres-Gesellschaft, Bd. 7, Sp. 657; W. Korff, Ehre, Prestige, Gewissen, Köln 1966, S. 65 ff., 165 ff.; M. Weber, Wirtschaft u. Gesellschaft, Tübingen [5]1972, S. 179 ff.; G. Lenski, Macht u. Privileg, Frankfurt 1973, S. 112 ff.   *W. V.*

Sterbehilfe →Medizinische E.

Sterilisation →Geburtenregelung, Sexualität.

Stoische Ethik. Die Stoa gilt als einflußreichste philosophische Schule der Spätantike, ihre Blütezeit reicht über fünf Jh.: vom Verfall des Alexanderreichs bis zum Ende des zweiten Jh. n. Chr. Sie wird in drei Perioden eingeteilt: die ältere *(Zenon, Kleanthes, Chrysipp)*, die mittlere *(Panaitios, Poseidonios)* u. die jüngere Stoa *(Seneca, Musonius, Epiktet, Marc Aurel)*. Ihr Gedankengebäude, das sich in Logik, Physik u. →E gliedert u. synkretistisch aus kynisch-sokratischen, aristotelischen u. vorderorientalisch-religiösen Elementen zusammensetzt, stellt nach dem Verfall der griechischen Polis erstmals eine universale E ins Zentrum des Interesses. Im römischen Kaiserreich zur beherrschenden Geistesmacht geworden, vom Christentum in wesentlichen Grundsätzen absorbiert u. in der neuzeitlichen Aufklärung als Alternative zur →christlichen E wiederbelebt (v. a. *Montaigne, Rousseau)*, gewinnt die s. E. wirkungsgeschichtlich die größte Macht,

die je eine philosophische E hat erringen können *(Dilthey)*. Die s. E. ist nicht →theologisch, auch nicht (im kantischen Sinn) rein rational, sondern kosmologisch begründet. Die →Welt ist ihr als Kosmos, in ihrer schönen u. vernünftigen →Ordnung, der höchste →Sinn, das Göttliche selbst. Ihr Prinzip ist die identische göttliche Substanz des lebenden u. belebenden Feuers (das Pneuma, die Seele, die →Vernunft des Alls), die sich periodisch in die Mannigfaltigkeit der Elemente u. ihrer konkreten Verbindungen auseinanderlegt u. wieder in sich zurücknimmt (Ekpyrosis-Palingenesis). In den Dingen erscheint dieses Feuer als wesentliche, gestaltgebende Qualität (Hexis), in den Pflanzen als wachsende →Natur (Physis), in den Tieren als bewegende u. begehrende Seele (Psyche), in den Menschen als lebendiger, selbstbewußter Geist (Nous). Dieser göttliche Kosmos wird als der große Weltstaat bezeichnet, in den alle Dinge u. Wesen, hierarchisch gestuft, als Glieder eingeordnet sind. Freier Bürger dieses →Staates kann u. soll der Mensch werden, insofern er sich bewußt u. willentlich seinen Gesetzen (das Gesetz des Weltstaats = das Naturgesetz im praktischen Sinn) hingibt u. in ihren Dienst stellt. →Sittlichkeit bzw. →Tugend wird also bestimmt als bewußte u. willentliche Übernahme der zweckvollen, durch Vernunft erkennbaren Gesetzlichkeit der Natur; sie ist zugleich notwendige u. hinreichende Bedingung für menschliches →Glück. Ihre Antithese bildet ein Leben nach der →Leidenschaft, nach den widervernünftigen, auf sich selbst zentrierten Trieben, die ihre flüchtige

Befriedigung in äußeren Glücksgütern suchen, die nicht ausschließlich in der Verfügungsgewalt innerer →Freiheit liegen, u. die den Menschen auf die Stufe eines animalischen Lebens herabsinken lassen. Das Ideal der s. E., der stoische Weise, ist entsprechend charakterisiert durch *Apathie,* durch Leidenschaftslosigkeit, durch innere Seelenruhe, die freilich nicht mit *quietistischer* Passivität zu verwechseln ist, sondern als gleichmütige Kontrolle der Gefühle vernünftiges →Wohlwollen für andere (Eupathie) u. tätiges Engagement in der gesellschaftlich-geschichtlichen Welt neben sich hat. Dies unterscheidet sie von der *Ataraxie Epikurs,* des großen Gegenspielers der s. E. Während *Epikur* die Natur als Welt dem atomistischen Zufall preisgibt, um den Menschen im privaten Genuß des festlichen Lebens auf seine eigene autark u. unerschütterlich gemachte Natur zu stellen (dies ist das Ziel der Ataraxie), ist für die s. E. eine teleologisch interpretierte Natur die Instanz, die jedem Menschen seinen Ort im Ganzen zuweist u. auf die Erhaltung u. Vollendung seiner Naturanlage (immer schon als Anlage zu Vernunft u. selbstwerthafter Tugend ausgelegt) verpflichtet. Die →Pflicht (to kathäkon, to katorthōma) wird erstmals zum zentralen Terminus der E. Obwohl die harmonische Persönlichkeit, das vollendete →Individuum das Ziel auch der stoischen *ars vivendi* darstellt, wird dies als nur in Gemeinschaft mit anderen erreichbar konzipiert. Vor allem die →sozial-e Maximen haben die bleibende Bedeutung der Stoa begründet: im familiären Bereich sind es die geforderte Gleichberechtigung von Mann u. Frau, das Eigenrecht des Kindes, die Gleichheit von Herren u. Sklaven als Menschen, im gesellschaftlichen die Verpflichtung der Reichen zur Nächstenliebe, die positive Wertung der →Arbeit, die Begründung einer spezifischen →Berufs- u. Geschäftsethik, im politischen die Verpflichtung des Bürgers zum aktiven Beitrag in der societas civilis, die dort ihre Grenze findet, wo das positive Gesetz dem ewigen Naturgesetz widerspricht. Wesentlich kosmopolitisch orientiert (→Patriotismus-Kosmopolitismus), hat die Stoa erstmals ein allgemein verpflichtendes Naturgesetz u. die daraus resultierenden →Rechte des Menschen als Menschen formuliert u. in der Idee eines einheitlichen Weltstaates den Gedanken der Menschheit u. allgemeinen Brüderlichkeit propagiert.

Lit.: Stoicorum veterum fragmenta; Cicero, De officiis; Seneca, Ad Lucilium epistulae morales, De vita beata, De otio, De tranquillitate animi, De brevitate vitae, De beneficiis, De providentia, De constantia, De ira, De clementia; Epiktet, Diatribai, Encheiridion (Hrsg. Flavius Arrianus); Marc Aurel, Wege zu sich selbst; A. Bonhöffer, Die E des Stoikers Epiktet, 1894, Neudr. Stuttgart 1968; M. Pohlenz, Die Stoa. Geschichte einer geistigen Bewegung, 2 Bde., Göttingen ⁴1970/72; L. Edelstein, The Meaning of Stoicism, Cambridge/Mass. 1966; J. M. Rist, Stoic Philosophy, Cambridge 1969.   *M. F.*

Stolz →Ehre.

Strafe ist ganz allgemein ein Übel, das jemand einem anderen, weil dieser eine mißbilligte →Handlung ausgeführt hat, mit Absicht zufügt (*Sanktion:* Zwangsmaßnahme). S. als Institution des →Rechts (staatliche Kriminal S.) wird nach einem vorsätzlichen (bewußten u. gewollten) Verstoß gegen Rechtsnormen von den dazu autorisierten Personen (Richtern) zur Aufrechterhaltung der Rechtsordnung verhängt u. fügt dem Täter etwas ihm im allgemeinen Unangenehmes, Schmerzliches zu (GeldS., FreiheitsS. usw.). S. unterscheidet sich von der →Manipulation (Konditionierung, Propaganda) sowie der Unschädlichmachung von Menschen mit asozialen Tendenzen dadurch, daß ihre Kriterien (was u. wie hoch bestraft wird) öffentlich bekannt sind u. daß die S. erst nach einem Verstoß erfolgt, so daß dem →Individuum die Wahl zwischen Rechtsgehorsam u. Risiko von S. anheimgestellt ist: S. verbindet soziale Kontrolle mit individueller →Freiheit. Eine annehmbare Begründung der S. kann keine der drei in den zeitgenössischen S.theorien vorherrschenden Prinzipien Abschreckung, Vergeltung u. Besserung für sich allein als zureichend betrachten, sondern muß in einer differenzierten Gesamtkonzeption nach deren Verbindung suchen.

(1) Die von *Hobbes, Beccaria, Bentham, Schopenhauer, A. v. Feuerbach* u. dem neueren →Utilitarismus vertretene Theorie der *Abschreckung (Generalprävention)* sieht als allgemeines S.ziel den Interessenschutz der Allgemeinheit: Durch S.androhung sollen potentielle Rechtsbrecher abgeschreckt u. zur Rechtstreue motiviert werden, so daß die Häufigkeit von Rechtsbrüchen gemindert wird u. Rechtsgüter wie →Leben, Gesundheit, Handlungsfreiheit, →Ehre öf-

fentlichen Schutz erhalten. In manchen Bereichen scheint die Abschreckungswirkung relativ hoch zu sein (bei Steuerhinterziehung, Versicherungsbetrug, betrunkenem Fahren, vorsätzlicher Tötung usw.), in anderen dagegen relativ gering (etwa bei Notzucht). Schon deshalb erscheint die Begründung der Institution S. durch Abschreckung allein als nicht zureichend. (2) Die Vergeltungstheorie als allgemeine S.theorie (*Kant, Hegel, E. Brunner*) rechtfertigt nicht die naturwüchsige Reaktion des verletzten Rechtsempfindens einer Gesellschaft, die Rache (Genugtuung des Opfers, Talionsgesetz), sondern geht vom Begriff der (wiederauszugleichenden) Gerechtigkeit aus (Retributionstheorie). Sie betrachtet den Rechtsbruch als Anmaßung einer Ausnahmestellung gegenüber den Mitbürgern, was einen Ausgleich mittels S. erfordert. Als Theorie bloß der S.zuerkennung bedeutet die Vergeltungstheorie eine einschränkende Bedingung jeder S.theorie, auch der Abschreckungstheorie. Danach darf man nur den Rechtsbrecher, u. zwar nur den zurechnungsfähigen (→Verantwortung), nicht auch Unschuldige bestrafen, selbst dort nicht, wo man mit solcher Bestrafung evtl. einen größeren Schaden für die Allgemeinheit verhindern könnte. Die Gerechtigkeit verlangt ferner, ohne Ansehen der →Person gleiche Taten gleich u. ungleiche Taten nach Maßgabe der Schwere des Rechtsbruchs zu bestrafen (Parkübertretungen u. Ladendiebstähle geringer als Vergewaltigung oder vorsätzliche Tötung). (3) Die *Resozialisierungstheorie,* in Deutschland seit *F. v. Liszt,* neuerdings besonders von den Autoren des „Alternativentwurfs zum S.recht" vertreten, zielt auf eine Verhinderung weiterer S.taten seitens des Täters. Sie fordert die Stärkung der Disposition u. Fähigkeit zu rechtskonformem Verhalten bei Rechtsbrechern aufgrund einer inneren Anerkennung der Rechtsordnung. Die Wiedereingliederung von S.fälligen in die Gesellschaft kann zwar weder einziges noch höchstes S.ziel sein, weil sie die Verhinderung von Rückfalltaten der von Erstverbrechen unterordnet u. weil sie die gerechte S.zumessung einschränkt: Es müßte nicht nach Tatschwere, sondern nach Erziehungsbedürftigkeit des Täters gestraft werden, so daß etwa der Konflikttäter, der aus einer spezifischen, sich kaum wiederholenden →Situation heraus handelt, gegenüber dem Hangtäter bevorzugt würde. Zudem kann die innere Anerkennung der Rechtsordnung nicht erzwungen werden. Sinnvoll dagegen ist die Resozialisierung als ein Kriterium des S.vollzugs, was tiefgreifende Veränderungen der überkommenen Praxis notwendig macht, aber auch (als S.aussetzung zur Bewährung, als bedingte Entlassung, Urlaub, offener oder halboffener Vollzug) gelegentlich in →Konflikt mit dem Ziel der öffentlichen Sicherheit geraten kann.

Die *Todesstrafe,* die man früher zur Abschreckung besonders schlimmer Gewaltverbrechen als notwendig erachtete, ist in den meisten modernen Rechtssystemen abgeschafft worden: teils weil eine wirksame Abschreckung von ihr gar nicht ausgeht, teils weil sie eine totale Verfügung über menschliches Leben beinhaltet,

was dem Staat nicht mehr zugebilligt wird. Unter dem Gesichtspunkt einer →Humanisierung des S.vollzugs wird neuerdings auch die lebenslange FreiheitsS. verworfen, da der Gefangene nach einer bestimmten Zeit seelisch so weit abstumpft, daß er die Fähigkeit verliert, für seine →Schuld einzustehen u. für sie zu sühnen.

Eine ideologiekritische Betrachtung der S. behauptet, sie gründe in einem primär triebhaften S.verlangen der Gesellschaft, das individual- u. massenpsychologische Wurzeln habe (*P. Reiwald, K. Ostermeyer* u. a.): Die Institution der S. diene der moralischen Selbstbestätigung, der Projektion eigener Schuldgefühle auf den Verbrecher, der Abfuhr individueller u. kollektiver Aggressionen, der Verfestigung von →Herrschaft usw. Diese Kritik trifft aber, soweit überhaupt, nur die FreiheitsS., nicht das ganze S.system, zudem übersieht sie über mancher Irrationalität gegebener S.systeme das legitime Interesse von →Staat u. →Gesellschaft am Schutz von Rechtsgütern.

Lit.: Th. Hobbes, Leviathan, Kap. 28; C. B. Beccaria, Über Verbrechen u. S.n (1794), Leipzig 1905; I. Kant, Die Metaphysik der Sitten, Akad. Ausg. VI 331–337; J. Bentham, An Introduction to the Principles of Morals and Legislation, §§ 12–17; G. W. F. Hegel, Grundlinien der Philosophie des Rechts, §§ 90–103, 220–229; P. Reiwald, Die Gesellschaft u. ihre Verbrecher, Frankfurt ^{2}1974; J. Rawls, Zwei Regelbegriffe, Abschn. I, in: O. Höffe, Einführung in die util. E, München 1975; H. L. A. Hart, Recht u. Moral, Göttingen 1971, S. 58 ff.; P. Noll, Die e Begründung der S., Tübingen 1962; J. Baumann (Hrsg.), Programm für ein neues S.recht, Frankfurt

1958; E. Schmidhäuser, Vom Sinn der S., Göttingen ²1971; H. Holzhauser, Willensfreiheit u. S., Berlin 1970; N. Hoerster, S.würdigkeit u. Moral ..., Zschr. f. d. gesamte Strafrechtswiss. Bd. 82, 1970; B. Gareis, E. Wiesnet (Hrsg.), Hat S. Sinn?, Freiburg 1974; A. Ross, On Guilt, Responsibility and Punishment, London 1975; H. Ostermeyer, Die bestrafte Gesellschaft, München 1975; M. Foucault, Überwachen u. S.n, Frankfurt 1977; J. Rohrbach, Schuld u. S., Kastellaun 1978; Amnesty International, Die Todesstrafe, Reinbek 1979.   *O. H.*

Straftheorien. →Strafe.

Streben bedeutet, mit eigenen Kräften u. nicht aus äußerem Zwang, sondern aus eigenem Antrieb auf ein →Ziel zugehen. S. heißt jede spontane u. finale Aktivität. Das setzt nicht bloß – was man schon bei Organismen findet – ein ziel- oder zweck*gemäßes* Verhalten voraus, sondern auch, daß man sich das Ziel vorstellt, es bejaht u. mit den entsprechenden Mitteln zu verfolgen sucht. S. ist keine rein naturhafte, sondern eine reflektierte, eine bewußte und freiwillige Tätigkeit, die deshalb dem Subjekt zugerechnet werden kann; es trägt dafür →Verantwortung. Insofern ist S. keine naturphilosophische, sondern eine e Kategorie. Es bezeichnet eine für den Menschen spezifische Bewegungsform („die Sonderstellung des Menschen im Kosmos": *M. Scheler*) u. zugleich den Zusammenhang des Menschen mit der Natur, die Teilhabe am Grundphänomen der Bewegung.

In einer E, die vom S. als der Grundstruktur menschlichen →Handelns ausgeht, in einer *S. E* (etwa bei *Aristoteles*) gilt ein Handeln als sittl.

gut, wenn es sich seine Ziele nicht durch die Affekte u. →Leidenschaften u. die Mittel nicht durch momentane Einfälle vorgeben läßt (unsittl. S.), sondern wenn es aufgrund eines gelungenen →Erziehungsprozesses spontan jene Ziele verfolgt, die der →Tugend entsprechen, u. Mittel u. Wege wählt, die aus reiflicher Überlegung stammen (sittl. S.). – Neben dieser Unterscheidung von sittl. u. unsittl. S. läßt sich beim S. die Unterscheidung zwischen Poiesis u. Praxis treffen. Sie geht auf *Aristoteles* zurück u. ist für die Theorie menschlichen Handelns fundamental geworden. Poiesis (Herstellen, Machen) bezeichnet ein S., sofern es auf etwas (ein Werk, Resultat oder einen Zustand) zugeht, das für etwas anderes als die S.bewegung selbst gut ist, die es hervorgebracht hat. Das Resultat ist etwa gut, um es zu verkaufen, zu gebrauchen oder um es auszustellen u. Anerkennung zu finden. Praxis (Handeln) dagegen bezeichnet ein S., sofern es seinen Sinn in sich selbst hat, etwa ein Umgang mit Besitz u. Macht, der nicht Reichtum u. Einfluß vermehren, sondern →gerecht sein will.

Wenn man zu den Zielen, die jedes S. als S. verfolgt, den Begriff eines schlechthin höchsten Zieles bildet, gewinnt man das Prinzip des S.: den Begriff eines Zieles, über das hinaus kein Ziel mehr gedacht werden kann, den Begriff des →Glücks (im Sinne von Autarkie). Da jedes Herstellen nicht um seiner selbst, sondern um eines anderen willen geschieht, läßt sich das menschliche Leben trotz aller Notwendigkeit politischer Tätigkeiten letztlich nur auf der Grundlage sittl. Praxis als sinnvoll, als glücklichgelungen denken. – Das neuzeitliche Denken hat den S.begriff als Grundbegriff humaner Praxis in Frage gestellt, einerseits in Richtung auf eine Radikalisierung menschlicher Verantwortlichkeit durch die Begründung von Zielen aus der autonomen praktischen Vernunft (→Freiheit: *Kant*), andererseits in Richtung auf eine Einschränkung menschlicher Verantwortlichkeit durch Aufweis vor- u. unterbewußter →Determination menschlichen S. (Triebkräfte: *S. Freud*).

Lit.: Aristoteles, Über die Seele, Kap. III 9–11; ders., Nikomach. E., bes. Kap. I 1 u. 5, III 1–7, VI 2, 4–5, 8–10; B.de Spinoza, Ethik, 3. Teil; J. G. Fichte, Grundlage der gesamten Wissenschaftslehre, §§ 5–7; J. Malik, Der Begriff des S. bei Thomas v. A., Philosoph. Jahrb. Bd. 70, 1962/63; M. de Biran, L'effort, Paris 1966; O. Höffe, E u. Politik, Frankfurt 1979, Kap. 11.   *O. H.*

StrebensE →Streben.

Strukturalismus. Der S. ist eine wissenschaftliche Methode im Bereich der Humanwissenschaften (Ethnologie, Psychoanalyse, Geschichts-, Literatur- u. Sprachwissenschaft), die menschliche Äußerungen u. Verhaltensweisen nicht als isolierte Erscheinungen, sondern als Teile eines systematischen Zusammenhangs erklärt. Die Modelle der Struktur sind das sprachliche Laut- und Zeichensystem. Die Laute oder Zeichen werden entsprechend ihrer Funktion, Austauschbarkeit, Kombinierbarkeit u. Ersetzbarkeit innerhalb der Sprache (langue u. langage) u. des Sprechens (parole) nicht nach ihrer zeitlichen Abfolge (Diachronie), sondern zu einem bestimmten Zeitpunkt bestimmt (Synchronie). Da die Sprache als soziales Phänomen verstanden wird, sollen deren Gesetze für die Gesamtheit aller menschlichen Verhältnisse als Grundform von →Gesellschaft gültig sein. Die Struktur ist demgemäß ein Regelsystem, das soziales Verhalten ebenso wie Erkenntnisprozesse unabhängig vom Bewußtsein des denkenden u. handelnden Subjekts steuert *(C. Lévi-Strauss)* u. mit ihrer fortschreitenden Aufklärung als politisches u. soziales Steuerungsinstrument dienen soll. Der S. betrachtet den →Menschen als Produkt der anonymen Regeln der „Ordnung der Dinge" *(M. Foucault)* u. spricht sozialen u. sittl. →Normen jeglichen Wert ab. Umstritten ist der S. nicht nur hinsichtlich seiner anti-humanistischen Ideologie u. der mechanistischen Übertragung sprachlicher Strukturen auf die soziale Wirklichkeit, sondern auch als wissenschaftliche Methode.

Lit.: C. Lévi-Strauss, Das wilde Denken, Frankfurt 1968, Abschn. III, V, IX; G. Schiwy, Der französische S., Reinbek 1969, Abschn. I–III; ders., S. u. Zeichensysteme, München 1973, Abschn. 10 (S. u. Moral); M. Foucault, Archäologie des Wissens, Frankfurt 1973, Abschn. I u. II; ders., Von der Subversion des Wissens, München 1974; P. Pettit, The Concept of Structuralism, Dublin 1975, Abschn. I. u. IV.   *W. V*

Subsidiaritätsprinzip →Christliche E.

Sucht heißt ein →krankhaftes Verhalten vor allem im Bereich der Nahrungs- u. Genußmittelaufnahme (insbesondere bei rauscherzeugenden

Mitteln), bei denen der regelmäßige Mißbrauch Abhängigkeit (physischer u. psychischer Art) erzeugt u. fortschreitend die Identität der →Person auflöst. Zahlreiche S.Phänomene (Freß- u. MagerS., Alkoholismus, Nikotin- u. Drogenmißbrauch) kreisen um den Bereich der Oralität im weitesten Sinn. Das durch den Mißbrauch vorübergehend gesteigerte Wohlbefinden wird dabei jeweils von einer Phase der Depression u. Niedergeschlagenheit abgelöst, die nach einer Wiederholung des Befriedigungserlebnisses verlangt. Daraus ergibt sich der nahezu ausweglose Zirkel der S., der den Kranken immer tiefer in die Abhängigkeit u. körperliche Erkrankung treibt. Untersuchungen über den Verlauf der S.Erkrankungen von der Einstiegs- über die Gewöhnungs-, die Verzweiflungsphase bis zur Selbstzerstörung der Person zeigen, daß stets frühkindliche Schädigungen für die Entstehung mitverantwortlich sind, daß eine zerrüttete →Ehe u. →Familie, verfehlter →Beruf oder Vereinsamung als auslösende Faktoren dazu kommen u. eine ausgeprägte Selbstmordneigung (→Leib) die S.erkrankungen begleitet. Psychoanalytische Deutungen sehen die S.erkrankung im Zusammenhang des Mißglückens der Objektbeziehungen (in der Partnerschaft oder im Berufsleben) u. der darauffolgenden regressiven Abwendung in die Welt frühkindlicher Erlebnisweisen. Die primärnarzißtische Gefühlswelt soll die fehlende →personale Identität ersetzen; stattdessen spaltet sie die Persönlichkeit fortschreitend auf. Im Extremfall endet die S. in der Selbstzerstörung, in asozialen Handlungen (insbes. im Bereich der Kriminalität), im körperlichen Verfall, in der Psychose oder im Selbstmord. Die dem Auftreten der S.erkrankung vorgelagerte frühkindliche Schädigung lähmt bereits in der Anfangsphase die persönlichkeitseigenen Kräfte. Wichtigste vorbeugende Maßnahme ist eine →Erziehungspraxis, die durch realitätsgerechte Aufklärung die Neugierde des Jugendlichen befriedigt u. durch schrittweise Gewöhnung an den notwendigen →Verzicht (optimale Frustration) den Wirklichkeitsbezug fördert. In der fortgeschrittenen Phase der S.gewöhnung u. Selbstzerstörung müssen wir mit einem weitgehenden Verlust der Freiwilligkeit (→Handlung) u. Selbststeuerung der Person (→Abulie) rechnen. Die →sittl. Aufgabe der Mitmenschen kann daher nur darin bestehen, durch teilnehmendes →Verstehen die noch vorhandene Bereitschaft zur Selbsthilfe oder →Psychotherapie u. medizinischen Therapie zu unterstützen.

Lit.: A. Mitscherlich, Vom Ursprung der S., Stuttgart 1963; J. v. Scheidt, Der falsche Weg zum Selbst. Studien zur Drogenkarriere, München 1976. *A. S.*

Sühne →Schuld.

Sünde →Böse, das.

Sympathie →Wohlwollen.

Systemtheorie. Die S., die vor allem von *T. Parsons* begründet wurde u. hierzulande u. a. von *N. Luhmann* vertreten wird, untersucht die relativ unveränderlichen gesellschaftlichen Bedingungen, die sowohl das menschliche Handeln wie dessen soziale Zusammenhänge stabilisieren bzw. verändern. Als Systeme des Handelns gelten alle realen Ganzheiten wie Gesellschaften u. soziale Gruppen, aber auch kulturelle Normen, Wertsysteme u. Gegenstände der äußeren →Natur, die sich in der unübersichtlichen Vielfalt der veränderlichen Umwelt erhalten. Die Systeme haben die Funktion, die komplexe Umwelt durch bestimmte Formen der Erlebnisverarbeitung (Wahrnehmungsgewohnheiten, Wirklichkeitsdeutungen, Werte), die sich institutionell verfestigt haben (→Institution), zu vereinfachen u. dadurch konkretes Verhalten zu erleichtern. Die S. vertritt die These, daß eine feste Rangordnung von →Werten, gemessen an der komplexen Situation jeder Handlung, zu starr sei u. den →Menschen lebensunfähig mache. Im konkreten Handeln müßten jeweils bestimmte Werte zugunsten derer aufgegeben werden, die bestimmte Wirkungen zur Erhaltung des Bestands von sozialen Systemen erwartbar machen. Demgemäß versteht die S. sittl. →Ziele nicht als allgemeine Handlungsziele, sondern als Funktionen zur Verminderung (Reduktion) von Komplexität, relativ zu bestimmten Wirkungen (Funktionalismus). Sittl. Normen gelten dann als unzureichend, da sie abweichendes Verhalten ohne Rücksicht darauf, daß es erst aufgrund zunehmender Komplexität der Gesellschaft möglich ist, als unsittl. beurteilen. Sollensansprüche erfüllen lediglich die Funktion, faktische Erwartungen auf Dauer vor Enttäuschung zu sichern u. Enttäuschungen, die notwendig auftreten, da jedes System für seine Wirklichkeit zu einfach u. zu unzureichend ist, abzuwickeln. – Die S. versteht sittl. Normen einseitig als Anpassungsfunktionen der sozialen Interaktion. Sie berücksichtigt nicht ausreichend, daß sittl. Prinzipien nicht unmittelbare, sondern indirekte Zwecke des Handelns sind u. diesem weder als fixe Werthierarchie gegenüberstehen noch an konkrete Handlungsziele gebunden sind. So lassen sich z. B. indirekt vom Prinzip der →Humanität für die Bereiche komplexer sozialer Systeme im Hinblick auf die tatsächlichen sozialen Erwartungen unterschiedliche, konsensfähige Kriterien humanen →Lebens ableiten.

Lit.: T. Parsons, The Structure of Social Action, Glencoe ²1949, S. 739ff.; ders., Das System moderner Gesellschaften, München 1972, Kap. 2; J. B. Bergmann, Die Theorie des sozialen Systems von T. Parsons, Frankfurt 1967, Abschn. II, VIII; N. Luhmann, Rechtssoziologie, Bd. 1, Reinbek 1972, Abschn. II, 2, II, 8 u. III, 3; ders., Zweckbegriff u. Systemrationalität, Frankfurt 1973, Kap. I, III, 3 u. IV, 2.; R. Prewo u. a., Systemtheoretische Ansätze in der Soziologie, Reinbek 1973, Abschn. III; O. Höffe, Strategien der Humanität, Freiburg/München 1975, Kap. 10 u. 11; H. J. Giegel (Hrsg.), System u. Krise, Kritik der Luhmannschen Gesellschaftstheorie, Frankfurt 1975. *W. V.*

T

Tabu. Mit T. bezeichnen wir Gegenstände, Bereiche u. Vorstellungen, die als unberührbar u. verboten gelten u. daher zu vermeiden sind. T.s entstanden ursprünglich meist im Zusammenhang der →Religion u. der Erfahrung des Numinosen. Sie qualifizierten bestimmte Bereiche als unberührbar, weil sie als heilig u. übermächtig oder auch als →böse u. gefährlich galten. Die Skala der religiösen T.s reicht von primitiven →Naturphänomenen bis zum monotheistischen Verbot der Benennung →Gottes. T.s haben ebenso soziale, wirtschaftliche u. politische Bedeutung. In ihnen drückt sich aus, was eine Gruppe oder →Gesellschaft für ihren Bestand als besonders gefährlich erachtet u. durch Vermeidungen zu bannen sucht. Dies beginnt bei hygienischen Vorschriften, der Reglementierung der →Sexualität u. Aggression (Sicherung der →Herrschaft). Im persönlichen Bereich macht sich die Tabuierung häufig an den eindrucksvollsten Erfahrungen des menschlichen →Lebens, an den Bereichen der Geburt, der Sexualität u. des Todes fest. Aufklärungsbewegungen haben besonders dann die menschliche →Vernunft gegen den T.Glauben mobilisiert, wenn er im Dienst der Unterdrückung stand. – Ein Bereich, der bei den primitiven Völkern tabuisiert wird, ist das *Totem*. Mit *Totemismus* bezeichnen wir die animistische Vorstellung, daß ein einzelner oder eine Gruppe (Sippe, Stamm) in einer magischen Beziehung des Lebensaustausches zu einer Pflanze oder einem Tier (Totemtier) steht. *Freud* hat dieses Phänomen unter gewaltsamer Übertragung der psychoanalytischen (→Psychotherapie) Einsicht des Ödipuskomplexes auf die Kulturanthropologie als symbolische Präsenz des ermordeten Stammesvaters zu deuten versucht. Neuere ethnologische Untersuchungen konnten diese Ansicht nicht bestätigen.

Lit.: S. Freud, Totem u. T., Werke Bd. IX; B. Malinowski, Magie, Wissenschaft u. Religion, Frankfurt a. M. 1973; J. Haeckel, Der heutige Stand des Totemproblems, in: Mitteilungen der Anthropologischen Gesellschaft 82, Wien 1953; Th. W. Adorno, SexualT. u. Recht heute, in: Eingriffe, Frankfurt a. M. 1963.   *A. S.*

Tadel →Belohnen u. Bestrafen.

Tao →chinesische u. japanische E.

Tapferkeit (gr. andreia, lat. fortitudo, frz. courage) gilt seit der antiken E als eine der vier Kardinaltugenden (neben →Klugheit, →Besonnenheit, →Gerechtigkeit), die zusammen die Grundbedingungen sittl. vollkommenen Handelns darstellen. Übernimmt man die durch die *aristotelische* E erarbeitete Bestimmung sittl. →Tugend als einer durch Naturanlage, einsichtige Entscheidung u. Gewöhnung vermittelten Haltung sittl. Wollens u. Handelns, so läßt sich T. definieren als jener Habitus, der einen Menschen die als richtig erkannten Ziele u. Mittel auch dann verfolgen läßt, wenn dieses Verfolgen mit wirklichen oder möglichen Gefahren u. Beeinträchtigungen für seine ‚äußeren' Glücksgüter (soziale Anerkennung u. Macht, Besitz, ja Leib u. Leben) verbunden ist. T. ist die Tugend des *Mutes,* der um sittl. Ziele willen die Empfindungen der Angst, der Furcht u. des Schmerzes zu überwinden vermag, u. insofern der *Feigheit* entgegengesetzt; sie ist als Tugend an vernünftige Überlegung u. sittl. Einsicht gebunden u. insofern von unbedachter Kühnheit unterschieden. Tapfer kann nur sein, wer →Sittlichkeit als Endziel anerkennt u.

wer verwundbar ist. Da der Tod die größte Verwundung menschlichen Lebens darstellt, bewährt sich T. paradigmatisch im Angesicht des Todes. So gesehen wird es verständlich, wenn T. im eigentlichen Sinn als Bereitschaft, im Kampf (für die Polis, den Staat, das Reich Gottes) zu fallen *(Aristoteles, Augustinus, Thomas v. Aquin)* bestimmt u. in der Geschichte zumeist als militärische Tugend ausgezeichnet wurde. Gleichwohl ist diese Beschränkung weder rational →begründbar noch durch den heutigen Sprachgebrauch abgedeckt. T. bewährt sich sowohl in geduldiger Hinnahme von Unveränderlichem wie im aktiven Einsatz für sittl. Ziele jeglicher Art. Ihre von heroischem Todesmut entfernte u. für die gesellschaftliche Alltagspraxis relevantere Bedeutung zeigt sie als *Zivilcourage,* die im aktiven Vertreten des rechtlich u. moralisch als richtig Erkannten eigene wirtschaftliche u. soziale Nachteile riskiert. Die Rechtfertigung der T. indessen als einer Tugend, die im Konfliktfall um sittl. Ziele willen auch die Furcht vor dem Tod zu überwinden vermag, hängt entscheidend von einer den Aufbau der E bestimmenden Theorie der Güter u. Zwecke ab. Wo (wie etwa bei *Hobbes*) das Leben als größtes Gut, →Sittlichkeit als Inbegriff der ein friedliches Leben sichernden Verhaltensweisen sowie die Furcht vor gewaltsamem Tod als vernünftigmachender Affekt begriffen wird, ist diesem Begriff von T. die letzte Begründungsbasis entzogen.

Lit.: Platon, Laches; Aristoteles, Nikomach. E, Buch III; Cicero, De officiis; Thomas v. Aquin, Summa theol. II, II q. 123–128; Quaest. disp. de virtutibus cardinalibus; H. Cohen, E des reinen Willens, Kap. 13; O. F. Bollnow, Wesen u. Wandel der Tugenden, Frankfurt/M., 1958, Kap. V.; J. Pieper, Vom Sinn der T., München ⁸1963; L. Strauss, Hobbes' politische Wissenschaft, Neuwied/Berlin 1965, Kap. IV: Adelstugend. *M.F.*

Technik. Das griechische Wort Techne wird von den Anfängen philosophischer Reflexion bis *Platon* meist synonym mit Wissen (Episteme) verwendet u. meint: sich auf etwas verstehen, mit einer Sache vertraut sein u. umgehen können. *Aristoteles* verändert u. präzisiert den Begriff durch die Unterscheidung von Techne u. Phronesis (→Klugheit), zweier Wissensformen, die es im Gegensatz zu Episteme mit Veränderbarem zu tun haben (Nikomach. E Buch VI, 4 u. 5). So in den Zusammenhang einer neu konstituierten →praktischen Philosophie gestellt, bedeutet T. ein auf generalisierter Erfahrung beruhendes u. nach lehrbaren Regeln vorgehendes Können im Herstellen von Gegenständen dinglicher (Werkzeuge, Gebrauchsgüter, Kunstwerke) oder geistiger Art (etwa sprachliche Gebilde), im Hervorbringen von Zuständen (der Gesundheit durch den Arzt: →medizinische E) oder im Betreiben von Geschäften (die Techne des Händlers). T. ist die Fähigkeit, Vorgegebenes mit natürlichen oder selbstverfertigten Mitteln nach bestimmten Regeln auf einen gegebenen →Zweck hin umzugestalten. Dieser antike u. auch mittelalterliche Begriff von T. als menschlicher Kunstfertigkeit im weitesten Sinn gewinnt eine neue, primär vom Resultat bestimmte Bedeutung durch die in der Renaissance beginnende Verschmelzung von T. u. Naturwissenschaft: Die praktische Naturbewältigung wird theoretisch durchdrungen, rekonstruiert u. vorbereitet, die Naturwissenschaft selbst, aufs engste mit künstlichem Gerät verbunden, definiert ihre Begriffe zunehmend ,operational' durch Schemata instrumentellen Handelns. Die Verfeinerung überkommener u. Entwicklung neuer Geräte bis hin zu Maschinen u. Systemen sich selbst regulierender Automation verlagern der Schwerpunkt der Tätigkeit vom Subjekt in eine objektivierte Welt der Mittel u. ersetzen immer mehr Funktionen des Menschen im Umgang mit der Natur u. mit seinesgleichen. Durch die dem neuzeitlichen naturwissenschaftlich-technischen Denken immanente Tendenz, das Feld möglicher Machbarkeit bis ins letzte auszuschöpfen (T. als Resultat eines tendenziell universalen Herrschaftswillens *Heidegger*), werden Potentiale der Natur freigesetzt u. Mittel der Produktion (u. Destruktion), des Verkehrs, der Information, der Organisation etc. geschaffen, die ihrerseits menschliches Leben u. Zusammenleben nunmehr unhintergehbar bestimmen. Die Problematik der T. besteht darin, daß sie Natur wie gesellschaftliches Leben mehr u. mehr in den Prozeß technischer Funktionalität hineinzieht u. zu Momenten ihrer →Rationalität macht, ohne die überkommenen wie neu entstehenden Fragen handlungsorientierender Zwecksetzung u. Sinninterpretation beantworten zu können. Der immer stärkeren Rückwirkung des wissenschaftlich-technischen →Fortschritts auf den institutionellen Rahmen von Gesellschaften wie auf das Leben des

Einzelnen korrespondiert keineswegs von selbst eine Zunahme praktischer →Vernunft.

Lit.: O. Spengler, Der Mensch u. die T., München 1931; F. Dessauer, Streit um die T., Frankfurt 1956; A. Gehlen, Die Seele im technischen Zeitalter, Hamburg 1957; M. Heidegger, Die Frage nach der T., in: Vorträge u. Aufsätze, Pfullingen [2]1959; J. Habermas, T. u. Wissenschaft als ,Ideologie', Frankfurt [2]1969; H. Lenk, Philosophie im technologischen Zeitalter, Stuttgart 1971; S. Müller, Vernunft u. T., Freiburg / München 1976; W. C. Zimmerli, T. oder: Wissen wir, was wir tun?, Basel/Stuttgart 1976.
M. F.

Technokratie →Herrschaft.

Teleologische E →Normative E, Ziel.

Temperament →Leidenschaft.

Terror →Gewalt.

Theodizee →Böse, das.

Theologische Ethik. Unter t. E. sind all jene Theorien einer →normativen E subsumierbar, die die moralische Qualität menschlichen Handelns auf ihre Entsprechung bzw. Nichtentsprechung dem Willen →Gottes gegenüber gründen. Die t. E. beantwortet die Frage nach dem →Moralprinzip u. dessen Rechtfertigungsmöglichkeit durch den Rekurs auf die gesetzgebende →Autorität des göttlichen Willens, dem alle endlichen, geschaffenen Wesen zu absolutem Gehorsam verpflichtet sind. Die Frage nach der Erkennbarkeit dieses Willens wird im allgemeinen schöpfungs-t. durch den Verweis auf normativ ausgezeichnete Ordnungen, die in der Welt ersichtlich u. als Ausdruck des

Schöpferwillens interpretierbar sind, und/oder durch den Glauben an direkte Offenbarung Gottes (→Religion) in bestimmten Personen oder Institutionen beantwortet. Die t. E. ist streng genommen nur dann konsequent, wenn sie allein den souveränen Willen Gottes zum Grund moralischer Verpflichtung macht, nicht aber gewisse moralische Eigenschaften dieses Willens (wie seine absolute Güte u. Vollkommenheit), da dann ein vom Willen Gottes unabhängiges Kriterium des moralisch Richtigen in Anspruch genommen würde; vgl. dazu etwa die Frage *Platons* (Euthyphron): Ist etwas gut, weil die Götter es geboten haben, oder haben die Götter es geboten, weil es gut ist? Eine konsequente t. E. vertreten so gesehen nur alttestamentliche (vgl. das klassische Beispiel des von Abraham geforderten Sohnesopfers) u. z. T. auch neutestamentliche Autoren, der Nominalismus des Spätmittelalters *(Duns Scotus, Wilhelm v. Ockham, Luther)* u. pietistische Richtungen der Schulphilosophie *(Crusius)*. Die meisten religiösen Moralsysteme hingegen folgen in der Rechtfertigung ihres Verweises auf den Willen Gottes als letzten Kanon menschlicher Verpflichtung verschiedenen, nicht t. Gründen (wohl in Anbetracht der Tatsache, daß ein souveräner göttlicher Wille allein ein wenig plausibles Moralprinzip abgibt): der Begriff Gottes als Personifizierung des an sich →Guten, als Inbegriff der →Werte, als Verteiler ewigen →Glücks oder ewiger Verdammnis, als Ideal absoluter Vernunft (intellectus archetypus) liefert jenen Grund, auf dem für das Moralprinzip der t. E. argumentiert

wird. Insofern die Existenz des göttlichen Willens nicht als rechtfertigender Grund moralischer Verbindlichkeit, sondern als theoretisches Postulat einer endlichen Vernunft in praktischer Absicht fungiert, ein Postulat, das die Bedingung einer Synthese von →Natur u. →Freiheit, von →Glück u. Moralität enthält, ist die religiöse Interpretation des Sittengesetzes als eines göttlichen Gebots mit einer autonomen Moralbegründung vereinbar *(Kant)*.

Lit.: Platon, Euthyphron; Chr. A. Crusius, Entwurf der notwendigen Vernunft-Wahrheiten, wiefern sie den zufälligen entgegengesetzt werden; ders., Anweisung vernünftig zu leben; I. Kant, Kritik der praktischen Vernunft I. Teil, II. Buch, 2. Hauptstück; E. Brunner, Das Grundproblem der E. Zürich 1931; ders., Das Gebot u. die Ordnungen, Zürich [4]1939; F. Böckle, Gesetz u. Gewissen, Grundfragen t. E. in ökumenischer Sicht, Luzern/Stuttgart 1965; A. Auer, Autonome Moral u. christlicher Glaube, Düsseldorf 1971. *M. F.*

Theologische Tugenden
→Tugend.

Theorie-Praxis-Verhältnis. Das T. P. V. bezeichnet in der E die Beziehung, die zwischen der unmittelbaren Verwirklichung der →Sittlichkeit im →Handeln (dem Ethos des Handelnden) u. dem wissenschaftlichen Begreifen dieses Handelns (der →E) besteht. Wenn diese Beziehung nicht äußerlich u. zufällig sein soll, muß es im sittl. Handeln Gründe geben, die seine Analyse durch T. sinnvoll machen, bzw. die T. muß eine Rückwirkung auf die sittl. P. haben. Die sittl. P. im alltäglichen Lebenskontext beruft sich auf die unmittelbare Erfahrung, daß das →Böse u. das →Leid nicht, das →Gute u. die →Freude jedoch sein sollen. Erleben (→Verstehen) u. praktische Stellungnahme im Handeln sind wechselseitig aufeinander bezogen. Selbsterfahrung, soziale Erfahrung u. die Erfahrung der natürlichen Umwelt bilden den Zusammenhang einer Lebenswelt (*Husserl*), in der das Handeln immer schon durch Lebensgewohnheit u. →Sitte geregelt ist. Doch bereits im Alltag brechen die Divergenzen auf. Zugeständnisse an die eigene Person differieren oft mit Forderungen der Allgemeinheit gegenüber, selbst in ein u. derselben Person treten Erkennen u. Handeln, *innere Überzeugung u. tatsächliches Verhalten* auseinander (→doppelte Moral). Sittl. Probleme sind jedoch dadurch von echten (persönlichen oder sozialen) Orientierungskrisen zu unterscheiden, daß jene eine Lösung innerhalb der unmittelbar anerkannten Grundsätze der Sitte erlauben, dagegen in diesen die Prinzipien des sittl. Handelns selbst u. ihre Begründung in Frage stehen, so etwa wenn die eigene →Gewissensentscheidung gegen die →Normen der →Gesellschaft steht. Die Frage der Legitimität sittl. Prinzipien erfordert T., die durch methodische Distanzierung u. reflexive →Begründung die Wiederherstellung der Einheit der sittl. P. einleiten soll.

a) Die E als T. ist seit *Aristoteles* vor allem dadurch gekennzeichnet, daß im Unterschied zur Naturerkenntnis, bei der die Erfahrung stets nachträglich zur Überprüfung der T. im Experiment befragt werden kann, eine philosophische Beschäftigung mit dem Gegenstand der sittl. P. stets eigene

sittl. Erfahrung voraussetzt (→praktische Philosophie). Damit scheidet ein T.typus im Sinne der empirischen Wissenschaften aus, der begründet erklären kann, warum dies u. nur dies unter den gegebenen Umständen sittl. richtig ist (*Hempel-Oppenheim-Modell* wissenschaftlichen Erklärens). b) Das andere Verfahren, unter Verzicht auf empirisches Wissen die transzendentale Frage nach der Wissensform zu stellen, die apriorisch notwendig allen sittl. Aussagen zukommen muß (*Kant*), ergibt zwar ein Kriterium für sittl. Urteile, nämlich daß sie der Form der Allgemeinverbindlichkeit u. Gesetzmäßigkeit genügen müssen (→kategorischer Imperativ). Aber dieses ist lediglich negativ (d. h. nicht verallgemeinerbare Grundsätze eliminierend) u. kann daher der sittl. P. keinen positiven Inhalt geben. c) Der T.typus der Analyse wiederum kann entweder rein begriffs- u. sprachanalytisch verstanden werden. Dann verzichtet er auf einen inhaltlichen Bezug zur eigenen Lebenspraxis, sichtet wertfrei die verschiedenen sittl. Aussagen u. untersucht nur ihre logische Form (→deontische Logik, →MetaE, →Methoden der E). Abgesehen davon, daß solche normative Neutralität schwerlich erreichbar ist, beraubt sich diese T. der inhaltlichen Rückwirkung auf P. d) Dagegen bedeutet ein inhaltliches Verständnis als hermeneutische Analyse, daß sich die T. an die unmittelbare Geltung sittl. Maßstäbe (der Tradition bei *Gadamer* u. J. *Ritter*) bindet u. nur deren Auslegung dient. e) Der kritisch-dialektische T.typus wiederum unterscheidet sich davon, daß er in der Unmittelbarkeit von

→Sitte u. Gewohnheit wesentlich die negative Erfahrung der →Entfremdung sieht, die durch gesellschaftliche Analyse der in →Leid, Sinnlosigkeit u. Bosheit enthaltenen Widersprüche ihrerseits negiert u. dadurch überwunden werden soll. – T.typen mit größtmöglichem Objektivitätsanspruch u. methodischer Strenge (sprachanalytische, transzendentale E) handeln diesen Vorzug durch P.ferne u. fehlende Motivationskraft ein. Hingegen fehlt der p.nahen Theorie (hermeneutische E) die kritische Distanz zur Erfahrung. Die Lösung des Problems der P.relevanz kann nur in einem mittleren T.typus gelingen, der aus der kritischen Analyse konkreter Erfahrung Modelle sittl. Handelns entwickelt, die den Spielraum für die sittl. Wahl offen halten. In ihm könnte sich die methodische Strenge, die der Gegenstand erlaubt, mit der Motivationskraft für die praktische Verwirklichung verbinden.

Lit.: Aristoteles, Nikomach. E, Buch I; I. Kant, Kritik der praktischen Vernunft, I. Teil, 1. u. 3. Buch; E. Husserl, Die Krisis der europäischen Wissenschaften, Husserliana Bd. VI, Den Haag 1954 III. Teil A; G. E. Moore, Grundprobleme der E., München 1975; N. Lobkowicz, Theory and Practice, London 1969; W. Stegmüller, Probleme u. Resultate der Wissenschaftst., Bd. I, Berlin, Heidelberg, New York 1969; H. G. Gadamer Hermeneutik als praktische Philosophie, in: M. Riedel (Hrsg.), Rehabilitierung der prakt. Philos. Bd. I.; W. Wieland, Prakt. Philos. u. Wissenschaftst., ebd.; O. Höffe, Praktische Philosophie. Das Modell des Aristoteles, Kap. I, 3–5 u. II, 5, München-Salzburg 1971; J. Habermas, WahrheitsT.en, in: Festschrift für W. Schulz, Pfullingen 1973; A. Schöpf, Die Motivation zu sittl. Handeln, in: Zeitschr. f. philos. Forschung Bd. 32, 1978.   *A. S.*

Therapie →Psychotherapie.

Tod →Leben, Leid.

Todesstrafe →Strafe.

Tötung →Leben.

Toleranz (lat. Duldung) meint das Gelten- u. Gewährenlassen, besser noch: die Achtung andersartiger Anschauungen u. Handlungsweisen. Im griechisch-römischen Polytheismus war sie mindestens als religiöse T. weitgehend selbstverständlich (allerdings z. B. Christenverfolgungen). Mit den dem absolute →Wahrheit beanspruchenden monotheistischen Religionen (dem Christentum als Erbe der →jüdischen Religion, dem →Islam) wird sie zum Problem. Während christliche Denker der Frühzeit (*Tertullian*) sie forderten, wird sie – sobald das Christentum zur Staatsreligion avancierte – bis weit über die Reformationszeit hinaus häufig mißachtet. Im Humanismus, der deutschen Mystik, vor allem der Aufklärung (*Spinoza, Locke, Voltaire, Lessing u. a.*) wird sie erneut, zusammen mit der religiösen Neutralität des →Staates, gefordert.

Als persönliche Haltung gegenüber den Mitmenschen ist T. keineswegs an Gleichgültigkeit gegenüber religiösen, weltanschaulichen, sittlich. u. politischen Fragen gebunden (T. als Alibi des →Nihilismus). Vielmehr setzt sie voraus, daß man feste Überzeugungen hat u. trotzdem die anderer respektiert. T. gründet in der Einsicht, daß kein →Mensch schlechthin irrtums- u. vorurteilsfrei ist, besonders aber in der Anerkennung anderer als freier u. ebenbürtiger →Personen, die das →Recht haben, die eigenen Vorstellungen zu äußern u. nach ihnen zu handeln, soweit sie nicht dasselbe Recht anderer beeinträchtigen. T. ermöglicht ein von →Freiheit u. →Humanität bestimmtes Zusammenleben. Sie endet dort, wo es um die Mißachtung der Rechte anderer geht. Deshalb ist sie nicht in dem Sinn repressiv, daß sie auch die Duldung der Unterdrückten gegenüber ihren Unterdrückern *(Marcuse)* fordert. T. ist ein Zeichen von Selbstüberwindung – sie muß aggressiv-destruktiven Triebwünschen abgerungen werden *(Mitscherlich)* – u. von Ichstärke, weil sie die Interessen anderer grundsätzlich anerkennt u. die Auseinandersetzung mit fremden Meinungen nicht scheut. T. vollendet sich im lebendigen Interesse an der Lebens- u. Kulturform anderer u. ist dann eine säkularisierte u. zurückhaltende Weise von →(Nächsten-)Liebe.

Staatliche T. realisiert sich in der rechtlichen Sicherung der →Grundrechte der Religions-, Glaubens-, Gewissens- u. Meinungsfreiheit. Trotz der Bedenken von *Marcuse, Wolff* u. anderen bleibt T. eine Grundtugend der modernen pluralistischen →Demokratie, durch die sie ihre politisch-soziale Ordnung aufrechterhält, indem sie die Vielfalt rivalisierender Bekenntnisse, →Weltanschauungen u. politischer Programme als legitim respektiert. Zugleich schützt die T., sofern sie zur sozialen Wirklichkeit wird, die Minderheiten, Randgruppen, auch Einzelgänger vor Repres-

sionen u. →Diskriminierungen eines unduldsamen *Fanatismus,* der – die eigenen Überzeugungen absolut setzend – sie anderen mit offener oder versteckter →Gewalt aufzwingt. T. schließt nicht die Kritik an, den Protest gegen u. die Auseinandersetzung mit anderen Lebensvorstellungen aus. Im Gegensatz zur blanken Konfrontation eröffnet sie vielmehr einen Freiraum, in dem die →Konflikte sachlich ausgetragen u. entgegengesetzte Meinungen rational diskutiert werden können.

Lit.: B.de Spinoza, Theolog.-polit. Traktat, bes. Kap. 20; J. Locke, Ein Brief über T.; G. E. Lessing, Nathan der Weise; F. M. Voltaire, Traité sur la tolérance; J. S. Mill, Über die Freiheit, bes. Kap. 3 u. 4; J. Maritain, Wahrh. u. T., Heidelberg 1960; H. Marcuse, B. Moore, R. P. Wolff, Kritik der reinen T., Frankfurt 1966; E. Hassinger, Religiöse T. im 16. Jh., Basel-Stuttgart 1966; A. Mitscherlich, T., Überprüfung eines Begriffs, Frankfurt 1974; U. Schultz (Hrsg.), T., Die Krise der demokrat. Tugend …, Reinbek 1974; G. Püttner, T. als Verfassungsprinzip, Berlin 1977; K. Rahner, T. in der Kirche, Freiburg u. a. 1977.   *O. H.*

Totalitarismus →Herrschaft.

Totemismus →Tabu.

Tradition →Moral u. Sitte.

Transzendentale E. →Methoden der E.

Treue →Hoffnung.

Trieb →Bedürfnis.

Tugend (griech. areté, lat. virtus) ist seit *Platon* u. *Aristoteles* ein Grundbegriff der →E, der zwar in der Neuzeit gegenüber dem Begriff der →Pflicht

u. wegen der Hervorhebung e peripherer instrumentaler u. funktionaler „bürgerlicher T.en" (→Ordnungsliebe, Sparsamkeit, Pünktlichkeit, Fleiß: →Arbeit) abgewertet wurde, recht verstanden aber seine zentrale e Bedeutung nicht verloren hat. T. ist das →Ideal der →(Selbst-)Erziehung zu einer menschlich vortrefflichen Persönlichkeit. Sie beinhaltet weder die Unterdrückung aller spontanen Neigungen oder den Rückzug in weltabgewandte Askese (→Verzicht) noch die Konservierung geschichtlich überholter oder die Überbewertung instrumenteller Verhaltensnormen. T. ist eine durch fortgesetzte Übung erworbene Lebenshaltung: die Disposition (*Charakter*) der emotionalen u. kognitiven Fähigkeiten u. Kräfte, das sittl. →Gute zu verfolgen, so daß es weder aus Zufall noch aus Gewohnheit oder sozialem Zwang, sondern aus →Freiheit, gleichwohl mit einer gewissen Notwendigkeit, nämlich aus dem Können u. der (Ich-)Stärke einer sittl. gebildeten Persönlichkeit heraus geschieht. T. haben bedeutet, Spielball weder seiner Triebkräfte: der naturwüchsigen →Bedürfnisse u. →Leidenschaften (*Laster*), noch der sozialen Rollenerwartungen zu sein, sich vielmehr in ein kritisches Verhältnis zu ihnen gestellt u. die natürlichen u. sozialen Antriebskräfte so entfaltet zu haben, daß man jene →Zwecke sich spontan setzt sowie zielstrebig u. überlegt verfolgt, die untereinander u. mit denen der Mitmenschen im Einklang stehen können. T. haben heißt, folgerichtig u. aus →Verantwortung für sich u. seine Mitmenschen ein Leben zu führen, das der Selbstverwirkli-

chung dient u. sich mit einer eigenen, der höchsten Form von →Freude verbindet. T. zeigt sich nicht (bloß) in exzeptionellen heroischen Taten, sondern bringt sich in einem ganzen Leben mit seinen verschiedenen Aspekten u. Bereichen zur Geltung.

Man kann die *eine* Haltung sittl. Lebens, die T., auch unter verschiedenen Aspekten betrachten u. dann von einer Mehrzahl von T.en sprechen. Seit *Platon* ist für das abendländische Ethos die Aufgliederung in vier Grundhaltungen, die *Kardinal T.en*, maßgeblich (*Aristoteles* nennt noch andere, u. die →christliche E erweitert sie um die *theologischen T.en* Glaube, →Liebe u. →Hoffnung):(a) Die →Klugheit, eine Verstandes T. (arté dianoethiké), ist die Fähigkeit u. feste Bereitschaft, die hier u. jetzt richtigen Wege u. Mittel zu erkennen u. – gegenüber ideologischen Täuschungen, auch Selbsttäuschungen usw. – mit Kritik u. Realitätssinn das sittl. Gute situationsgerecht zu bestimmen. Die drei anderen Kardinal-T.en sind sittl. T.en (aretaí ethikaí), die – in notwendiger Ergänzung zur Klugheit – den Menschen fähig u. bereit halten, unbeirrt u. mit aller Kraft sein Wollen u. →Streben auf das sittl. Gute zu richten. Ihre grundlegende Bestimmung geht auf *Aristoteles* zurück. Nach ihm sind sittl. T.en keine starren oder objektiv berechenbaren Verhaltensmuster, sondern die für Unterschiede in bezug auf Temperament, Fähigkeit u. Lage offenen Haltungen, in der jeweiligen soziokulturellen u. persönlichen →Situation neu u. je selbst die Mitte zwischen den beiden Extremen zu finden, dem Übermaß u. dem Mangel, in denen sich der Mensch verfehlen würde. (b) →Gerechtigkeit ist die Haltung der Achtung vor der Würde seiner selbst u. seiner Mitmenschen, die sich gleicherweise gegen Unrechttun u. Unrechtleiden wendet. (c) →Tapferkeit ist die sowohl Tollkühnheit als auch Feigheit abwehrende Bereitschaft, auch gegen physische, soziale oder politische Bedrohung (Zivilcourage) für sein Leben u. seine Überzeugungen einzutreten; dann auch die Bereitschaft, in →Leid, Verfolgung, schwerer Krankheit zu seinem Leben u. dessen Würde zu stehen. (d) Die →Besonnenheit (Maß) lehnt eine Unterdrückung der menschlichen Triebkräfte ebenso ab wie ihre zügellose Befriedigung. Dem Verlangen des Menschen nach Essen, Trinken u. sexueller Freude, nach Reichtum u. sozialer Geltung sowie der Abneigung gegen Schmerz u. Leid entzieht sie ihre naturwüchsige Eigenmacht, ordnet sie in eine harmonische Erfüllung der verschiedenen sinnlichen wie nichtsinnlichen Freuden ein u. ermöglicht →Glück.

Auf der Grundlage seines Begriffs der Freiheit als Autonomie bestimmt *Kant* die T. als die moralische Stärke in der Befolgung seiner Pflicht, die niemals zur Gewohnheit werden, sondern immer ganz neu u. ursprünglich aus der Denkungsart hervorgehen soll. – Zu den gegenwärtig relevanten T.en sind auch Solidarität (→Wohlwollen) als Bereitschaft zur Hilfe für Notleidende u. Unterdrückte, →Toleranz als Achtung andersartiger Anschauungen u. Handlungsweisen sowie →Gelassenheit als die Fähigkeit zu rechnen, die Welt u. die Mitmenschen anzunehmen, den rechten Zeitpunkt des Handelns abzuwarten u. das rechte Maß des Tuns einzuschätzen.

Lit.: Platon, Charmides, Laches, Protagoras; Aristoteles, Nikomach. E, Buch II–VI; Thomas v. A., De virtutibus cardinalibus; A. Geulincx, E oder über die KardinalT.en (Fleiß, Gehorsam, Gerechtigkeit, Demut); A. Smith, Theorie der e Gefühle; I. Kant, Die Metaphysik der Sitten, 2. Teil: T.lehre; F. Nietzsche, Unsere T.en, in: Jenseits von Gut u. Böse; M. Scheler, Zur Rehabilitierung der T.; O. F. Bollnow, Wesen u. Wandel der T.en, Frankfurt u. a. ²1975; J. Pieper, Das Viergespann. Klugheit, Gerechtigkeit, Tapferkeit, Maß, München 1977; W. Jankelevitch, Traité des vertus, 3 Bde., Paris 1968; O. Höffe, Praktische Philosophie – Das Modell des Aristoteles, München/Salzburg 1971, Kap. II 2, 3, 5; ders., Werte, Normen u. Grundhaltungen ..., in: K. Schneid, Erziehen in der Schule, München ²1980; E. H. Erikson, Einsicht u. Verantwortung, Frankfurt/M. 1971, S. 95–140; O. Betz (Hrsg.), T.en für heute, München 1973.   *O. H.*

U

Übel →das Böse.

Überich →Gewissen.

Überleben →Evolutionistische E, Leben.

Überlegung →Handlung.

Übermensch →Lebensphilosophie.

Überzeugung u. tatsächliches Verhalten →Theorie-Praxis-Verhältnis.

Umkehr →Schuld.

Umweltschutz (engl. environmental protection) ist ein Sammelbegriff für alle Maßnahmen zur Bewahrung u. Schaffung lebensgerechter Umweltbedingungen für den Menschen. Wie jedes Lebewesen, so ist auch der Mensch mit seiner Umwelt, die gattungsgeschichtlich gesehen zunächst als →Natur (als von sich her, d. h. ohne menschliches Zutun Bestehendes u. Werdendes) begegnet, in engster Wechselbeziehung, die sich als ökologisches Kreislaufsystem beschreiben läßt (*Ökologie,* gr. Haushaltskunde, d. h. die Wissenschaft von den Beziehungen der Lebewesen zu ihrer Umwelt). Natur liefert jene Elemente, deren Konsum zur Erhaltung u. Reproduktion des organischen Lebens erforderlich ist. Die Konsumtion entzieht der Natur Produkte u. gibt ihr Abfallprodukte zurück. Solange dieser Austausch so geartet ist, daß Natur in kontinuierlichen Auf- u. Abbauprozessen, teils sich selbst regulierend u. regenerierend, teils vom Menschen bewußt gesteuert, die für menschliches Leben erforderlichen materiellen Bedingungen bereitstellt u. bereitzustellen vermag, spricht man von ökologischem Gleichgewicht zwischen Mensch u. Natur. U. wird dann zum Problem, wenn durch den menschlichen Eingriff in Natur dieses Gleichgewicht gefährdet ist.

Das menschliche Ökosystem wird von primärer u. sekundärer Umwelt gebildet. Zur primären Umwelt (Biosphäre) zählt man Luft, Wasser, Gase, Mineralien, Pflanzen, Tiere etc. Mit sekundärer Umwelt (Technosphäre) werden die von der primären Umwelt durch menschliche Tätigkeit herausgehobenen u. hergestellten Systeme bezeichnet, wie Wohnbauten, Maschinen, Industrie, Verkehrs-, Informationssysteme etc. U. hat entsprechend zum Inhalt die Verhinderung von Störungen in diesem Umweltsystem, die gesundheitliche Nachteile bzw. lebensbedrohende Folgen für den Menschen entstehen lassen, wobei unter Gesundheit u. menschenwürdigem Leben nicht nur Freisein von Krankheit u. Gebrechen, sondern der Zustand körperlichen, geistigen u. sozialen Wohlbefindens zu verstehen ist. Die Aufgabe des U. hat so gesehen die Bestimmung der Qualität menschenwürdigen Lebens zur Voraussetzung (→Lebensqualität, →Humanität).

Die Entwicklung der Menschheit seit der industriellen Revolution hat in den letzten Jahrzehnten zu einer bislang nicht gekannten Umweltkrise geführt. Bevölkerungswachstum, Verstädterung, Industrialisierung der Arbeitswelt, Mechanismen von Wohlstands- u. Überflußgesellschaften, Verkehrs- u. Wirtschaftssysteme mit ihren neuen Techniken u. Produktionsfaktoren etc. haben nicht nur menschliches Leben u. Zusammenleben von Grund auf verändert, sondern vor allem die primäre Umwelt in globalem Ausmaß durch den Abbau natürlicher Rohstoffe, durch technische Bearbeitung u. Veränderung, durch Belastung mit Abfallprodukten, Schadstoffen u. toxischen Substanzen in einer Weise gestört, daß das ökologische Gleichgewicht ohne grundlegende Veränderungen der Produktions- u. Konsumtionssysteme in absehbarer Zeit nicht mehr steuerbar ist, geschweige denn sich von selbst noch zu regulieren vermag. Dem einzelnen bereits unmittelbar ersichtlich u. als Bedrohung erfahrbar sind zunehmende Luftverschmutzung, Wasserverunreinigung, Klimaveränderung, Lärmbelästigung, Landschaftsruin u. Erholungsraumbeschränkung. Im Ausgang vom →Recht des Menschen auf ein menschenwürdiges Leben (→Grundrechte) u. damit auf eine unschädliche Umwelt sowie von der Pflicht der Selbst- u. Arterhaltung ist U. unter den gegebenen Umständen nicht nur ein technisches Problem, sondern eine zentrale sittl. Aufgabe. Angesichts der komplexen Zusammenhänge u. der globalen Folgewirkungen, die mit der Verwendung umweltgefährdender Technologien im Reproduktionsprozeß des modernen Lebens verbunden sind, betrifft diese Aufgabe primär die Verantwortungsträger in politischen, wirtschaftlichen, technischen u. wissenschaftlichen Entscheidungsinstanzen auf nationaler u. internationaler Ebene. Es gehört zu den Begleiterscheinungen einer an Gewinnmaximierung, Konkurrenz, Konsumsteigerung etc. orientierten Industriegesellschaft, daß Schädigungsprozesse, die nicht unmittelbar katastrophale Folgen u. Ausmaße annehmen, bagatellisiert u. aus dem öffentlichen Bewußtsein verdrängt werden. So gesehen kommt der Wissenschaft eine erhöhte Aufklärungspflicht zu, der sich auch Philosophie nicht entziehen darf; ist sie doch mitverantwortlich dafür, daß →Natur nicht mehr als in sich teleologisch geordnetes u. damit über Eigenrechte verfügendes Sinnganzes, sondern als beherrschbares Material für menschliches Leben ausgelegt u. behandelt wird.

Lit.: H. H. Bennett, Soil Conservation, London 1939; Z. Dorst, Before Nature Dies, Moskau 1968; B. Commoner, The closing circle, New York 1971; P. Atteslander, Die letzten Tage der Gegenwart, Bern/München/Wien 1971; P. u. A. Ehrlich, Bevölkerungswachstum u. Umweltkrise, Frankfurt/M. 1972; H. Grümm, Energieerzeugung u. Umwelt, in: Atomwirtschaft-Atomtechnik, Düsseldorf 1971; J. W. Forrester, Der teuflische Regelkreis, Stuttgart 1972; G. Friedrichs (Hrsg.), Aufgabe Zukunft. Qualität des Lebens. Bd. 4 Umwelt, Frankfurt 1972; D. Meadows (Hrsg.), Die Grenzen des Wachstums, Stuttgart 1972; U. u. Wirtschaftswachstum, Frauenfeld 1972; H. D. Engelhardt (Hrsg.), Umweltstrategie. Umwelt der Industriegesellschaft, Gütersloh 1975.   *M. F.*

Umwertung aller Werte →Nihilismus.

Unbeherrschtheit →Besonnenheit.

Universale E →KlassenE.

Universalisierungsprinzip →Deontische Logik, Kategorischer Imperativ.

Unsterblichkeit der Seele →Religion.

Urteil →MetaE.

Urteilskraft →Klugheit.

Utilitarismus (lat. *utilis*: nützlich) ist eine Richtung der normativen E, die, oft als *Nützlichkeitsmoral* abgestempelt, sich in der englischsprachigen Welt zu einem differenzierten Instrument der empirisch-rationalen

Normenbegründung u. Gesellschaftsreform entwickelt hat. Kriterium der sittl. Verbindlichkeit ist das *Prinzip der Nützlichkeit*, nach dem jede Handlung sittl. erlaubt ist, deren Folgen für das →Glück aller Betroffenen optimal sind. Dieses →Moralprinzip enthält vier Teilprinzipien: (1) Im Unterschied zur deontologischen E (→normative E) sind Handlungen nicht aus sich heraus, sondern von ihren Folgen her zu beurteilen (Konsequenzen-Prinzip). (2) Der Maßstab der Folgen ist ihr Nutzen, nicht der für beliebige Ziele oder Werte (gegen *N. Hartmanns* Vorwurf des Wertnihilismus), sondern der für das in sich Gute (Utilitätsprinzip). (3) Als in sich gut u. höchster →Wert gilt die Erfüllung der menschlichen →Bedürfnisse u. Interessen, das Glück, wobei es den einzelnen überlassen bleibt, worin sie ihr Glück erwarten. Das Kriterium dafür ist das Maß an →Freude, das eine Handlung hervorruft, vermindert um das mit ihr verbundene Maß an Leid (hedonistisches Prinzip). (4) Ausschlaggebend ist nicht das Glück bestimmter Individuen oder Gruppen, sondern das aller von der Handlung Betroffenen. Im Gegensatz zu jedem Egoismus (→Selbstinteresse) verpflichtet sich der U. auf das allgemeine Wohlergehen (Sozialprinzip).

Nach antiken Vorläufern (*Aristipp*, →epikureische E) u. Vorarbeiten von *Hobbes, Hume, Priestley* u. a. findet sich die erste systematische Darstellung in *J. Benthams* ,Einführung in die Prinzipien von Moral und Gesetzgebung' (1789). Diese Schrift, Grundlage vieler gesellschaftlicher u. politischer Reformen, entwickelt auch ein (allerdings zu grobes) Instrument zur Messung des sozialen Nutzens von Handlungen, den *hedonistischen Kalkül,* der zum Ausgangspunkt der Wohlfahrtsökonomie wurde (→Entscheidungstheorie). *J. S. Mills* ,Utilitarismus' (1863) sucht den U. durch die Unterscheidung von höheren u. niederen →Freuden zu verbessern. Die differenzierteste klassische Darstellung ist *H. Sidgwicks* ,Die Methoden der E' (1874). – In der ersten Hälfte dieses Jh. heftig umstritten, erfährt der U. seitdem eine Erneuerung. Gegen den Einwand, sittl. Pflichten (z. B. Versprechen zu halten [→Wahrheit], Schulden zurückzahlen) seien immer gültig u. nicht nur dann, wenn sie dem sozialen Wohlergehen dienen, soll das Prinzip der Nützlichkeit nicht mehr auf einzelne Handlungen (*Handlungs-U.: J. J. C. Smart*), sondern auf Arten oder Regeln von Handlungen angewandt werden: Jene Handlung gilt als sittl. erlaubt, die mit einer dem sozialen Wohlergehen dienenden Handlungsregel übereinstimmt (*Regel-U.: J. O. Urmson, R. B. Brandt*). Doch der Regel-U. steht noch im Gegensatz zu sittl. Überzeugungen, nach denen jeder →Grundrechte hat, die auch wegen des Wohlergehens anderer nicht verletzt werden dürfen (*J. Rawls*). Dem könnte ein den U. ergänzendes Korrektiv-Prinzip der →Gerechtigkeit entgegenkommen, das für Verteilungsfragen zuständig ist. – Die Stärke des U. beruht darin, daß er rationale Elemente (Prinzip der Nützlichkeit) mit empirischen (Kenntnisse über die Folgen einer Handlung u. deren Bedeutung für das Wohlergehen der Betroffenen) verbindet, ferner, daß die von ihm abgeleiteten sittl. Pflichten weitgehend mit den gewöhnlichen sittl. Überzeugungen übereinstimmen. Kritisieren kann man, daß er die Gerechtigkeitsfrage nicht angemessen löst, daß er Moralprobleme nur im Verhältnis der Menschen zueinander, nicht auch des Menschen zu sich selbst (→Pflichten) sieht, schließlich, daß bei ihm eine zureichende →Begründung des Nützlichkeitsprinzips fehlt.

Lit.: O. Höffe (Hrsg.), Einführung in die utilitarist. E, Klassische u. zeitgenössische Texte (Bentham, Mill, Sidgwick, Smart, Brandt u. a.), München 1975; ders., Strategien der Humanität, Freiburg/München 1975, Kap. 4; ders., E u. Politik, Frankfurt 1979, Kap. 4; D. Lyons, Forms and Limits of Utilitarianism, Oxford 1965; N. Hoerster, Utilitarist. E u. Verallgemeinerung, Freiburg/München ²1977; J. Rawls, Eine Theorie der Gerechtigkeit, Frankfurt 1975; D. W. Brock, Recent Work in Utilitarianism, American Philosophical Quarterly Bd. 10, 1973; A. Quinton, Utilitarian Ethics, London 1973; B. Williams, Kritik des U., Frankfurt 1979.   *O. H.*

Utopie (griech.: ohne Ort). Eine U. entwirft eine mit der gegebenen Wirklichkeit nicht übereinstimmende technische, ökonomische, politische oder religiöse →Ordnung. Der Entwurf kann positiv das Bild einer Zukunft, in der jeder Mangel an →Frieden, →Freiheit, →Gerechtigkeit u. →Glück aufgehoben ist (positive U. z. B. *K. Marx*) oder negativ Schreckbilder von →Gewalt u. Unterdrückung (negative U., z. B. *A. Huxley, E. Jünger*) oder konkret größtmögliche Verbesserungen vorhandener humaner u. sozialer Möglichkeiten vorstellen (konkrete U. z. B. *H. Marcuse, E. Bloch*). Technische u. politi-

sche U.n setzen jeweils kritische Gegenbilder zu einer vorhandenen Wirklichkeit: als eine Form des besten →Staates (*Platon*), als vernünftige, technische oder moralische Ideale (*Th. Morus, F. Bacon*) oder als Lösungen sozialer Probleme unter veränderten politischen u. ökonomischen Bedingungen (*C. Fourier*). Eine vollkommene Veränderung der Wirklichkeit u. einen neuen, von seinen →Leiden u. Mängeln erlösten →Menschen fordern religiöse U.n (z. B. Wiedertäufer, *Th. Münzer*) zur Verwirklichung einer tausendjährigen Herrschaft Christi (*Chiliasmus*, von griech. tausend) u. revolutionäre U.n (→Revolution) zur Verwirklichung eines von Herrschaft u. →Gewalt befreiten Reichs der Freiheit (*K. Marx*). – Ihren mythischen Charakter verliert die U., wenn ihr Ziel in den Begriff der mündigen →Gesellschaft umgemünzt wird. Die Funktion der U. übernimmt in dieser rational definierten Gesellschaft die von emanzipatorischem Erkenntnisinteresse geleitete u. durch Sprache real ermöglichte *Antizipation* (lat., Vorwegnahme) des „gelungenen Lebens" (*J. Habermas*). – Problematisch in allen U.n ist ihr ungeklärtes Verhältnis zur Geschichte, die aus dem Vorrang der Zukunft entstehende Unterbewertung von Vergangenheit u. Gegenwart. Dabei bildet nicht die begrenzte Realisierbarkeit utop. Forderungen das Moment der Gefahr, sondern die Fehleinschätzung real verfügbarer Mittel u. die Möglichkeit des Umschlagens enttäuschter u. überzogener →Hoffnung in die ursprünglich bekämpfte Gewalt. – U.n können eine integrale Rolle in bestehenden Gesellschaften spielen (vgl. *Th. Morus* oder →christliche E). Ohne utopische im Sinne von kritischen Elemente kommen freiheitliche u. soziale politische Ordnungen nicht aus (→Demokratie, →Gerechtigkeit, →Gleichheit). Kriterium ihrer utop., nicht als vollkommen realisierbar erachteten Handlungsziele ist, im Gegensatz zu revolutionären U.n, ihre vernünftige Legitimierbarkeit.

Lit.: K. J. Heinisch (Hrsg.), Der utopische Staat, (Rowohlt) 1960, bes. Th. Morus, F. Bacon; H. Swoboda (Hrsg.), Der Traum vom besten Staat, München 1972, bes. Platon, C. Fourier, E. Cabet; K. Marx, Ökonomisch-philosophische Manuskripte, Mskr. III; A. Huxley, Schöne neue Welt, München/Zürich 1976; E. Jünger, Heliopolis, Tübingen 1949; M. Buber, Pfade in Utopia, Heidelberg 1950; K. Mannheim, Ideologie u. U., Frankfurt ³1952, Abschn. IV; J. Habermas, Erkenntnis u. Interesse, Frankfurt 1968, Abschn. I; E. Bloch, Geist der U. (²1923), Frankfurt 1973, S. 291–347; R. Nozick, Anarchie, Staat, Utopia, München 1976, Teil 3; R. Spaemann, Zur Kritik der polit. U., Stuttgart 1977. *W. V.*

V

Verallgemeinerung   →Kategorischer Imperativ.

Verantwortung bezeichnet eine dreistellige Beziehung: die Zuständigkeit *von* →Personen *für* übernommene Aufgaben bzw. für das eigene Tun u. Lassen, auch für Charaktereigenschaften *vor* einer Instanz, die Rechenschaft fordert: z. B. vor einem Gericht, vor den Mitmenschen, auch vor dem →Gewissen oder vor →Gott. Aufgrund seiner Fähigkeit zur V. wird der →Mensch zum Rechtssubjekt bzw. moralischen (auch religiösen) Subjekt, das für sein →Handeln und dessen Folgen einzustehen hat u. im Bereich des →Rechts →Strafen oder →Belohnungen, des Sozialen Lob oder Tadel, moralisch gesehen aber Achtung oder Verachtung verdient. – Die *rechtliche V.* betrifft Verpflichtungen aus Aufgaben u. Ämtern, die man übernommen hat, oder das Einhalten der allgemeinen Gebote u. Verbote des Rechts. Ihre subjektive Bedingung der Möglichkeit ist, daß man über *Zurechnungsfähigkeit* verfügt, insofern man aus eigenem Antrieb u. in einem Überschauen der →Situation u. der Handlungsfolgen, also freiwillig u. bewußt (→Streben) handeln kann, was durch die frühkindlichen Erziehungsprozesse stark beeinflußt wird (→Sozialisation). Zurechnungsfähigkeit impliziert nicht, daß der Mensch ein Wesen ist, das →frei von jeglicher äußeren oder inneren →Determination ist. Allerdings können im Einzelfall spezifische Gründe, wie sie schon *Aristoteles* diskutiert hat, von V. teilweise oder vollständig entlasten, z. B. Zwang, Nötigung, Irrtum, Geisteskrankheit. Für den Psychologen u. Juristen ist die Grenze zwischen Verantwortlichkeit u. Nichtverantwortlichkeit oft schwierig zu ziehen. – Sittl. ist das Übernehmen von V., sofern es nicht aufgrund zu erwartender Belohnungen u. Strafen, sondern deshalb geschieht, weil man sich als für die Mitmenschen, die Welt u. sich selbst verantwortlich erkennt u. sich gemäß dieser V. als Person einsetzt (sittl. *Engagement* im Gegensatz zum natürlichen Egoismus: →Selbstinteresse). Sittl. V. betrifft auch die Welt (der →Familie, des Arbeitsplatzes, der →Politik), in der man lebt, ohne hier formelle Zuständigkeiten übernommen zu haben. Denn die Lebensverhältnisse des Menschen sind mindestens zum Teil erst durch gemeinsame →Arbeit u. wechselseitiges Verhalten so geworden, wie sie sind, u. sind durch deren Veränderung beeinflußbar. – Die *V.ethik,* die *M. Weber* zum Beruf der Politik rechnet u. in kontradiktorischem Gegensatz zur →GesinnungsE stellt, fordert, nicht einfach hohen Geboten zu folgen, vielmehr in erster Linie auf die voraussehbaren Folgen der Handlungen zu achten u. für sie aufzukommen.

Lit.: Aristoteles, Nikomach. E, Kap. III 1–7; M. Weber Politik als Beruf, in: Ges. polit. Schriften; W. Weischedel, Das Wesen der V., Frankfurt ²1958; H. Morris (Hrsg.), Freedom and Responsibility, Stanford 1961; K. Engisch, Die Lehre von der Willensfreiheit in der strafrechtsphilosoph. Doktrin der Gegenwart, Berlin ²1965; H. Ryffel, V. als sittl. Phänomen, Der Staat Bd. 3, 1967; W. Schulz, Philosophie in der veränderten Welt, Pfullingen ³1976, V: Verantwortung; G. Ficht, Wahrheit, Vernunft, V., Stuttgart 1969; R. Ingarden, Über die V., Stuttgart 1970; E. H. Erikson, Einsicht u. V., Frankfurt/M. 1971; R. Ginters (Hrsg.), Freiheit u. Verantwortlichkeit, Düsseldorf 1977; H. Jonas, Das Prinzip V. Versuch einer E für die technologische Zivilisation, Frankfurt 1979.   *O. H.*

VerantwortungsE →Verantwortung.

Verbindlichkeit →Pflicht.

Verbot →Deontische Logik.

Verbrechen →Strafe.

Verdrängung →Krankheit.

Verfassung ist als politische, ökonomische, rechtliche u. soziale →Ordnung das *Grundgesetz* eines →Staates, ein System von →Normen, die die →Gesellschaft zu einem rechtlichen Ganzen integrieren. Nach *Aristoteles* sind die V.en gut, die das →Gemeinwohl im Auge haben, u. die besten V.en sind die, die ein Gleichgewicht zwischen den sittl. (→Freiheit, →Gerechtigkeit) u. sozialen (→Gleichheit, Reichtum, Armut) Kriterien von →Demokratie u. Oligarchie herstellen. Die V. legt die Herrschaftsordnung, die Verteilung der Machtkompetenzen (Gewaltenteilung) u. die Prinzipien ihrer Organisation schriftlich oder nicht-schriftlich (z. B. England) fest, garantiert die →Grundrechte u. die rechtliche Sicherung des einzelnen gegenüber dem Staat. Die Normen der V. sind in einer V.-Urkunde hinsichtlich ihrer jeweiligen historisch-konkreten Geltung nicht vollständig beschreibbar, sondern nur grundsätzlich zu umreißen, da sie als allgemeine Prinzipien unter allen historischen Bedingungen gelten sollen. Die Verwirklichung u. Interpretation der Grundrechte u. der Prinzipien des Rechtsstaats sind Aufgabe der →Politik, der Rechtsprechung u. des gesellschaftlichen Lebens. Von diesem engeren politisch-rechtlichen Begriff der V. als System von Rechtsgarantien u. Machtverhältnissen zum Schutz von Individuen u. Gruppen ist der weitere Begriff der V. als Daseinsweise u. Lebensform der Gesellschaft (*C. Schmitt*) u. als individuell verbindlicher Sollensanspruch zu unterscheiden. Im engeren Sinn verpflichtet die V. politisches, rechtliches u. ökonomisches Handeln auf ihre Werte u. Ziele u. bestimmt die gesetzlichen Verfahren zur Regelung von →Konflikten. Die V. enthält die Verfahrensregeln für die Gesetzgebung u. ihre eigene Änderung. Sie schließt davon die Grundrechte als ihre eigenen normativen Grundprinzipien aus u. setzt als letzte Entscheidungsinstanz über Änderungen u. Ergänzungen die V.-Gerichtsbarkeit ein. Dieses Kriterium unterscheidet freiheitlich-demokratische von autoritären V.en. Die Anerkennbarkeit der V.-Normen ist Inhalt einer hypothetisch vorausgesetzten allgemeinen Übereinkunft (→Konsens) bzw. eines Gesellschafts-Vertrages, während deren Normativität u. Verpflichtungscharakter als Grundlage des Vertrags u. der Übereinkunft vorausgesetzt sind. Normativität u. Verpflichtungscharakter bleiben daher auch bei V.-Änderungen u. -Ergänzungen unantastbar. V.-Normen sind nur insofern historischem Wandel unterworfen, als der Wille der V. nicht von dem des Gesetzgebers trennbar ist. Sie setzen andererseits aber einen sittl. Anspruch, der nicht Gegenstand, sondern kritisches Korrelat sozialen Wandels ist.

Lit.: Aristoteles, Politik, Buch III; W. Abendroth, Das Grundgesetz, Pfullingen 1966; E. W. Böckenförde, Staat, Gesellschaft, Freiheit, Studien zur Staatstheorie u. zum V.recht, Frankfurt 1976; W. Hennis, V. u. V.-Wirklichkeit, ein deutsches Problem, Tübingen 1968; K. Hesse, Die normative Kraft der V., Tübingen 1959; K. Loewenstein, V.-Lehre, Tübingen ²1969; C. Schmitt, V.-Lehre, Berlin ⁵1970; G. Bien, Die Grundlegung der politischen Philosophie bei Aristoteles, Freiburg/München 1973, Teil V.

                             W. V.

Vergebung →Verzeihung.

Vergeltung →Strafe.

Vergeltungsmoral, oft synonym mit *Lohnmoral,* ist ein meist polemisch verwendetes Wort, das sowohl eine Weise sittl. Gesinnung wie bestimmte e Theorien charakterisiert. Von (egoistischer) Lohnmoral spricht man, wenn Personen anderen Personen genenüber die Regeln der →Humanität, der →Gerechtigkeit, der Fairneß etc. nur deshalb befolgen, um im diesseitigen u./oder in einem erhofften jenseitigen Leben von eben diesen oder von anderen Personen dafür belohnt bzw. nicht bestraft zu werden (do ut des). Von Lohnmoral bzw. V. ist ferner die Rede in bezug auf Theorien egoistischer E, die sittl. Gesetze u. Ziele nicht als in sich sinnvoll u. verbindlich anerkennen, sondern nur als bedingte Imperative zur Erreichung persönlicher Vorteile. Von V. wird schließlich gesprochen bezüglich →normativer e Theorien, deren Gesetze auf einer spezifischen Interpretation des Prinzips kommutativer Gerechtigkeit basieren, das die gesollten sittl. u. rechtlichen Beziehungen der Menschen untereinander dem Maßstab äquivalenter Gegenseitigkeit unterstellt (lex talionis : Gleiches mit Gleichem vergelten; →jüdische E, →goldene Regel). – Nach der →hinduistischen E ist der ganze Kosmos von einem sittl. Vergeltungsgesetz (Karma) beherrscht.

Lit.: I. Kant, Die Religion innerhalb der Grenzen der bloßen Vernunft, IV.

Stück; G. Didier, Désintéressement du chrétien. La rétribution dans la morale de St. Paul, Paris 1955; W. Pesch, Der Lohngedanke in der Lehre Jesu, München 1955; V. Hamp u. a., Art. Vergeltung in: Lexikon f. Theol. u. Kirche Bd. X; F. Rickers u. a., Vergeltung u. Vergebung, Frankfurt/München 1974.

M. F.

Verhalten →Handlung.

Verhaltensforschung →Instinkt, Sozialisation.

Verhaltenssteuerung →Sozialisation.

Verhaltensstörung →Krankheit.

Verhaltenstheorie →Belohnen u. Bestrafen, Psychotherapie.

Verleumdung →Ehre.

Vernunft →Freiheit, Sittlichkeit.

Vernunftkritik →Methoden der E.

Versagung →Verzicht.

Versöhnung →Friede.

Versprechen →Wahrheit.

Verstehen meint seit dem 19. Jh. die Erkenntnisweise der Geistes- oder Humanwissenschaften, die vom kausalen Erklären unterschieden wird. Während sich dieses auf naturwissenschaftliche Vorgänge, besonders auf das dem Menschen mit dem Tier gemeinsame Verhalten bezieht u. es in Reiz-Reaktionszusammenhängen (→Belohnen-Bestrafen) ursächlich begreift, hat das V. die spezifisch menschliche Ausdruckssphäre mit Erleben, Gestik, Sprache u. →Handlungen zum Gegenstand. Es besteht darin, daß dem beobachtbaren Verhalten eine Intention oder Zielorien-

tierung unterstellt wird, durch das es eine *Interpretation* oder Sinndeutung erhält. Seit *Husserl* verstehen wir unter *Intentionalität* die wissentlich-willentlich-emotionale Gerichtetheit des Bewußtseins auf etwas. Aufgrund des Begreifens des sichtbaren Datums vom →Ziel her wird das V. oft teleologisch oder finalistisch genannt.

V. ist eine Erkenntnisweise, die bereits im alltäglichen Lebenszusammenhang geübt wird. In ihm verbindet sich eine Erkenntnis- u. Sprechleistung (Erfassen des Sinngehalts bzw. der Bedeutung eines Ereignisses) mit einer emotionalen Stellungnahme. Diese verlangt vom V. den eine *Einfühlung* (Empathie). Frühe V.theorien haben darin allein die spezifische V.leistung gesehen u. dazu beigetragen, daß es als irrational abgewertet wurde. Die Sprachspieltheorie *Wittgensteins* hat gezeigt, daß darüberhinaus zum V. eine praktische Einsicht gehört. So habe ich eine Sache erst wirklich verstanden, wenn ich praktisch zeigen kann, wie man es macht. Erkennen, Sprechen u. Handeln verdeutlichen sich wechselseitig. Im V. verbindet sich somit das Erkennen-Sprechen mit einer praktischen Fähigkeit u. einer emotionalen Stellungnahme (→Theorie-Praxis). Strukturell gesehen ist das V. von Vorannahmen (Meinungen, Lebensregeln) bestimmt, die der Erlebende an ein Ereignis (inneres oder äußeres, Natur- oder zwischenmenschliches Ereignis) heranträgt u. die seine Erwartungen bestimmen. Im Erlebnis bestätigen oder korrigieren sich diese Vorannahmen am tatsächlichen Ereignis u. bestimmen die Ausgangsbasis des nächsten V.vorganges. Aufgrund der gegenseitigen Weiterbestimmung von Vorannahme u. Ereignis wurde diese Erkenntnisweise von *Heidegger* „hermeneutischer Zirkel" genannt. Um eine Verwechslung mit dem fehlerhaften logischen Zirkel zu vermeiden, sollte man besser von einem spiralförmigen Erkenntnisprozeß sprechen. In den Human- oder Geisteswissenschaften wird diese Erkenntnisweise aufgrund der Eigentümlichkeit des Gegenstandes in die Wissenschaft übernommen. Im Unterschied zu einer kausalen Erklärung der Natur, die auf die Warum-Frage antwortet, muß man in ihr eine Analyse der Bedeutung menschlicher Ausdrucksformen sehen, die auf die Wie-möglich-Frage antwortet. Ein Ereignis wird dabei aus einem Erwartungs- oder Regelzusammenhang verstanden, der seine Bedeutung expliziert. Logisch gesehen kann man daher von einem begriffsanalytischen Verfahren sprechen. Neuere methodologische Untersuchungen (*v. Wright*) haben diese Erkenntnisweise mit Blick auf das menschliche Handeln als praktisches →Begründen oder Rechtfertigen bezeichnet u. dabei an die Form des praktischen Syllogismus (→deontische Logik) bei *Aristoteles* anzuknüpfen versucht. Danach kann ich eine Handlung als sinnvoll begründen, wenn ich davon ausgehe, daß 1. die Absicht bestand, das →Ziel p zu erreichen, u. 2. die Überzeugung vorhanden war, daß a das geeignete Mittel ist, um p zu erreichen.

Das V. stößt auf Schwierigkeiten, wenn die Intention oder der Sinngehalt einer Handlung durch →Krankheit oder Unterdrückung in systematischer Weise gebrochen sind. Wenn sich die Handlung in widersprechende Intentionen auflöst wie beim neurotischen Konflikt oder von der lebenspraktischen Wirklichkeit systematisch abgespalten ist wie in der Psychose, ist ein unmittelbares V. nicht mehr möglich. „Unsinn" u. Sinnlosigkeit können dann nur aus biographischen oder gesellschaftlichen Bedingungen rekonstruiert werden. Ein V., das private Bedeutungen u. Regelsysteme sowie ideologisch verstellten Sinn erschließt, nennt man seit der kritischen Theorie von *Horkheimer, Adorno u. Habermas* Tiefenhermeneutik oder kritisches Verstehen.

Lit.: W. Dilthey, Der Aufbau der geschichtlichen Welt in den Geisteswissenschaften, Frankfurt a. M. 1974; H. G. Gadamer, Wahrheit und Methode, Tübingen ²1965; A. Lorenzer, Sprachzerstörung und Rekonstruktion, Frankfurt a. M. 1970; Hermeneutik u. Ideologiekritik, Frankfurt a. M. 1971; G. H. v. Wright, Erklären und Verstehen, Frankfurt a. M. 1974; P. Ricœur, Die Interpretation. Ein Versuch über Freud, Frankfurt a. M. 1969; S. 15–72, 352–428. *A. S.*

Verzeihung. Die V. (auch: *Vergebung*) vergilt eine Verfehlung oder →Schuld nicht durch →Strafe, Rache oder →Haß. V. ist eine singuläre Beziehung zwischen zwei Personen, die der Nächstenliebe, der →Toleranz u. Großmut einen Vorrang vor der →Gerechtigkeit einräumt. Dabei kann die moralische Besserung des Schuldigen ein Motiv der V. sein. Durch V. wird eine Person aber nicht primär in einer Gruppe oder Gesellschaft rehabilitiert, sondern wieder in eine persönliche Beziehung (der

→Freundschaft, des Vertrauens u. a.) aufgenommen. Die verletzte Person schließt ihre Gefühle u. Interessen aus u. will ausschließlich dem Wohl dessen dienen, der gegen das →Recht oder die →Sitte verstoßen hat. Dessen Schuld wird nicht objektiv, gegenüber Dritten, sondern nur für den aufgehoben, der verzeiht. V. schließt daher die Forderung einer angemessenen Sühne u. Wiedergutmachung gegenüber Dritten nicht aus, wenn diese zur Besserung des Schuldigen, um des →Gemeinwohls oder der Größe des Schadens willen notwendig ist. Analog zur V. zwischen Personen können auch öffentliche u. rechtliche Maßnahmen gegenüber einzelnen u. Gruppen (Begnadigung, Amnestie), aber auch Friedensverträge zwischen Staaten u. Völkern anstelle von Vergeltung (→Strafe) V. als Grundlage einer Versöhnung bewirken. – V. gilt schon für jene E als sittl. →Pflicht, die V. nicht aus der höheren Pflicht der Nächsten- oder Feindesliebe ableiten, sondern sich auf das →Wohlwollen als menschlichen Charakter u. auf die Ordnung der →Natur berufen: diese unterscheidet nicht zwischen Guten u. Schlechten (→stoische E) u. gibt den Menschen die harmonischen Ziele ihres Handelns vor (→chinesische u. japanische E). Die →christliche E verheißt demjenigen V. durch →Gott, der seinen Feinden verziehen hat. Wer nicht verzeiht, verletzt sein eigenes Wesen als Ebenbild Gottes. Darüber hinaus sieht die christliche E ein Motiv für V. in der eigenen Mitschuld des Menschen, sofern er auf bewußte oder unbewußte, direkte oder indirekte Weise Anlaß zu einer Feindschaft oder Verfehlung gegeben

hat. Die begangene Schuld soll dadurch jedoch nicht verharmlost werden.

Lit.: Neues Testament, Bergpredigt Mt 5, 1 ff., Lk 6, 17 ff.; Seneca, De beneficiis, Buch IV, Kap. 26,1 u. 28,3; Thomas v. Aquin, Summa theologica II, II, q. 25 a. 8 u. III, q. 84–90; G. W. F. Hegel, Phänomenologie des Geistes, Teil VI, C, c; J. H. Newman, Lectures on Justification, London 1840; H. Küng, Rechtfertigung, Einsiedeln 1957.   *W. V.*

Verzicht nennen wir die freiwillige Einschränkung unseres Luststrebens. Die E-en der jüngsten Vergangenheit schwankten zwischen einer extremen V.moral u. einer ebenso einseitigen Lustmoral (→Freude). Religiöse Auffassungen betonten umso mehr die Forderung von V. u. Opferbereitschaft für dieses Leben, als sie sein Schwergewicht ins Jenseitige verlegten. Die aus calvinistisch-christlichen Ursprüngen erwachsene Theorie des Kapitalismus erforderte den V. auf Genuß um der Ansammlung des Kapitals willen (*Max Weber*). Demgegenüber forderte die kritische Gesellschaftstheorie *H. Marcuses* den Abbau überflüssiger gesellschaftlicher Einschränkungen, die Befreiung des Luststrebens u. die Erotisierung der Gesamtpersönlichkeit. Zwischen V.-moral u. Luststreben bedarf es einer neuen e Orientierung.

Die Psychologie des Säuglings u. Kleinkindes zeigt, daß sie zunächst ganz auf das Luststreben eingestellt u. dem V. abgeneigt sind. Die frühe symbiotische Beziehung zwischen ernährend-liebender Mutter u. Säugling (primärer Narzißmus) erlaubt ein ungestörtes Wohlbefinden, das „ozeanische Gefühl" einer affektiven

Einheit (Herrschaft des Lustprinzips). Auf früh einbrechende *Versagungen* reagiert der Säugling mit Wut, Enttäuschung u. Aggression, ehe er sich in fortschreitendem Maße mit der Umwelt auseinandersetzt (Herrschaft des Realitätsprinzips). Zwischen Luststreben u. Einschränkungen von seiten der Wirklichkeit kennt die Psychologie folgende Lösungsversuche: Entweder führen die Versagungen dazu, die eigenen Wünsche abzuwehren; diese radikale Form unbewußten V. schlägt in die neurotische →Krankheit um. Oder sie leiten den Rückzug aus einer frustrierenden Wirklichkeit in die ursprüngliche Gefühlswelt des Säuglings ein; diese illusorische Weise der v.freien Wunscherfüllung endet in der →Sucht oder im psychotischen Wahn. Die einzige Weise, mit der Wirklichkeit fertig zu werden, ohne die eigenen Wünsche aufzugeben, besteht darin, die unmittelbare Befriedigung aufzuschieben, um mittels Nachdenken u. Handeln die Wirklichkeit so zu formieren, daß sie Befriedigung erlaubt. Die Vermittlung von Lustprinzip u. Realitätsprinzip ist nur in der →Arbeit (von der unmittelbaren Bearbeitung der Natur bis zur geistigen Arbeit) u. vermittels der sozialen Beziehungen möglich. Die →Sozialisation des Menschen kann somit nur gelingen, wenn sie eine relative *Frustrations*toleranz ausbilden hilft. Diese Einsicht bildet die Grundlage für die sittl. Forderung eines freiwilligen V., der sich in den religiösen E-en meist auf *Armut, Keuschheit* (*Ehelosigkeit* u. *Enthaltsamkeit*) u. Gehorsam bezieht. Aber auch die klassisch-philosophischen E-en kennen

eine *Asketik* als Lehre von der praktischen Einübung des guten Handelns, die auch den Aspekt des V. einschließt.

→Ideologiekritisch gesehen ist die sittl. Forderung des V. jedoch in sich zweideutig. Sie kann im Dienste der Unterdrückung stehen, wenn eine Gesellschaft die Arbeit so organisiert, daß sie dem Knecht V. abfordert, um den Herrn das Genießen zu ermöglichen (*Hegel*). Sie kann sich aber ebenso als berechtigt erweisen, wenn sie sich am Maßstab der realen ökonomischen Möglichkeiten einer Gesellschaft bemißt, die ihre Arbeit so organisiert hat, daß deren Früchte den Arbeitenden zugute kommt. Eine besondere Bedeutung gewinnt daher das Problem des V. unter den Bedingungen einer Überflußgesellschaft. Für sie stellt sich nach innen das Problem, ob nicht bei weitgehend gesicherter Güterversorgung ein Wachstum der Produktion um seiner selbst willen sinnlos werden kann u. daher V. auf übermäßigen Luxus sittl. gefordert ist. Nach außen erhebt sich die Frage, ob nicht der Realitätssinn von den reichen Ländern einen spezifischen V. fordert, um zur Ermöglichung eines menschenwürdigen Lebens eine Umverteilung des Reichtums zugunsten der armen Länder zu erreichen.

Lit.: G. W. F. Hegel, Phänomenologie des Geistes, ed. J. Hoffmeister, Hamburg [6]1952, S. 141–150; M. Weber, Die protestantische E; H. Marcuse, Triebstruktur und Gesellschaft, Frankfurt a. M. 1967; R. Bergius, Frustration, in: Handbuch der Psychologie II, Göttingen [2]1970; R. Spitz, Vom Säugling zum Kleinkind, Stuttgart [4]1974. *A. S.*

Verzweiflung →Hoffnung, Leid.

Vollkommenheit →Gott.

Voluntarismus →Lebensphilosophie.

Voraussicht →Erfolg.

Vorbild →Ideal.

Vorsehung ist ein Begriff der philosophischen u. theologischen Tradition. Er interpretiert die der menschlichen Planung, Verfügung u. z. T. auch Erkenntnis entzogenen Momente von Natur u. →Geschichte ebenso wie die →Handlungen der →Menschen selbst als Produkte einer übermenschlichen →Vernunft. Ursprünglich aus der zweckmäßigen →Ordnung des Makrokosmos wie lebender Organismen erschlossen, meint V. die zweckvoll schaffende Ordnungsmacht einer unpersönlichen göttlichen Weltvernunft (die →stoische pronoia) oder einer jenseitigen allmächtigen u. allwissenden Schöpferperson (die providentia der christlichen Theologie). Unter ihrer vorsorgenden Planung würden die Welt, d. h. das Bleibende u. Werdende der →Natur, wie die Geschichte u. Handlungen der Menschen eine sinnvolle Einheit, die auch menschliche →Freiheit nicht zu sprengen vermag. Das Grundproblem des V.gedankens ist die Koordinierung der Möglichkeit menschlicher Freiheit mit der vorgeblichen Wirklichkeit einer alles lenkenden, erhaltenden u. vorausbestimmenden Ordnungsinstanz. In verschärfter, weil individualisierter Form tritt es auf in der christlichen Lehre von der *Prädestination:* Das endgültige Heil oder Unheil des einzelnen ist vorausbestimmt im ewigen göttlichen Heilsratschluß (Paulus, Röm. 8,29 ff.; 9–11; Eph. 1) u. soll sich gleichwohl der Freiheit des Menschen verdanken. →Gott bewege u. bestimme den menschlichen →Willen unmittelbar, ohne seine Freiheit zu beeinträchtigen (vgl. *Thomas v. Aquin,* Summa theol. I. I, q 105 a 5; I. II, q 109 a 1). Nach der Kritik der philosophischen Grundlagen einer objektiv-teleologischen Natur- u. Geschichtsbetrachtung durch *Kant* könnte das mit dem Begriff V.Gemeinte philosophisch als Idee der reflektierenden Urteilskraft u. als Postulat der endlichen praktischen Vernunft verstanden werden: Menschliches Erkenntnisinteresse unterstellt der Natur in ihrer Mannigfaltigkeit je schon eine rational faßbare systematische Einheit, um sinnvoll forschen zu können; praktische Vernunft unterstellt der Naturgeschichte der Menschengattung je schon eine vernünftige ,Naturabsicht', um an ihrem Gebot der Darstellung des Sittengesetzes in der gesellschaftlich-geschichtlichen Welt nicht zu verzweifeln.

Lit.: Seneca, De providentia; W. Eichroth, V.glaube im AT, Festschr. O. Proksch, Leipzig 1934; R. Bultmann, Das Christentum im Rahmen der antiken Religionen, Zürich ²1954; R. Guardini, Freiheit, Gnade, Schicksal, München ⁴1956; N. Scholl, Providentia. Untersuchungen zur V.lehre bei Plotin u. Augustin, Freiburg 1960; M. Pontifex, Freedom and Providence, New York 1960; N. A. Luyten (Hrsg.), Zufall, Freiheit, V., Freiburg/München 1975.
M. F.

Vorurteil →Diskriminierung.

W

Wagnis →Existentialistische E.

Wahl →Demokratie, Entscheidung.

Wahrhaftigkeit →Wahrheit.

Wahrheit meint im sittl. Bereich den
Maßstab oder das Kriterium, an dem
sich das menschliche Handeln als gut
oder schlecht erweist. Durch den
Bezug auf das →Handeln unterscheidet sie sich als praktische W. von der
theoretischen der Naturerkenntnis.
Da Handlungen stets →wertende
Stellungnahmen zur Sache darstellen,
ist der Handelnde zunächst an sie verwiesen, um an ihrer Beschaffenheit
die sittl. Qualität seines Handelns ablesen zu können. So scheint das Ziel
der Gesundheit von der Sache her besser zu sein als das des Vergnügens.
Das Gutsein wäre demnach in der
Seinsverfassung selbst begründet u.
nach ihrem Aufbau zu bestimmen
(ontologisches W.kriterium). In diesem Sinne stützen sich die *Aristotelische* E u. die auf ihr basierende Tradition der ontologischen E auf die Ordnung der Dinge, an der sich die sittl.
Zielfindung bewahrheiten soll. Obgleich die Sachorientierung ein notwendiges Moment bei der Bestimmung sittl. Handelns darstellt, läßt
sich doch das Gutsein nicht einfach an
den Gegenständen ablesen; es hängt
vielmehr von den menschlichen
Wünschen u. →Bedürfnissen ab, welche Sachen als vorrangig ausgezeichnet u. welche lediglich als Mittel betrachtet werden (→Situation). Die W.
sittl. Handelns bemißt sich somit

ebensosehr an der Aufrichtigkeit subjektiver Stellungnahme. Die subjektive Verpflichtung zur W. (z. B. im
Versprechen) nennen wir *Wahrhaftigkeit* im Unterschied zum →Gutsein
als der objektiven W. des Handelns.
Die Wahrhaftigkeit der Gesinnung ist
jedoch, wie *Nietzsche* u. *Freud* zeigten,
nicht nur *Irrtümern* oder der Versu-
chung zur *Lüge* ausgesetzt. Selbst die
Lebenslüge als wissentlich-willentliche
Verleugnung einer grundlegenden
sittl. Einsicht unterscheidet sich noch
von den unbewußten Täuschungen,
die reflexiv nicht erkenntlich sind.
Der Schmerz über versagte Wünsche
(Trauma) kann dadurch betäubt werden, daß er aus dem Bewußtsein verdrängt u. nicht mehr wahrgenommen
wird. Als unbewußte Kränkung (Ressentiment) wird er zur Wurzel der
Verkennung der Wirklichkeit u. der
Illusion, die sich sogar den Anschein
sittl. Gesinnung geben kann. Die W.
sittl. Handelns läßt sich somit nicht an
der Bewußtheit über eigene Motive
festmachen, sondern allenfalls an einer lebenspraktisch-affektiven Übereinstimmung der →Person. Diese
wiederum hängt davon ab, ob es gelingt, sowohl die eigenen unbewußten Wünsche (Es) wie die in Forderungen u. Schuldgefühlen verinnerlichten Ansprüche der Allgemeinheit
(Über-Ich; Ich-Ideal) zuzulassen. In
der Vermittlung von Wunsch u. Forderung, von Eigenem u. Anderem
bildet sich das „Ich bin" einer Persönlichkeit, sein selbständiges →Gewis-
sen. Diese innere Übereinstimmung
meiner verschiedenen →Strebungen
in der Einheit des „Ich bin" (intentio-
nales Bewußtsein), das sich organisch
im Leib Ausdruck verschafft, begrün-

det die *Wahrhaftigkeit* der →Person (subjektives W.kriterium). Aber die innere Stimmigkeit der eigenen Wertschätzung kann allein kein zureichendes W.kriterium bilden, weil sie in den Gegensatz zu anderen ebenso persönlichen Wertungen geraten kann, die gleichfalls als sittl. gut gelten wollen. Die gesellschaftliche Allgemeinheit beansprucht daher auf Grund ihrer geschichtlichen Erfahrung gegenüber dem →Individuum den Vorrang ihrer Normen u. Wertungen. In Gewohnheit u. →Sitte festgehalten, bilden sie einen festen Maßstab, an dem sich das Individuum orientieren soll (traditionsgebundenes gesellschaftliches W.kriterium). Deshalb forderte schon die antike Philosophie (*Platon, Aristoteles*) vom sittl. Handelnden die Einübung in das Ethos (Sitte, Gewohnheit) der Gemeinschaft. Dieses kann jedoch nur solange sittl. Handeln garantieren, als das Individuum seine wesentlichen Bedürfnisse in ihm verwirklichen kann. Die in der Gesellschaft sichtbar werdenden Widersprüche u. →Leiderfahrungen bewirken, daß der sittl. Anspruch des einzelnen mit Tradition u. Sitte in Konflikt gerät. Die Gewissensentscheidung des einzelnen erhält hier ihr Recht gegenüber dem Beharren auf Tradition u. Sitte. Eine gesellschaftliche Neuorientierung ist nur möglich, wenn sie das Recht des einzelnen auf freie Stellungnahme achtet (formale Anerkennung) u. seine wesentlichen Bedürfnisse berücksichtigt (inhaltliche Anerkennung). Die neuzeitlichen Naturrechtstheorien lösen die Frage der Neubegründung e W. durch das Prinzip der Übereinkunft (Konsens) u. vertraglichen Bindung

(*Hobbes, Rousseau, Kant, Rawls*). Neuere Theorien machen auch die inhaltliche Seite der menschlichen Bedürfnisse zum Gegenstand von Beratung und Konsens und überlassen ihre Befriedigung nicht dem Durchsetzungsvermögen des einzelnen (*Apel, Habermas*). Der praktische Diskurs, der sich am Kriterium der idealen Kommunikationsgemeinschaft orientieren muß, hat den Sinn, das gestörte gesellschaftliche Einverständnis über die wahren, d. h. vernünftigen Bedürfnisse reflexiv wiederherzustellen. Die durch Argumentation wiedergewonnene Übereinstimmung bildet den neuen Maßstab sittl. Handelns (diskursives gesellschaftliches W.kriterium). Die Anwendbarkeit dieses Maßstabes ist jedoch nicht nur abhängig vom Situationswissen u. von der subjektiven Wahrhaftigkeit, sondern auch von einem Minimum an lebenspraktisch eingespieltem Ethos der Gesellschaft. Die W.kriterien sittl. Handelns verweisen somit aufeinander, ohne daß eines allein absolute Geltung beanspruchen könnte.

Lit.: Platon, Politeia, Buch VI–VIII; Aristoteles, Nikomach. E, Buch VI, 1–2; Th. Hobbes, Leviathan, Kap. I, 14–15; J. J. Rousseau, Der Gesellschaftsvertrag, Buch I, München 1959; I. Kant, Grundlegung zur Metaphysik der Sitten; ders., Über ein vermeintliches Recht, aus Menschenliebe zu lügen; F. Nietzsche, Genealogie der Moral; ders., Über W. u. Lüge im außermoralischen Sinn. A. Denecke, Wahrhaftigkeit, Göttingen 1972; K. O. Apel, Transformation der Philosophie, Frankfurt 1973, Bd. II, S. 358–435; J. Habermas, W.theorien, in: Festschrift für W. Schulz, Pfullingen 1973; O. Höffe, E u. Politik, Kap. 8–9, Frankfurt 1979. *A. S.*

Wandel der Moral →Moral u. Sitte, Relativismus.

Wehrdienst. Der W. ist in →Demokratien wie der Bundesrepublik Deutschland verfassungsmäßig als Schutz des →Staates auf die Abwehr außerstaatlicher Gefahren u. die Sicherung des →Friedens beschränkt (Verbot eines Angriffskrieges, Art. 26,1 GG). Die W.leistenden sollen für die freiheitlich-demokratische Grundordnung eintreten u. sie gegen äußere Angriffe verteidigen. Sie sind verpflichtet, allen Befehlen gegenüber, soweit sie die Würde des Menschen nicht verletzen (→Humanität), Gehorsam zu leisten. Obwohl einige ihrer →Grundrechte (z. B. freie Meinungsäußerung, Freizügigkeit) eingeschränkt sind, genießen sie den vollen Schutz des Grundgesetzes. Die Aufgabe der Kriegsverhinderung im Zeitalter der atomaren Vernichtungswaffen durch eine glaubhafte Abschreckung hat den W. in hohem Maße technisiert. Darüber hinaus hat die Demokratisierung des Wehrwesens durch eine demokratische Wehrgesetzgebung, durch einen zivilen Oberbefehl u. eine zivile Verwaltung u. ferner die Unterrichtung der Soldaten über ihre Rechte u. Pflichten als Staatsbürger u. den politischen Zweck des W. (innere Führung) das traditionelle Autoritätsverhältnis der Soldaten verändert u. einem beamtenrechtlichen Status angenähert. Der W. bleibt auf den Ausnahmefall, das Versagen der Abschreckung, ausgerichtet, das den Auftrag der Vernichtung u. Tötung des Gegners in Kraft setzt. Wer als Wehrpflichtiger diesen Auftrag aus weltanschaulichen, humanitären, politischen oder völkerrechtlichen Gründen für unvereinbar mit seinem →Gewissen hält, hat das Grundrecht auf *Kriegsdienstverweigerung* (Art. 4,3 GG u. § 25 Wehrpflichtgesetz): das Recht, den Dienst mit der Waffe bereits im Frieden zu verweigern. Er kann anstelle des W. einen zivilen Ersatzdienst in sozialen u. karitativen Organisationen leisten. Die sittl. Verpflichtung, nicht gegen rechtfertigbare Überzeugungen zu handeln, wird vom Gesetzgeber prinzipiell anerkannt. Problem der Anerkennung von Kriegsdienstverweigerern ist es, daß das Gewissen nicht durch inhaltliche Unterscheidungen, sondern durch seine Unbedingtheit begründet ist. Es gibt daher keine objektiven Verfahren, ein Gewissen zu prüfen. Da die Gewissensentscheidung der Kriegsdienstverweigerung aber nicht zur Privilegierung berechtigen soll, wird bisher an ihrer öffentlichen Rechtfertigung, der Äußerung von Gründen u. ihrer Beurteilung durch zivile Ausschüsse, festgehalten. Der glaubhafte Test des Gewissens, das Inkaufnehmen von Nachteilen durch Kriegsdienstverweigerer *(R. Spaemann)* würde umgekehrt zur Privilegierung der W.leistenden führen.

Lit.: N. G. Baudissin, Soldat für den Frieden, München 1969; W. v. Bredow, Entscheidung des Gewissens …, Köln 1969; W. Durchrow, G. Schaffenroth (Hrsg.), Konflikte zwischen W. u. Friedensdienst, Stuttgart/München 1970; F. W. Seidler, H. Reindl, W. u. Zivildienst, München/Wien 1971, Teil II, III; R. Spaemann, Ist Gewissen testbar? in: Deutsche Zeitung, Nr. 20, 1976.   *W. V.*

Weisheit →Klugheit.

Welt bezeichnet den gesamten Lebens-, Gestaltungs- u. Vorstellungsraum des →Menschen. Griechisch bedeutet W. als Kosmos ursprünglich die →Ordnung sowohl des künstlich Hergestellten wie des →Rechts, aber auch die schöne Ordnung der W. „Himmel u Erde, Götter u. Menschen" sind für *Platon* die W., die durch die →Tugend der →Freundschaft zusammengehalten wird; er unterscheidet die erkennbare geistige von deren Abbild, der sinnlichen W. Für *Aristoteles* ist die W.-Erkenntnis (Kosmologie) u. die Erkenntnis der Bewegungsprinzipien der Gestirne, des Menschen, seines Handelns, Herstellens u. Denkens u. der Natur, die höchste Wissenschaft. Erst mit *Thomas v. Aquin* gewinnt die →Natur u. ihre Erforschung Bedeutung für die W., eine Entwicklung, die mit der zentralen Stellung des Menschen gegenüber der W. in der christlichen Theologie eingeleitet u. mit dem Wandel vom geo- zum heliozentrischen W.-Bild vollendet wurde (kopernikanische Wende). Als Inbegriff aller Erscheinungen ist W. für *Kant* kein Gegenstand der Erkenntnis, sondern Inbegriff aller Gegenstände. Mit jeder Aussage über die W. in ihrer Gesamtheit verstrickt sich die Vernunft in Widersprüche (Antinomien). Der sinnlichen W. steht die der Vernunft, insbesondere die →Sittlichen gegenüber. Die Phänomenologie (*E. Husserl*) vereinigt diese getrennten W.en u. begreift W. als Horizont des →Verstehens u. Handelns. W. ist bei der Erkenntnis der Phänomene sowohl Thema wie dessen Voraussetzung. Sie schafft Bewußtsein u. wird zugleich im Bewußtsein geschaffen

(Lebens-W.), als Natur-, Kultur- u. technische W. Die Existenzphilosophie (*M. Heidegger*) bestimmt das Dasein des Menschen als In-der-W.-Sein (→existentialistische E): W. ist der geschichtliche Spielraum u. →Sinn-Horizont der Geschichte. Die →christliche E spricht von der W.-Verantwortung des Menschen, die sich in den sittl. Forderungen der Sachlichkeit im Erkennen, Gestalten u. Nutzen der W. u. im Verzicht auf w.-haft Materielles darstellen soll. Die technisch-wissenschaftlichen oder politisch-weltanschaulichen W.-Bilder setzen gegen die Gefährdung des →Lebens oder seines Sinnes Entwürfe, die die Erhaltung der W. mit bestimmten sittl. Grundforderungen verbinden.

Lit.: Platon, Gorgias, 508a ff.; I. Kant, Kritik der reinen Vernunft, A 420, B 448 ff.; E. Husserl, Die Krisis der europäischen Wissenschaften, Den Haag 1959; M. Heidegger, Sein u. Zeit, Kap. 3 u. 4; K. Löwith, Der W.-Begriff der neuzeitlichen Philosophie, Heidelberg ²1968; G. Brandt, Die Lebens-W., Berlin 1971.   *W. V.*

Weltanschauung, ein bereits von *W. v. Humboldt,* besonders aber seit der Romantik u. dem Historismus verwendeter Begriff, meint heute eine in sich einheitliche, nicht notwendig vollständig bewußte Gesamtauffassung von Struktur u. Wesen, Ursprung u. →Sinn der →Welt u. des menschlichen →Lebens in ihr. Während ein *Weltbild* die Zusammenfassung u. gedankliche Verarbeitung der Ergebnisse der Natur- u. Sozialwissenschaften zu einer wissenschaftlichen Gesamtschau der Welt versucht, ist eine W. der Inbegriff von zunächst vorwissenschaftlich ausgebildeten, durch unterschiedliche natürliche u. geschichtliche Einflüsse geprägten Grundvorstellungen, die zudem die →methodischen Grenzen der Einzelwissenschaften überschreiten, theoretische u. praktische Überzeugungen in einer ursprünglichen Einheit verbinden u. eine wertende Stellungnahme zum Ganzen der Welt vornehmen. W.en sind das für →Kulturen u. Epochen, religiöse u. politische Gruppen, Bewegungen oder Richtungen charakteristische umfassende Bezugssystem des Erkennens, →Handelns u. Beurteilens (antike oder mittelalterliche, christliche oder buddhistische, liberale oder marxistische W.). Sie begründen eine spezifische Weise der politisch-sozialen Grundstruktur einer Gemeinschaft u. des persönlichen Lebens innerhalb dieser Struktur. Aufgrund von humanen u. rationalen Überlegungen sowie von methodisch gewonnenen Erfahrungen sind W.en zu korrigieren. W.en u. ihre Anhänger, die sich gegen solche Kritik- u. Veränderungsprozesse abschirmen, entziehen sich dem von Philosophie, →Wissenschaft, auch →Religionen erhobenen →Wahrheitsanspruch u. begründen konkurrierende Lebensformen, ohne eine vernünftige Lösung ihrer Konkurrenz zuzulassen. Sie vertreten dann implizit einen dogmatischen →Relativismus u. sind – latent oder manifest – totalitär.

Lit.: W. Dilthey, W.lehre, (Ges. Schriften, Bd. 8), Stuttgart–Göttingen ²1960; M. Scheler, Philosoph. W., Bern–München ³1968; K. Jaspers, Psychologie der W.en, Heidelberg–Berlin ⁵1960; L. Gabriel, Logik der W., Graz u. a. 1949; M. Heidegger, Die Zeit des Weltbildes,

in: Holzwege, Frankfurt ⁵1972; O. Marquard, W.typologie, in: Schwierigkeiten mit der Geschichtsphilosophie, Frankfurt 1973. *O. H.*

Weltbild →Weltanschauung.

Weltbürger →Patriotismus – Kosmopolitismus.

Weltgeist →Weltgeschichte.

Weltgeschichte (= W.G.). G. bedeutet ein aus (vergangenen) menschlichen →Handlungen u. Widerfahrnissen bestehendes Geschehen (res gestae) sowie dessen erinnernde Vergegenwärtigung (memoria, historia rerum gestarum). G. als empirische Wissenschaft ist nie bloß beschreibende Datenreihung, sondern als rationale Verarbeitung historischer Quellen je schon von systematischen Vorstellungen bezüglich der Zusammenhänge der Ereignisse getragen. Die totalisierende Frage nach dem Ganzen als spezifisch geschichtsphilosophisches Problem ergibt sich, wenn man herauszufinden versucht, was der Zusammenhang all der einzelnen Zusammenhänge sei, die der Historiker feststellt. Das philosophische Interesse intendiert also nicht W.G. als Totalität aller historischen Ereignisse im Sinn einer Ereignis- oder Datenvollständigkeit, sondern als Totalität im Sinne der systematischen Einheit der historischen Datenfülle. Philosophie der W.G. ist so gesehen die Frage nach dem Wesen der G., nach ihrem Ursprung u. Ziel, nach den ihren Gang bestimmenden Gesetzen, nach ihrem Sinn.

Insofern G. als Zusammenhang menschlicher →Handlungen vorgestellt wird, scheidet die Möglichkeit einer naturkausalen Systematisierung als unzureichend aus. Der teleologischen Systematisierung, derzufolge der G. ein alle Handlungen koordinierender einheitlicher menschlicher Plan zugrundeläge, widerspricht jede Erfahrung. Das ‚objektiv-teleologische' Konzept versucht die Interpretation des Zusammenhangs der Ereignisse aus einem ihnen selbst zugrundeliegenden u. sie objektiv, unabhängig von subjektiven Absichten der Menschen determinierenden End- →Zweck. Das klassische Interpretationsmodell hierfür ist das der W.G. als Heilsgeschichte (von *Augustinus* bis *Bossuet*, seine Kritik vor allem bei *P. Bayle* u. *Voltaire*), derzufolge alle Ereignisse letztlich dem vom göttlichen Willen gesetzten Ziel dienen müssen. Im Ausgang nicht von theologischen Dogmen, sondern von Theoremen einer idealistischen Geistmetaphysik entwickelt *Hegel* (in teilweisem Anschluß an *Herder*) eine säkularisierte Variante dieses Modells: W.G. ist „die Auslegung des Geistes in der Zeit", der Gang des einen *Weltgeistes,* der in der Geschichte der getrennt erscheinenden Nationen u. ihrer Schicksale die verschiedenen Stufen seiner Bildung durchläuft, um schließlich in den rechtlich-politischen Institutionen wie im Bewußtsein der Menschen zu seiner Vollendung, zur Wirklichkeit seiner →Freiheit zu gelangen. *Hegels* objektives Wissen beanspruchender Gedanke, daß es in der W. vernünftig zugegangen sei, verdrängt den kritischen Ansatz, den die G.philosophie durch *Kant* erhielt. Nach *Kant* ist aus einsichtigen Gründen die Einheit der G. kein möglicher Gegenstand theoretischen Wissens, sondern methodische Hypothese in →pragmatisch-praktischer Absicht: Moralität (→Sittlichkeit) bedarf zu ihrer Realisierung in der Welt der Etablierung einer allgemein das →Recht verwaltenden bürgerlichen →Gesellschaft. Die praktisch geforderte Realisierung dieses Ziels muß theoretisch als erreichbar angenommen werden. Die Bedingung hierfür allein in die eigene vernünftige Absicht der Menschen zu legen, hieße die Augen verschließen vor der jederzeit möglichen u. wirklichen Unvernunft u. Amoralität der Menschen. W.G. ist der praktisch begründete Versuch, in dem „scheinbar widersinnigen Gang menschlicher Dinge" eine „Naturabsicht" zu rekonstruieren, die die zeitliche Evolution einer Rechtsverfassung, die Kulturgenese der Menschengattung zum Inhalt hat. Philosophie der W.G. ist die naturteleologische Rekonstruktion der politischen →Vernunft aus der G., ein an historischen Daten zu messender Gedanke der moralisch bestimmten Vernunft, um dem Zweifel an der geschichtlichen Realisierbarkeit ihres Ziels zu begegnen.

Lit.: Augustinus, Vom Gottesstaat; Bossuet, Discours sur l'histoire universelle; G. B. Vico, Prinzipien einer neuen Wissenschaft von der gemeinsamen Natur der Völker; Voltaire, Essai sur les moeurs et l'esprit des nations; J. G. Herder, Ideen zur Philosophie der G. der Menschheit; I. Kant, Schriften zur G.philosophie, Stuttgart 1974; G. W. F. Hegel, Vorlesungen über die Philosophie der G.; F. Nietzsche, Vom Nutzen u. Nachteil der G. für das Leben; J. Burckhardt, Weltgeschichtliche Betrachtungen, Stuttgart 1963; L. v. Ranke, W.G., München 1921; R. G.

Collingwood, Philosophie der G., Stuttgart 1955; K. Löwith, W.G. u. Heilsgeschehen, Stuttgart ⁶1973. *M. F.*

Weltrevolution →Marxistische E.

Werbung →Manipulation.

Wert. Die →sittl. Forderung, sich nach bestimmten W.en zu richten oder diese zu verwirklichen, klingt meist abstrakt u. persönlichkeitsfremd. Motivierende Bedeutung kann nur eine Auffassung der W.e haben, die sie im ursprünglichen Zusammenhang der →Handlung begreift. Dem →Menschen erscheint etwas w.voll, weil er als →Bedürfniswesen bestimmter Güter bedarf, um zu überleben. Auf dem Niveau von Denken u. Sprache ist er in der Lage, seine Umwelt zu beurteilen u. gezielt (intentional) anzustreben, was ihm w.voll erscheint. Das W.en selbst erscheint dabei als Moment einer emotionalen Stellungnahme. Im Zustand des Hungers etwa erscheint mir Brot w.voller als Bücher. Die gefühlsmäßige Bejahung ist dabei nicht von der Wahrnehmung u. dem →willentlichen →Streben abzulösen. Die verschiedenen Akte des Vorziehens u. Zurückstellens einzelner Güter führen in jedem Menschen zu einer Hierarchisierung seiner W.vorstellungen unter einem letzten oder höchsten W., im Hinblick auf den andere W.e *instrumentale* Bedeutung haben oder als Teilaspekte in ihm enthalten sind.

Das besondere Werten der einzelnen Person (subjektives Kriterium) steht immer im Zusammenhang sozialen Wertens (gesellschaftliches Kriterium), da sich jeder in seiner Bedürfnisbefriedigung mit den anderen

auseinandersetzen muß. Die →Gesellschaft hat jeweils schon bestimmte W.vorstellungen ausgebildet, die vorbestimmen, welche Bedürfnisse als wertvoll zur Befriedigung zugelassen, welche unterdrückt oder auf andere W.e verschoben werden. Diese treten dem Individuum als geltende W.e in Form von Geboten oder Verboten gegenüber. Dadurch lernt der einzelne zu unterscheiden, was ihm persönlich w.voll erscheint u. was er als w.voll betrachten soll. Für den Vorrang gesellschaftlicher W.e spricht die in der →Sitte festgehaltene Erfahrung u. das Gewicht der Übereinkunft, für die W.ung des einzelnen die Bedeutung des →Gewissens u. seiner →Gesinnung. Persönliches u. gesellschaftliches W.en bedeuten eine Stellungnahme zu bestimmten Gütern in einer bestimmten →Situation. Nach *M. Scheler* ist unser W.en von einer *Intuition* geleitet, in der wir, die realen Dinge überschreitend, in idealer Weise die W.e der →Liebe, der →Gerechtigkeit, der →Tapferkeit etc. emotional erfassen (W.fühlen). Diese könnten in einer Wissenschaft der W.e (*Axiologie*) in ihrem zeitlosen Gehalt expliziert werden. Eine E, die sich auf einen Kanon zeitlos geltender, idealer W.e stützt, nennen wir *WertE* (→Methoden der E). Doch selbst wenn unser konkret geschichtliches W.en unter dem unbedingten Anspruch des sittl. →Guten steht, ist dieser nur in jeweils bestimmten historischen Stellungnahmen zu den Sachen einzulösen. Deshalb differiert die jeweilige Ausformung der W.vorstellungen von Gesellschaft zu Gesellschaft u. von Epoche zu Epoche, ohne deshalb einen e →Relativismus zu begründen. Eine Gesellschaft, die sich auf den in jahrhundertelanger menschheitlicher Anstrengung erkannten W. der →Freiheit des →Individuums stützt, ist der Überzeugung, daß die Vielfalt der W.vorstellungen der einzelnen, der Gruppen und →Weltanschauungen zu respektieren sei (*Pluralismus der W.e*). Sieht man darin den einzig vertretbaren W (wie im klassischen Liberalismus), kann man sich gesellschaftlich nur auf formale Aspekte der Sicherung der Lebensbedingung für den einzelnen einigen, während die Frage der inhaltlichen Überzeugung dem Kampf der gesellschaftlichen Gruppen überlassen bleibt. Das Zusammenleben in der Gesellschaft erfordert jedoch auch einen inhaltlichen Konsens darüber, welche W.e ein lebenswertes Leben für alle Menschen einschließen müsse. Freiheit u. Sozialität bedingen sich wechselseitig.

Lit.: M. Scheler, Der Formalismus in der E. u. die materiale WertE; N. Hartmann, E. Berlin ³1949, S. 47–70 u. 119–169; P. Ricoeur, Le Volontaire et l'Involontaire, Paris 1948, S. 64–129; V. Kraft, Die Grundlage einer wissenschaftlichen W.lehre; Wien ²1951; R. Lepley (Hrsg.), The Language of Value, New York 1957; J. O. Urmson, Einstufen, in: Seminar: Sprache u. E, Frankfurt 1974; M. Riedel, Norm u. Werturteil, Stuttgart 1979; O. Höffe, W., Normen u. Grundhaltungen: die Perspektive philosophischer E, in: K. Schneid (Hrsg.), Erziehen in der Schule, München 1979, S. 31–56; W. Vossenkuhl, W.e u. Handlungen, in: H. Klages u. a. (Hrsg.), Wertwandel u. gesellschaftlicher Wandel, Frankfurt / New York 1979, S. 136–144. *A. S.*

WertE →Methoden der E, Wert.

Widerstandsrecht →Gewissen.

Wille. Die e Bedeutung des W. besteht darin, daß er traditionellerweise die →Freiheit des Menschen verbürgen soll, die ihn aus der Naturnotwendigkeit (→Determination) ausnimmt. Nur wenn der Mensch sich frei entscheiden kann, ist sittl. Handeln möglich. *Hobbes* als einer der radikalsten Zweifler an der Willensfreiheit betrachtet den Menschen als kausal-mechanisch von seinen →Leidenschaften (passions) bestimmt, von denen diejenige, welche sich in einer →Situation letztlich durchsetzt, W. heißt. Demgegenüber behauptet *Descartes,* daß diese →Determination nur für die Körper- oder äußere Erscheinungsseite des Menschen gelte, er aber innerlich als Vernunftwesen völlig frei sei, sich selbst zu bestimmen; diese vernünftige Selbstbestimmung nennt er W. In der sich darauf stützenden *Willensethik* bleibt das Problem ungelöst, wie ein freier Geist eine notwendig ablaufende „Körpermaschine" bestimmen soll; der Mensch zerfällt in zwei Substanzen, in Geist u. Körper. Neuere Theorien geben dem materialistischen Ausgangspunkt von *Hobbes* darin recht, daß sie den Menschen als →Bedürfnis- u. Triebwesen begreifen, das nach Befriedigung strebt. Sie bestreiten jedoch, daß die Weise der Bedürfnisbefriedigung nach Art eines kausalen Reiz-Reaktionsmechanismus begriffen werden kann. Was ihn vom Tier unterscheide, sei seine Fähigkeit, nicht nur auf Gefahrsignale reagieren zu müssen, sondern durch sprachliche Symbole selbst Situationen vorwegnehmen u. somit aktiv gestalten zu können. Seine durch Denken u. Sprache ermöglichte Situationsfreiheit erlaubt ihm gezielte, d. h. intentionale →Handlungen. Die Möglichkeit intentionalen Handelns stimmt teilweise mit der idealistischen Annahme *Descartes'* überein, daß der Mensch in seinem Wollen frei sei. Im Unterschied zu ihm bestreiten die neueren Theorien (Phänomenologie, Existenzphilosophie u. Philosophie der Normalsprache: der spätere *Wittgenstein* u. *G. Ryle*) aber, daß der Mensch aus zwei Substanzen bestehe, deren eine W. bzw. Geist sei. Vielmehr sei er die eine Substanz eines →leiblich handelnden Wesens. Damit aber verliert der Begriff des W. als einer unabhängigen Geistsubstanz seinen Sinn. Er reduziert sich auf eine Fähigkeit des menschlichen Handelns, relativ frei, d. h. willentlich oder freiwillig zu verfahren. Eine Analyse des Handelns zeigt nämlich, daß es teils an die Situation gebunden, d. h. motiviert, teils durch die Sprache situationsunabhängig, d. h. relativ frei im Gestalten oder intentional ist. Diese relative Freiheit des Handelns (nicht des Willens) beruht darauf, daß der Mensch in seiner →Sozialisation in die Sprache eingeübt worden ist. Mit der Sprache aber hat er Anweisungen bekommen, wie man Situationen praktisch nach Regeln bewältigen kann. Dieses Lernen durch Gewöhnung u. Verallgemeinerung erlaubt ihm, sein Leben auf einen Bestand freiwilliger, weil gelernter Handlungen zu gründen. Darüber hinaus bedarf es bei neuen Entwicklungen (bedingt durch Konflikte, Lebenskrisen etc.) einer auf ausdrückliche Überlegung gegründeten bewußten →Entscheidung, um die Freiwilligkeit des Handelns verwirklichen zu können. Während *Kant* u. *Hegel* die vernünftige Entscheidung nur durch einen von den Bedürfnissen u. Wünschen des Menschen strikt getrennten (autonomen) W. garantiert sahen, der formal die Freiheit der Entscheidung ausmacht, versuchen neuere Theorien die Vernünftigkeit des Wollens aus den Bedürfnissen u. Wünschen selbst durch Prozesse bewußter Überlegung u. →Kommunikation zu entwickeln.

Allerdings ist die Freiwilligkeit des Handelns nur unter den Bedingungen einer von →Krankheit und Unterdrückung freien Wirklichkeit voll gewährleistet. Gesellschaftlich-politische Unterdrückung u. gestörte Erziehungspraxis bewirken einen systematischen Bruch im →Individuum, das entweder im Konflikt sich widerstreitender Intentionen (Neurose) oder in der Abwendung von der Wirklichkeit (Psychose) die Freiwilligkeit seines Handelns teilweise oder ganz einbüßt. Die sittl. →Verantwortlichkeit kann dadurch weitgehend oder nahezu völlig eingeschränkt sein.

Lit.: Aristoteles, Nikomach. E, Kap. III 1–7; R. Descartes, Meditationen über die Erste Philosophie; bes. 4. Medit. Abschn. 8 ff.; J. Kant, Kritik der praktischen Vernunft; G. W. F. Hegel, Grundlinien der Philosophie des Rechts, §§ 4 ff.; P. Ricoeur, Le Volontaire et L'Involontaire, Paris 1948; G. Ryle, Der Begriff des Geistes, Stuttgart 1969, Kap. 3; W. F. Pears (Hrsg.), Freedom and the Will, London-New York 1963; A. Kenny, Action, Emotion and Will, Lon-

don [4]1969; A. R. White (Hrsg.), The
Philosophy of Action, Oxford 1968.

A. S.

WillensE → Wille.

Wille zur Macht →Lebensphiloso-
phie.

Willkür →Freiheit.

Wirkung →Erfolg.

Wirtschaftsethik. Die W. bestimmt
die →Ziele u. →Normen (→So-
zialE) des individuellen u. staatlichen
wirtschaftlichen Handelns u. des Verhältnisses zwischen beiden. Diese
Ziele u. Normen sind den formalen u.
materialen Zwecken des ökonomischen Handelns übergeordnet u. lassen sich nicht aus diesen ableiten.
(1.1) Die Wissenschaft der *Ökonomie*
(griech. oikos Haushalt, nomos: Gesetz) kann zwar die Zusammenhänge
der ökonomischen Faktoren beschreiben u. unter bestimmten hypothetischen Voraussetzungen Entscheidungsalternativen vorschlagen. Da
aber die möglichen Folgen dieser Alternativen nicht alle absehbar sind u.
die wissenschaftlichen Informationen
allein noch keine Auswahl zwischen
Entscheidungsalternativen rechtfertigen, sind für deren Beurteilung zusätzliche Wertkriterien notwendig.
Die Ökonomie ist weder als Lehre
von der Planung u. Gestaltung
gesamtwirtschaftlicher   Prozesse
(Volkswirtschaftslehre / Nationalökonomie) noch als Lehre vom
einzelwirtschaftlichen Handeln von
Unternehmern (Betriebswirtschafts-
lehre) wertfrei (→WissenschaftsE).
(1.2) Die angewandte Ökonomie
hat primär die Aufgabe, knappe Güter
so zu beschaffen u. zu verwenden, daß
bestimmte individuelle oder soziale
Zwecke (z. B. Bedürfnisbefriedigung, Lebenssicherung etc.) erreicht
werden können. Die Wirtschaftssub-
jekte sollen die Güter, das Geld oder
andere knappe Mittel unter Vermeidung von unnötigen Verlusten verwenden. (1.3) Das formale Prinzip
der Ökonomie ist die optimale
zweckbestimmte Ausnutzung vorhandener Möglichkeiten mit rationalen Mitteln (ökonomisches Prinzip:
→Entscheidungstheorie). Materiale
Zwecke sind dabei der allgemeine
wirtschaftliche u. technische Fortschritt u. die Steigerung der Produktion durch eine Entwicklung aller
Ressourcen. Als sittl. Zwecke dieser
Ziele gelten eine optimale Bevölke-
rungsentwicklung u. ein möglichst
hohes Maß an individueller Selbstentfaltung u. Selbstbestimmung. Obwohl ökonomische Bedingungen zur
Einlösung dieser Zwecke nur materielle Voraussetzungen schaffen können, hängt der Charakter der ökonomischen Systeme von einer grundsätzlichen Entscheidung darüber ab,
ob die Realisierung der individuellen
Zwecke die der sozialen zur Folge hat
oder umgekehrt, oder ob diese
Zwecke gegensätzlich sind u. eigens
politische u. rechtliche Kriterien zu
ihrem gerechten Ausgleich notwendig machen.
(2) Der klassische *Liberalismus* (lat.
liberus, frei), der im 18. u.
19. Jahrhundert in England entstand
u. die Grundlagen des ökonomischen
Denkens der westlichen Welt heute
noch weitgehend bestimmt, sieht im
individuellen Gewinnstreben ein
→Streben nach →Glück, das nicht

nur dem einzelnen eine freie Entfaltung seiner Anlagen u. Fähigkeiten ermögliche, sondern als konkurrierendes Streben aller Mitglieder einer Gesellschaft gleichzeitig das →Gemeinwohl steigere *(A. Smith, J. Bentham)*. Wie durch eine „unsichtbare Hand" steuere der Markt im Spiel von Angebot u. Nachfrage sowohl die günstigen Preise für den Konsum wie den vorteilhaftesten Profit. Die Ökonomie sei ein rechtsfreier Prozeß, ein System natürlicher Freiheiten, dessen Regeln sich in der sozialen Erfahrung u. der unmittelbaren Wahrnehmung u. dem Gefühl der Individuen bilden. Der →Staat hat die Aufgabe, das durch menschliche →Arbeit geschaffene →Eigentum u. seine Vermehrung zu schützen, ohne selbst in die ökonomischen Prozesse einzugreifen (Minimalstaat). Das →Selbstinteresse, das jeder dem anderen zubilligt, u. der uneingeschränkte Wettbewerb sind die Grundprinzipien dieser W., die als *politische Ökonomie* die wissenschaftliche Lehre der Mittel zur Steigerung des individuellen u. staatlichen Wohlstands ist *(A. Smith)*. Der Liberalismus läßt offen, wie weit das →Recht das Selbstinteresse u. den Handlungsspielraum des einzelnen einschränken soll u. wie die Interessenharmonie zu verwirklichen ist. Der gegenwärtige Neoliberalismus hält, trotz minimalstaatlicher Ideen *(R. Nozick)*, nicht an der natürlichen Interessenharmonie fest, sondern sucht nach Möglichkeiten der demokratischen Kontrolle ökonomischer Macht, gibt der Steigerung der Lebenschancen Vorrang vor einseitigen Wachstumserwartungen u. kritisiert den Kapitalismus *(R. Dahrendorf, J. M. Buchanan)*.

(3) Der *Kapitalismus* (lat. caput, Haupt, Summe) greift liberale Prinzipien auf: er radikalisiert den Wettbewerb u. führt zur Entfaltung u. zum Wohlstand von immer weniger Menschen. Eine der Ursachen dieser Entwicklung ist, daß die liberale Eigentumsgarantie nicht die chancengerechte Verteilung des Eigentums als Basis seiner leistungsgerechten Vermehrung voraussetzt. Eine andere Ursache ist, daß die Selbststeuerungsmechanismen des Wirtschaftsprozesses weder in der Lage sind, ein übersteigertes Gewinnstreben, noch Konjunkturschwankungen zu verhindern, die Arbeitslosigkeit u. soziale Krisen bewirken.

(4) Der *Sozialismus* (lat. socialis, gemeinschaftlich) versteht diese Krisen als notwendige Folgen der Trennung von Kapital u. Arbeit im Kapitalismus u. der damit verbundenen →Entfremdung der Arbeitnehmer u. Arbeitgeber. Die Vermehrung des konstanten Kapitals in der Hand immer weniger Kapitalisten u. das geringer werdende variable Kapital an Arbeit führe zum Sinken der Profitrate: der ständig wachsenden, technisierten Produktion stehe aufgrund der sinkenden Löhne u. der Arbeitslosigkeit ein sinkender Konsum gegenüber *(K. Marx)*. Dadurch steigere sich der Klassenwiderspruch (→marxistische E) bis zur →Revolution u. der Auflösung des Privateigentums. Die W. des Sozialismus sei eine →Klassen-E: Nur die Proletarier haben einen legitimen Anspruch auf die Produkte ihrer Arbeit u. entsprechend auf Bedürfnisbefriedigung. – Der Sozialismus erkennt grundsätzlich die wirtschaftsethischen Ziele des Liberalismus, die

Selbstbestimmung u. Entfaltung der Persönlichkeit u. die Übereinkunft von individuellem u. sozialem Interesse an. Er verbindet damit aber die Kritik, der Liberalismus abstrahiere diese Ziele von ihren sozialen Bedingungen u. stelle die Mittel ihrer Verwirklichung nicht bereit: Die Individuen seien nur äußerlich durch ihr Gewinnstreben verbunden, eine lebendige Gemeinschaft sei damit unmöglich. Sozialismus u. Liberalismus erhoffen trotz der gegensätzlichen Einschätzung des sittl. Werts von Eigentum u. der unterschiedlichen Beurteilung von freiem Markt u. staatlich geplanter Wirtschaft gleichermaßen die Verwirklichung der sittl. Zwecke der Gesellschaft als Ergebnis des materialen Prozesses der Arbeit. Der Unterbewertung des Gegensatzes von individuellem u. sozialem Interesse durch den Liberalismus korrespondiert die Überbewertung des sozialen gegenüber dem individuellen Interesse durch den Sozialismus.

(5) Liberale u. soziale ökonomische Ziele können wirtschaftsethisch nur in einer sozial gestalteten Marktwirtschaft vermittelt werden, in der im Produktionsprozeß die sittl. Zwecke einer demokratischen Gesellschaftsform gelten. Die materialen Zwecke des wirtschaftl. chen Wachstums müssen dazu im individuellen wie im staatlichen ökonomischen Handeln mit den Prinzipien des Bedarfs- u. Leistungsgerechtigkeit (Verteilungsziele) übereinstimmen, der sozialen Sicherheit, der Erhaltung produktiver Ressourcen u. der natürlichen Umwelt (Sicherungsziele) dienen, den sozialen →Frieden, die →Freiheit bei der Teilnahme am Wirtschaftsprozeß,

den Machtausgleich zwischen den sozialen Gruppen (Arbeitgeber, Gewerkschaften, Verbände) u. die Stabilität des wirtschaftlichen Systems (Ordnungsziele) sichern. Da diese Ziele im wirtschaftlichen Handeln sowohl untereinander wie mit den materialen Zielen der Erhaltung des Geldwerts, der Vollbeschäftigung u. dem wirtschaftlichen Fortschritt, da ferner diese materialen Ziele untereinander in →Konflikt geraten können, erfordern die wirtschaftlichen →Entscheidungen sowohl im unternehmerischen wie im staatlichen Bereich Beratungsprozesse. Diese können zwar kein vollkommenes Gleichgewicht zwischen den Zielen herstellen. Die Mitbestimmung (→Demokratie) aller am Produktionsprozeß beteiligten Gruppen bzw. die Beratungen der Parlamente legitimieren jedoch die Entscheidungen über den jeweiligen Vorrang von Zielen. Diese Beratungsprozesse treffen dann legitime Entscheidungen, wenn für sie die sozialen Normen der →Toleranz, →Gerechtigkeit u. Solidarität (→Wohlwollen) ebenso gelten wie die wirtschaftsethischen Normen der freien Bildung von Eigentum u. seiner eigenverantwortlichen Verfügbarkeit, des gleichberechtigten Wettbewerbs u. der →Verantwortung gegenüber dem →Gemeinwohl.

Lit.: A. Smith, Der Wohlstand der Nationen, Kap. I, 1–4, III, 1, IV, 1; ders., Theorie der e Gefühle, Bd. 2, Teil VI, Abschn. 2; J. Bentham, Economic Writings, 3 Bde., London 1952, Bd. 1, S. 81 ff.; J. S. Mill, Grundsätze der politischen Ökonomie, Bd. 1, Buch I, 1–4; II, 1–4; Bd. 3, Buch V, Aalen 1968; K. Marx, Das Kapital, MEW Bd. 23,

Abschn. 7, MEW Bd. 25, Abschn. 3; M.
Weber, Wirtschaft u. Gesellschaft, Teil
1, Kap. II, 2, I. u. III; ders., Die prote-
stantische E u. der Geist des Kapitalismus, S. 17–205; F. Federici, Der
deutsche Liberalismus, Zürich 1946, bes.
Kant, Fichte, v. Stein, Hegel; R. Dahren-
dorf, Gesellschaft u. Demokratie in
Deutschland, München ²1972, S. 233 ff.;
J. A. Schumpeter, Kapitalismus, Sozia-
lismus u. Demokratie, München ³1972,
Kap. 3, Teil 5–14, 16–18; G. Duncan,
Marx and Mill, Cambridge 1973, Teil 4;
A. Picot, E. u. Absatzwirtschaft aus
marktwirtschaftlicher Sicht, in: B. Tietz
(Hrsg.), Handwörterbuch der Absatz-
wirtschaft, Stuttgart 1974; J. M. Bucha-
nan, The Limits of Liberty, Chicago/
London 1975; R. Nozick, Anarchie,
Staat, Utopia, München 1976, Teil 2; T.
Guldimann, Die Grenzen des Wohl-
fahrtsstaates, München 1976; F. A. v.
Hayek, Liberalismus, Tübingen 1979.
W. V.

Wissenschaftsethik. Die W.-E. untersucht den →Sinn u. die →Verant-
wortung der W. (1) Mittels Beobachtungen u. Experimenten, begrifflich-
cher Analyse u. anderen Verfahren
sucht die W. auf methodischem Weg
nach wahrer Erkenntnis von Sachverhalten (der →Natur u. →Gesellschaft,
der Sprache, Kunst, auch der Erkenntnis selbst), sowie nach deren
Ursachen, Gründen u. Gesetzmäßigkeiten. In der W. vollendet sich das
natürliche Streben des Menschen nach
Wissen *(Aristoteles)*. Von *Platon* u.
Aristoteles bis zum Rationalismus der
Neuzeit *(Hobbes, Descartes* u. a.) verstand man unter W. die grundsätzliche Höchstform von Wissen: das
Ideal einer sicheren, weil aus wahren
u. schlechthin ersten Sätzen, den Prinzipien, begründeten u. deshalb notwendigen Erkenntnis. Die modernen

W.en verstehen ihre Aussagen nur als
(mehr oder weniger stark bewährte)
Hypothesen, die – der kritischen
Überprüfung ausgesetzt – immer
wieder neu modifiziert u. revidiert
werden können (→kritischer Rationalismus, →Pragmatismus). Trotz
dieser tiefgreifenden Veränderung ist
die →sittl. Grundaufgabe der W. von
Platon u. *Aristoteles* bis *Russell* u. *Popper* dieselbe: Forschung u. Lehre kom-
promißlos der Wahrheit zu verpflichten. Ob die w. aus theoretischer Neugierde, aus natur- u. sozialtechnologi-
schem, aus kritisch-hermeneutischem
oder therapeutischem Interesse motiviert ist: in ihren Aussagen selbst sollen alle persönlichen u. gruppenspezi-
fischen Interessen u. Bekenntnisse
hinter der Idee objektiver →Wahrheit
zurücktreten. Die W.-E. gebietet es,
an keiner Überzeugung dogmatisch
u. autoritätsgläubig festzuhalten, sie
vielmehr auf ihre Richtigkeit zu prüfen, Vorurteile zu überwinden, die
sich immer wieder neu aus Täuschungen durch die Sinne, die Sprache u.
den Verstand, die Gewohnheit u. Tradition ergeben, u. ein fortschreitend
weiteres u. tieferes Verständnis von
natürlicher u. menschlicher Wirklichkeit zu suchen. (2) Die W. ist ein vielfach aufgegliedertes, relativ autonomes Teilsystem der Gesellschaft, das
als NaturW.en u. Technik, zunehmend auch als Wirtschafts- u. Sozial-
W.en für das menschliche Überleben,
für den technischen, wirtschaftlichen
u. sozialen Fortschritt, darüber hinaus zusammen mit Philosophie u.
HumanW.en für die Aufklärung des
→Menschen über die Natur u. sich
selbst sowie die →Humanität verantwortlich ist. Wie diese →Verantwor-

tung angemessen zu übernehmen ist, läßt sich ohne eine nähere Analyse der besonderen Situation nicht entscheiden. Allgemein: Die W.-E. gebietet es, die Aufgaben mit aller methodischen Sorgfalt durchzuführen u. als W.en insgesamt, wenn auch in erforderlicher Arbeitsteilung, die Untersuchung der technischen oder sozialen Risiken u. Nebenfolgen (nicht bloß einzelner wissenschaftlicher Projekte, sondern auch der Verwissenschaftlichung unserer Lebenswelt) nicht zu unterschlagen. Eine besondere Verantwortung hat die W. bei Humanexperimenten (→medizinische E). (3) In der zunehmend wichtigen w.lichen Politikberatung bei öffentlichen →Entscheidungsprozessen sollen sich die W.ler weder als Alibi u. Feigenblatt der jeweils Herrschenden mißbrauchen lassen noch sich der Mitwirkung bei öffentlichen Aufgaben entziehen. Mit Hilfe ihres Sach- u. Methodenverstandes sollen sie die rationelle Qualität der Entscheidungen verbessern, aber auch die Verläßlichkeitsgrenzen der W.en, gerade der HumanW.en beachten u. zwischen w.licher Analyse u. persönlicher sittl.-politischer Stellungnahme unterscheiden. (4) Wegen ihrer so großen Bedeutung in vielen Bereichen der modernen Lebenswelt sollten die W.ler sich nicht bloß ihren Fachkollegen, sondern auch der Öffentlichkeit verständlich machen. Dieses kann nicht bedeuten, daß jeder Forschungsbeitrag für alle lesbar ist, wohl aber, daß wichtige Resultate u. Kontroversen der W.en über geeignete Medien auch dem Laien vermittelt werden. (5) Was bei *Aristoteles* u. seiner Tradition im Mittelpunkt stand,

ist durch das neuzeitliche Interesse der W.en an technischer u. sozialer Relevanz zwar zurückgetreten, hat aber nicht sein Recht als Korrektiv verloren: Neben ihrer technologischen, kritisch-hermeneutischen u. therapeutischen Seite ist W. auch eine Grundhaltung, mit der man sich durch die Verpflichtung auf Wahrheit über die partikularen Interessen erhebt. Sie kann eine Form menschlicher Existenz sein, in der man nicht bei der Besorgung des Lebensnotwendigen, der Bequemlichkeit, des Lebensgenusses u. materiellen Fortschritts stehenbleibt u. somit – analog zu →Spiel u. Kunst oder zu einer durch →Gerechtigkeit bestimmten Gesellschaft – →Freiheit u. Humanität zum Ausdruck bringt.

Lit.: Aristoteles, Metaphysik, Buch I; ders., Nikomach.E, Kap. X 6–9; J. J. Rousseau, Diskurs über Kunst u. W.; J. G. Fichte, Die Bestimmung des Gelehrten (1794); M. Weber, Wissenschaft als Beruf, in: Gesammelte Aufsätze zur Wissenschaftslehre; J. Bronowski, Science and Human Values, New York ²1959; C. F. v. Weizsäcker, Die Verantwortung der W. im Atomzeitalter, Göttingen ⁴1963; K. Jaspers, Wahrheit u. W.; A. Portmann, NaturW. u. Humanismus, München 1960; A. Diemer, Was heißt W.?, Meisenheim 1964; J. Habermas, Technik u. W. als ‚Ideologie‘, Frankfurt ²1975; W. Schulz, Philosophie in der veränderten Welt, Pfullingen ³1976, Teil I; NaturW vor e Problemen, München 1969; A. F. Cournand, H. Zuckerman, The Code of Science, in: Studium Generale Bd. 23, 1970; O. Höffe, Strategien der Humanität, Freiburg/München 1975, Kap. 10–12; W. Lübbe, W.politik, Zürich 1977; H. Ringeling, Die Verantwortung der W., Bern 1977; G. Böhme u. a., Zur gesellschaftlichen Orientierung des wissenschaftl. Fortschritts, Frankfurt 1978.   *O. H.*

Wohlfahrtsökonomie →Entscheidungstheorie.

Wohlfahrtsstaat →Staat.

Wohltätigkeit →Liebe.

Wohlwollen (gr. eúnoia, engl. benevolence) bedeutet gemäß der klassischen Definition des *Aristoteles* eine Einstellung gegenüber den Mitmenschen, in der wir →das Gute für den anderen um des Guten willen anstreben. Als sittl. Haltung (→Tugend), die nicht nach dem Maß der Zuwendung fragt, wird es allerdings auf den →Freundschaftsbereich eingeschränkt. Zusammen mit der →Gerechtigkeit, die jedem das seine zuteilt u. im öffentlichen Bereich angemessen ist, gilt es als Inbegriff sittl. Einstellung im zwischenmenschlichen Verhältnis. Der klassische Begriff des W. zielt die Mitte zwischen der Selbstzentriertheit des Egoismus (→Selbstinteresse) u. der Fremdzentriertheit des *Altruismus* an. Dieser meint ein Verhältnis zum Mitmenschen, in dem wir seine Ziele unter Zurückstellung eigener Interessen verfolgen. Uneingestandenerweise haben wir dabei die verleugneten Eigeninteressen doch im Blick, weil wir den anderen von uns abhängig machen. Im Verständnis der →christlichen E, die sich an der biblischen Parabel vom barmherzigen Samariter orientiert, geht das Problem des W. in die Forderung der allgemeinen Nächsten-→Liebe unter Einschluß von Solidarität u. Mitleid ein. Die *Hobbes*-

sche Kritik mißtraut diesem allgemeinen W. u. sieht im →Selbstinteresse die Basis jeglicher Moral. W. sei nur die Art u. Weise, wie jemand seine Macht u. Ehre im Verhältnis zu anderen erhöht. Die englische Moralphilosophie in der Tradition des → *Utilitarismus* versucht demgegenüber den Nachweis zu führen, daß die Haltung des W. als Beförderung der →Freude u. Wohlfahrt aller anderen vernünftigerweise im Selbstinteresse jedes Menschen liegt u. daher von allen geübt werden muß. Dieser Altruismus aus Selbstinteresse macht deutlich, daß W. jedenfalls nicht mit Schwäche gegenüber dem anderen verwechselt werden darf, sondern eine selbständige →Persönlichkeit voraussetzt, die ihr Eigeninteresse einbringt. Die Abstufungen des W. beginnen beim W. spontaner Art, das wir *Sympathie* nennen u. nur auf einer oberflächlichen Kenntnis des anderen beruht. W. aus Bedauern über →Leid oder Schaden des anderen nennen wir *Mitleid*, hilfreiches Verhalten in dieser Situation Wohltätigkeit (→Liebe), die *Kant* als ein Beispiel des →kategorischen Imperativs erwähnt. Wenn wir uns einer empfangenen Wohltat freuen, äußert sich unser W. als *Dankbarkeit*. W. gegenüber der eigenen Gruppe, Klasse, den Unterdrückten oder der ganzen Menschheit bekundet sich in *Solidarität*. Die Grenze einer Zuwendung zum Mitmenschen im Sinne des W. ist dann erreicht, wenn Beleidigung, Verletzung der eigenen Rechte, Bosheit u. Verbrechen die Basis des W. zerstören.

Lit.: Aristoteles, Nikomach. E, Buch VIII u. IX 5; Hobbes, Leviathan, Kap. I, 10; A. Macintyre, Egoism and Altruism, in: The Encyclopedia of Philosophy, Bd. II, S. 462–466; T. Nagel, The Possibility of Altruism, Oxford 1970; H. E. Richter, Lernziel Solidarität, Reinbek 1974; R. B. Brandt, The Psychology of Benevolence and Its Implications for Philosophy, in: The Journal of Philosophy, Bd. 73, 1976.   *A. S.*

Y

Yoga →Hinduistische E.

Z

Zen →Buddhismus.

Zensur →Grundrechte.

Ziel. Was wir mit Z. oder *Zweck* meinen, verweist in den Zusammenhang menschlicher Praxis. Die Z.findung orientiert sich an den natürlichen u. gesellschaftlichen Bedingungen der →Situation u. Umwelt, an ihren Regeln, →Normen, →Werten oder →Idealen, die bestimmte Z.e als möglich, erwünscht oder verboten ausweisen. Während das Tier unmittelbar von den Reizen der Umwelt abhängig ist u. seine Bedürfnisse in zwangsläufiger Reaktion auf sie befriedigt (→Instinkt), geben uns Denken u. Sprache einen Spielraum gegenüber der Umwelt, ihr Angebot in der Wahrnehmung zu sichten u. in der →Handlung modifiziert zu beantworten. Umweltbedingungen (von außen) u. psychophysische →Bedürfnisse (von innen) (Handlungsgründe) werden aus zwangsläufigen (kausalen) Faktoren (Handlungsursachen) in Motive unseres Handelns umgewandelt, wenn wir sie uns wissentlich aneignen, →willentlich Stellung nehmen u. z.strebig (intentional) verwirklichen (Handlungsmotive). Die *Motive* geben das Worum-willen der Handlung oder die Z.e an, die Handlung selbst erweist sich als *Mittel,* sie zu erreichen. Die Z.e können dabei in der Handlung selbst (Basishandlung) oder erst durch ihre Folgen erreicht werden. Handlungen sind nur →verstehbar, wenn sie unter dem Gesichtspunkt betrachtet werden, ob sie Mittel darstellen, das gewünschte Z. zu erreichen. Durch das Wissen u. Wollen der Z.e grenzen sie sich von handlungsähnlichem Verhalten ab, in dem die Motive nicht kognitiv verarbeitet u. in Z.strebigkeit umgesetzt werden, sondern in unbewußter Weise geradezu zwangsläufig (nach Art kausaler Zusammenhänge) wirken u. die Symptome einer →Krankheit hervorrufen. Das Wissen u. Wollen der Z.e darf aber umgekehrt nicht mit ausdrücklicher Überlegung u. bewußter →Entscheidung gleichgesetzt werden. Im Normalfall verfolgen wir unsere Z.e in einer implizit wissentlich-willentlichen Weise: Wir sagen, das Handeln sei *final* gerichtet oder teleologisch zu verstehen. *Aristoteles* war der Auffassung, daß der Mensch außer der formellen Notwendigkeit, sich im Handeln an Z.en orientieren zu müssen, auf Grund seiner Polis-Natur (Erziehung u. Gewöhnung im Staat) tendenziell nach dem ihm gemäßen Guten, dem Gut-Leben strebe (Entelechie). Eine solche E, die eine letzte inhaltliche Z.bestimmtheit menschlichen Handelns annimmt, nennen wir *teleologische E.* Im modernen Sprachgebrauch wird dieser Ausdruck auch zur Bezeichnung einer E verwandt, die im Unterschied zu einer →deontologischen E die Richtigkeit von Handlungen und deren Folgen im Lichte höchster Werte u. Z. bemißt.

Gegenüber der aristotelischen Auffassung behauptet die moderne E seit *Kant,* daß wir auch in der Wahl der Z.e frei sind. Als Modellfall erscheint ihr die auf ausdrücklicher Überlegung basierende, bewußt getroffene Entscheidung. Im Unterschied zur impliziten Z.orientiertheit des alltäglichen Handelns nennen wir dieses explizite u. absichtsvolle Tun Zwecksetzung u. ihre Inhalte *Zwecke.* Soll die jeweilige Handlung meinen Zwecken dienen, dann muß ich ihre *Zweckmittelrationalität (M. Weber)* und, da sie den Grundriß eines Handlungsplanes enthält, ihre Planrationalität prüfen. Auf diese stützen sich alle modernen Technologien, von den technischen im engeren Sinne bis zu den Sozialtechnologien. Dabei ist die Zwecksetzung offensichtlich willkürlich u. dem subjektiven Gutdünken anheim gestellt (irrational). Nur die Funktionalität der Mittel für die Zwecke wird rational gerechtfertigt. *Kant* sieht in der Willkür der Zwecksetzungen den Schein der →Freiheit, in Wahrheit aber die Abhängigkeit von zufälligen Begierden u. Neigungen. Nach ihm lassen sich die Zwecke selbst nur dann als sittl. ausweisen, wenn auch sie dem Gesichtspunkt der Zweckmäßigkeit u. allgemeinen Verbindlichkeit unterzuordnen sind. Als letzter Zweck, der in sich selbst seine Zweckmäßigkeit erweist, erscheint die Menschlichkeit (→Humanität) des Menschen, der nach *Kant* jederzeit

nur als Zweck an sich selbst u. nie bloß als Mittel gebraucht werden darf. Die durch diesen Grundsatz bestimmte Handlung gilt als moralisch u. im eigentlichen Sinn als frei oder autonom. Die Freiheit der moralischen Reflexion kann jedoch im lebenspraktischen Handeln nur wirksam werden, wenn sie in die Motive des psychischen Erlebens integriert werden kann u. somit die künftige Z.findung mitbestimmt.

Lit.: Aristoteles, Nikomach. E, Buch I u. II; I. Kant, Grundlegung zur Metaphysik der Sitten; M. Weber, Der Sinn der „Wertfreiheit" der soziologischen u. ökonomischen Wissenschaften; ders., Soziologische Grundbegriffe, in: Gesammelte Aufsätze zur Wissenschaftslehre, Tübingen 1951; E. Husserl, Ideen zu einer reinen Phänomenologie u. phänomenologischen Philosophie II, Husserliana Bd. IV, Den Haag 1952, S. 172–280; N. Hartmann, Teleologisches Denken, Berlin 1951, S. 64–99; G. E. M. Anscombe, Intention, Oxford 1957; A. Kenny, Act, Emotion and Will, London [4]1969; N. Luhmann, Zweckbegriffe u. Systemrationalität, Frankfurt 1973; G. H. v. Wright, Erklären u. Verstehen, Frankfurt 1974, S. 83–121.   *A. S.*

Zivilcourage →Tapferkeit.

Zivilisation →Kultur.

Zorn →Leidenschaft.

Zukunft →Hoffnung.

Zurechnungsfähigkeit →Verantwortung.

Zwang →Gewalt.

Zweck →Ziel.

Zynismus →Nihilismus.

Quellen der Ethik

Platon (427–347 v. Chr.)

Sämtliche Werke (Übers. Schleiermacher), 6 Bde., Hamburg (Rowohlt) 1957 ff.; Sämtliche Werke, Jubiläumsausgabe in 8 Bden. (Übers. Rufener), München (Artemis) 1974; Platon-Studienausgabe (griech.–deutsch), 8 Bde., Darmstadt (Wissenschaftl. Buchgesellschaft) 1970 ff. (bisher erschienen Bd. II Apologie, Kriton, Euthydemos, Gorgias u. a., Bd. III Symposion u. a., Bd. IV Politeia I–X, Bd. VI Theaitetos, Sophistes, Politikos, Bd. VII Timaios, Kritias, Philebos; Übersetzung Schleiermacher, teilweise Hieronymus-Müller).
Einzelausgaben:
In der Phil. Bibl. Meiner, Hamburg: Euthyphron (griech.–deutsch), 1968; Laches (griech.–deutsch), 1970; Gastmahl (griech.–deutsch), 1973; Philebos, 1955; Der Staat, 1973; Protagoras, 1956.
Bei Reclam, Stuttgart: Laches (griech.–deutsch), 1975; Apologie/Kriton, 1976; Das Gastmahl, 1976; Gorgias, 1961; Phaidon, 1957; Phaidros, 1957; Der siebente Brief, 1964; Der Staat, 1971.

Aristoteles (384–322 v. Chr.)

Aristotle in 23 volumes (griech.–englisch), London (Loeb Classical Library) [1]1935, vol. XVIII Oeconomica and Magna Moralia; vol. XIX Nicomachean Ethics; vol. XX Athenian Constitution. Eudemian Ethics. Virtues and Vices; vol. XXI Politics. Aristotelis Ethica Nicomachea (ed. L. Bywater) (griech.), Oxford Classical Texts, Oxford (University Press) [1]1894; Aristotelis Politica (ed. W. D. Ross) (griech.), Oxford Classical Texts, Oxford (University Press) [1]1957. Deutsche Aristoteles-Gesamtausgabe, Berlin (Akademie Verlag) + Darmstadt (Wissenschaftl. Buchgesellschaft), Bd. VI Nikomachische Ethik [6]1974; Bd. VII Eudemische Ethik [2]1969; Bd. VIII Magna Moralia [3]1973; Bd. IX Politik (in Vorbereitung); Bd. XI Physikvorlesung [2]1972; Bd. XIII Über die Seele [4]1973.
Einzelausgaben:
Nikomachische Ethik, Zürich (Artemis) (Übers. O. Gigon) 1951, München (dtv) (Übers. Gigon) 1972; Stuttgart (Reclam) (Übers. F. Dirlmeier) 1969; Hamburg (Phil. Bibl. Meiner) (Übers. E. Rolfes) 1972. Politik, Hamburg (Rowohlt) (Übers. F. Susemihl) 1965; Zürich (Artemis) (Übers. O. Gigon) 1955, München (dtv) (Übers. Gigon) 1973.

Stoicorum Veterum Fragmenta (ed. Joh. v. Arnim), 4 Bde., Nachdruck Stuttgart (Teubner) 1964; Stoa und Stoiker. Die Gründer, Panaitios, Poseidonios. (Hrsg. M. Pohlenz), Zürich (Artemis) 1950. Diogenes Laertius, Leben und Meinungen berühmter Philosophen. Buch I–X, Hamburg (Phil. Bibl. Meiner) 1967. Daraus einzeln:

Epikur (341–271 v. Chr.). Epikur (griech.-deutsch) 1968; Epikur, Schriften, München o.J. (Goldmann TB). Epikur, Philosophie der Freude, Stuttgart (Kröner) ²1956; Epikur, Von der Überwindung der Furcht (Übers. Gigon), Zürich (Artemis) ²1968.

M. T. Cicero (106–43 v. Chr.)

De officiis – Vom rechten Handeln (lat.-deutsch), Zürich (Artemis) 1964, (lat.-deutsch) Stuttgart (Reclam) 1976, (dt.) München o.J. (Goldmann TB); Fragmente über die Rechtlichkeit (De legibus) (dt.), Stuttgart (Reclam) 1969; Staatstheoretische Schriften (De re publica, De legibus) (lat.-deutsch), Berlin (Akademie-Verlag) 1974; Laelius. Über die Freundschaft, Stuttgart (Reclam) 1970; Über den Staat, Stuttgart (Reclam) 1975; Vom höchsten Gut und größten Übel (De finibus bonorum et malorum), München o.J. (Goldmann TB); Gespräche in Tusculum (Tusculanae disputationes) (lat.-deutsch), München (Heimeran) ²1970, (dt.) Stuttgart (Reclam) 1973.

L. A. Seneca (um 4 v.–65 n. Chr.)

Vollständige lat. Ausgabe, 6 Bde., Leipzig (Teubner) 1902–23. Philosophische Schriften. Studienausgabe (lat.-deutsch), Darmstadt (Wissenschaftl. Buchgesellschaft) 1969ff., 5 Bde., bisher erschienen Bd. I (De providentia. De constantia sapientis. De ira. Ad Marciam de consolatione), Bd. II (De vita beata. De otio. De tranquillitate animi. De brevitate vitae u.a.), Bd. III (Ad Lucilium epistulae morales I–LXIX).
Einzelausgaben:
De vita beata – Vom glückseligen Leben (lat.-deutsch), Stuttgart (Reclam) 1975; De clementia – Über die Güte (lat.-deutsch), Stuttgart (Reclam) 1970; Ad Lucilium epistulae morales – An Lucilius. Briefe über Ethik (lat.-deutsch), 2 Bde., Hamburg (Rowohlt) 1965; Vom glückseligen Leben. Trostschrift für Marcia. Von der Ruhe des Herzens, München o.J. (Goldmann TB); Moralische Briefe, Von der Vorsehung, München o.J. (Goldmann TB).

Epiktet (um 50 – um 138 n. Chr.)

Epictetus, Diatribai, Encheiridion, Fragmente (griech.-englisch), 2 Bde., London (Loeb Classical Library) ¹1928; Handbüchlein der Moral, Stuttgart (Kröner) 1973, Stuttgart (Reclam) 1958; Epiktet, Teles u. Musonius, Wege zum glückseligen Leben, Zürich (Artemis) 1948.

Marc Aurel (121–180 n. Chr.)

In semet ipsum libri XII (griechisch), Lipsiae (Bibl. Teubneriana) ¹1913; Marcus Aurelius, Selbstgespräche, Reden, Sprüche (griech.-engl.), London (Loeb Classical Library) ¹1916; Selbstbetrachtungen, Stuttgart (Reclam) 1974; Wege zu sich selbst, Hamburg (Rowohlt) 1965.

Klemens von Alexandreia (um 150 – um 216)

Protreptikos; Paidagogos; Stromateis. Griech. Text in: J. P. Migne, Patrologia Graeca, Paris 1857ff., Bde. 8, 9, sowie in: O. Stählin (Hrsg.) Die griechischen christlichen Schriftsteller der ersten drei Jahrhunderte, Berlin 1887ff. Bde. 12 (³1972), 15 (²1960), 17 (²1970). Deutscher Text in: Bibliothek der Kirchenväter, München (Kösel), 2. Aufl. 2. Reihe, Bde. 7 u. 8 und Bde. 17, 19, 20, 1934–1938.

Plotin (204–269 n. Chr.)

Ausgewählte Schriften, Stuttgart (Reclam) 1973; Das Schöne. Das Gute. Entstehung und Ordnung der Dinge nach dem Ersten (griech.-deutsch), Hamburg (Phil. Bibl. Meiner) 1968; Die Glückseligkeit. Woher kommt das Böse. Das erste Gute, Hamburg (Phil. Bibl. Meiner) 1960.

Ambrosius von Mailand (um 340–397 n. Chr.)

De officiis ministrorum, in: J. P. Migne, Patrologia Latina, Paris 1878ff., Bd. 14ff., (dt.) Pflichtenlehre, in: Bibliothek der Kirchenväter, München (Kösel) 1917, Bd. 21.

Aurelius Augustinus (354–430)

De libero arbitrio – Der freie Wille (lat.-deutsch), Paderborn (Schöningh) 1961; Theologische Frühschriften (De libero arbitrio. De vera religione) (lat.-deutsch), Zürich (Artemis) 1962; De civitate dei – Vom Gottesstaat, Zürich (Artemis) 1955; Confessiones – Bekenntnisse (lat.-deutsch), München (Kösel) ²1960.

Petrus Abaelard (1079–1142)

Ethica seu scito teipsum. Lat. Text in: J. P. Migne, Patrologia Latina, Paris 1878ff. Bd. 178, sowie in: Beiträge zur Geschichte der Philosophie des Mittelalters, Bd. XXXI, Nr. 1–4, Münster 1919ff.; Peter Abelard's Ethics (Scito te ipsum – Know thyself), lat.-engl., ed., transl., introd. by D. E. Luscombe, Oxford (Clarendon Press), 1971.

Thomas von Aquin (1224–1274)

Die Ethik findet sich in der Summa theologica, Pars Prima Secundae (I/II) und Pars Secunda Secundae (II/II). Lat. Ausgaben sind zahlreich. Wohlfeil u. wissenschaftlich zuverlässig: S. Thomae Aquinatis Summa Theologiae (cum textu ex recensione leonina), 3 Bde. (ed. P. Caramello), Turin (Marietti) 1952, Bd. I u. II; Lat.-deutscher Text in: Die deutsche Thomas-Ausgabe, Salzburg (Pustet) 1933ff., München-Heidelberg (Kerle) 1941ff., Heidelberg/Graz/Wien/Köln (Kerle-Styria) 1950ff. Die Ethik in den Bden. 9ff.; Quaestiones disputatae de virtutibus cardinalibus. Quaestiones disputatae de malo in: Quaestiones disputatae (ed. R. Spiazzi), 2 Bde., Turin (Marietti) 1947; Expositio in 10 libros ethicorum Aristotelis ad Nicomachum (ed. A. Pirotta), Turin (Marietti) 1934; De regimine principum – Über die Herrschaft der Fürsten (dt.), Stuttgart (Reclam) 1975; Thomas v. Aquin, Die menschliche Willensfreiheit (Texte hrsg. v. G. Siewerth), Düsseldorf 1954.

Marsilius von Padua (1290–1342/3)

Defensor Pacis – Der Verteidiger des Friedens (lat.-deutsch), Darmstadt 1958; Der Verteidiger des Friedens, Stuttgart (Reclam) 1971.

N. Machiavelli (1469–1527)

Il Principe – Der Fürst (dt.), Stuttgart (Kröner) 1972, (Reclam) 1961; Discorsi – Gedanken über Politik und Staatsführung, Stuttgart (Kröner) 1966. Wohlfeile italienische Ausgabe: Opere di Machiavelli (ed. E. Raimondi), Milano (Mursia) 1969; Gesammelte Schriften in 5 Bden., München (Georg Müller) 1925.

Thomas Morus (More) (1478–1535)

The Yale Edition of the complete Works of St. Thomas More, lat.-engl., New Haven/London, Yale University Press, vol. IV Utopia, 1965; Utopia and a Dialogue of Comfort, London (Everyman's Library) 1965; Utopia (dt.), Stuttgart (Reclam) 1970; sowie in: Der utopische Staat, Hamburg (Rowohlt TB) 1970.

J. Bodin (1530–1596)

Les six livres de la République, Nachdruck Aalen (Scientia) 1961.

Montaigne (Michel Eyquem de M.) (1533–1592)

Essais (ed. Pierre Villey) 3 Vols., Paris 1922f. – (dt.) Stuttgart (Reclam) 1969.

F. Suárez (1548–1617)

De legibus – Über die Gesetze. Opera Omnia, Paris 1856, Bde. V u. VI.

F. Bacon (1561–1626)

The Advancement of Learning and New Atlantis, Oxford (Clarendon Press) 1974; The Essays or Counsels Civil and Moral, London (Everyman's Library) 1962; Neu Atlantis, Berlin (Akademie-Verlag) 1959, sowie in: Der utopische Staat, Hamburg (Rowohlt TB) 1970; Essays oder praktische und moralische Ratschläge, Stuttgart (Reclam) 1970, Wiesbaden (Sammlung Dieterich) 1946.

T. Campanella (1568–1639)

Der Sonnenstaat (dt.) in: Der utopische Staat, Hamburg (Rowohlt TB) 1970; Berlin (Akademie-Verlag) 1955.

H. Grotius (1583–1645)

De jure belli ac pacis – Drei Bücher vom Recht des Krieges und des Friedens (dt.), Tübingen 1950.

Th. Hobbes (1588–1679)

Leviathan, Neuwied/Berlin (Luchterhand) 1966, Frankfurt/M. (Ullstein TB) 1976, Stuttgart (Reclam) 1970 (unvollständig); De homine. De cive – Vom Menschen. Vom Bürger (dt.), Hamburg (Phil. Bibl. Meiner) 1966. Leviathan (engl.) (ed. Oakeshott), Oxford (Blackwell) 1946. The Elements of Law: Natural and Politic (ed. F. Tönnies), Oxford 1888.

R. Descartes (1596–1650)

Les passions de l'âme – Die Leidenschaften der Seele (dt.), Leipzig (Phil. Bibl. Meiner) 1922. Discours de la méthode (franz.-deutsch), Hamburg (Phil. Bibl. Meiner) 1960, Dritter Teil.

La Rochefoucauld (François VI., Duc de L. R.) (1613–1680)

Réflexions ou sentences et maximes morales, in: Oeuvres Complètes, Paris (Pléiade) 1973; Reflexionen oder moralische Sentenzen und Maximen, Stuttgart (Reclam) 1976; Eine vollständige (dt.) Sammlung der von La Rochefoucauld begründeten moralphilosophischen Aphorismenliteratur Frankreichs findet sich in:
Die Französischen Moralisten: La Rochefoucauld, Vauvenargues (1715–1747), Montesquieu (1689–1755), Chamfort (1741–1794) Bd. 1; Galiani (1728–1787), Rivarol (1753–1801), Joubert (1754–1824), Jouffroy (1796–1842) Bd. 2; ed. F. Schalk, Bremen (Carl Schünemann) [2]1962.

B. Pascal (1623–1662)

Lettres à un Provincial. Pensées. ed. Pléiade, Paris 1950, ed. Garnier, Paris 1964; Über die Religion und über einige andere Gegenstände (Pensées) (ed. Wasmuth), (franz.-deutsch) Heidelberg (Schneider) [6]1963; (dt.) Stuttgart (Reclam) 1975; Briefe an einen Provinzial (franz.-deutsch), Heidelberg (Schneider) [2]1963.

A. Geulincx (1624–1669)

De virtute et primis eius proprietatibus quae vulgo virtutes cardinales vocantur – Ethik oder über die Kardinaltugenden (dt.), Hamburg (Phil. Bibl. Meiner) 1948.

J. Locke (1632–1704)

Essays on the Law of Nature, Oxford (Clarendon Press) 1970; Some Thoughts Concerning Education – Gedanken über Erziehung (dt.), Stuttgart (Reclam) 1970; A Letter Concerning Toleration – Ein Brief über Toleranz (engl.-deutsch), Hamburg (Phil. Bibl. Meiner) [2]1966; The Second Treatise of Government – Über die Regierung, Hamburg (Rowohlt) 1966, Stuttgart (Reclam) 1974; Versuch über den menschlichen Verstand, Hamburg (Phil. Bibl. Meiner) 1968.

S. Pufendorf (1632–1694)

Elementorum jurisprudentiae universalis libri duo (lat.-engl.), Oxford/London 1931; De jure naturae et gentium libri octo (lat.-engl.), 2 Bde., Oxford 1934; De officiis hominis et civis juxta legem naturalem (lat.-engl.), New York/London 1927.

B. de Spinoza (1632–1677)

Ethica ordine geometrico demonstrata – Die Ethik nach geometrischer Methode dargestellt (dt.), Hamburg (Phil. Bibl. Meiner) 1967, (lat.-deutsch) Darmstadt (Wissenschaftl. Buchgesellschaft) 1967; Kurze Abhandlung von Gott, dem Menschen und seinem Glück, Hamburg (Phil. Bibl. Meiner) 1965; Theologisch-politischer Traktat (Phil. Bibl. Meiner) 1976.

G. W. Leibniz (1646–1716)

Politische Schriften I u. II (hrsg. H. H. Holz), Frankfurt/M. (Europ. Verlagsanst.) 1966; Ad Ethicam B. d. Spinoza, in: Die philosophischen Schriften von G. W. Leibniz, ed. C. J. Gerhardt, Berlin 1875, Neudr. Georg Olms, Hildesheim 1978, Bd. I, 139–152; Leibniz an Coste, Beilage, Bd. III, 423–431; Essais de Théodicée sur la bonté de Dieu, la liberté de l'homme et l'origine du mal, Bd. VI, 21–375.

Fénelon (François de Salignac de la Mothe) (1651–1715)

Traité de l'éducation des filles – Über Mädchenerziehung (dt.), Bochum (Kamps pädagogische TB), o. J; Paderborn (Schöningh) 1956; Geistliche Werke, Düsseldorf (Patmos) 1961.

Chr. Thomasius (1655–1728)

Einleitung zur Sittenlehre, Nachdruck Hildesheim (Georg Olms) 1968; Ausübung der Sittenlehre, Nachdruck Hildesheim (Georg Olms) 1968; Kurzer Entwurf der Politischen Klugheit, Nachdruck Frankfurt (Athenäum) 1971.

G. Vico (1668–1744)

De nostri temporis studiorum ratione – Vom Wesen und Weg der geistigen
Bildung (lat.-deutsch), Darmstadt (Wissenschaftl. Buchgesellschaft) 1963.

B. de Mandeville (1670–1733)

Die Bienenfabel oder Private Laster, Öffentliche Vorteile, Frankfurt (Suhr-
kamp-Theorie 1) 1968.

A. A. C. Shaftesbury (1671–1713)

An Inquiry Concerning Virtue or Merit – Untersuchung über die Tugend (dt.),
Leipzig 1905.

Chr. Wolff (1679–1754)

Vernünftige Gedanken von der Menschen Thun und Lassen, zur Beförderung
ihrer Glückseligkeit (1720), Nachdruck in Vorbereitung, Hildesheim (Georg
Olms); Philosophia practica universalis, methodo scientifica pertractata (2 Bde.,
1738–39), Reprint im Druck, Hildesheim (Olms); Philosophia moralis sive
Ethica, methodo scientifica pertractata (5 Bde., 1750–1753), Reprint im Druck,
Hildesheim (Olms).

Montesquieu (Charles de Secondat, Baron de M.) (1689–1755)

De l'esprit des Lois – Vom Geist der Gesetze, Tübingen 1951, Stuttgart (Reclam)
1974. Franz. Text, ed. Garnier, 2 Bde., Paris 1973.

J. Butler (1692–1752)

Fifteen Sermons preached at the Rolls Chapel (1726), London 1904 (Reprint
1964).

F. Hutcheson (1694–1746)

Nachdruck der Collected Works: Bd. I A Short Introduction to Moral Philoso-
phy, Hildesheim (Georg Olms) 1971; Bde. V und VI A System of Moral
Philosophy, Hildesheim (Olms) 1969; (dt.) Sittenlehre der Vernunft, 2 Bde.
Leipzig 1756.

Voltaire (F. M. Arouet) (1694–1778)

Essai sur les moeurs et l'esprit des nations, 2 Bde., Paris (ed. Garnier) 1963.

Th. Reid (1710–1796)

Inquiry into the Human Mind on the Principles of Common Sense, London 1746, (dt.) 1782. Th. Reid, Works (ed. W. Hamilton), 2 Bde., Edinburgh 1846–63.

D. Hume (1711–1776)

Enquiry Concerning the Principles of Morals – Untersuchung über die Prinzipien der Moral (dt.), Hamburg (Phil. Bibl. Meiner) 1972, (engl.) Oxford (Clarendon Press) 1975; Essays Moral, Political and Literal, Oxford (University Press) 1963.

J.-J. Rousseau (1712–1778)

Oeuvres Complètes, ed. Pléiade, Paris 1959 ff.; Emile oder über die Erziehung, Stuttgart (Reclam) 1968; Contrat Social – Der Gesellschaftsvertrag, Stuttgart (Reclam) 1971; Schriften zur Kulturkritik (Die zwei Diskurse von 1750 u. 1755) (franz.-deutsch), Hamburg (Phil. Bibl. Meiner) ^{2}1971.

Chr. A. Crusius (1715–1775)

Anweisung vernünftig zu leben, Nachdruck Hildesheim (Georg Olms) 1969.

C. A. Helvétius (1715–1771)

Vom Menschen, seinen geistigen Fähigkeiten und seiner Erziehung, hrsg., übers., eingel. v. G. Mensching, Frankfurt/M. (Suhrkamp) 1972; Vom Geist, übers. Th. Lücke, Berlin/Weimar (Aufbau Verlag) 1973.

Holbach (Paul-Henri Thiry, Baron d'H.) (1723–1789)

Système de la nature ou des lois du monde physique et du monde moral (1770), Nachdr. der Ausgabe Paris 1821, Hildesheim (Olms) 1966; Système social ou Principes naturels de la morale et de la politique, Nachdr. der Ausg. London 1773, Hildesheim (Olms) 1969; La morale universelle, Nachdr. d. Ausg. Amsterdam 1776, Stuttgart (Frommann) 1970; Politique naturelle, Nachdr. d. Ausg. London/Amsterdam 1773, Hildesheim (Olms) 1971; System der Natur oder von den Gesetzen der physischen und der moralischen Welt, Berlin (Aufbau Verlag) 1960.

A. Smith (1723–1790)

Theory of Moral Sentiments – Theorie der ethischen Gefühle (dt.), Leipzig 1926; The Wealth of Nations, 2 vols., London (Everyman's Library) 1966, (dt.) Der Wohlstand der Nationen, München (C. H. Beck) 1974.

I. Kant (1724–1804)

Kants Werke, Akademie-Textausgabe, 9 Bde., Berlin (de Gruyter) 1968 (Nachdruck der Akademieausgabe: Berlin 1902ff.); Kant, Werke in 12 Bänden, Theorie-Werkausgabe, Frankfurt (Suhrkamp) 1968: Nachdruck der Ausgabe I. Kant, Werke in 6 Bänden (ed. Weischedel), Wiesbaden (Insel-Verlag) 1956ff.
Einzelausgaben:
Grundlegung zur Metaphysik der Sitten, Hamburg (Phil. Bibl. Meiner) 1971, Stuttgart (Reclam) 1976, Frankfurt (Suhrkamp stw) 1974; Kritik der praktischen Vernunft, Hamburg (Phil. Bibl. Meiner) 1974, Stuttgart (Reclam) 1973, Frankfurt (Suhrkamp stw) 1974; Metaphysik der Sitten, Hamburg (Phil. Bibl. Meiner) 1966; Die Religion innerhalb der Grenzen der bloßen Vernunft, Hamburg (Phil. Bibl. Meiner) 1966; Der Streit der Fakultäten, Hamburg (Phil. Bibl. Meiner) 1975; Kleinere Schriften zur Geschichtsphilosophie, Ethik und Politik, Hamburg (Phil. Bibl. Meiner) 1973; Schriften zur Geschichtsphilosophie, Stuttgart (Reclam) 1974; Politische Schriften, Köln/Opladen (Westdeutscher Verlag) 1965; Anthropologie in pragmatischer Hinsicht (Bd VII der Akademie-, Bd. VI der Weischedel-Ausgabe).

J. G. Herder (1744–1803)

Briefe zur Beförderung der Humanität, 2 Bde., Berlin/Weimar (Aufbau-Verlag) 1971; Ideen zur Philosophie der Geschichte der Menschheit, 2 Bde., Berlin/Weimar (Aufbau-Verlag) 1965.

J. Bentham (1748–1832)

An Introduction to the Principles of Morals and Legislation; Of Laws in General, in: Collected Works, London 1970; Deontology – Deontologie oder die Wissenschaft der Moral, 2 Bde., Leipzig 1834; Introduction . . ., auszugsweise (dt.) in: O. Höffe (Hrsg.), Einführung in die utilitaristische Ethik, München (C. H. Beck) 1975.

F. Schiller (1759–1805)

Über Anmut und Würde, in: Sämtliche Werke, 5 Bde. (ed. Fricke u. Göpfert), Bd. 5 Philos. Schriften, München (Hanser) ²1972; Über die ästhetische Erziehung der Menschen, München (Fink) 1967; Stuttgart (Reclam) 1976.

J. G. Fichte (1762–1814)

Sämtliche Werke, 11 Bde., Berlin (de Gruyter) 1971 (Nachdruck der Ausgabe von 1834/5, 1845/6, ed. I. H. Fichte); Werke, 6 Bde., Darmstadt (Wissenschaftl. Buchgesellschaft) 1962 (Nachdruck der Ausgabe von 1908–12, ed. F. Medicus). Einzelausgaben in der Phil. Bibl. Meiner, Hamburg:

Von den Pflichten der Gelehrten, 1971; Grundlage des Naturrechts nach den Prinzipien der W.-L., 1967; System der Sittenlehre nach den Prinzipien der Wissenschaftslehre, 1969; Die Bestimmung des Menschen, 1962; Anweisung zum seligen Leben, 1970.

G. W. F. Hegel (1770–1831)

Grundlinien der Philosophie des Rechts, Theorie-Werkausgabe Bd. VII, Frankfurt (Suhrkamp) 1970, Hamburg (Phil. Bibl. Meiner) 1967; Phänomenologie des Geistes (Abschn. Der Geist), Hamburg (Phil. Bibl. Meiner) [6]1952, Frankfurt (Theorie-Werkausgabe Bd. III, Suhrkamp), 1970; Enzyklopädie der philosophischen Wissenschaften §§ 488–552, Hamburg (Phil. Bibl. Meiner) 1969, Frankfurt (Theorie-Werkausgabe, Bde. VIII–X, Suhrkamp), 1970.

F. W. J. Schelling (1775–1854)

Über das Wesen der menschlichen Freiheit, Frankfurt (Suhrkamp stw) 1975; Stuttgart (Reclam) 1964.

A. Schopenhauer (1788–1860)

Die beiden Grundprobleme der Ethik (Preisschrift über die Freiheit des Willens. Preisschrift über die Grundlage der Moral) in: Sämtliche Werke (ed. Löhneysen), Bd. III, Darmstadt (Wissenschaftliche Buchgesellschaft) 1962.

I. H. Fichte (1796–1879)

System der Ethik, Nachdruck Aalen (Scientia) 1969.

J. H. Newman (1801–1890)

An Essay in Aid of a Grammar of Assent (1870) – dt. Entwurf einer Zustimmungslehre, Mainz (Matthias Grünewald Verlag) 1961.

M. Stirner (K. Schmidt) (1806–1856)

Der Einzige und sein Eigentum, und andere Schriften, München (Hanser) [3]1970; Stuttgart (Reclam) 1972.

J. St. Mill (1806–1873)

Utilitarianism. On Liberty. Considerations on Representative Government, London (Everyman's Library) 1972. Essay on Liberty – Über die Freiheit (dt.), Stuttgart (Reclam) 1974; On Utilitarianism – Über das Nützlichkeitsprinzip (dt.), Nachdruck Aalen (Scientia) 1968, Stuttgart 1975. Gesammelte Werke, 12 Bde., Aalen (Scientia) 1968.

S. Kierkegaard (1813–1855)

Gesammelte Werke, Düsseldorf/Köln (Eugen Diederichs Verlag), Bd. 11/12: Der Begriff Angst, 1965; Bd. 4: Furcht und Zittern, 1950; Bd. 19: Der Liebe Tun, 1966; Werke, Hamburg (Rowohlt) Bd. I: Der Begriff Angst, 1960; Bd. III: Furcht und Zittern, 1961.

R. H. Lotze (1817–1881)

Grundzüge der praktischen Philosophie, Leipzig 1882.

K. Marx (1818–1883)

Ökonomisch-Philosophische Manuskripte aus dem Jahre 1844, in: Karl Marx, Texte zu Methode u. Praxis II, Hamburg (Rowohlt) 1966, ferner in: Marx-Engels Werke, Ergänzungsband 1. Teil, Berlin (Ost) (Dietz Verlag) 1973; Aus der Kritik der Hegelschen Rechtsphilosophie. Kritik des Hegelschen Staatsrechts, Marx-Engels Werke, Bd. 1, Berlin (Dietz Verlag) 1961; Thesen über Feuerbach. Die deutsche Ideologie (zus. mit F. Engels), Marx-Engels Werke, Bd. 3, Berlin (Dietz Verlag) 1959; K. Marx/F. Engels, Manifest der Kommunistischen Partei, MEW Bd. 4, 1959; K. Marx, Das Kapital, MEW Bde. 23–25, 1969.

H. Spencer (1820–1903)

The Principles of Ethics, 2 vols., London (Williams and Norgate), 1900/1904.

W. Dilthey (1833–1911)

System der Ethik. Gesammelte Schriften, Bd. X, Stuttgart/Göttingen 1958.

T. H. Green (1836–1882)

Prolegomena to Ethics, Oxford (Clarendon Press) [5]1906.

H. Sidgwick (1838–1900)

The Methods of Ethics (Repr.) New York 1966; (dt) Die Methoden der Ethik, 2 Bde., Leipzig 1909, auszugsweise in: O. Höffe (Hrsg.), Einführung in die utilitaristische Ethik, München (C. H. Beck) 1975.

F. Brentano (1838–1917)

Grundlegung und Aufbau der Ethik, Bern (Francke) 1952; Vom Ursprung sittlicher Erkenntnis, Hamburg (Phil. Bibl. Meiner) 1955.

H. Cohen (1842–1918)

Ethik des reinen Willens, Berlin (Cassirer) [3]1921.

F. Nietzsche (1844–1900)

Werke, 5 Bde., Frankfurt/Berlin/Wien (Ullstein) (Nachdruck der Karl Schlechta Ausgabe München [6]1969). 1972. Bd. I: Menschliches, Allzumenschliches; Bd. II: Morgenröte. Gedanken über die moralischen Vorurteile; Also sprach Zarathustra; Bd. III: Jenseits von Gut und Böse; Zur Genealogie der Moral; Ecce homo; Bd. IV: Aus dem Nachlaß der Achtzigerjahre (Der Wille zur Macht); Umwertung aller Werte, 2 Bde., München (dtv) 1969.

F. Paulsen (1846–1908)

System der Ethik, Berlin 1889, [12]1921.

S. Freud (1856–1939)

Studienausgabe, Frankfurt/M. (S. Fischer) [4]1969. Bd. I: Vorlesungen zur Einführung in die Psychoanalyse; Bd. III: Psychologie des Unbewußten (darunter: Jenseits des Lustprinzips); Bd. V: Sexualleben; Bd. VI: Hysterie und Angst; Bd. IX: Gesellschaft/Religion (darunter: Die kulturelle Sexualmoral und die moderne Nervosität; Das Unbehagen in der Kultur.) Als Fischer-Taschenbuch: Der Witz und seine Beziehung zum Unbewußten, Frankfurt 1958; Massenpsychologie und Ich-Analyse, Frankfurt 1967; Zur Psychopathologie des Alltagslebens, Frankfurt 1954; Totem und Tabu, Frankfurt 1956; Abriß der Psychoanalyse. Das Unbehagen in der Kultur, Frankfurt 1953; Drei Abhandlungen zur Sexualtheorie, Frankfurt 1965.

H. Bergson (1859–1941)

Les deux sources de la morale et de la religion – Die zwei Quellen der Moral und der Religion (dt.), Jena 1933, und in: Materie und Gedächtnis und andere Schriften, Frankfurt/M. 1964.

J. Dewey (1859–1952)

Psychology, New York [3]1891; My Pedagogic Creed, New York 1897; The School and Society, Chicago 1900, dt. 1905; Moral Principles in Education, Boston 1909; Human Nature and Conduct, New York 1922, dt. 1931; Theory of Valuation, Chicago 1939; Democracy and Education, New York 1916, dt. 1930, New York/London (Macmillan Paperback) 1966; Ethics (mit J. H. Tufts) New York 1908.

M. Weber (1864–1920)

Die protestantische Ethik und der Geist des Kapitalismus, 2 Bde., Hamburg (Siebenstern TB) 1968; Gesammelte politische Schriften, Tübingen (J. C. B.

Mohr) [2]1958: Politik als Beruf, Berlin (Duncker & Humblot) [3]1958; Wirtschaft und Gesellschaft, Tübingen (J. C. B. Mohr) [5]1972, 2 Bde., Köln/Berlin (Kiepenheuer & Witsch) 1964.

A. Pfänder (1870–1941)

Philosophie der Lebensziele, Göttingen 1948.

G. E. Moore (1873–1958)

Principia Ethica (dt.), Stuttgart (Reclam) 1970; Ethics – Grundprobleme der Ethik (dt.), München (C. H. Beck) 1975.

M. Scheler (1874–1928)

Der Formalismus in der Ethik und die materiale Wertethik, Gesammelte Werke, Bd. 2, Bern/München (Francke) [4]1954; Vom Umsturz der Werte, Gesammelte Werke, Bd. III [4]1955; Wesen und Formen der Sympathie, Gesammelte Werke, Bd. VII [2]1973; Schriften aus dem Nachlaß: Zur Ethik und Erkenntnislehre, Gesammelte Werke, Bd. X, 1957; Die Stellung des Menschen im Kosmos, Bern/München 1975.

W. D. Ross (1877–1940)

The Right and the Good, Oxford (Clarendon Press) [8]1973; Foundations of Ethics, Oxford (Clarendon Press) [6]1968.

B. Bauch (1877–1942)

Grundzüge der Ethik. Nachdruck Darmstadt (Wissenschaftliche Buchgesellschaft) 1968.

L. Nelson (1882–1927)

Gesammelte Schriften in 9 Bden., Hamburg (Meiner), Bd. IV: Kritik der praktischen Vernunft (1972), Bd. V: System der philosophischen Ethik und Pädagogik (1970), Bd. VIII: Sittlichkeit und Bildung (1971).

N. Hartmann (1882–1950)

Ethik, Berlin [4]1962.

M. Schlick (1882–1936)

Fragen der Ethik, Wien 1930.

J. Maritain (1882–1973)

Les Droits de l'homme et la loi naturelle, Paris (Hartmann) 1945; L'homme et l'Etat, Paris (Presses Universitaires de France) 1953; Philosophie de morale, Paris 1960.

K. Jaspers (1883–1969)

Philosophie, 3 Bde., Berlin (Springer) ³1956, Bd. 1: Philosophische Weltorientierung, Bd. 2: Existenzerhellung; Über Bedingungen und Möglichkeiten eines neuen Humanismus, Stuttgart (Reclam) 1965.

M. Heidegger (1889–1976)

Sein und Zeit (v. a. §§ 45–60) Tübingen (Niemeyer) ¹¹1967; Über den ,Humanismus'. Brief an J. Beaufret, Frankfurt (Klostermann) 1968.

M. F.

Nachschlagewerke

Brunner, O., Conze, W., Koselleck, R. (Hrsg.), Geschichtliche Grundbegriffe. Historisches Lexikon zur politisch-sozialen Sprache in Deutschland, bisher: 3 Bde. (A–D, E–G, Mi–Pre), Klett: Stuttgart 1972, 1975, 1978.

Edwards, P. (Hrsg.), The Encyclopedia of Philosophy, 8 Bde., Macmillan: New York 1967 (unveränderter Nachdruck in 4 Bden.: 1972).

Evangelisches Staatslexikon, Stuttgart/Berlin ²1975.

Görlitz, A. (Hrsg.), Handlexikon zur Politikwissenschaft, 2 Bde., Rowohlt: Reinbek 1973.

Görlitz, A. (Hrsg.), Handlexikon zur Rechtswissenschaft, 2 Bde., Rowohlt: Reinbek 1974.

Handbuch der christlichen Ethik, 2 Bde., Herder-G. Mohn: Freiburg u. a. 1978.

Handwörterbuch der Sozialwissenschaften, 12 Bde. und Registerband, G. Fischer u. a.: Stuttgart u. a. 1956–1969.

J. Hastings (Hrsg.), Encyclopedia of Religion and Ethics, 12 Bde. und 1 Index-Bd., Clark Edinburgh: ⁴1959ff.

Krings, H., Baumgartner, H. M., Wild, C. (Hrsg.), Handbuch philosophischer Grundbegriffe, 3 Bde. (Studienausgabe: 6 Bde.), Kösel: München 1973–1974.

Maier, H., Rausch, H., Denzer, H. (Hrsg.), Klassiker des politischen Denkens, 2 Bde., Beck: München ⁴1972.

Ritter, J. (Hrsg.), Historisches Wörterbuch der Philosophie, bisher: 4 Bde. (A–C, D–F, G–H, I–K), Schwabe: Basel/Stuttgart 1971ff.

Staatslexikon der Görres-Gesellschaft. Recht, Wirtschaft und Gesellschaft, 8 Bde., Herder: Freiburg ⁶1957–63 und 3 Ergänzungsbände: 1969–1970.

O. H.

Sammelbände

Bender, W., Deninger-Polzer, G. (Hrsg.), Ethik, (bsv-Studienmaterial) München 1976.

Birnbacher, D., Hoerster, N. (Hrsg.), Texte zur Ethik, Deutscher Taschenbuch Verlag: München 1976.

Feinberg, J. (Hrsg.), Moral Concepts, Oxford University Press 1970.

Foot, P. (Hrsg.), Theories of Ethics, Oxford University Press 1967.

Ginters, R. (Hrsg.), Typen ethischer Argumentation. Zur Begründung sittlicher Normen, Düsseldorf 1976.

Grewendorf, G., Meggle, G. (Hrsg.), Seminar: Sprache und Ethik. Zur Entwicklung der Metaethik, Suhrkamp Taschenbuch Wissenschaft: Frankfurt 1974.

Höffe, O. (Hrsg.), Einführung in die utilitaristische Ethik. Klassische und zeitgenössische Texte, Beck: München 1975.

Hoerster, N. (Hrsg.), Klassische Texte der Staatsphilosophie, Deutscher Taschenbuch Verlag: München 1976.

Laslett, P., Runciman, W. G. (Hrsg.), Philosophy, Politics and Society, 4 Bde., Blackwell: Oxford 1956, 1962, 1967, 1972.

Moral und Gesellschaft, Frankfurt 1968.

Oberndörfer, D., Bergstraesser, A., Jäger, W. (Hrsg.), Klassiker der Staatsphilosophie, 2 Bde., Koehler: Stuttgart 1961, 1971.

Oelmüller, W. (Hrsg.), Materialien zur Normendiskussion, 3 Bde., Schöningh: Paderborn 1978–79.

Oelmüller, W. Dölle, R., Piepmeier, R. (Hrsg.), Philosophische Arbeitsbücher, Bd. 1, Diskurs: Politik, Bd. 2, Diskurs: Sittliche Lebensformen, Schöningh: Paderborn 1977f.

Pahel, K., Schiller, M. (Hrsg.), Readings in Contemporary Ethical Theory, Prentice-Hall: Englewood Cliffs, N. J. 1970.

Quinton, A. (Hrsg.), Political Philosophy, Oxford University Press 1971.

Raphael, D. D. (Hrsg.), British Moralists. 1650–1800, 2 Bde., Clarendon Press: Oxford 1969.

Riedel, M. (Hrsg.), Rehabilitierung der praktischen Philosophie, 2 Bde., Rombach: Freiburg 1972, 1974.

Sellars, W., Hospers, J. (Hrsg.), Readings in Ethical Theory, Appleton-Century Crofts: New York 1952.

White, A. R. (Hrsg.), The Philosophy of Action, Oxford University Press 1968.

O.H.

Buchanzeigen

Ethik und Rechtsphilosophie
in der Beck'schen Schwarzen Reihe

George E. Moore
Grundprobleme der Ethik
Vorwort von Norbert Hoerster
1975. 155 Seiten (BSR 126)

Klaus M. Meyer-Abich / Dieter Birnbacher (Hrsg.)
Was braucht der Mensch, um glücklich zu sein
Bedürfnisforschung und Konsumkritik
1979. 200 Seiten. (BSR 204)

Karl Larenz
Richtiges Recht
Grundzüge einer Rechtsethik.
1979. 208 Seiten (BSR 185)

Reinhold Zippelius
Das Wesen des Rechts
Eine Einführung in die Rechtsphilosophie
4., neubearbeitete und erweiterte Auflage. 1978.
224 Seiten (BSR 35)

Reinhold Zippelius
Gesellschaft und Recht
Grundbegriffe der Rechts- und Staatssoziologie
1980. 157 Seiten (BSR 210)

Verlag C. H. Beck München

Philosophie und Wissenschaftstheorie
in der Beck'schen Schwarzen Reihe

Chaïm Perelman
Über die Gerechtigkeit
Mit einer Einleitung von Theodor Viehweg.
Aus dem Französischen von Ulrike Blüm und Ottmar Ballweg
1967. V, 163 Seiten (BSR 45)

Helmut Seiffert
Einführung in die Wissenschaftstheorie
Band 1: Sprachanalyse. Deduktion. Induktion in Natur-
und Sozialwissenschaften
9. Auflage. 1980. X, 281 Seiten (BSR 60)
Band 2: Geisteswissenschaftliche Methoden. Phänomenologie.
Hermeneutik und historische Methode. Dialektik
7. Auflage. 1978. VIII, 308 Seiten (BSR 61)

Werner Strombach
Die Gesetze unseres Denkens
Eine Einführung in die Logik
3., neubearbeitete Auflage. 1975.
XI, 149 Seiten (BSR 65)

Karl-Georg Faber
Theorie der Geschichtswissenschaft
4., erweiterte Auflage. 1978. 266 Seiten (BSR 78)

Wolfgang Röd
Dialektische Philosophie der Neuzeit
Band 1: Von Kant bis Hegel
1974. 228 Seiten (BSR 120)
Band 2: Von Marx bis zur Gegenwart
1974. 178 Seiten (BSR 121)

Verlag C. H. Beck München